FLORIAN KIRNER

Leichter
als Luft

WESTEND

Inhalt

Erstes Buch: Shivas Paradize

Erster Teil: Ein welthistorischer Trip   5

Zweiter Teil : In der Bar zum Krokodil   31

Dritter Teil: Flucht ins Paralleluniversum   55

Vierter Teil: Das Shiva Gate Festival   95

Zweites Buch: Berlin

Erster Teil: Balkonfrevel in Friedrichshain   109

Zweiter Teil: République Royale   157

Dritter Teil: Witterer der Wechselwinde   183

Drittes Buch: Schloss Montgolfière

Erster Teil: Die Zusammenkunft   223

Zweiter Teil: Tanzende Schneeflocken   263

Dritter Teil: Operation Feuerball   283

Epilog am Indischen Ozean   309

SHIVAS PARADIZE

Ein welthistorischer Trip

Die Nutten hatten schon Feierabend, die Cracksüchtigen Schichtwechsel, die Bullen keinen Bock mehr – ein trügerischer Frieden lag über dem heimatlichen Rotlichtviertel. Als das Weazel kurz vor fünf durch die zweitkaputteste Strasse des Molochs schlurfte, gab es sich der berechtigten Illusion hin, die Sache sei endgültig gelaufen und vergeigt.

Eine Kellerkatakombe. Das braungebrannte Weazeltier hockte am Boden. Gebeugt über einen Wassereimer, in der Hand eine abgesägte Plastikflasche. Die vorgebliche Unkaputtbarkeit der Letzteren hatte sich als glatte Lüge erwiesen. Der Notfallplan. Genmanipuliertes Gewächshauskraut aus Free City Amsterdam sollte helfen, wo das LSD versagt hatte.

Wochenlang hatten sich die drei auf diesen Tag gefreut gehabt. Hatten extra nichts gegessen tagsüber, »um der diamantenen Himmelslucy den Weg durch die Blutbahn freizuschaufeln«, wie Donna Fauna feierlich verkündet hatte. Der Kanarienquex hatte seinerseits darauf bestanden, dass rund um die rituelle Einnahme der Substanz absolute Stille gehalten wurde.

War der Tripgott sauer? War das Acid zu alt oder falsch gelagert worden? Zwei Stunden später tat sich immer noch nichts. Gar nichts. Das war so was von demoralisierend. Die drei saßen rum wie eine Gruppe irritierter Jünger am See Genezareth. Bergpredigt abgesagt?!

Nach vier Stunden hatten sie es aufgegeben. Waren nach Hause gekrochen, ein jedes für sich. »Was für ein verkorkster Abend!«, grunzte das Weazel und entzündete ein Streichholz. Es ging aus. Ein zweites. Das brannte. Dass man immer erst schimpfen muss, ärgerte sich das Weazel und setzte die zur Bong umgebaute Plastikflasche an seine Lippen. Eine Ewigkeit von Atemzug, dann hielt das Weazel inne. Lange Sekunden stand der Rauch wie ein Kegel im Körper. Dann leitete das Weazel die Schubumkehr ein und ließ die Schwaden langsam und gleichmäßig durch die Nasenflügel entweichen.

Der Einschlag kam mit solcher Urwucht, dass der Rückstoß das Weazel gegen den Betonpfeiler in seinem Rücken presste. Vor dem inneren Weazel-Auge lief eine Filmsequenz ab: eine dünnglasige Ampulle mit bläulich schimmernder Flüssigkeit, schwebend in der linken Gehirnhälfte. Der langsamere Sound von berstendem Glas.

Das Weazel holte tief Luft und wollte grade beginnen, sich gedanklich neu zu sortieren, da schepperte es erneut. Ohne Vorwarnung detonierte eine zweite Sprengladung, ging hoch im Zentrum der noch unversehrten, rechten Gehirnhälfte, präzise platziert. Die Kontrollsysteme gaben als letzte Amtshandlung roten Alarm, das Weazel wurde zu Boden gerissen und wusste: Was da hochgegangen war, das war mit Sicherheit kein Marihuana! Das war etwas weitaus Gewaltigeres.

Der verschollene LSD-Trip in etwa. Er, der seit Stunden sehnsuchtsvoll Vermisste, Wunderkind der Schweizer Pharmaforschung, hielt Einkehr mit Pauken und Schalmei. Kettenwirkung der Chemie, aus dem Eis befreit von genetisch frisiertem Hollandkraut. Die beiden Substanzen schossen wild ineinander, ein wohliges Stöhnen entrang sich der Weazel-Kehle. Dann sank es vollends nieder, auf grauen Beton.

Gute zweieinhalbtausend Jahre später – gefühlte und gemessene Zeit variierten erheblich – war es dem Weazel gelungen, die rettenden Ufer eines Flickenteppichs zu erklimmen. Von dieser Anstrengung entkräftet, erlag es dem nächsten Ansturm entfesselter Tripenergie. Scheppern, Splittern, Funkenflug. Im Weazel-Schädel traten Gedankenströme über Ganglienufer: Sturmfluten von Verdrängtem peitschten durch zu enge Kanäle.

Wo war eigentlich dieses Weazel abgeblieben? Ah, da unten, ja, das schöne Menschentier. In Brand geschossen, zu Boden gerissen, sich in Stückchen und Fetzen über den Teppich breitend, war es nurmehr Spielball biochemischer Prozesse. Das Weazel keuchte, sich windend und innerlich krampfend, durchbrach die Portale zwischen den Bewusstseinsebenen im Sturzflug. Es war Komet, rasende Masse in endlosem Raum, mit einem Funkenschweif aus Gras und Acid.

Als sein Gehirn kurz einmal nach Luft schnappte, wusste man weazelseits um den Ernst der Lage: alleine und energetisch out of control.

Das Weazel war für die erste Frontreihe gebaut. Angst vor psychedelischen Drogen gehörte nicht zu seinen hervorstechendsten Eigenschaften. Sogar KQ rühmte seine ausgeprägte Experimentierfreude stets als vorbildlich.

So ziemlich alles hatte das Weazel im Laufe der Jahre ausprobiert: die Ego-Klassiker Kokain und Speed, Ecstasy, Opium und Pilze, Hasch und Gras als Alltagsdrogen, Meskalin, DMT, Datura und Kristalle für die Feiertage. Nicht einmal Crack hatte das Weazel ausgelassen, wenngleich es glaubhaft versicherte, dabei habe es sich um ein Versehen gehandelt.

Das jetzt gehörte zu den letzten Tabus: Alleine auf LSD! Nicht einmal der Kanarienquex hatte sich bis dahin verstiegen. Mit triperfahrenen Freunden oder einem eigens engagierten Trippiloten, gut verpackt und abgesichert, in netter Umgebung und gerüstet für die bei jeder Reise unvermeidliche Depressionsphase – das war okay. Das war ein Sturz in die Tiefe mit Notfallschirm im Rucksack. Aber alleine? Noch dazu an einem völlig verhonkten Tag wie diesem? Davon rieten selbst die wagemutigsten Psycho-Traveller ab. Geschmackssichere Connaisseure sämtlicher Drogendelikatessen, notorische Dauerkonsumenten, die LSD-Therapeuten und andere, die es wirklich wissen mussten, hielten das mehrheitlich für eine wenig gelungene Idee.

Nur der Hausschamane von »Shivas Paradize« fand, man könne es ruhig ausprobieren. Aber auch der machte intensive Vorbereitung und einwandfreies Set und Setting zur Bedingung.

Der verdammte Trip war einfach viel zu spät eingefahren, sagte sich das Weazel, was half das lamentieren? Höhere Gewalt, Fügung des Schicksals, Narrenspiel des teuflischen Schwefelstinkers womöglich – die Reise war begonnen, es war nicht mehr zu ändern.

Und die Weazelratte würde auch diese Prüfung bestehen, right?

Das Weazel riss sich zusammen. Es manövrierte seine Beine in den Lotussitz, konzentrierte den Willen im Unterbauch und begann zu atmen.

Am Anfang schien es unmöglich. Die Lunge wollte nicht gehorchen. Die Atemluft würgte dick und klebrig in der Kehle. Aber nach und nach gewann das Weazel die Kontrolle über seinen Körper zurück. Zug um Zug baute sich der Wille auf.

Nach einer Dreiviertelstunde harter Arbeit wurde es richtig nett. Die Verschmelzung auf molekularer Ebene war vollzogen, die Tür zur anderen Seite durchschritten. Endlich, endlich: Land in Sicht!

Geschafft.

Gut gekämpft, Tripcowboy!

Zeit, die Energie fließen zu lassen.

Das Weazel parkte den Willen wieder dort, wo er entstiegen war. Auf die Ellenbogen gestützt, lehnte es sich zurück und überließ sich den Mysterien der Kraft. Die Weazel-Augen lernten bunter sehen, und die Ohren spielten Soundsystem. Ein pulsierendes Wispern im Stahlgebälk hob an und wurde lauter. Die unebene Betondecke warf Gesichte. Die zerkratzten Bodenfliesen an den Ufern des ozeanisch wallenden Teppichs entwickelten Struktur und Landschaft: Täler, Flüsse, Wälder, Berge, ineinander gewunden in ständiger Bewegung, mäandernde Schlangenbrut der ewig atmenden Erde!

Das Weazel ließ sich fallen in diese Farbenpracht. Unfassbar, was sich aus diesem kargen Kellerloch an erhabener Schönheit herausholen ließ. Was auch immer die Knopfaugen des Weazeltiers erfassten, zu neuem Leben wurde es erweckt. Die Materie offenbarte ihr Innerstes, gewann Bewegung, Bedeutung, Gefühl und Bewusstsein. The Magical Mystery Tour is coming to take you away – und Du stehst, Daumen raus, auf der Milchstraße rum und hast zufällig grad ein paar Tausend Jahre Zeit. Glück muss man haben, sagte sich das Weazel.

Ein Ikea-Elch, der, zwischen Werkzeugkisten und Elektronikschrott ziemlich deplatziert, ein Wandregal behauste, wandte dem Weazel den Kopf zu. Der Elch musste einer Werbeaktion zu Weihnachten entstammen. Mit seinem weißen Rauschebart und Nikolausmütze zwinkerte der Elch dem Weazel verschworen zu. Das Ikea-Vieh nickte dann wissend und schien in sich hineinzukichern. Das Weazel kicherte mit, lachte und freute sich.

Heilige Mutter Euphoria, dein liebster Tochtersohn ist heimgekommen! Nur hinauf, weiter, nach oben, zum Dachfenster der Welt hinaus. Keine Angst mehr, nur noch Träume. Realität ist, was Du fühlst und denkst. Realität, das bist Du ganz allein.

Das Weazel zog eine Decke über den Kopf.

Einen geschlagenen Abend lang hatte der Trip nicht gewirkt. Danach war er vier Stunden aus allen Rohren am Wüten und Blühen gewesen. Langsam ging der Saft aus. Die Euphorie wich, die Depression klopfte an, und es kostete unendlich viel Kraft, sie nicht einzulassen. Auf die Dauer war das auch mit der schnelleren Frequenz der Joint-Produktion nicht mehr zu kompensieren.

Das Weazel legte sich auf sein Schaumstofflager und versuchte zu schlafen. Auf Stunden hinaus aussichtslos, das war nach zwei Minuten klar. Alternativ kehrte es in den Lotussitz zurück. Aber diesmal ließ sich die nagende Unruhe nicht zeratmen. Hierhin und dorthin liefen des Weazels wirre Gedanken, der Körper lief hinterher. Es wetzte an der Gasheizung vorbei, in einen Gang mit zumeist leergeräumten Kellerabteilen, und gleich wieder zurück, weil das Kellerloch, in dem sich das Weazel illegal eingenistet hatte, mehr Auslauf nicht hergab.

Entnervt warf das Weazel den Fernseher an. Das war fraglos keine Maßnahme, die irgendwie weiterhelfen konnte, obwohl das Weazel eine Satellitenschüssel angezapft und sich somit Zugang zu zahllosen Kanälen verschafft hatte. Das Weazel landete in einem Actionstreifen, der gerade dem Höhepunkt einer ganzen Abfolge mittelmäßiger Special Effects entgegenstrebte. Wahrscheinlich bestand der halbe Film aus Spezialeffekten. Auf den restlichen Kanälen Soaps und Talkshows: Arbeitslosen-TV.

Besser würde das Programm nicht werden, da hatte alles Zappen keinen Zweck.

Was hatte Zweck?

Es fühlte sich nicht so an, als würde das Heruntersegeln von diesem Trip in absehbarer Zeit in festem Boden unter den Füßen resultieren. Es fühlte sich genauer gesagt so an, als würde hinter der nächsten Gehirnwindung eine fette Psychose lauern; bereit, die erste Gelegenheit für den Sprung aus der Deckung zu nutzen.

Zweifelsohne würde des Weazels weichgerissene Seele leichte Beute sein. Es hatte sich, wie es selber fand, recht ordentlich gehalten in den vergangenen Stunden und seinen ersten Solo-Trip mit Anstand und Würde durchgestanden.

Momentan war Sackgasse.

Es ging nicht mehr rauf in Richtung Euphorie und nicht runter in Richtung Depressionsschmelze.

Ungut.

Doppelplusungut!

Was weiter anfangen mit dieser Nacht, die längst ein Nachmittag geworden war?

Der Fernseher lief.

Wer hatte ihn eingeschaltet?

Das Weazel musste weggenickt sein.

Das Dröhnen im Kopf ...

Es lief schon wieder – oder immer noch? – dieser verdammte Ami-Actionstreifen von vorher! Dieselbe Szene? Tatsächlich, dieselbe Szene,

10

war es denn zu fassen? War denen die Platte hängen geblieben? Irgendeine scheiß Katastrophe wurde endlos breitgetreten, die üblichen Kindereien, Gut gegen Böse, wahrscheinlich waren die Bösen immer noch Russen oder eine versprengte Stasi-Seilschaft, die Chinesen oder sonstige Aliens.

Das war das Letzte, was das Weazel brauchen konnte. Die Depression hatte das traumgeistige Dämmern nämlich genutzt, um sich quer durch alle Systeme zu fressen.

In einem Akt unbändiger Willenskraft raffte sich das Weazel auf, robbte zwei, drei Meter über den Teppich, hockte sich vor den Apparat und zappte per Hand eins weiter.

Derselbe Streifen, auch im ZDF? Langsam wurde es aufdringlich.

Das Weazel zappte – genervt war kein Ausdruck! – zum nächsten Kanal.

Wieder dieser Actionfilm?!

Irritiert drückte das Weazel weiter, von RTL zu WDR, von diesem spanischen Sender und BBC World bis hin zu Phoenix, Arte, Bayern 3, Sat1, Pro7, alle Kanäle und überall: dieselbe Szene, andere Reporter!

Roland-Emmerich-Festspiele? Woche der amerikanischen Kinoapokalypse?

Alle Programme unterbrochen und überall nur:

Flieger rasen in Wolkenkratzer.

Du kannst es nehmen, wie Du willst, wann Du willst, mit wem Du willst. Ein LSD-Trip kreist im Grunde genommen doch immer um dieselbe Frage: Was ist Realität? Wo fängt sie an, wo hört sie auf, wo will sie hin und vor allem: Was können wir dagegen tun?

LSD hält in dieser Hinsicht jede Menge Überraschungen bereit.

Und das Weazel war an Überraschungen gewöhnt. Es gierte danach.

Das Weazel hatte aber auch gelernt, auf die Warnungen guter Freunde zu hören.

Eine davon wäre gewesen, niemals alleine LSD zu nehmen.

Nachdem das nun nicht mehr zu ändern war, galt es wenigstens, den Rest zu beachten: Wenn Du schon ohne Reiseleiter oder gute Freunde auf Trip gehst, dann erhalte Dir ein gesundes Misstrauen gegenüber allen Filmen, die Dir Deine durchbrennende Vorstellungskraft einschiebt. Lass Dich nicht zu weit in eine Realitätsebene fallen, halte

Dir die Tür zu möglichst vielen offen. Hinterfrage nicht ständig, was Du siehst, aber sei auch nicht sonderlich überzeugt davon. Wahr oder unwahr, darum geht es jetzt sowieso grad nicht. Beobachte einfach, genieße die Aussicht. Aber benutze die Boarding Card für den Rückflug nicht als Joint-Filter.

Es gibt in der einschlägigen Literatur diverse Hinweise, wann es gefährlich wird. Die Vermischung verschiedener Realitätsebenen ist nicht nur unmöglich zu verhindern. Sie ist Sinn und Zweck jeder psychedelischen Unternehmung. Dahinter kommen zu wollen, wie die Welten sich durchdringen, geistig herumzuexperimentieren – fair enough! Große Kulturwerke aller Epochen haben erheblich von dieser kostengünstigen Art der Fernreise profitiert.

Drum reise weit und wild und ohne Grenzen, aber vergiss nicht: Dein eigner Kopf ist, was Du als Sternenwelt durchfährst!

Allzu ehrgeizige Versuche, die Gelegenheit zur Klärung letzter Menschheitsfragen zu nutzen, sollten deshalb vermieden werden. Überhaupt gilt es, sich auf gedanklicher Ebene zu mäßigen. Besser ist, stets mit dem Körpergefühl in Kontakt zu bleiben. Auch der Körper kann Dich täuschen, bleibt aber als Korrektiv zum freispinnenden Geist und als letzte Verankerung im Diesseits die einzig vertrauenswürdige Instanz. Insbesondere auf Solo-Trip verliert es sich allzu leicht in den labyrinthischen Gängen Deines chemisch stimulierten Gehirnbrockens. Und wer garantiert, dass Dein Ariadnefaden nicht reißt, Baby Blue?

Die Idee, so etwas Schwerfälliges wie einen Körper beim aktuellen Stand Deiner spirituellen Entwicklung sowieso nicht mehr zu brauchen, solltest Du auf keinen Fall weiterverfolgen. Die Verwandlung in eine Krähe kannst Du gerne einmal ausprobieren – die Kunst des astralen Vogelflugs solltest Du aber fürs Erste südamerikanischen Original-Schamanen überlassen.

Weniger gefährlich, in der Nachbetrachtung allerdings selten stichhaltig, sind jene hochkomplizierten philosophischen Großsysteme, zu denen anfänglich harmlose Gedankenspielereien auf LSD regelmäßig auswuchern.

Ebenso sollte Erkenntnissen rückführungstherapeutischer Natur mit kritischer Geisteshaltung begegnet werden – auch und im Besonderen, wenn es sich bei den vermeintlichen Ahnen Deines weitgereisten Karmas um Prominente wie Dschingis Khan, Jimmy Hendrix, Che Guevara oder Marlene Dietrich handelt. *Sensationelle Entdeckungen dieser Art begeistert der Öffentlichkeit kundzutun, empfiehlt sich zudem in den wenigsten Fällen. Man wird ja doch nicht verstanden ...*

Auch die ganz simplen Lösungen grundlegender biologischer Defizite des menschlichen Körpers («Einfach nicht mehr krank werden! Und der Fall hat sich!!«) bestehen den Test des Alltags nur selten.

Reizvoll und lohnend freilich sind jegliche Auseinandersetzungen mit der Legitimität moderner Wahnsinnsformen. Schizophrenie hat ja bereits bei nüchterner Betrachtung einiges für sich – zwei sind mehr als eines, daran ist nicht zu rütteln. Von einer allzu eingehenden Betrachtung dieser Frage auf LSD ist wiederum abzuraten.

Bist Du erst einmal so weit, Dir nicht mehr sicher zu sein, ob Dein momentaner Zustand der Wirkung des LSDs geschuldet ist, oder der schieren Grenzenlosigkeit Deiner Genialität zuzuschreiben, sei versichert: Es ist das Acid. So genial bist Du nicht. Nein, auch ein großer Heiler oder Weltenlehrer steckt vermutlich nicht in Dir – aber ein kleiner vielleicht, und das ist schon sehr viel.

Gerät die Sache übrigens komplett außer Kontrolle, helfen, wenn zur Hand, chemische Gegenblocker, oder auch der Kontakt mit eingeweihten Mitbewohnern und Freunden. Ein Hilfeschrei Richtung Mami und Papi bringt im Normalfall wenig, hat aber immerhin das Potential, das familiäre Verhältnis auf Jahre hinaus zu zerrütten. Vitamin C und Ascorbinsäure bringen einen demgegenüber relativ zuverlässig runter.

So, Weazel.

Das alles weißt Du längst, nicht wahr?

Und jetzt bist Du alleine auf einem Trip und auf allen Sendern zeigen sie Dir, wie Passagierflugzeuge ins World Trade Center knallen und das Pentagon brennt. Nichts einfacher, als damit klarzukommen, wie?

Fürs Weazel war die Sache klar: »Weazelchen, alte Lustschabracke, da bist Du auf einem ganz üblen Horrortrip unterwegs! Wo auch immer Du Dich gerade befindest oder zu befinden glaubst, was auch immer da an Filmen abläuft, was Du auch glaubst zu sehen: Das hier ist nicht real!

Oder, real vielleicht schon. Jedenfalls passiert das nicht in echt! Da ist was oberfaul. Du träumst noch, treibst durch psychedelische

Sphären, bist hängen geblieben in einem total verschissenen Gedankenloop.«

Dieselbe Szene, immer wieder, von vorne, von hinten, von unten, aus allen Perspektiven, seit einer halben Stunde schon, es ist ein Loop: der brennende Turm links, das elendig langsame Flugzeug vor dem Turm rechts, das, wie an einer Schnur gezogen, full speed einfährt in diese Stahlspiegelwand! Eine Feuerfront bricht durch die rückwärtigen Fenster, auf einer Linie, todbringende Gischt. Trümmer fallen, Flammen lodern, Menschen fallen. Rauch und Rauch und alles dicht im Nebel. Schwarzer Nebel, weißer Nebel, grauer Nebel, überall Nebel, Rauch und Feuer. Manhattan im Wolkenmeer.

New York, New York, hassgeliebte Hauptstadt der neuen Welt, schwules Petrograd und Hort des schnellen Geldes: Was hängst Du da herum, so völlig daneben, schwebend zwischen Unterwelt und Himmel? Steigst Du auf in höhere Sphären? Stürzt hinab in Höllenfeuer?

New York, aus dem Andockring der Zeit gesprengt. Einsam voraus, zwei Türme voraus, auf dem Weg in ein neues Erdenalter. Kein Menschenalter mehr, maybe.

»Aaaah, okay, genau, das isses, Entwarnung, Entwarnung, alles halb so wild!« , sagte sich jetzt das Weazel. Immerhin war es mutterseelenalleine auf dem Donner, total verspult und seit geraumer Zeit im Würgegriff weitgehender Orientierungslosigkeit mit depressiver Grundtendenz. Was um alles in der Welt also sprach dafür, dass diese ganze Scheiße in echt passierte?

Im Gegenteil sprach so ziemlich alles dagegen. Die Special Effects waren recht ansprechend gemacht, das musste das Weazel zugeben. Aber das Schreien zum Beispiel: Das war hollywoodmäßig einstudiert, das hörte man doch sofort raus. Echte Panik würde ganz anders klingen. Dazu diese Gesichter, auf den staubverwehten Straßen. Unglaubwürdig! Schlecht gespielt! Und die Story, die sie einem quer durch die Kanäle auftischten, so besonders war das nicht; die x-tausendste Variation des üblichen Katastrophenthemas halt. Haben sie bei INDEPENDENCE DAY oder GODZILLA viel besser umgesetzt, befand das Weazel schonungslos.

Was würde der Kanarienquex sagen? Bestimmt wäre er cool wie Packeis: »Nich so hochhängen det Janze, immer hübsch auf dem Teppich, bloß nich reinsteigern, Weazel, hey! Mach die Augen auf! Es ist nur der Trip, der Trip! Du hast Dich überschätzt, bist alleine abgespaced und wirst jetzt hinten und vorne nicht fertig damit! Geh schlafen, geh spielen, geh was essen, mach sonstwas, aber lass Dich nicht hängen in diesem Horrorfilm. Das bringt nix, das ist gefährlich und das weißt Du«, würde der Kanarienquex losberlinern: »Det is alles nur ...«

... Der eine Turm war weg. Als säßen die Stockwerke im Aufzug, sackte der Finanzgigant Etage um Etage in sich zusammen. Nur der Trip, es ist nur der Trip, ein übler Horrortrip, das alles. Alleine auf LSD, was für eine Dummheit, Menschenskind! Nicht hängenbleiben, raus, irgendwohin, weg, raus aus dem Teufelskreis, was anziehen, sich auf die Straße zwingen, Freunde suchen, nur weg. Auf andere Gedanken kommen, mit Leuten über die apokalyptische Qualität chemisch induzierter Halluzinationen fachsimpeln, sich anderen Unsinn einbilden. Was Schönes, Ruhiges, Stilles mal zur Abwechslung ...

Bevor es die Flimmerkiste abschaltete, sah das Weazel noch flüchtig, wie der andere Turm auch noch zusammenstürzte.

»Too much, es wird langsam lächerlich, ehrlich«, redete sich das Weazel hektisch ein. Dass sie immer noch eins draufpacken müssen, immer noch eine Explosion hinterher: Seelenverdreher, Hollywood-Gangster! »So einfach kriegt ihr das Weazel nicht eingepackt. Ich bleib nicht hängen auf Eurem Scheißfilm!« schnaubte das Weazel, die Caterpillars schon an den Füßen, riss die schwere Eisentür auf – die Luft schien rein – und nichts wie raus.

Diese, wenngleich liebevoll zusammengebastelte, so doch hinreichend einfältige These – alles das seien nur besonders eindrucksvolle Halluzinationen im Rahmen eines außer Kontrolle geratenen Horrortrips – büßte schnell an Überzeugungskraft ein, als das Weazel inmitten eines drogentechnisch unverdächtigen Menschenhaufens in der Wandelhalle des Ostbahnhofs stand.

Im Stehausschank zu »Le Bistro« starrten alle auf die immer gleichen Szenen auf dem Bildschirm.

Keine wilden Diskussionen, kein Geschrei. Schweigend stand die Menge da. Nur kurze, abgehackte Kommentare. Die Geschäftsleute: aus dem Gleis geworfen. Die Studentenköpfe: überfordert. Die Verkäuferinnen: unkonzentriert.

Ein Glas fällt zu Boden und zerspringt. Ein Reisender aus Bayern sagt versöhnlich: »Des is jetzad ah scho wuarscht, Frau!«

Ein restlos integrierter Onkel-Tom-Türke fragt alle fünf Minuten sein pflichtschuldiges »Furchtbar, ne?«, Niemand antwortet, einige schleudern misstrauische Blicke durch den Raum.

»Das ist der dritte Weltkrieg!!« schnarrt der Rentner mit einer Bestimmtheit, die nicht zur Beruhigung beiträgt.

Ein paar schwarzafrikanische Drogendealer werfen kurze Blicke auf den Bildschirm. Sie nicken sich zu und gehen zurück an die Arbeit. Auch die Ladendiebe schwärmen aus, die Gelegenheit ist günstig. Der private Sicherheitsdienst des Großbahnhofs wird anderweitig beschäftigt sein, an diesem Tag: Schlagstöckchen frei zur Flugabwehr!

Die Zivilisation ist in Gefahr.

Noch weiß niemand, wie zu reagieren ist. Bald schon wird jeder Halbidiot wissen, welche Sätze es sind, die nichts falsch machen lassen. Die Straßenschilder Richtung sichere Seite werden aufgestellt, der aktuell geforderte Reflex wird einstudiert: erst einzeln, dann in Gruppen, jetzt alle zusammen, bitte! – Und: Vorhang auf!

Die ersten Statements transportieren Formulierungshilfen rund um die Oberbegriffe »Betroffenheit«, »Schock« und »Fassungslosigkeit«.

Die CDU-Chefin ist »absolut betroffen und fassungslos«. Eine Einzelhandelsverkäuferin auf RTL sogar »wahnsinnig total betroffen«. Der Typ von der PDS ist verdächtigerweise nur »fassungslos«. Der kurzgeschorene Moderatorenyuppie moderiert mit unbeeinträchtigter Professionalität, obwohl er »selber absolut unter Schock« zu stehen angibt.

Kollektive Gefühlsinszenierung als Ersatz emotionaler Reaktion.

Fühlt noch irgendwer für sich selber eigentlich?

»Menschheit, Menschheit, was machst'n Du für G'schicht'n?«, grantelt der Reisebayer traurig vor sich hin. »Das ist der dritte Weltkrieg!«, lässt sich erneut der Rentner vernehmen. Die Studenten runzeln fragend die Stirn und überprüfen historische Parallelen (Kriegsausbruch 1914, Pearl Harbor, Tet-Offensive). Währenddessen versinkt der zweite Turm im Erdboden, in der siebzehnten Wiederholung.

Verwirrung. Von einem fünften Flugzeug will einer gehört haben! Das vierte sollen die Amis selber abgeschossen haben! Von der Bombe vorm Außenministerium ist seit zwanzig Minuten nichts mehr zu hören ... Das Pentagon brennt immer noch, heißt es.

»Alle Marinehäfen in Gefechtsbereitschaft«, meldet CNN im ZDF. Kriegsschiffe seien ausgelaufen, haben »gut informierte Kreise« in Erfahrung gebracht. Ja, sehr gut, gut. Und wo laufen die hin? Dieselben Experten, dieselben Statements, dieselben Bilder. Der Loop geht weiter: alle fünfzehn Minuten jubelnde Araber, alle fünf Minuten die Crash-Bilder, alle zehn Minuten Turmsturz und Massenpanik.

Emotional paralysiert leitet das Weazel über den Kopf die Gegenreaktion ein: »Die machen uns kaputt, nicht mehr hinschauen, lass es Dir nicht noch einmal reindrücken, Du hast es oft genug gesehen,« hallt es aus den Niederungen des Weazel-Intellekts. Zwanzig Mal schon, jedes Bild, dreißig, fünfzig, hundert Mal gesehen. Es ist Dir längst eingebrannt, tätowiert in die Rinde Deines Kleinhirns, für alle Zeiten eingebrannt. Verstehst Du das denn nicht? Diese Flugzeuge knallen Dir ins Hirn! Diese brechenden Türme sind Dein altes Leben, Deine Zukunft! Deine Träume sind, was da in Flammen steht! Leben, Zukunft, Träume – Kartenhaus einer Generation verwöhnter Naivlinge!

Das Weazel tritt zurück, in die Weiten des scheidenden LSD-Trips und sieht noch, wie der Meister vergangener Kriege abtritt vom Schlachtfeld des neuen. Es hört, wie Obi-Wan Kenobi unter brauner Mönchskapuze, in aller Ruhe und völlig sicher seiner selbst, zu Darth Vader sagt: »Wenn Du mich jetzt tötest, Darth, werde ich mächtiger sein, als Du es Dir in Deinen kühnsten Träumen vorstellen kannst!« Dann fährt er sein Lichtschwert ein und erwartet den Schlag des röchelnden Rächers. Lässt sich niederstrecken von einem, der einst sein Schüler gewesen ist. Obi-Wan lässt den tödlichen Schlag geschehen, im Wissen um die Macht, die mit ihm ist. Die ihn hinaustragen wird, über diese begrenzte Welt.

Offenen Mundes schaut das Weazel auf den Bildschirm. Noch mal, ZACK! Der Flieger wird zum Feuerball, der Turm bricht, der Himmel stürzt zu Boden. Jubel, Freude, Yippieyeeeh! Lachende Turbanträger, verschleierte Frauen im Taumel, beim Essen und Trinken und Feiern! Und das Pentagon, es brennt noch immer! Fassungslosigkeit, Entsetzen, Schock! Anschlag, Empörung, zivilisierte Welt! Kriegserklärung, Betroffenheit, absolut, total, Wahnsinn, Irrsinn, seit Menschengedenken, Weltterrorismus! Sätze, Worte, Bilder, Krieg, wieder und wieder. Du brauchst das Fernsehen gar nicht mehr, der Loop läuft längst in Deinem Hirn, es ist zu spät. Es ist zu spät, die haben uns überrumpelt. Die Zwillingstürme sind Dein Denken und Dein Fühlen. Und once again, die Szene der Szenen, die Flugzeuge, vorwärts, voll rein, Attacke, mitten ins obere Drittel Deines Körpers, mitten rein zwischen Rumpf und Schädel! Eine Kriegserklärung ist das, Krieg gegen Dein Kleinhirn. Krieg gegen Dich, gegen Deine Welt – das Andere hat Deiner Realität den Krieg erklärt!

Alles läuft jetzt in Deinem Kopf ab, durch Deinen Körper. Die Matrix ist aktiv in Dir, Deine Systemeinstellungen werden neu konfiguriert.

Himmelherrschaft, merkt das denn niemand?

»Lauf, Luke, lauf!«, hört das Weazel die Stimme des alten Obi-Wan aus dem Off. »Ja Mann, schnell, lauf: Lauf weg, Weazel, lauf los, raus, nur raus aus diesem Affenstall!«

Das Weazel atmet, spannt sich, und geht, mit schnellen, kontrollierten Schritten.

Raus aus diesem Bahnhof, raus aus dieser Menschheit.

Eine Welt geht unter.

Gut, dass es nicht die Deine war, Weazel.

Der Kanarienquex hatte keinen Schimmer von all dem. Das sah ihm ähnlich: Paradiesvögelchen, Feuertänzer, Partylöwe – KQ, genannt: »der Kanarienquex«

Im Gegensatz zum Weazel war er nach dem vermeintlich gescheiterten Tripversuch nicht zurückgekrochen in heimatliche Katakomben. Der Stoff würde schon noch einfahren, das hatte KQ bis zuletzt prophezeit.

Ihn zog es tiefer in den nahenden Morgen dieser Großstadtnacht und in verbotene Quartiere. KQ wusste, wonach er suchte. Er wollte feiern, tanzen, lachen, weinen, brüllen. Wie ein Derwisch über die Tanzfläche fegen, ab und zu was nachwerfen und weiterfeiern, bis in den nächsten Tag hinein und darüber hinaus.

In der Partyfestung zu Shivas Paradize würde der Kanarienquex mit seinem Trip garantiert nicht alleine sein. Auch nicht an diesem spätsommerlichen Dienstagmorgen.

Nach längerer Fahrt durch die Außenbezirke des Molochs fuhr die S-Bahn auf der stählernen Eisenbahnbrücke über den Fluss. Von der Endstation aus verlief das restliche Stück des Weges auf wenig einladendem Gelände. Vorbei an Fabrikskeletten und auf Straßen, durch deren spröden Asphalt das Unkraut ans Licht brach, pirschte der drahtige Quex-Körper durch ein schier endloses Trümmerfeld fordistischer Produktion. KQ müsste sich beeilen. Der Quex-Magen begann zu rumoren. Die einfahrende Substanz verriss dem bunten Vogeltier zusehends die Optik. »Spät kommst Du, aber Du kommst«, dachte der Kanarienquex laut und schickte dem Tripgott ein herzliches Dankeschön in die Quellwolken.

Die Farben begannen bereits, sich zu vermischen, als KQ den alten Kohlenkanal erreichte. Zwischen dem Kanalufer und windschiefem Mauerwerk wandernd, folgte der Quex verwachsenen Pfaden. Dann kam, im Gegenlicht der aufgehenden Sonne, der »Shiva-Tower« in Sicht: zum Wachturm ausgebauter Schornstein der alten Ziegelei.

KQ zog sein Mobiltelefon aus der Tasche, klappte es auf und gab per SMS die aktuelle Parole durch. Ein kurzes Aufblitzen oben im Turm signalisierte KQ, dass sein Kommen bemerkt worden war.

»Das ist echt superalbern«, ätzte der Quex gehirnintern los. »Nur weil dieser paranoide Kranki seine mittelalterlichen Kindheitsträume nachstellen will! Robin Hood für Cyberhippies, zum Kotzen.«

Nicht nur dem Quex ging das neue Sicherheitsprotokoll gehörig auf den Keks. Thom Willbroox' Einschätzung, die aktuelle Lage erfordere schärfste Wachsamkeit, konnte kaum jemand im Ansatz teilen.

Als wäre Shivas Paradize nicht Festung genug! Wiederholt waren die »Shiva-Fürsten«, wie die geheimnisvollen Betreiber des Partytempels genannt wurden, in die Kritik geraten. Und das nicht nur wegen ihrer Verteidigungshysterie.

Das Sicherheitssystem beinhaltete einerseits mehrere konzentrisch angelegte Schutzkreise. Geheimnisvolle Zinken, Steinfiguren und magische Symbole erstreckten sich weit über das umliegende Areal. Dieses Energiefeld wurde durch Personal mit zwei, vier und mehr Beinen verstärkt. Dazu kamen als weitere Elemente der ausgeklügelten Sicherheitsstrategie regelmäßige Patrouillen, der meist besetzte Shiva-Turm, geheime Fluchtwege und, das verbreitete jedenfalls Donna Fauna, Waffenverstecke.

Technisch gesehen handelte es sich bei Shivas Paradize um eine ehemalige Fabrikanlage. Eine Ziegelei war das wohl früher gewesen, so ganz genau wusste das aber niemand mehr. Dass die gesamte Gegend seit dem Zusammenbruch der Ostwirtschaft vergessen, verwaist und verwahrlost war, machte die Tarnung des Hippiekrals perfekt.

1990 von der Treuhand übernommen, hatte das Kombinat schlagartig die Produktion eingestellt. Auch jetzt noch schien alles einsam und verlassen. Nur ein rhythmisches Dumpfen aus der Erde verriet unterirdische Aktivität.

Einen torlosen Steinbogen durchschreitend, gelangte der Kanarienquex in den Innenhof eines roten Backsteingevierts. Am entglasten Pförtnerhäuschen vorbei, steuerte KQ auf den linken Flügelbau zu, trat einige Stiegen hinunter und machte sich an einer rostigen Eisentür zu schaffen. Sie öffnete sich einen Spaltbreit, und KQ huschte hinein.

Vom beginnenden Tag in die nie endende Nacht wechselnd, folgte er den Windungen des Korridors. Feucht waren die Wände und klamm die Luft. Eine Treppe hinunter, durch einen langen, dunklen Flur, dann noch ein Gang und noch eine Treppe. Geheimnisvolle Zeichen leuchteten hier und da auf, undefinierbare Geräusche ließen hinter diversen Wänden Aktivität vermuten. Die Temperatur wurde langsam unangenehm.

Schließlich gelangte KQ zur ersten Energieschleuse.

Zwei steinerne Höllenhunde standen Wache. Wie immer war dem Quex, als durchlaufe ihn ein leichtes Wutzittern, als er jene stumm die überdimensionierten Zähne fletschenden Zerberusse passierte.

200 Meter, drei Treppen und vier Ecken später hatte KQ den inneren Ring erreicht. Vor dem Hauptportal stand, in schweren Boots und schwarzem Leder, Thom Willbroox, Chief of Staff von Shivas Paradieswache. Neben ihm lagen träge die lebendigen Ausgaben der zuvor passierten Steinberserker. »Willi« und »Brooki« hatte der oberste Shiva-Wächter seine furchteinflößenden Kampfköter getauft. Aber für die Kreativität waren in Shivas Paradize zum Glück andere zuständig.

KQ verkniff sich wohlweislich einen Kommentar zum neuen Sicherheitsprotokoll. Er tauschte belanglose Freundlichkeiten mit Willbroox aus. Endlich wühlte sich der Kanarienquex durch ein Labyrinth aus seidenen Vorhängen, hinein, in den grünen Rauchschimmerdampf von Shivas Paradize.

Es riecht immer noch nach Arbeit, dachte der Kanarienquex bei sich. Er paradierte durch die Hallen des ehemals volkseigenen Betriebs, um zu grüßen und gegrüßt zu werden.

Offenbar hatte bis zum jetzigen Zeitpunkt niemand Anlass gehabt, die Vergangenheit des Ladens mit grellen Farben zu übertünchen. Winden und schwere Ketten hingen von den Decken, rostige Maschinen fungierten als rustikale Partyfeatures. Nur über die lesbaren Überreste eines Propagandaspruchs von wegen »Steigerung der Produktion« und »Sieg der Arbeiterklasse« hatte ein Witzbold in großen, grellgrün irisierenden Lettern »Rostfront!« gepinselt. Befriedigt stellte der Quex fest, dass jene vorwitzige Ergänzung der nach und nach alles einfärbenden Rußmischung des Kombinats noch schneller anheimfiel als die Stalinparole, auf die sie sich bezog.

KQ lief auf seiner Begrüßungsrunde alles ab. Schüttelte hier eine Hand, Küsschen da und Winkewinke. Er fiel dort jubelnd in ausgebreitete Arme, zog an zwei, drei, vielen Willkommensjoints.

Shivas Paradize: Energietankstelle und Basislager der Cyberhippies.

In der Mitte der Lagerhalle gab es ein großes Schachbrett, das als Tanzfläche diente. Am linken Rand der schwarz-weißen Felder stand eine neonleuchtende Plexiglaspyramide, von wo aus DJ Yoritomo seine rasenden Beats in den Herzschlag der tanzenden Seelen schoss.

KQ war noch nicht in Fahrt für das Gehampel. Der Trip war jetzt voll da und er brauchte Zeit, seine Energiezentren dem Fluss der Kraft zu öffnen.

Er lenkte seine Schritte zur Feuerstelle. Dort wurde, auf Fellen und Kissen sitzend und in Decken eingewickelt, getan, womit die Spezies seit steinernen Altern ihre Zeit am sinnvollsten vertreibt: in die reinigenden Flammen starren, palavern und dem schrägen Singsang des Schamanen lauschen.

Selbiger hieß im vorliegenden Falle Neolin 2 und war für Fragen überweltlicher Natur der anerkannte Experte in Shivas Paradize.

Der historische Original-Neolin war im achtzehnten Jahrhundert Seher und Schamane der Delawaren gewesen. Er predigte die Rückkehr zur ursprünglichen indianischen Lebensweise, nahm aber an christlichem Gedankengut auf, was dem Aufbau des indigenen Widerstands Nutzen versprach.

Neolin war der wichtigste einer Reihe von radikalen Sehern, die in dieser Phase der weißen Landnahme den Aufstand gegen die britischen Siedler predigten. Sie waren Heiler ihres kränkelnden Kollektivs und spirituelle Führer des aufflammenden indianischen Abwehrkampfes. Aber auch Propheten des Untergangs! »Schwere Tropfen«, wie Friedrich Nietzsche schrieb: »...einzeln fallend aus der dunklen Wolke, die über den Menschen hängt: sie verkündigen, dass der Blitz kommt und gehen als Verkündiger zugrunde.«

Neolin teilte seine Visionen stets unter Tränen mit. Dabei ging er mit der unpopulären Weisheit hausieren, Manitu sei stocksauer auf die Indianer, weil die sich von Natur und Glauben abgewendet und in jeder Hinsicht von den weißen Teufeln abhängig gemacht hätten.

Gegen das Feuerwasser der Weißen wetternd, schenkte Neolin einen bitteren Trank aus, den er nach geheimer Rezeptur selbst braute. Seine Cocktails sollen heftig eingefahren sein. Sie reinigten die Indianer von der negativen Energie der Invasoren und stärkten ihre Seelen für den kommenden Krieg. Wesentlich inspiriert von Neolin (»There will be two or three good talks and then: War!«) bereitete sich eine Konföderation indianischer Stämme unter Führung des Ottawa-Häuptlings Pontiac zwei Jahre lang systematisch auf den Aufstand vor. Neolin und die anderen Seher mobilisierten indes, was sie an Göttern und Tierheiligen erreichen konnten.

1763 attackierten die Stämme der Delawaren, Shawnees, Mingos, Senecas, Chippewas, Ottawas, Miamis und Wyandots alle britischen Posten und Forts rund um die Großen Seen.

Der Anfangserfolg war durchschlagend. Nur Fort Niagara, Detroit und Fort Smith konnten dem indianischen Ansturm standhalten. Danach stockte die Offensive, blieb aber militärisch intakt.

Erst als General Jeffery Amherst, dessen Rassentheorie die Zugehörigkeit der Indianer zur Menschheit bestritt, die Anweisung erteilte, diesen Decken und Tücher zu schenken, die er zuvor aus dem Pockenkrankenhaus hatte holen lassen, wendete sich das Blatt. Die Seuche grassierte in allen Stämmen, der Pontiac-Aufstand wurde niedergeworfen, und die Pocken rafften in den Folgejahren sechzig bis achtzig Prozent der indianischen Bevölkerung dahin.

Dem hellsichtigen Neolin blieb im Gegensatz zu Häuptling Pontiac erspart, als Name einer amerikanischen Automarke missbraucht zu werden. Er musste lediglich als Namensgeber für einen Tieftonlautsprecher, Holzlack und Schlangengift herhalten. Dennoch schien wenigstens Neolins Karma seine Aktionsfähigkeit erhalten zu haben.

Dem zeitgenössischen, zweiten Neolin, jenem zu Shivas Paradize, war der Original-Neolin des Delawaren-Stammes nämlich eines schönen Abends auf Meskalin erschienen – kurz nachdem Ersterer hatte kotzen müssen von dem Zeugs. Der Ältere erklärte den Jüngeren zu seinem spirituellen Nachfolger und gab ihm auf, den Kampf gegen die weiße Lebensweise im Hause des Feindes fortzuführen.

Diesem Auftrag kam Neolin 2 mit rührender Hingabe nach und tat, was er konnte, die Selbstzerstörung der westlichen Zivilisation zu beschleunigen.

Diesen zweiten Neolin nun suchte KQ am Nachmittag des 11. September 2001 auf. Noch unwissend, was sich in der Welt draußen begeben hatte, war er begierig, einen energetischen Wink von diesem in Partykreisen hochgeschätzten Seher zu erhaschen.

Neolin 2 war am Rand des großen Feuers stationiert. Mit Fellen und bunten Tüchern verhangen, hatte er dort seinen Wigwam aufgeschlagen. Seinen »Instant-Tempel« nannte der Shiva-Schamane diese in aller Kleinheit doch pompöse Behausung, in der er schlief, betete, sang und allem Anschein nach überhaupt wohnte.

Im Gegensatz zu Fauna, die die Nähe von Neolin 2 oftmals suchte und sich keineswegs entblödete, sich als dessen Zauberlehrlingstunte zu gerieren, gehörte KQ zu den seltenen Gästen am großen Feuer. Mit innerer Hitze im Übermaß gesegnet, war Shivas schachbretterne Tanzfläche sein angestammter Platz.

Als KQ an diesem Tag den Rat des Schamanen suchte, saß dieser vor den zurückgeschlagenen Tüchern seines Tempelchens und reinigte den Weihrauchkessel. KQ setzte sich still gegenüber. Neolin 2 hatte der dicken Rußkruste den Kampf angesagt und rubbelte geduldig und hochkonzentriert an seinem Kesselchen herum. Weiche, schwingende Bewegungen.

»Ah, wie schön: auf dem Ast gegenüber sitzt ein Kanarienquex!«, begrüßte Neolin 2, ohne aufzuschauen, das Buntvogelvieh: »Seltene Ehre. Die Türme haben die Dame vom Schachbrett gefegt, wie? Sind ein bisschen ratlos jetzt ...«

Ohne auf diese merkwürdige Begrüßung zu antworten, rückte der Kanarienquex, von Neolin 2 mit einer Geste eingeladen, näher heran. Dann seufzte Neolin 2, erhob sich und hockte sich direkt vor die Flammen. Er müsse erst das Feuer reparieren, um das Dunkel besser sehen zu können, erläuterte er dem wartenden Quex.

Während Neolin 2 mit einem Schürhaken die Glut ordnete und das Brennholz Scheit um Scheit zu einer kunstvollen Architektur aufschichtete, setzte leiser Singsang ein. KQ schienen es zwei Stimmen zu sein, Oberton und Bauchstimme im Duett. Das ging eine Weile.

Abrupt endend, kam Neolin zurück in das, was in seinem Fall von der Realität übriggeblieben war. Er ging neben KQ in die Hocke, schien aber von einer tiefen Unruhe erfasst zu sein. Erneut stand er auf, nahm einen glühenden Stock aus dem Feuer und entzündete Räucherware im frisch gereinigten Kessel. Als dieser dampfend im Eingang seines Tuchtempels hing, suchte, fand und öffnete Neolin ein kleines Kästchen aus Kamelknochen. Wie, um sich noch einmal zu vergewissern, fingerte er ohne nennenswertes Zeremoniell vier, fünf bunte Steinchen heraus. Er betrachtete sie jeweils kurz, nickte und legte sie wieder zurück.

Er setzte sich, holte Luft, stieß einige Testkrächzer aus und begann leicht zu wippen, vor und zurück. Geschlagene zwanzig Minuten ging das so, aber KQ wusste, dass Neolin 2 für seine Auskünfte Zeit brauchte. Schließlich ergriff dieser noch sein Instrument, ein skurriles Holzteil Marke Eigenbau, und setzte sich erneut in Positur. Er zupfte langsam, dissonant und scheppernd auf den rostigen Saiten herum und schloss die Augen. Nach einer Zeit öffnete er sie, tränennass – und der Kanarienquex bekam Folgendes zu hören:

Der Spalt wird zum Graben
Die Elemente brechen sich Bahn
Mars, der rote Kriegsplanet
Auf dem Marsch
durch die Herzen.

Der Ochse wird ziehen
die schwarze Flut
Über das schwärzere Meer.
Tod zu bringen,
und suchen und finden.

Zwei Brüder
Zwei Heere.
Getrennt
Und verbunden.
Halbblind
Und halbsehend
gerissen entzwei
wie der ganze stinkende Rest.

Ausziehen wird
im Mönchsgewand
der Eremit
Finsterfromm und stochernd
im Nebel aus Dummheit und Ruß
Seine kleine Laterne,
gut, für die kürzere Sicht
In der Zeit der längeren Kriege.

Das freie Schwert und der Säbel indes
Werden höher sich recken
Im Weltenbrand
und zurückgedrängt
in sein Innerstes
wird ein jeder
und jedes.

Jedoch es wächst und lernt und wartet
Die dritte Kraft
Übersehen im Eifer
Der sich schlachtenden Zwei.
Wird pflügen die brennenden Äcker
Jahrtausende der alten Welt
Blutspritzender Rammbock
vor blutbespritzten Rädern.

Vereint im großen Sterben
Was nie getrennt gewesen

werden Körper sich ändern
Es wird sprießen und keimen
Im Blutschatten noch
Der toddurchfurchten Felder
Eine neue Brut
Und erobern sich
eine verheerte Welt.

Als Neolin 2 geendet hatte, sackte er erschöpft in sich zusammen. Er trocknete sich die Tränen und schaute auf. Der Kanarienquex war fort. Schaudernd hatte dieser, kurz nach dem »Blutschatten der toddurchfurchten Felder«, die Flucht ergriffen.

Direkt dem großen Feuer gegenüber bot sich neuerdings ein erhebender Anblick: Als eine der spektakulärsten Anschaffungen der jüngeren Zeit gab eine künstliche Berglandschaft den Shiva-Feiernden Gelegenheit, sich in luftiger Höhe zum Alleinsein zu verkrümeln. Es handelte sich um gängiges Spielgerät für Menschenkinder: ein Klettergerüst, verbunden mit fingerdickem Drahtseil, das sich um die zentralen Stützmasten zu einer komplexen Struktur spannte.

Die düsteren Prophezeiungen des Shiva-Schamanen fliehend, erkletterte KQ diese neue Spielebene.

»Stranger Mood an diesem Tag«, dachte der Kanarienquex, als er von diesem Drahtseilgebirge aus einige Zeit zugebracht hatte, das Treiben unter sich zu betrachten.

Inzwischen waren es schon wieder erstaunlich viele, die sich in Ermangelung geregelter Wochenarbeitszeiten in Shivas Paradize tummelten.

Der Quex schaute sich das acidverspulte Treiben vom Klettergerüst aus eine Weile an. Shivas Nachmittagsmeute war für ihre ausgesuchte Planlosigkeit berüchtigt. Dann verließ er seinen Aussichtsposten und begab sich herab auf die Tanzfläche.

Dort noch nicht angekommen, kündete der Vibrationsalarm vom Erhalt einer SMS.

KQ ging unauffällig ein paar Meter abseits, um nicht in Thom Willbroox' Blickfeld zu geraten, der allen Ernstes ein Telefonierverbot im gesamten Kombinat durchsetzen wollte.

In einer Ecke stehend fingerte KQ das Telefon aus einem kleinen Seidenbeutel. Auf dem Display las er:

»Babylon on fire, Süßer ... +++ What the fuck is going on?! +++ CALL ME NOW!!! +++ d. fauna«

Na was! Donna Fauna! Wenn es nach der ging, war die Welt schon des Öfteren im Chaos versunken, quer durchs vergangene Jahrzehnt.

Das arme Kind war friedensbewegungsgeschädigt. Von ihren Eltern in frühem Kindesalter über jedes vertretbare Maß hinaus shalom-haverimisiert, hatte Fauna die Neutronenbombenapokalyptik der Raketenkrise der Achtzigerjahre zu einem emotionalen Grundmuster ausgebaut.

Wer sie nicht kannte, fiel erfahrungsgemäß ein- bis zweimal auf Faunas charismatisch vorgetragene Panikattacken herein und ließ sich ein paar Meter in Richtung des vermeintlichen Weltuntergangs mitschleifen. Auf die Dauer reagierten die meisten gelassen, wenn Fauna mal wieder meinte, ihre depressive Todessehnsucht zur Grundlage weltpolitischer Analysen machen zu müssen.

KQ gehörte zu denen, die ihre Ausraster einschätzen konnten. Für Sekundenbruchteile irritiert, beschloss er umgehend, die hysterische Aufforderung bass zu ignorieren. Er dachte ja nicht daran, Fauna zurückzurufen. Und »NOW!!!« schon mal gar nicht. Nicht mit drei Ausrufezeichen.

Die Guteste hatte, das sagte sich der Kanarienquex bei aller Sympathie, echt einen ordentlichen Knacks im Hirn. Was für KQ, der seine scheinbar viel harmloseren Neurosen intern dramatischer einstufte, seit jeher die Geschäftsgrundlage freundschaftlicher Betätigung darstellte. Es waren immer die keineswegs nur harmlos Wahnsinnigen gewesen, bei denen das Quexometer heftig ausschlug.

Diese Sammelleidenschaft für Irrsinnige aller Provenienz war beim Quex berufsbedingt. Oder berufsvermeidungsbedingt – für die, denen eine Tätigkeit als reisender Partylöwe wenig handfest gilt.

Dabei war der Quex anerkannter Profi in seinem Geschäft. Der Lifestyle, den er sich auf diese Tour leisten konnte, durfte sich anschauen lassen.

Er verbrachte wilde Wochen auf den Partyinseln aller Meere, feierte tagelang mit Sven Väth auf einer Yacht vor Ibiza, jettete zu den Highlights der Goa-Bewegung in australischen Urwäldern und nordafrikanischen Wüsten – und immer fanden sich Leute, die bereitwillig für sein Kommen bezahlten.

Andere mussten sich dafür als Tresenhilfe verdingen, Lasershows veranstalten, als Cybermonster, DJs, VJs, MJs oder auf Stelzen das Feiervolk animieren oder sich sonstwie zum Kasperl machen.

Vom Kanarienquex wurde dergleichen nicht erwartet. KQ hatte geschafft, regelmäßig als er selbst engagiert zu werden. Er wurde eingeladen, auf Kosten des Hauses zu sein, wie er gerade sein wollte. Wenn er sich dann, was ständig vorkam, inmitten der Elite der Drogenkultur auf das Extremste aufführte, nahm ihm das niemand übel, im Gegenteil: Dann waren's alle zufrieden, jaja, der kleine, orange-grüne Quex war sein Geld mal wieder wert gewesen. Was für ein Auftritt, grandios!

Wenn es nun doch so etwas Ähnliches wie eine Berufsbezeichnung geben sollte für das, was der Quex da machte, dann fühlte er sich den Dealern nahe. Immerhin vertickte KQ den begehrtesten Stoff, den diese karge Kugel zu bieten hatte. Und die Abenteuer, Skandale, Bewusstseinszustände und Illusionen, die er seinen Kunden verhökerte, waren mindestens so verboten und vor allem tausendmal wirkungsvoller als das bisschen Chemie-Dreck, für das die Kollegen von der Pillenfraktion zum Teil für Jahrzehnte ins Kittchen wanderten.

Die mit dem wirklich guten Zeug erwischen sie halt nie, lächelte der Quex zufrieden – und stolzierte wie der stiergehörnte König der Narren zurück Richtung Tanzfläche!

Was war los? Eine ganze Weile nachdem KQ den Dancefloor erreicht und Faunas SMS erfolgreich verdrängt hatte, erwischte ihn ein jäher Stimmungssturz. Mitten im wilden Tanz riss die Verbindung. Mattscheibe! Seine Beine fanden den Rhythmus nicht mehr, der Kopf begann zu rattern. Eine leichte Gänsehaut zog vom Nacken her den Rücken hinunter. KQ machte einige Anläufe, in den Sound zurückzufinden. Nichts zu machen.

Ortswechsel.

Der Kanarienquex ging nach draußen. Das hasste er wirklich an der Rave-Szene: Vor den Toren der Sanitäranlagen endete jeder Style! Darüber ärgerte sich KQ jedes Mal. Die Klos waren wie immer verschissen bis sonst wohin.

Drum ging er lieber vor die Tür, um sein Geschäft zu verrichten. Und die Umgebung von Shivas Paradize war jeden Ausflug wert. Man konnte fantastisch durch verlassenes Industriegut turnen. Von freier Natur, die sich das Land zurückeroberte, bis hin zu leeren Arbeitshallen ließ sich für jede Fäkalstimmung das richtige Ambiente finden.

Der Quex entschied sich für einen Schuttberg aus zerschmissenen roten Scherben, der sich malerisch im Innenhof der verwaisten Ziegelei erhob. KQ kraxelte nach oben und schaute sich um. Erhaben stand der Löwe da, zwei Meter nur vom Himmel weg und warf seine Augen im Kreis. King Leo checkt die Lage.

Dann öffnete er seine Hose und ging in die Hocke. In seinem Rücken war die Sonne schon wieder auf dem absteigenden Ast. Das untergehende Rot reflektierte auf der heruntergelassenen Silberhose und tauchte den scheißenden Quex in ein majestätisches Licht.

Der Quex-Magen hatte einiges an Krämpfen auszustehen, ehe es losging. Er hockte da, auf diesem Berg roter Dachziegel, würgte und presste, um den Schließmuskel zu lockern. Dann stöhnte der Quex genüsslich auf und seilte seine Exkremente ab.

Mit dem da hatte er nichts mehr zu tun.

Das Wurzelchakra flimmerte ein wenig.

Es konnte weitergehen.

Neuen Farben entgegen.

KQ hatte die Dauerparty zum Beruf gemacht und die Depressionen einigermaßen unter Kontrolle. Mit Fauna und dem Weazel hatte sich ein großartiges Team gefunden. Shivas Paradize war den Paradiesvögeln Burg und Heimat geworden. Zwischen allen Stühlen hatten sie hier ein großes, rotes Plüschsofa errichtet. Und es saß sich saugemütlich darin.

Wären nur diese Zeichen nicht gewesen.

Seit Tagen flog dem Quex zum Beispiel Asche um die Ohren. Das schwarze Porzellanschiffchen für die Räucherstäbe hatte am Boden gelegen, als er am Samstag heimgekehrt war. Damit fing es an. Es war nicht zerbrochen. Aber die Asche lag überall verstreut.

Tags drauf, beim nachmittäglichen Frühstück, schmiss erst Fauna den Aschenbecher um, dann noch mal das Weazel, schließlich KQ selber. Auch bei den diesen Tag begleitenden Joints war dem sonst so umsichtigen Quex die Asche konsequent auf die Klamotten gefallen.

Asche, Asche, Asche: alles voller Asche. So was registrierte der symbolerfahrene Quex. Und es gefiel ihm nicht.

Erst recht passten ihm diese zwei Fliegen nicht ins Konzept. Sie fielen KQs mit blauen Glassteinen besetztes Pentagramm-Amulett regelrecht an, als er mit Plastiktüten unterm Arm vom Einkaufen kam. Sie stürzten sich richtig drauf, genau auf das Zeichen, wie zielgerichtet.

Die vom Quex als komplett überflüssig empfundene Krönung des Alarmfeuerwerks folgte zwei Meter weiter: in Form einer toten Krähe, die halb skelettiert direkt neben seinem Hauseingang vor sich hin weste.

Alles das in kürzester Zeit und in völligem Kontrast zu der inneren Ausgeglichenheit und Zukunftsfreude, die den Kanarienquex seit Wochen beseelte. Was sollte das? Er konnte die Zeichen weder ignorieren noch einordnen. Ein Menetekel? Stand ein Unglücksfall bevor? Der überraschende Tod eines nahen Freundes? Oder nur dumme Zufälle?

Dabei war KQ gewarnt. Dieser Symboltick, das ging in letzter Zeit eindeutig übers Ziel hinaus.

Er kannte diese Typen doch: esoterisch verseuchte Mathecracks mit abgebrochenem Informatikstudium, die aus jedem Joghurtpreis die Quersumme errechneten, nach der siebten Quadratwurzel eine versteckte 23 entdeckten und damit die Welt erklären wollten.

KQ glaubte durchaus an die mystische Kraft von Orten und Symbolen. Er liebte ausgefeilte Rituale, Numerik, Tarot-Karten und Sterndeuterei. Er hatte keinerlei Berührungsängste mit fantastischen Realitäten. Sauber ausgearbeiteten Verschwörungstheorien brachte er jederzeit Respekt entgegen.

Aber als hauptberuflicher Illuminatenjäger wollte er lieber nicht enden. Asche hin, Fliegen her, Yoghurtbecher sonst wohin: Alles war gut, wurde besser und würde gut bleiben.

Die Phase seines Durchbruchs hatte begonnen.

Die Sterne standen mehr als günstig.

»Lass uns tanzen!« Die Springmaus, eine seiner besten Partyfreundinnen, nahm seine schwitzigen Hände und hievte den Quex aus dem Stimmungstief, in Richtung Boxentürme. Er ließ sich ziehen und erneut vibrierten die harten Beats durch seinen Körper. Ins Tanzen kam er nicht recht. Am Rande des Pulks die weiche Hüfte wiegend, hatte den Kanarienquex die Vernunft dennoch schnell zurück.

Zweiter Teil

In der Bar
zum Krokodil

Mama Valente war schon lange tot. Beim Weißwurstschmuggel über die Donau-Grenze soll sie im Stacheldraht verendet sein, erzählten die älteren Stammgäste und verteidigten eisern diese Version eines allzu frühen, tragischen Todes. Stockbesoffen war sie gewesen, meinten die Jüngeren; herausfinden würde man es niemals mehr – wie bei diversen Morden an diversen Kennedys, dem Tod Jim Morrisons, der RAF-Gründergeneration, dem schwulen Bayernkönig mit der Wasserpfeife aus Elfenbein und wie beim ...

»Reichstagsbrand! Reichstagsbrand!! Genau wie beim Reichstagsbrand!!!«, geiferte Fauna, außer sich vor Wut.

11. September 2001 – acht Tage danach: Donna Fauna hatte sich inzwischen aus der Depression herausgekämpft und kapiert, was da eigentlich passiert war. Ihr hysterisches Fauchen durchschnitt die betretene Stille: »Bin Laden! Lächerlich! Das waren die Amis selber oder der Mossad oder irgendeine verschissene Psychosekte!«

Auch das Weazel hatte sich mittlerweile von der Tatsächlichkeit der Katastrophe überzeugen lassen müssen. Es war total aufgedreht und ebenfalls für jede Verschwörungstheorie zu haben.

Die Quersumme des Datums hatte das Weazel errechnet: 11+9+2+1 = 23! 23, die legendäre Kennzahl des Geheimbundes der Illuminaten, bekannt aus Buch, Kino, Internet! Das Ergebnis war mathematisch nicht zu hundert Prozent korrekt. Die tatsächliche Quersumme war entweder 1+1+9+2+1 = 14 oder 11+9+2001 = 2021. Das Weazel blieb dessen unbeeindruckt: Ohne mathematische Spitzfindigkeiten war die augenscheinliche Quersumme des Katastrophendatums: 23! Zudem wäre die Quersumme von 2021 auch 2+21 = 23 oder eben 2+2+1 = 5 gewesen. Und die Fünf entsprach wiederum der Quersumme von 14 und der von 23, was überhaupt und naheliegenderweise als numerischer Hinweis Richtung Pentagon zu deuten war: »Penta! Verstehste? Penta! Fünf!«

Das Weazel erntete für seine Rechenkünste wenig Anerkennung. »Du spinnst, ehrlich!«, war sich die anwesende Kneipenbelegschaft einig. Aber diese Bin-Laden-Story? Gab es den Typen überhaupt? Hätten sie die Rolle nicht besser gleich mit Al Pacino besetzt? Al Pacino als Drahtzieher des 11. September, gejagt von Denzel Washington, Kevin Costner als Georg Bush! Da hätte das Weazel mit sich reden lassen und bereitwillig die absurdesten Geheimdienstlügen geglaubt. Aber so?

»Ich möchte gefälligst auf vernünftigem Niveau belogen werden!«, grunzte das Weazeltier.

Fauna ließ die Vorlage nicht ungenutzt:

»Bravo, Weazelchen. Wenn sie schon alles inszenieren, dann bitte gleich mit Leuten, die das künstlerisch auch darstellen können! Graf Scharping als Feldherr und Kriegsstratege – es ist doch zum Heulen! Hindenburg, Hindenburg, wo bist Du nur geblieben!«

Erneut das Weazel:

»Andererseits haben Schröder und Fischer als erste Deutsche im 20. Jahrhundert überhaupt einen Krieg gewonnen. In letzter Minute zwar und mitsamt Amis, Tommies und Franzacken auf das bisschen Serbien drauf, das 1999 noch übrig war, aber immerhin! Gewonnen is gewonnen.«

»Vielleicht verlieren sie diesmal, wenn sie nach Afghanistan mitrennen«, machte sich Fauna Mut.

»Blablabla, krieg Dich mal wieder, Schatz«, gab das Weazel Kontra: »Wenn es nach Dir geht, war der Kosovo-Krieg auch schon ein zweites Vietnam. Und der Golfkrieg 1991 war auch ein neues Vietnam. Und der Somalia-Einsatz auch! Neeee, das dauert noch.«

11. September 2001, acht Tage danach.

Die jetzige Bar zum Krokodil hatte in ihrer langen Geschichte schon viele Namen getragen, und doch immer nur den einen: bei Mama Valente.

Dieser Tage gehörte das Krokodil zu den einzigartigen Features von Shivas Paradize.

Die angeschlossenen Mythen füllen Bände. In der Endphase der Weimarer Republik soll die Kneipe als Sturmlokal des Roten Frontkämpferbundes zahlreichen Angriffen gegen SA und Stahlhelm als Ausgangspunkt gedient haben. Zumindest hatte Mama Valente das regelmäßig behauptet. Später war der Laden Kantine und Trinkhalle für die Belegschaft des Kombinats gewesen, und, so war verschiedentlich zu hören, Versammlungsraum für die Betriebskampfgruppen der umliegenden volkseigenen Betriebe.

Diese Weimarer Heldenstory glaubten nicht mal die treudümmsten Stammkunden von der BA-Fraktion, wie sich die »Bekennenden Alkoholiker« nannten. Das mit den Betriebskampfgruppen zu DDR-Zeiten mochte angehen. Historisch belegt war nur, dass die Kombinatsleute sich hier zum Essen und Saufen trafen.

Nach der Deindustrialisierung der Region ihrer Kundschaft beraubt, hatte die findige Mama einen ihrer prächtigsten Einfälle: Sie startete eine Werbekampagne in Fetischläden und auf SM-Partys und pries ihren Laden als neuen Szenetreff in postindustrieller Atmosphäre an. Parallel begann sie, für die Samstage lokalbekannte Nachwuchs-DJs zu engagieren, und experimentierte zwischenzeitlich sogar mit Gogo-Dancern auf den Resopal-Tischen. Als neuen Namen verpasste sie dem Etablissement in Anlehnung an den queeren Hit der Zwanzigerjahre: »Bar zum Krokodil«

Der Geheimtipp sprach sich in den einschlägigen Kreisen schnell herum. Vielleicht sorgte auch die Existenz dieses Ladens dafür, dass einer oder mehrere der Shiva-Fürsten das Areal für ihr eigenes Projekt entdeckten.

Als diese jedenfalls in der unmittelbar angrenzenden Produktionshalle Shivas Paradize gründeten, war die Bar zum Krokodil längst mehr geworden als nur Heimstadt von Lederschwulen und Plastikfreunden.

Der umtriebigen Mama Valente war Kultstatus attestiert und das Krokodil zur beliebten Anlaufstelle eines breiten Spektrums geworden: globalisierungsbewegte Aktivisten und Swinglesben, Trans- und Intersexuelle, Anarcho-Punks und Hacker-Stammtisch, Crossdresser, Amazonen, Esoteriker, Lebens- und Identitätskünstler aller Art. Was radikal verkorkst und stolz drauf war, tummelte sich bei Mama Valente in ungezwungenem Genderchaos. Diese Crème der rebellischen Stadtjugend ergänzten einige Überlebende der AIDS-Krise, Veteranen der sexuellen Revolution, längst arrivierte Bewegungsschwestern, Mao-Veteranen und Althippies.

Die Brücke zwischen den Generationen bildete eine Clique von frei anschaffenden Strichern. Die jagten sich mit ihren Freiern auf dem Valente-Klo Speed und Koka in die Nasen und zogen anschließend für eine schnelle Nummer in die gespenstisch-schöne Kulisse des verlassenen Industriegebiets.

Es dauerte nicht lange, da gehörten auch Fauna, das Weazel und KQ zu den regelmäßigen Besuchern des neuen In-Lokals. Und nicht nur diese drei fanden die nachbarschaftliche Nähe von Mama Valente und Shivas Paradize feiertechnisch extrem praktisch. Es entwickelte sich ein reger Pendelverkehr. Und trotz anfänglicher Reibereien über die Lautstärke der Beats oder das ständige Geficke im Gebüsch erkannten die Betreiber beider Läden schnell den gegenseitigen Vorteil. Zunächst gab es testhalber einige gemeinsame Partys. Deren Erfolg intensivierte die Zusammenarbeit, und beide Parteien wurden sich ursympathisch.

1999, im letzten Lebensjahr der alten Herzensmama, wurde die rückwärtige Wand zur Lagerhalle eingerissen, womit ein Durchgang vom Krokodil zum Shiva-Areal entstand. Schlussendlich eröffnete dort ein zweiter Tresen, wo seither neben den üblichen Partygesöffen auch naturgehextes Braugut aphrodisierender Wirkung feilgeboten wurde.

In erster Linie um Steuern zu sparen und die Bar dem Zugriff von Gläubigern und Schankbehörden zu entziehen, meldete Mama Valente als letzte Amtshandlung vor ihrem Hinscheiden noch schnell Konkurs an, wie man gerüchteweise hörte. Die Schulden habe sie mit ins Grab genommen.

Die Bar zum Krokodil wurde für einige Wochen geschlossen. Freilich wurde sie anschließend unter dem Schutzschild von Shivas Paradize weiterbetrieben.

War es diese Schnittstelle zu Mama Valentes rotlichterndem Queervolk, die Shivas Paradize zu einem in allen erreichbaren Galaxien legendären Partykomplex werden ließ?

In den Büschen und Gemäuern rund um die Fabrikhalle stöhnte und ächzte es jedenfalls weiterhin aus allen Luftröhren – was kaum zu hören war, weil auch die Beats kein Dezibel leiser geworden waren.

Die schöne Fauna war von den Anschlägen auf World Trade Center und Pentagon in der heimischen Wabe erwischt worden, als ihr Mitbewohner aufgeregt ins Zimmer platzte und sie vor den Bildschirm zerrte.

Jubelnd waren sie anschließend vor dem Fernseher auf- und abgesprungen. Was für ein Schlag! Die Symbole kapitalistischer Macht, Welthandelszentrum und Weltkriegszentrale, in Schutt und Asche! Pearl Harbor? – Eine zweite Tet-Offensive eher! Ein Stoß ins Herz der Bestie, ein Jahrtausendereignis. Wer auch immer das gewesen sein mochte: Die Ziele waren gut gewählt.

Sicher, Tausende Tote ... Aber wie viele sterben täglich in Afrika? Und die schauerliche Schönheit der Bilder! Der Terrorakt des Jahrtausends, in bester Ton- und Bildqualität! Wer konnte sich dieser Ästhetik entziehen?

Fauna hätte können. Fauna wollte aber nicht.

Eingeboren einer Generation, deren Charakterschule sich an der schleichenden Kapitulation der 68er-Mehrheitseltern ihr abschreckendes Vorbild genommen hatte, stellte Fauna an ihren Radikalismus höchste Ansprüche. Sie liebte Oscar Wilde, die Zwanzigerjahre, sinnlosen Luxus und Kitsch aller Art. In erster Linie betrachtete sie sich aber als Jakobinerin. »100 000 Köpfe! Ich fordere 100 000 Köpfe!«, hatte einst Jean Paul Marat geschrieben. Und jetzt sollte sich Fauna von einigen Tausend toten Amis aus dem Konzept bringen lassen?

Zumal Fauna sich, da halfen alle hippieesken Accessoires nichts, sowieso einen leicht dogmatischen Zug eingefangen hatte über die Jahre. Die Schonungslosigkeit, mit der sie ihr komplettes Leben dem Konsequenzgebot ihres politischen Radikalismus unterwarf, verlor sich bisweilen im konsequent Idiotischen.

War es nötig, den gesamten Rucksack mit politischen Buttons zuzupflastern? Unterlief das nicht Faunas Image als queeres Identitätsprojekt höherer Entwicklungsstufe? War es tatsächlich Verrat an der Sache, nur bei jedem vierten Bullenangriff die Fresse voll Gas oder den Knüppel im Kreuz zu haben? Brachte Arbeit für 11,50 D-Mark die Stunde die Weltrevolution in irgendeiner Hinsicht voran?

Mit der gewichtigen Ausnahme, dass sie in finanzieller Hinsicht neuerdings aus einträglicheren Quellen schöpfte, bestand Fauna auf der Notwendigkeit all dessen. Und wenn sie anführte, die verhasste Mehrheitsgesellschaft brauche Feuer, Kampf und Rebellion, war nicht gut Widersprechen.

Freilich drängte sich der Verdacht auf, Fauna verwechsle die Totalität der Gesellschaft gelegentlich mit den Bedürfnissen ihrer privaten Neurotik.

So ließ sich beispielsweise schon fragen, inwieweit der quasireligiöse Fanatismus, mit dem Fauna ihre arg veralzheimerte Großtante zum wiederholten Male mit einem pompös zelebrierten Coming Out quälte, einer nüchternen politischen Bewertung standhielt. Wenn auch kostensparend, so doch makaber genug, ihr zu Weihnachten dreimal in Folge die immergleiche Duftlampe vorzusetzen. Das Memory-Spiel zum Geburtstag dürfte jedoch der Höhepunkt an Geschmacklosigkeit gewesen sein.

Das Weazel und KQ heizten, es war nicht zu leugnen, Marotten dieser Art durch ihre jubilante Vorliebe für Faunas Familiengeschichten kräftig an. Dass Urheberin dieserlei Taten der kleine Sadist in Faunas schwermütiger Tuntenseele war, stand jedoch außer Frage. Und diese jähen Umschläge vom Radikaleuphorischen ins Radikalapokalyptische gaben immer häufiger Anlass zur Sorge.

So auch heute, als Fauna mit dem Weazel in Mama Valentes rotem Plüschsofa und ungebremstem Pessimismus versank.

Der anfängliche Jubel nämlich war Fauna schnell vergangen. Immer noch begeistert von der treffsicheren Attacke, hatte sie sich Gewissheit über Ausmaß und Richtung der Verschiebung verschaffen wollen. Sowieso hatte Fauna nicht vor, sich ins Bockshorn jagen zu lassen, bloß weil es gerade einmal eine Katastrophe welthistorischer Dimension gegeben hatte.

So trat Donna Fauna keine 24 Stunden nach dem New Yorker Turmsturz auf die Straßen des Molochs: schlecht rasiert, gut geschminkt, ein bunter Rockfetzen um die Beine, darüber den Gürtel mit Killernieten für alle Fälle – Radical Drag!

An sich hatte Fauna das emotional im Griff. Die Zeiten, als sie nach den Reaktionen der Außenwelt gelauert hatte, waren längst vorbei. Aufgetuckt unterwegs, lag die aktive Seite der Irritation bei ihr.

Die anderen wussten nicht, wohin mit ihren Augen. Die anderen fuhren ihre Komplexe auf. Fauna beherrschte die Atmosphäre. Fauna wusste, was sie tat.

Gekonnt stocherte sie in der Analneurose der Menschheitsmehrheit herum und erzielte mit dieser Form ästhetischer Agitation sensationelle Wirkung.

Es ist richtig: Die Wirkung ihres Auftretens war auch an diesem Tag spektakulär. Nichts sollte ja sein, wie es vorher gewesen war, hatte man in den Terrorreportagen drohend versprochen.

Die Augen, in die Fauna blickte, waren dann durchaus noch dieselben. Leblos, spießig, erfüllt von zu Hass gewandelten Kindheitsängsten, lichtlose Tore zu toten Gehirnen.

Nur mit Panik aufgeladen heute, von der Leine gelassen, angriffslustig. Zwei Stunden auf dem Kiez des Molochs geriet Fauna von einem Mob in den nächsten. Offene Feindseligkeit, Sprüche, Drohungen, Blicke wie Messerwürfe.

Mit einem Ruck drehte Fauna sich herum und herrschte das mobile Pogrom, das sich an ihre Fersen geheftet hatte, schrill an:

»Seid Ihr von *Call a Mob* oder macht Ihr das irgendwie hobbymäßig, oder was geht ab? Ich meine, ich bin ja hier nicht die Mülldeponie für Eure ödipalen Komplexe!« Lauthals schimpfend machte sie einige Schritte auf die Meute zu, die sich daraufhin zerstreute.

Na, immerhin.

Das funktionierte noch.

Dennoch zog sich Fauna in vermeintlich sichere Zonen zurück. In eine Straße, die allgemein zum rosa Ghetto gerechnet wurde. Wo ein schwules Yuppie-Restaurant, drei Gay-Kinos, Lederkneipen, Stricherbars und eine Disco für das Coming-Out-Gemüse die ganze Straßenfront beherrschten.

Fauna ging zunächst zu »Apos Grillstation«. Da wusste sie wenigstens, wo das Geld hinkommt, und niemand würzt die Linsensuppe besser als die gute, alte kurdische Arbeiterpartei PKK.

Vor Apos Grill: zwei Dorfkretins, anhand ihrer Baseball-Käppis deutlich als solche zu erkennen.

Als Fauna die Tür zum Imbiss erreichte, blieben die Dorfkretins sperrig stehen. Mit einem Grinsen, das hämisch sein sollte und übermäßig dumm aussah, schwiegen sie Fauna an und versperrten mit verschränkten Armen den Weg.

Fauna blieb notgedrungen stehen und schaute demjenigen, den sie für den Gefährlicheren hielt, fest in die Augen.

Da verzog dieser seine Fresse und versuchte sich am freien Sprechen. Erzählte irgendwas von »funky chicken club« und »Schwuchtelparade« – als Fauna sich mit einer blitzschnellen Schwimmbewegung Platz verschaffte und zwischen den beiden hindurch in Apos Grillstation verschwand.

Von draußen hagelte es homophobe Beschimpfungen. Jetzt wurde es Fauna doch zu bunt. Sie schnallte ihren Nietengürtel ab, wand ihn ums Handgelenk und riss die Tür auf. Ohne zu zögern zog sie durch. Ihr Schlag ging fehl. Die Dorfkretins ergriffen dennoch die Flucht. Auf der gegenüberliegenden Straßenseite blieben sie halten. Drohend knurrten sie Richtung Fauna und schienen zu beratschlagen. Zur gütlichen Beilegung des Sachverhalts trat in dem Moment Murat hinter Fauna aus der Imbiss-Tür. Mit einem Dönermesser in jeder Hand erkundigte er sich vernehmlich, ob es hier irgendwelchen Stress gebe.

Da machten sich die beiden Wichser endgültig vom Acker.

Grummelnd saß Fauna danach in Apos Grillstation und wäre fast innerlich versengt worden, von den Mengen an Chili, die sie in ihrer Stinkwut in ihre Linsensuppe gedonnert hatte.

Den nächsten Schlag in die Magengrube führte die liberale Stadtbürgerjugend, als Fauna später im »Lazy Days Project« einlief. Waren diese nicht auf ihrer Seite? Die junge Künstleravantgarde, die Blondrastas, die aufgeklärten Metropolenstudis? Wie selbstverständlich zogen die ihren Schutzschild zurück. Sorry, nicht jetzt, meine Schöne. Gedankenexperimente, neue Ufer, Entdeckung verborgener Lüste – das war spannende Unterhaltung für laue Sommerabende in friedlicher Zeit. Seit gestern war Ernstfall. Einen Tag nach dem 11. September 2001 im Rock auf den Kiez, alles was Recht ist, selber schuld: Wer sich in Gefahr begibt ...

Schließlich, vor der Nobeltürkendisco: Pfiffe und Gejohle. Und als Fauna stehen blieb und zur Entspannung etwas gekonnt Lustiges beitragen wollte, wäre sie um ein Haar in eine weitere Prügelei mit diesmal zweifellos verheerendem Ausgang geraten.

Fauna hatte endgültig genug. Da war heute nichts zu machen. Der Mob war von der Leine, es blieb nur der Rückzug: verraten, verkauft, gejagt.

Den Rock gerafft und heimwärts. An der Bushaltestelle fröhliche Pogromstimmung, Fauna lief den Weg nach Hause besser zu Fuß. Nachtbusse waren auch in normalen Zeiten ein Risiko.

Nachdem Donna Fauna sich solcherdings über die Folgen des massenmörderischen Geniestreichs klar geworden war, regte sich ein fürchterlicher Verdacht. Was, wenn es keine todesmutigen Racheengel der Weltrevolution gewesen waren, die da die Kathedralen des Kapitals gefällt hatten? Was, wenn es ein abgekartetes Spiel war, wie damals, im Golf von Tonkin, als die Amis zum Auftakt des Vietnamkrieges einen Torpedoangriff auf die eigenen Schiffe simulierten? Oder 1898, die ungeklärte Explosion der USS Maine im Hafen von Havanna, Auftakt zum Krieg gegen Spanien?

Oder im Kosovo-Krieg, diese Fliegerbombe auf die chinesische Botschaft. Die Story mit den veralteten Stadtplänen, auf denen die Botschaft falsch verzeichnet gewesen wäre, hatte Fauna keine Sekunde geglaubt.

War sie diesmal in die Falle gegangen? Den dirty old men des Welt-imperialismus auf den blutigen Leim?

Zwei Tage lang dämmerte Fauna vor sich hin, außer Stande, sich einen Reim auf das Desaster zu machen. Stundenlang klebte sie vor dem Fernseher, surfte wie wild im Internet nach unabhängiger Information und wälzte Hypothesen.

Eine amerikanische Psychosekte? Einer der 26 US-Geheimdienste oder sogar die Europäer? Nazis aus der Ecke des Oklahoma-Terroristen Timothy McVeigh? Oder doch die Turban-Heinis, vielleicht unbewusst am Gängelband der Amis, wie seinerzeit Marinus van der Lubbe seine Nazi-Auftraggeber in Sachen Reichstag für Genossen der KPD gehalten hatte?

Am dritten Tag schaffte Fauna über Stunden nicht, aus ihrem Hochbett zu klettern. Hyperdepression, Blutleere, alle Batterien leer. Apathisch starrte sie auf das John-Lennon-Poster an der Wand. Wie eine dunkle Flut brach die Erkenntnis der veränderten Weltverhältnisse über sie herein.

Die elftseptemberliche Überrumpelung der Weltbevölkerung war eine Weichenstellung unabsehbarer Tragweite. Eine neue Blockkonfrontation würde installiert werden: Wer sich nicht für das westliche Empire erklärte, war für den Terror.

Fauna würde darauf nicht einsteigen. Wie sie früher geschrien hatte: »Weder Washington noch Moskau!«, würde sie jetzt eben sagen: »Weder Bush noch Bin Laden!«, oder so etwas in der Art.

»Give peace a chance!« allerdings, nicht nur damit war es auf unabsehbare Zeit vorbei.

Fauna war bedient. Auch in den kommenden Tagen konnte sie sich dem eisernen Griff ihrer depressiven Visionen nicht entwinden. Sie ging nicht zur Arbeit, verließ kaum die Wohnung und kratzte verzweifelt im Bodensatz ihrer Gehirnrinde nach einem Rest von Hoffnung.

Wer würde die Entwicklung aufhalten können? Wer oder was hatte die Kraft, der weltweit anlaufenden Kriegsmaschine in die Speichen zu greifen? Wer würde auch nur den Mut haben, öffentlichen Zweifel an den Sturzbächen geheimdienstgesteuerter Propaganda anzumelden?

Die radikale Linke? Bitte! Die war seit einem Vierteljahrhundert nicht mehr aus der Krise herausgekommen und auf einen Kernbestand zusammengeschrumpft, der alles seit der Französischen Revolution Dagewesene unterbot.

Sicherlich. Jeder Zerfallsprozess schafft die Grundlage für einen neuen Anlauf. Die Globalisierungsbewegung fühlte sich gesund und zukunftsträchtig an und war spätestens seit der Schlacht von Genua zum G8-Gipfel, wenige Wochen zuvor, zu einem gesellschaftlichen Faktor geworden.

Aber der 11. September in New York und Washington, das war ein ganz anderes Kaliber. Das war Champions League. Dagegen spielte Sampdoria Genua zweite Liga. Dem etwas Wirkungsvolles entgegenzusetzen, würden Flugblätter, Demos und »phantasievolle Aktionen« kaum hinreichen. Der jetzt in Aktion tretende Sicherheitsapparat war zu gewaltig, um durch friedvolle Meinungsbekundungen effektiv behindert zu werden.

Und Streiks, Straßenkämpfe, spontane Rebellion? In Südamerika vielleicht, bestenfalls in Spanien oder Südkorea. Oder doch auch hier ...?

Mutter Klio ist eine versoffene Schnepfe hinterm Tresen der Weltgeschichte, das wusste Fauna nur zu gut: unkalkulierbar, selbstverliebt, nie um einen überraschenden Move verlegen, und einen saudummen Spruch hinterher. Und selbstredend kam die Muse der Geschichte immer erst dann im Gewand dieser vollbusigen Pariser Barrikadenschönheit um die Ecke gebogen, wenn alles längst rettungslos verloren schien.

Aber was war das für ein mieses Hoffen! Fauna las in Bertolt Brechts Svendborger Gedichten. Der Feind hat ein unbesiegliches Aussehen angenommen, unsere Kräfte schwinden dahin. Müssen wir Glück haben und alle Hoffnung setzen, auf einen unverdienten Gnadenakt? Was werden die Nachgeborenen von uns denken?

So weit also waren wir.

Exilgedichte!

11. September 2001, acht Tage danach, in der Bar zum Krokodil: Fauna kippte ihren Weißwein runter und schlug die Faust auf den Tresen, dass der Nagellack brüchig wurde. Fauna war am Ausrasten. Seit gut zwanzig Minuten war sie ununterbrochen am Zetern: über den »deutschen Herbst im Weltmaßstab« und »diese gelungene Mischung aus

1984 und altem Rom», die sich in New York, London und Berlin zusammenbraute. Über die »rot-grünen Regierungsmutanten» und die willfährige Gleichschaltung der Medien. Bis sie endlich zum Landeanflug ansetzte:

»Wer heut' kein Haus hat, baut sich keins mehr. Und wer kein Hirn hat, kriegt keins mehr geschenkt! Denen es bisher zu langweilig war, wird es sehr bald viel zu spannend werden. Und die, die dachten, die guten Zeiten seien nur das Vorspiel der besseren Zeit, werden bald feststellen, dass die beste längst gewesen ist.»

Fauna erntete nur betretenes Schweigen. Die Krokodilbar hatte sich leidlich gefüllt, trotzdem konnte Fauna lediglich das Weazel, einen Gehörlosen und Mama Valente, als Ölgemälde an der Wand, als Zuhörerschaft gewinnen. Und natürlich Lady Gobbertin, die hinterm Tresen ihr Regiment führte und sich schlecht entziehen konnte. Die Valente-Stricher räkelten sich im Séparée. Wo blieb nur dieser nichtsnutzige Kanarienquex?

Wie oft schon hatte Fauna sich den Mund fransig geredet, gerade hier, in den sektseeligen Hallen von Mama Valentes gastronomischem Betrieb? Dass die Krise tiefer sei, als sie sich anfühle, dass der Systemboden längst brüchig sei von all dem Gewäsch von Aufschwung und Innovation herzlich unbeeindruckt. Gewarnt hatte Fauna, ein ums andere Mal, dass diese Yuppie-Sorte mit der toleranzgespülten Gesichtsmaske insgeheim auf Zeter, Krieg und Mordio aus sei.

Hatten sie natürlich alle miteinander nicht hören wollen.

Sogar jetzt noch gab es sie, die ewigen Verharmloser. Das werde sich alles wieder beruhigen, in zwei Monaten werde das alles vergessen sein, dann gehe es wieder um irgendeinen Sexskandal oder einen koksenden Promi, seierten sie lendenlahm.

Dass sich das nicht mehr beruhigen würde, dass ab sofort Schluss sein würde mit lustig, das ahnten natürlich auch die ehrenamtlichen Konsensarrangeure. Freilich waren sich in historischer Lage alle dem Gewicht ihrer Worte bewusst. Es wurde antizyklisch reagiert. Die es gerne noch dramatischer wollten, beruhigten mit salbungsvollen Sätzen. Denen es längst zu schnell ging, die droschen schonungslose Wahrheiten über das Ende der alten Zeit. Das war das Setting der kommenden Wochen: Die Kriegstreiber mahnten zur Besonnenheit, die Besonnenen trieben den Krieg ins Bewusstsein. Der lähmende Verdacht, so oder so unwissentlicher Mitspieler eines beschissenen Spiels zu sein, war nicht von der Hand zu weisen.

Und sicher: Der nächste Skandal-Promi würde kommen und die Schlagzeilen beherrschen.

Der Krieg aber hatte unwiderruflich begonnen.

Das Weazel war Kreatur des Molochs. Es lebte in der großstädtischen Kanalisation, in stillgelegten oder fehlgebohrten U-Bahnschächten oder den Kellerkatakomben verwahrloster Hochhausruinen und fraß ziemlich viel Dreck. Es rechnete sich zur Gruppe der Nagetiere, trug diverse Narben am Körper und die eine oder andere hartnäckige Neurose mit sich herum.

Das Weazel ließe sich im Bonzensprech »flexibel« nennen: »Hohes Maß an Mobilität« und so. Tatsächlich war es getrieben; auf der Flucht vor sich und der Welt.

Nach außen hin hatte sich das Weazel nahezu unauffindbar gemacht. Und dass es dabei blieb, war ihm einigen Aufwand wert. Es behauptete von sich selbst, alters-, land- und geschlechtslos zu sein. Letzteres wurde von Leuten lebhaft bestätigt, die es wissen mussten.

Vom Erdbeben im Osten aus dem Winterschlaf gerissen, war das Weazel aus grauer Städte Reihenhäuser ausgezogen in die Metropolen des Postfordismus. Dort gelandet, suchte es im Schatten von Bürotempeln und Bankkathedralen nach echtem Leben und einem guten Versteck.

Denn ein gutes Versteck war wichtig für das Weazel.

Das Sonnenlicht, das von den blauen Fassaden der Glastürme spiegelte, war merkwürdig gebrochen, altersböse und machte eindeutig krank. In den Kellern der neuen und alten Regierungspaläste atmeten alte und neue Leichen hybrides Leben in alte und neue Träume von Geltung und Macht. Dieser Verwesungsgestank drang durch die Abzugsröhren der Klimaanlagen in die zur Falle gewordene Stadt.

Das Weazel fühlte sich bedroht.

Fühlte es nur so? War diese unüberwindbare Trennlinie zur Mehrheitsmenschheit nur paranoide Einbildung eines verzogenen Wohlstandskindes? Hatten dem Weazel und Wesen seiner Art nicht andere Wege offen gestanden? Schleichpfade ins Herz der Mehrheit und Möglichkeiten, diese behutsam auf das Herannahen neuer Lebensformen vorzubereiten?

Es war doch versucht worden. Über Generationen und Jahrzehnte hinweg. Individuell und in Fünfergruppen, als Bewegung und via Bewerbung, mit offenem Visier und verkleidet, für die Homo-Ehe und mit doppeltem Pass – auf jede erdenkliche Weise war die buntscheckige Koalition der zur Minderheit Degradierten dem großen Ziel der gesellschaftlichen Integration hinterhergelaufen.

Wie oft hatten sie nach den Karotten geschnappt, die die Mehrheit ihnen vor die Nase gehalten hatte – und doch niemals eine abbekommen?

Beim Weazel war es nicht anders gewesen. Frühe Versuche, jene fluide Geschlechtlichkeit, die das Weazel zum Outlaw machte, durch integrativ wirkende Symbole und Handlungen zu übertünchen, endeten regelmäßig in der großen Erniedrigung.

Das Weazel war jammervoll gescheitert, an Stars und Bands und Clubs und Trends. Stets brach auseinander, was nichts mit sich zu schaffen hatte. Das Weazel konnte anstellen, was es wollte: Die anderen wollten kein Weazel dabeihaben, wenn es um East Coast Hip-Hop, ihre stinkfaden Beziehungskisten und kumpelige Cliquenwirtschaft ging.

Das Weazel zog irgendwann die Konsequenzen. Es lernte, seine Weazeligkeit zu lieben, nahm seinen Abschied von der Spezies und tauchte ab in den Untergrund.

Dort verhielt es sich wie eines, das in den Krisensog eines artfremden Konflikts nicht hineingezogen werden will. Das Niemandsland zwischen den Gegensätzen war zu seinem Revier geworden. Hier war es auf Gleichgesinnte gestoßen. Hier hatte es auch Shivas Paradize und die Krokodilbar entdeckt.

Das Weazel rechnete so: Da draußen in der Menschenwelt liefen gut zehn Prozent ausgeklinkte Psychopathen rum, die bei günstiger Gelegenheit und nachsichtigem Strafrecht keine Sekunde zögern würden, ein freilaufendes Weazel zu erledigen. An die fünfzig Prozent wären dafür selber zu feige oder zu fein, würden aber klatschen, beifällig nicken oder wenigstens insgeheim froh sein, den leidigen Problembalg vom Hals zu haben. Zwanzig Prozent fänden den Tod eines Weazeltiers schade oder sogar ganz aufrichtig ziemlich schlimm, würden aber im Leben keinen Finger rühren, um ein Weazel zu verteidigen. Das ergab achtzig Prozent, die sich als kompakte Feindmehrheit präsentierten. Gut durchwürzt mit potentiellen Weazelmördern.

Von den zwanzig Prozent auf der Gegenseite war gut die Hälfte der Paranoia zum Opfer gefallen und geistig und/oder körperlich bis zur Handlungsunfähigkeit verwahrlost. Die üblichen Animositäten reduzierten die verbleibenden zehn Prozent erneut um die Hälfte.

Um mit den verbleibenden fünf Prozent auf einen grünen Zweig zu kommen, musste das quantitative Verhältnis von der Feindseite her verbessert werden. Mit anderen Worten: Die Mehrheit musste sich selbst dezimieren.

Sollte sich die Spezies ausrotten, wenn sie darauf bestand! Die Weazel-Ratte würde überleben, die Kakerlaken und das Unkraut auch – so what?

Der 11. September kam der Perspektive des Weazels entgegen. Es sah sich schon als lachendes Drittes auf den Trümmern der menschlichen Zivilisation Yoga-Übungen machen.

Überhaupt hatte das Weazel seinen anfänglichen Schock recht gut überstanden. Es hatte ein bisschen nachgegrübelt und war nunmehr überzeugt, es sei niemand Geringeres als Lord Shiva selbst gewesen, der da sein Feuerauge geöffnet und die Babeltürme des Finanzkapitals zertrümmert hatte.

Wie zuvor des Weazels verschwörungstheoretische Rechenakrobatik erntete auch diese waghalsige These wenig Beifall unter Mama Valentes Gästen. Nur Fauna nickte ergriffen, als dämmere ihr eine mordsmäßige Erkenntnis:

»Eindeutig! Da waren höhere Kräfte im Spiel. Stein, Stahl und Glas zu Feuer, Rauch und Asche: Das sind ja biblische Dimensionen! Turmsturz zu Babylon Reloaded! Ein Umschlag im Aggregatzustand der Welt.«

»Die Menschheit hat ja mal wieder gemeint, sie könnte Gott abschaffen«, ergänzte das Weazel: »Und jetzt reden sie wieder in tausend Sprachen und im Grunde ist es völlig wurscht, wer da genau diese Flugzeuge gesteuert hat: Die Leute sind doch ganz heiß gewesen auf Apokalypse, alle miteinander, seit Jahren schon. Die Neunzigerjahre waren doch allen viel zu fad.«

Fauna warnte: »Bald wird sich zeigen, wozu Ausländerbeiräte, Gleichstellungsbeauftragte und schwule Bürgermeister gut sind. Das sollte auch Dir nicht ganz wurscht sein, Weazelchen. Ist zwar nicht Deine Spezies, aber dass unsere Sorte Freak nicht kriegsverwendungsfähig ist, das wissen die Militärstrategos ganz genau. »

Das Weazel winkte ab: »Haben momentan ein anderes Problem, schätz' ich. Mit einem Gegner, der vorm Leben mehr Schiss hat als vorm Sterben, müssen die erst mal fertig werden. Islam gegen Christentum ist zwar in etwa das Duell Borderline-Syndrom gegen Ödipus-Komplex, aber wenigstens sind die jetzt eine Zeit lang beschäftigt, sich gegenseitig abzuschlachten. Wird ein hübsches Gemetzel geben ...«

So gesehen lief alles nach Plan, befand das Weazel. Wenn am 11. September nämlich der rastalockige Schamanengott höchstpersönlich in die Offensive gegangen war – na, da ergab sich doch sofort eine radikal verbesserte Lageeinschätzung! Da sah das kosmologische Kräfteverhältnis gleich viel besser aus als zunächst befürchtet!

»Die Lage ist aussichtslos! Aber nur für die anderen achtzig Prozent ...«, fasste das Weazel zusammen und warf seinen Triumphierblick in die kopfschüttelnde Runde.

Der Kanarienquex war nicht aus der Ruhe zu bringen.

Dass er die grauenvolle Prophezeiung von Neolin 2 und seine eigene, schwarzmalerische Zeichendeutung erfolgreich verdrängt hatte, war das eine. Mit welcher Nonchalance er auch noch fertiggebracht hatte, Faunas im Fünf-Minuten-Takt eingehende Alarmmeldungen abzuwehren, das war schon sagenhaft. Verdrängungsmechanismen wie ein Räumpanzer!

So war er am Katastrophentag zuletzt spitzenmäßig auf Reisen gewesen, mit dem verspäteten Trip. Wie ein buntflammender Satyr war er durch Shivas Paradize gewirbelt – bis auch ihm dann doch nicht erspart blieb, sich über den derzeitigen Untergang der alten Welt in Kenntnis setzen zu lassen.

Und wer hatte dem Kanarienquex den Sorgenvogel gespielt? Dâra, die elende Giftspritze! Der Quex hasste sie aus ganzem Herzen. Er fand sie trampelig, hinterhältig, homophob, borniert und feige. Dass dieses Biest hier immer noch reinkam! Wozu war dieser Schutzschildklamauk rund um das Shiva gut, wenn solche Leute nicht zuverlässig abgewiesen wurden?

Dâra war schnurstracks auf den Kanarienquex zugesteuert. Sie hatte sich Zeit genommen, ausladend breit und fies zu grinsen und dann, bebend vor Freude, gehaucht: »Schon gehört, Quexchen? Wir haben Krieg!«

Genüsslich breitete die Schlange das Desaster in allen bis dahin bekannten Details vor dem Kanarienquex aus.

KQ rief umgehend Fauna an, die zu diesem Zeitpunkt bereits zwölf SMS geschickt hatte und immer noch völlig enthusiastisch war. Jubilierend malte sie dem Quex aus, wie grandios sich all das auf die Weltlage auswirken würde.

»Die Zeichen!«, schoss es KQ durch den Kopf. Hatte er ...? So schnell er seine Abwehr aktivierte, dieser Gedanke ließ ihn nicht mehr los. Auf Jahre hinaus.

Immerhin. Ihm blieb erspart, zigmal mit den ewig gleichen Terrorbildern attackiert zu werden. Und überhaupt: KQ hatte weder Aktien irgendwelcher Versicherungskonzerne noch gute Bekannte in internationalen Broker-Kreisen, kein Miles & More-Konto bei der Lufthansa und auch keine Baufirma für Wolkenkratzer.

Krasse Sache, Hammerstory. Die konkrete Message des 11. September hatte wenig zu tun mit Liebe, Glück und der Welt, in der ein Kanarienquex gerne leben wollte. Da half alles Ecstasy nichts: Es würde jetzt Krieg geben, da hatte Dâra leider recht.

Bloß war das Federvieh in gesicherter Stellung: 26 Jahre alt und ausgemustert! Das bedeutete in der gegenwärtigen Lage, dass es selbst im allerschlimmsten Fall der schlimmsten Fälle schwer werden würde, ihn zu holen. Erst die Berufssoldaten, dann die Wehrpflichtigen, dann die Reservisten. Bis dahin war es schon ein ziemlich weiter Weg. Dass sie den Quex nach Afghanistan, Irak oder sonst wohin verfrachten würden, war kaum anzunehmen.

Und schon jetzt war die Gesellschaft nicht mehr strukturiert genug, jede Verordnung komplett durchsetzen zu können. Das sich Raum greifende Chaos eröffnete für Lebenskünstler quexscher Art täglich neue Risse im Gemäuer, taugliche Verstecke, Ghettozonen, revolutionäre Heimlichkeiten aller Varianten. Neues Leben in den Trümmerlandschaften einer verfallenden Epoche.

In den kommenden Tagen analysierte El Quekko seine taktische Position post-9/11. Er kam zu dem Schluss, dass seine Verteidigungslinien durchaus in der Lage waren, dem nunmehr zweifellos wachsenden Druck standzuhalten. Das Gehirn würde ein paar Vorschläge ausarbeiten. Die Sicherheitsstandards auch auf seiner Seite der Gleichung upzudaten, würde ein spannender Lernprozess werden. Sich auf die schrittweise Chaotisierung der Welt einzustellen, traute sich der Quex locker zu – er freute sich insgeheim darauf.

Kind der Globalisierung, wenngleich inbrünstiges Schwarzschaf seiner Generation, hatte KQ eingepackt, was so herumlag in den Neunzigern: Er sprach fließend Englisch, recht gut Französisch und ein wenig Spanisch, war C64-Veteran und Cyberpionier der ersten Stunde, war in der Welt herumgekommen und hatte Kontakte. Er hatte seine Wurzeln tief sinken lassen, sich aber immer wieder mit Gewalt umgetopft, bevor die Sesshaftigkeit zur schlechten Angewohnheit hätte auswuchern können. Er gehörte zu den vielseitig Mobilen, war artikuliert, schnell und flexibel und hatte zündende Ideen. Er war die perfekte Charaktermischung des Neoliberalen Zeitalters, das unterschätzte er. Und er hasste diese Gesellschaft mit jeder Faser, was die anderen unterschätzten.

Vom Spaß-Boom der Neunziger hatte KQ ebenfalls auf seine Art gelernt. Für Notfälle mit einem unverwüstlichen Zynismus und robuster Party-Laune gesegnet, war er fixiert auf die Pluspole des Lebens. So steckte er den 11. September unterm Strich ganz ordentlich weg. Ein paar besorgte Mails an die Freunde aus der New Yorker Elektro-Szene, aber sonst?

Biblische Ausmaße, Gezeitenwende, schicksalhafte Verstrickung – was Fauna und das Weazel da vom Stapel ließen, erschien dem Quex reichlich überzogen. Für ihn würde sich konkret nicht allzu viel ändern in der nächsten Zeit. Und was käme, würde er verputzen können.

So viel stand fest.

Auch Fauna gab, angeregt von ihrem fünften Weißwein, vor, der Perspektive einer allgemeinen Destabilisierung viel abgewinnen zu können: »Jede Bewegung braucht die Peitsche der Reaktion, um sich weiterzuentwickeln!«, zitierte sie mit leicht überdrehter Stimme Marx.

Dabei wusste sie nur zu gut: Diese Revolutionsperspektive der alten Arbeiterbewegung – diszipliniert in Viererreihen, die Postämter und Bahnhöfe zuerst – das war passé.

Inspiriert von ausgiebiger Weazel-Agitation malte Fauna nunmehr ein schaurig-romantisches Bild von den Kämpfen der kommenden Zeit. Das war so die Mischung aus MATRIX, DUNE, HERR DER RINGE, MAD MAX und WRAETHTHU. Neuartiges Leben in der Kanalisation sterbender Städte! High-Tech-Guerillas! Sabotage! Macht, Mystik und Mutationen! Überlegene Wesen uneindeutigen Geschlechts, die den Kampf gegen die Menschheit aufnehmen! Titanische Endzeitschlachten um die Weltherrschaft in pittoresken Dünenlandschaften und mit zu Kriegsvehikeln umgerüsteten Geländewagen – die Abschussrampe für Boden-Luft-Raketen aufs Dach montiert und Bullengitter vor der Windschutzscheibe.

»It's the End of the World as we know it.« KQ hörte den Song acht Tage später im MD-Player, die Reargear-Kopfhörer auf den Ohren. Immer wieder, repeat 1, den ganzen Weg vom Bahnhof durchs Industriegebiet bis zu Mama Valente. Woher aber kam diese Unruhe? Diese ständigen Alarmsignale aus dem Quexzentrum? Das emotionale Sensorium teilte KQ unmissverständlich mit, dass die Kontinentalplatten unter seinem Arsch in Bewegung waren. Chaos bahnte sich seinen Weg aus dem Erdinneren an die Oberfläche. Die Realität rutschte auf der schiefen Ebene seitlich weg.

Als der Kanarienquex durch den samtroten Vorhang trat, war die Stimmung schon wieder total im Arsch. Keine Musik, Fauna war erneut in die Depression gekippt und hatte gerade eine weitere Breitseite besserwisserischer Apokalyptik abgefeuert. Alles schwieg, das Weazel stopfte gelangweilt Salzstangen in sich hinein, ein Gehörloser tippte eine SMS nach der nächsten in sein Handy. Lady Gobbertin verschanzte sich lauernd hinterm Tresen.

Zwei einsame Stricher dösten im Nebenzimmer, der Rest schien ausgebucht zu sein.

Überhaupt hatten die Valente-Boys, anders als die Weltwirtschaft, ihre ökonomischen Aktivitäten ununterbrochen aufrechterhalten. Keine zwei Stunden nach dem WTC-Crash hatten die ersten Stricherhandys das Schweigen von Mama Valentes Jukebox durchklingelt. Baulöwen, Telefontechniker und Mathelehrer hatten Jungs bestellt, Treffpunkte durchgegeben, Uhrzeiten und Sexualpraktiken vereinbart. Liebe für Geld, ein krisensicherer Job. Historische Desaster wirken sich belebend aus auf dieses Geschäft: Wer Angst hat vorm Sterben, will dringend noch mal abspritzen, ein uralter Erfahrungswert.

Was die restliche Kundschaft anging, war die Bar zum Krokodil wie ausgestorben gewesen. Nach dem großen Knall verkroch sich alles in die Heimatlöcher, erst nach ein paar Tagen lugten die ersten vorsichtig heraus, schnupperten die Luft, bestellten ein schnelles Bier und verzogen sich wieder.

Ohne die übliche Begrüßungszeremonie zu absolvieren, machte sich der eintretende Kanarienquex umgehend an der Jukebox zu schaffen. Er war die allgemeine Weltuntergangsstimmung leid und sicherte sich für zehn D-Mark die nächsten 32 Lieder.

Die vor einem halben Jahrhundert aus dem Westen herübergeschmuggelte Jukebox in der jetzigen Bar zum Krokodil hatte alle Charakterwandlungen der Kneipe unbeschadet überstanden.

Hans Albers, die Beatles, Edith Piaf, die Kinks und Roy Etzel waren hier die Stars des Augenblicks. Gus Backus lockte mit »Ja so sprach der Häuptling der Indianer«, die Spider Murphy Gang und Nena führten das Achtzigerjahre-Sortiment an, Franz Josef Degenhardts »Vatis Argumente« die linken Liedermacher. Von »Lili Marleen« leistete sich die Valente-Box die Urfassung von Lale Andersen, die englische von Marlene Dietrich und die legendäre Nachkriegsversion von Connie Francis. Dazu kam das Beste aus dem Osten, von Hanns Eisler, den Puhdies, Barbara Thalheim und Oktoberklub bis Karat, Renft, IC Falkenberg, Gerhard Gundermann und Stern Meißen.

Auswahlkriterium war einzig und allein Mama Valentes durchgeknallter Geschmack gewesen, und das über Jahrzehnte hinweg. Auch die halbwegs aktuellen Ergänzungen hatte sie zu Lebzeiten noch selbst ins Angebot genommen. Sie dienten lediglich der Abrundung und fielen kaum ins Gewicht. Die Valente-Box war so ausgesucht veraltet, dass sich sogar einmal eine Gruppe von Ethnologie-Studenten daran hatte vergehen wollen, im Rahmen eines Feldprojektes oder so. Das hatte Mama Valente natürlich großzügig abgelehnt.

Der Kanarienquex fand, was er brauchte. Auf Pietät achtend, entschied er sich für ein fein abgestimmtes Terror-Medley.

Sanft stieg er ein, mit Scott McKenzies Originalversion von »American Pie«. Mit Grand Master Flash (»New York New York«), Nina Hagen (»New York«) und Frank Sinatra (»New York, New York«) wies KQ anschließend dezent in Richtung der aktuellen Ereignisse.

Inzwischen hatte sich der Laden gut gefüllt, es waren an die dreißig Leute da. Die Stricher kamen von ihren Nachmittagsnummern zurück, um für den frühen Abend noch einen oder zwei Kunden klarzumachen.

Der Quex hielt die Zeit für gekommen, einen energischen Schwenk in die Hauptthematik einzuleiten: Hans Albers! Das »Fliegerlied!«

Dreißig Augenpaare starrten auf ihn: das Fliegerlied zu spielen! Hier, bei Mama Valente! Dass es sich überhaupt in der Jukebox herumtreiben darf! Nazi-Lied, Propagandafetzen! Heute vor allem: acht Tage nach der Katastrophe!

Entsetzt die einen, belustigt die anderen, skeptisch alle miteinander, schaute die Kneipe sprachlos zu, wie KQ zwei Becks-Flaschen vor sich aufbaute und laut mitsingend (»Piloooten, ist nichts verboooten«) ein gelbes Feuerzeug in die grünen Pils-Türme steuerte.

»Kanarienquex, Du bist manchmal einfach nur daneben. Berliner Schnauze in Ehren, das ist widerlich!« Lady Gobbertin war außer sich.

Das Weazel fand es extrem gelungen und stieg ein. Es stellte die Türme seinerseits mit zwei Weißbiergläsern nach, während die Jukebox Grönemeyers »Flugzeuge im Bauch« einspielte.

Der Quex war hochzufrieden mit seiner Programmauswahl. Die Dinger kamen mit dem richtigen Timing.

KQ und das Weazel gingen dazu über, das komplette Terror-Szenario aufzubauen: Ein Stapel Bierdeckel diente als Pentagon. Die Flugzeuge baute das Weazel mit einem Blatt Papier originalgetreu nach. Ein Aschenbecher symbolisierte die Absturzstelle von United Airlines Flight 93 in einem Feld in Pennsylvania.

Als die beiden begannen, den Ablauf der Attacke minutiös und mit ätzender Ironie durchzudiskutieren, reichte es Lady Gobbertin: »Nimmt hier eigentlich niemand Rücksicht auf mein gebeuteltes Nervenkostüm?«, zeterte sie kopfschüttelnd und verschanzte sich in der winzigen Küche.

»In den Ruinen von Berlin, fangen die Blumen wieder an zu blüh'n«, trällerte es ihr hinterher. Und das Weazel schrie der Tresenlady dreckig lachend nach: »Und überhaupt, die Türme stehen noch! Das war alles bloß Show, das war dieser Copperfield. Dieser verantwortungslose Irre hat doch auch schon die Freiheitsstatue verschwinden lassen! Der zerstört die ganze Stadt. Den muss wer stoppen! Der Typ ist ja hochgefährlich!«

Es ertönte die Trauerflöte aus dem Titelsong des Titanic-Films, dem heimlichen Soundtrack des 11. September. »World Titanic Center« kicherte der Kanarienquex und vertiefte sich wieder in das »Planspiel Terror« auf dem Kneipentisch.

Aus der *Stern*-Sonderausgabe mit den vielen bunten Crash-Bildern suchte das Weazel die nötigen Informationen zusammen. Der Abstand zwischen dem ersten und dem zweiten Flugzeug betrug etwa 20 Minuten. Der Abstand zwischen Flugzeug Eins in New York und Flugzeug Drei in Washington: eine Stunde. Wenn das keine Medienprofis waren! Im Hintergrund: »New York, Rio, Tokyo«.

Das Weazel und KQ waren mit welthistorischem Geschehen beschäftigt. Sie bemerkten nicht, dass Fauna still geworden war und sich immer weiter aus der Atmosphäre verabschiedete. Wollten sie es nicht bemerken? Fauna ging zur Jukebox. Sieh an, da waren noch zwei Lieder übrig, die der Quex vergessen hatte zu drücken. Bestimmt, weil er seinen Coup mit dem Fliegerlied auskosten musste.

Fauna drückte zwei Liednummern.

Aber zuvor kam noch KQs gnadenloses Restprogramm. Zarah Leander mit »Davon geht die Welt nicht unter«, Leonard Cohens Original von »First We Take Manhattan, Then We Take Berlin« und vierzehn andere Interpreten mit ähnlichen emotionalen Zumutungen.

Wenn dann als Lied Nummer 31 Ernst Buschs Barrikadenstimme die Bar zum Krokodil durchtoste, würde Fauna längst bei den anderen im Separee sitzen. »Es geht durch die Welt ein Geflüster / Arbeiter: hörst Du es nicht? / Das sind die Stimmen der Kriegsminister / Arbeiter: hörst Du es nicht?«, Fauna würde es deutlich hören, Bescheid wissen und zuckersüß vor sich hinlächeln. »Arbeiter, Bauern / Nehmt die Gewehre / Nehmt die Gewehre zur Hand ...«. Fauna würde es hören, im Geiste durchladen, zielen und abdrücken. Und zuckersüß lächeln.

»Zerschlagt die faschistischen Räuberheere / setzt alle Herzen in Brand« – Fauna auf dem Schoss des männlich herben Tatort-Kommissars, dem »Hundert Prozent Diskretion 200 Mark Aufwandsentschädigung« wert waren. Nur für Wichsen und Blasen? Der Deal ist gemacht.

Auf dem Weg nach draußen entging Fauna die bedenkenswerte Erkenntnis, dass die sozialistische Weltrepublik »aus den Trümmern der alten Gesellschaft« emporsteigen wird. Und als zum versöhnlichen Abschluss der musikalischen Tunten-Terror-Tour die ersten Töne von »All you need is love« ertönten, kniete Fauna auf dem Boden, einen Schwanz im Mund, übertrieben stöhnend.

KQ und das Weazel spielten weiter 11. September. Sie gingen alle Varianten und Eventualitäten des Tathergangs durch. Als Fauna zurückkehrte, stellten sie keine Fragen.

»Eine Runde Moskovskaya!« Fauna gab einen aus. Die zwischenzeitlich abgekühlte Lady Gobbertin holte drei eisdampfende Schnapsgläser aus dem Gefrierfach: »Wer zahlt, schafft an: Wir trinken auf den Niedergang der Menschlichkeit!« Faunas Stimme klang sehr feierlich und ernst. KQ verwundert, das Weazel erfreut, ließen sie die Gläser klirrten und stürzten das Zeug runter. Es brannte ein wenig in der Kehle, aber die Kälte nahm dem Wodka die Schärfe. »Niedergang der Menschheit!«, grunzte das Weazel zufrieden, als der Kanarienquex plötzlich erbost aufsprang:

»Himmelherrschaftszeiten! Welches Arschloch hat denn da schon wieder das Fliegerlied gedrückt?«

Dritter Teil

Flucht ins Paralleluniversum

Donna Fauna verließ die Mensa der Universität hasserfüllt.

Zwanzig Minuten lang hatte sie dort willenlos der Verachtung für ihre Mitmenschen gefrönt und den Amoklauf, nach dem es ihr gelüstete, bereits en détail durchchoreografiert. An dem Tisch mit den geföhnten Sponks in Cord-Sakkos da drüben würde sie angefangen haben.

Wieder draußen, lief sie der strahlenden Frühlingssonne in die Arme. Positive Schockwirkung!

Die Lebensspenderin hatte einen wirklich guten Tag. Und auch der Wind zeigte sich verständig und fächelte beim Gehen kühle Luft auf die schweißfeuchte Stirn – Kaiserwetter!

Die Kaiserin bekam umgehend ein schlechtes Gewissen. »Hey: So geht's nicht!«, schimpfte Fauna sich selber aus: »Das geht so nicht! Du kannst Dich nicht einfach in die Menschheit hocken und nur Hass schieben und Dir Deine Vorurteile selber bestätigen. Bestimmt sind die alle nicht so, wenn Du sie nur kennenlernst!«

Sie blinzelte der Sonne zu, zog ihre Schuhe aus und suchte mit größtmöglicher Unvoreingenommenheit, das Sympathische in den mehrheitsmenschlichen Passanten zu erkennen.

Sie gab sich aufrichtig Mühe.

Es ging leidlich.

Bis ...

Auf der Kreuzung, fünfzehn Meter vor Fauna, überquerte eine schöne Sommerlady auf einem eleganten Hollandrad die Straße. Auf dem Gepäckträger eine Hutschachtel.

Die Radlerin stockte. Die Schachtel war vom Gepäckträger gefallen und lag mitten auf der zweispurigen Einbahnstraße. Die Sommerlady stieg auf dem Bürgersteig der anderen Seite vom Fahrrad und ging zur Straßenmitte zurück, wo – noch immer unversehrt – die Hutschachtel ihrer Errettung harrte.

Ein erster PKW näherte sich der Szene. Die Hutschachtel vor der Stoßstange, die Sommerlady zur Linken. Das Auto bremste ab. Es blieb nicht stehen. Umkurvte stattdessen die Schachtel, nahm Tempo auf und fuhr weiter.

Bevor die Frau die Hutschachtel an sich nehmen konnte, rollte ein zweiter Wagen heran. Auch dieser verlangsamte die Geschwindigkeit, zog einen Bogen zwischen der Lady und ihrer Schachtel und fuhr weiter.

Die elegante Sommerschönheit versuchte erneut, die Schachtel in Sicherheit zu bringen, als Auto Nummer drei sie beinahe überfuhr und – in kaum verringertem Tempo – über die Hutschachtel walzte.

Auto vier walzte über die Hutschachtel.

Auto fünf walzte über die Hutschachtel.

Auto sechs, ein silbermetallischer Sportwagen, bremste ab – und walzte gemächlich über die Hutschachtel. Der jugendliche Fahrer rief zum Fenster hinaus, der Sommerlady in die Augen grinsend: »Ooooooch.« Dann rollte er davon.

Fauna stand offenen Mundes noch immer an der gleichen Stelle wie zuvor. »Bestimmt sind die alle nicht so, wenn Du sie nur kennenlernst!«, hallte es hämisch durch ihren Kopf.

Die Szene erwischte Fauna sofort körperlich. Diese Menschheit war haargenau so, wie sie sich in ihren Schüben voller Hass und Verachtung einbildete. Fauna schwindelte leicht, nahm wie in Trance die schockgelähmte Lady kurz in den Arm, die fassungslos die Überreste ihres bastgeflochtenen Sommerhutes aus der plattgepressten Schachtel kratzte. In tröstender Absicht murmelte Fauna der Lady Unverständliches zu und begab sich barfuß torkelnd auf die Flucht. Wich, so gut es ging, allen Menschen aus, fühlte sich bedroht, gejagt und fremd in der Welt. Der Bürgersteig wurde ihr zu eng.

Das Weazel hatte es immer gewusst, dachte Fauna bitter, und suchte Zuflucht in einem kleinen Laden, zweihundert Meter die Straße rauf. Schnell drückte sie sich durch die kleine Tür und kam vor der schrulligen Antiquitätenhändlerin zum Stehen. »Mein Gott, was ist Ihnen denn zugestoßen?«, fragte besorgt die Alte, bei der Fauna in unregelmäßigen Abständen Deko-Kitsch von hinreißender Nutzlosigkeit erwarb.

»Mir reicht's: Ich trete aus!«, stieß Fauna tränenerstickt hervor: »Ich trete hiermit aus der Menschheit aus! Ich will mit dieser Spezies nichts mehr zu tun haben!«

Die Antiquitätenhändlerin gewährte Fauna Asyl, um sich auszuheulen, und ließ sich die Geschichte von der Hutschachtel erzählen. Wäre sie jünger, meinte sie dann verständnisvoll, sie würde der Menschheit das Parteibuch auch vor die Füße knallen. Die weise, alte Frau tat wirklich, was sie konnte, um Fauna aufzurichten.

Jedoch, es war zu spät.

Der Rubikon war überschritten. Im knöchelseichten Wasser einer gut ausgebauten Furt.

Den Heimweg lief Fauna quer durch die Stadt: durch Hinterhöfe, Parks und Gebüsch, auf Trampelpfaden. Die Demonstration mehrheitsmenschlicher Gemeinheit hatte ihre Schutzschilde kollabieren lassen. Sie war heilfroh, an diesem Tag »als Mann« und nicht im Rock unterwegs zu sein. In diesem Zustand wäre sie den Sturzgeiern des Heterosexismus leichte Beute gewesen.

Menschengestank auf 100 Meter witternd, kämpfte sich Fauna durch den Moloch. Sie imaginierte eine Schutzhand über ihrem Kopf und ließ sie dort stehen. Die eigene Hand fasste um das aztekische Sonnenamulett an ihrem Hals.

Ohne direkte Feindberührung erreichte sie sicher die heimische Wabe.

Donna Fauna nahm sich vier Tage Zeit, ihren Ausstieg aus der Menschheit zu organisieren. Mit der ihr eigenen, auf Gründlichkeit bedachten Radikalität ging sie ans Werk.

Dem Abbruch diplomatischer Beziehungen zur menschlichen Spezies ging die förmliche Abmeldung bei den Stadtwerken und die Auflösung sonstiger Wohn- und Lebensverhältnisse voraus. Auf das Verfassen pathostriefender Abschiedsbriefe verzichtete sie schweren Herzens, aus Sicherheitsgründen. Sie wollte so wenig Spuren hinterlassen wie irgend machbar. Ihren Mitbewohner weihte sie ein, ohne jedoch Details ihrer Planung preiszugeben.

Die Abwicklung der Geldangelegenheiten gestaltete sich in Ermangelung nennenswerten Guthabens übersichtlich. Der vorhandene Betrag reichte gerade, um einen Wagen anzumieten und – Fauna wollte korrekt aus dem hiesigen Leben scheiden – zur Begleichung einiger Ehrenschulden.

Ein Problem stellte das Handy dar. An Thom Willbroox' mehrfach ausgesprochenes SMS- und Telefonverbot für die gesamte Anlage von Shivas Paradize hielten sich die Leute selbst innerhalb des direkt von ihm überwachten Areals nur widerwillig. Und Fauna wollte sich nicht komplett vom Strom des alten Lebens abschneiden. Noch nicht.

Der junge Richter, ein Stammkunde, willigte ein, Faunas monatliche Handy-Rechnung bis auf weiteres zu übernehmen. Als Dank für ein mehrjähriges und an sich faires Freier-Stricher-Verhältnis, wenn auch nicht als Abschiedsgeschenk, denn die Freier kamen immer noch in die Bar zum Krokodil. Die Shiva-Fürsten waren der Meinung, das Valente-Séparée sei erstens eine zu verteidigende kulturelle Errungenschaft, zweitens sei es von Bedeutung, um gesellschaftlich potente Protektion und finanzielle Unterstützung für Shivas eskalierende Widerstandsaktivitäten zu akquirieren. Drittens allerdings schienen mehrere der Shiva-Fürsten zur besten Kundschaft der Krokodilstricher zu gehören.

Thom Willbroox hatte murrend eingewilligt, schärfte den Valente-Boys aber regelmäßig ein, ihre Kunden einem eingehenden Security-Check zu unterziehen und die sexuellen Begegnungen nach Tunlichkeit zur Beschaffung von Informationen aus der Außenwelt zu nutzen.

Als Fauna die vierte Umzugskiste an Thom Willbroox vorbeischleppte, fragte jener doch nach, was denn das jetzt werden solle. Fauna erklärte knapp, sie habe der menschlichen Gesellschaft endgültig den Rücken gekehrt und beschlossen, ihren Wohnsitz nach Shivas Paradize zu verlegen.

Willbroox pfiff durch die Zähne: »Die nächste menschheitsflüchtige Tunte!«, frohlockte er und half, die Reste von Faunas außenweltlichem Besitzstand aus dem Transporter im Innenhof nach unten zu transportieren.

Fauna hatte von dieser Seite eher mit Widerstand gerechnet und wollte sich gerade löblich über die unbürokratische Hilfe äußern, als Willbroox barsch entschied: »Der da kommt mir nicht über die Schwelle: No way! Der nicht!« – dabei wie angewidert auf Faunas großformatigen Fernseher deutend, und auf die dazugehörige kleine Satellitenschüssel.

Als der Versuch, Willbroox mit der Aussicht auf eine Playstation zu bestechen, kläglich scheiterte, war Fauna klar, dass hier mit einem Durchkommen nicht zu rechnen war. Der sonst pragmatische Thom Willbroox entpuppte sich als ideologisch geschulter Fernseh-Gegner. Wie das denn ausschaue, mit Faunas groß angekündigtem Bruch mit der Menschheit, wollte er wissen. Ob sie sich vorstelle, auf der anderen Seite der Realität zu ankern, um dort über die aktuelle Entwicklung amerikanischer Seifenopern zu debattieren oder sich als Telefonjoker an »Wer wird Millionär?« zu beteiligen?

Faunas Einwand von wegen »Tierdokumentationen auf ARTE« zog auch nicht. Willbroox knallte Fauna erneut eine Standpauke vor den Latz, und während er den letzten Karton mit Klamotten durch den Eingang des Kombinats trug, rief er Fauna nach: »Verkauf das Scheißteil, bring den Wagen weg und dann herzlich willkommen in Shivas Paradize.«

Verkaufen. An wen? Freundinnen oder Freunde kamen nicht infrage. Das wäre ja verantwortungslos gewesen. Fauna versuchte es altmodisch in einem Pfandhaus. 220 Euro für ihre Großraumflimmerkiste. Ein schlechter Witz. 40 für die Satellitenschüssel. Fauna hatte keine Lust, sich herumzustreiten. Sie forderte 420 für alles, der andere bot 280, am Ende einigten sie sich bei 310. Fauna hätte gerne eine Zahl mit kabbalistischem Symbolwert herausgeholt, konnte aber an der 310 nichts mystisch Bedeutendes entdecken.

Egal: 310 Euro hatte sie im Sack. 310 Euro, die im blühenden Tauschhandel von Shivas Paradize nutzlos gewesen wären. Natürlich hätte Fauna das Geld für die Kriegskasse spenden können, aus der notwendige Besorgungen in der Außenwelt bestritten wurden. Hier aber endete Faunas Altruismus. Das war das Geld für ihren geliebten Fernseher. Lausig genug, was sie da herausgeschlagen hatte. Das Teil hatte neu das Zehnfache gekostet, und die Stricherkohle für die Anschaffung war zu hart erarbeitet, als dass Fauna dieses Geld in Gemeinschaftstöpfen versickern sehen wollte.

Außerdem zwang sie gar nichts, sofort im Shivas aufzuschlagen. Sie zog ja nicht in die Kaserne, sondern ins Paradies. Den gemieteten Transporter hatte sie auch. Warum nicht einen halben oder ganzen Tag damit zubringen, den Abschied von der Menschenwelt feierlich zu begehen?

Fauna ging shoppen.

Sie deckte sich mit allem ein, was die weitgehende Autarkie von Shivas Paradize nicht hergab. Kosmetika, auf die sie nicht verzichten wollte. Ein Vorrat an Gleitcreme und Kondomen. Ein paar größere Stofftücher würde sie für ihre neue Behausung brauchen können. In einem Geschäft für Asia-Sportartikel hatte es ihr ein Wurfstern für zehn Euro angetan.

Weil rund ums Shivas bisher nur Gras in Eigenregie produziert wurde und das Hasch der Shiva-Dealer von unterirdischer Qualität war, organisierte sich Fauna noch einen ganzen Klumpen roten Libanesen, der seitens des Dealers ihres Vertrauens als echte Rarität gepriesen wurde. Ein Testpfeifchen erfüllte die Erwartungen, und Fauna war ohne weiteres gewillt, etwas tiefer in die Tasche zu greifen.

Was tun, mit dem verbliebenen Geld und einem angebrochenen, letzten Menschheitstag?

Fauna dachte nicht daran, den Wagen vollgetankt an der Spedition abzustellen. Auf einen Gesetzesbruch mehr oder weniger kam es ohnehin nicht mehr an. So cruiste sie chaotisch durch den Moloch und fuhr stundenlang sämtliche Originalschauplätze des Historienfilms KAMPF UND AMOUREN DER DONNA F. ab. Dabei suchte sie nach Gelegenheiten, ihr Restgeld zu verschleudern.

»Apos Grillstation« hatte sich wieder einmal als gute Idee erwiesen. Fauna saß auf der Bierbank vor dem Imbiss und schlürfte ihre Linsensuppe. Sie hatte sich zwei gehäufte Löffel tiefroten Chili in die Suppe geknallt und hatte zu kämpfen, mit der Schärfe zurecht zu kommen. Fauna brannte lichterloh – von den Lippen über Mund und Kehle bis runter in die Magengegend.

Fauna stand es durch und gönnte sich gerade ihren »Ayran danach« – als gleißender Lichterschein ihre Augen blendete. Es war, als ergieße sich die in ihrem Körper aufgestaute Hitze nach auswärts in dieses alles überstrahlende Bild. Bewegte Traumbilder, zwanzig Meter voraus, noch fünfzehn, zehn, fünf ...

Fauna sprang auf. Rückte sich kurz den Zopf zurecht, strich den Rock glatt und stellte sich auf den Gehsteig – der näher kommenden Lichtgestalt todesmutig in den Weg.

Sie schaute dem Lichtwesen in die asiatischen Augen und fürchtete, zu erblinden. Hektisch, aber mit freudigem Lächeln, gab sie unartikulierte Quietschlaute von sich. Das Lichtwesen blieb stehen. Fauna brachte ein fröhliches Wiehern zu Gehör. Das Lichtwesen öffnete verdutzt den Mund.

Fauna erlebte alles in Zeitlupe, stieß endlich ein lang gezogenes: »Äääähm, ich ... eeehm« aus. Das Lichtwesen machte ein fragendes Gesicht. »Also, beziehungsweise: Konnichi wa! ... oder so ähnlich ...«, kramte Fauna auf gut Glück ihre einzigen zwei japanischen Worte hervor. Das Lichtwesen lächelte jetzt breit und fragte: »Onamae wa nan desu ka?« Fauna machte nun ihrerseits ein fragendes Gesicht. »Wie heißt Du?«, erläuterte das Lichtwesen. »Äh, so, ja. Ich heiße nicht, ich bin: Donna Fauna, die bin ich.« Das Lichtwesen lachte wie erfreut auf: »Trifft sich gut, Donner. Mich nennen sie ...«

Sonne? Hatte der jetzt echt gesagt, er heiße Sonne? Fauna hatte Sonne verstanden. War ja wohl unglaublich, der Typ – unglaublich super!

Dass Donna Fauna nicht »der Donner« hieß, sondern »die Fauna« war, und dass der andere nicht Sonne hieß, sondern sich koreanisch »Son Hoe« geschrieben wissen wollte – das Verhältnis war von Anfang an mit Missverständnissen behaftet.

Was der Donner heute so getrieben hatte, wollte die Sonne wissen. Nichts Besonderes: »Bin nur aus der Menschheit ausgetreten, hab grade meine Wohnung aufgelöst und geh heute Abend in den psychedelischen Untergrund. Was treibst Du?«

»Ich wollte grade in den Jugendpark«, sagte darauf die Sonne: »Willste mitkommen?« – »Ja schon ...«, erwiderte Donnerfauna. Sie habe aber ihren Umzugswagen dabei. »Macht nix«, befand das Zentralgestirn, er selbst sei auch motorisiert. Also könnten sie ja runter an den Fluss und da was rauchen. Zum Fluss? – Okay, zum Fluss.

»Wow, was ist das?! Roten Libanesen hatte ich Ewigkeiten nicht mehr ...«, jubelte am Flussufer das Sonnenkind. – »Ist mein Abschiedsgeschenk an mich selber; zum Austritt aus der Menschheit.«

Und so erzählte Fauna. Die Geschichte von der Hutschachtel und der Sommerlady, von ihrem unbändigen Hass auf die komplette Spezies, vom Weazel, das es ohnehin schon immer gewusst hatte, und von Shivas Paradize, wo sie die Grashalme einer neuen, besseren Zivilisation zu wachsen hören glaubte.

Die Sonne hörte sich das alles an. Zog dabei genüsslich am Pfeifchen und blies den Rauch des Libanesen in den wolkenlosen Frühlingshimmel. Von Shivas Paradize hatte er gerüchteweise gehört. Wenn dieses Weazel auch ab und zu im Bombay Tempel rumhinge, ja, dann vielleicht vom Sehen ...

Faunas Blick fiel auf das blaulackierte Sonnen-Gefährt:

»Wie, sagst Du, heißt dieses Ding?« – »Das is' ne Schwalbe, Mann! Äh: Frau. Also: egal jetzt!«, erwiderte die Sonne stolz: »Echter Oldtimer. DDR-Produktion. VEB Ernst Thälmann, Jagdwaffen und Nutzfahrzeuge oder so ähnlich, in Suhl. Fast vierzig Jahre alt, die Maschine, kein Rost und schnurrt wie 'n Tiger. Deutsche Wertarbeit. Das ideale Citymobil. Und Du darfst es mit 'nem normalen Klasse III-Führerschein fahren.«

»DDR-Mobil, Klasse-III. Logo. Das passt«, kalauerte Fauna zurück und erst jetzt fiel ihr auf, wie sehr die kräftige Schwalbenfarbe dem geliebten FDJ-Blau ihrer neokommunistischen Westjugend glich.

Son Hoe hätte ebenso gut ein Kettcar fahren können und Fauna wäre begeistert gewesen. Diese FDJ-Schwalbe aber hatte es ihr auch unabhängig vom Besitzer angetan. Das wäre das perfekte Spielzeug, um sich im Industrieareal rund um Shivas Paradise die Tage zu vertreiben. Zudem würde so eine Schwalbe eine nicht zu unterschätzende Ausweitung ihres Aktionsradius bedeuten.

»Was kost'n so'n Teil?«, wollte Fauna wissen. »Spottbillig«, winkte der andere ab. »Die werden Dir momentan nachgeschmissen, wenn Du sie selber abholst. He, Donner, hol Dir auch ne Schwalbe!«

Die beiden schritten umgehend zur Tat. In einem Internet-Café ermittelten sie eine Schwalbe, die ganz in der Nähe auf Abholung wartete. Ebenfalls blau, kostete diese etwas mehr als die 200 Euro, die Fauna noch in der Tasche hatte. Also hin mit dem Transporter , Proberunde Sonne, Proberunde Fauna, Preis auf 150 Euro runtergehandelt, die Schwalbe in den Transporter verfrachtet. Transporter bei der Spedition abgestellt, mit leerem Tank, rauf auf die Schwalben und nichts wie weg.

Natürlich verliebte sich Fauna Hals über Kopf – und zwar in jenen schwalbenreitenden Liebeskrieger, zu dem der arme Son Hoe in ihrem Dummköpfchen mutiert war. Sie bildete sich ein, endlich Antwort auf die Kontaktanzeige ihres Lebens erhalten zu haben: »Old Shatterwoman sucht Winnetou« – Lover und Kampfgefährte in einem, diesmal in der asiatischen Updateversion, frisch aus Chiba-City oder Seoul!

Fauna sah sich mit dem Sonnenkind schon den Liebesschwur der Samurai ablegen und, in romantischen Tagträumen, Rücken an Rücken aus dem Dunkel der Nacht springende Angreifer zurückschlagen. Die Phaser leergeschossen, alle Wurfsterne verbraucht – die Lichtschwerter der Jedi-Ritter bei der Arbeit! Auf den Flügeln FDJ-blauer Schwalben reitend, fliegend über endlose Ebenen und sanft ansteigende Hügel; in den Satteltaschen die vegetarische Verpflegung, Fernrohr, MD-Player und Henrystutzen.

Jedoch: Auch zwei Schwalben machen noch keinen Sommer.

Aus Faunas Liebesträumen wurde nichts. So wie sie sich zuvor ungefragt in das Leben des Anderen hineinkatapultiert hatte, wurde sie einige Wochen später ebenso ungefragt wieder hinauskatapultiert. Freilich nicht ohne einige ungelenke Anläufe zu retten, was realistisch gesehen niemals existiert hatte.

Es blieb immerhin die Entdeckung der Schwalbe.

»Der Arsch gehört auch noch zum Rücken!«, meldete KQ an, als er auf dem Bauch liegend von Fauna durchgewalkt wurde.

Inzwischen hatte sich Fauna in Shivas Paradize häuslich einge-richtet. Unterhalb des Drahtseilgebirges, in Sichtweite des Tuchtempels von Neolin 2 am großen Feuer, hatte sie ihr Zelt aufgeschlagen.

Faunas Behausung mit dem geschwungenen Baldachin gehörte zu den elegantesten Bauwerken am Platz. Im Inneren hatte sie sich mit Kitsch und Luxus nicht zurückgehalten.

Wie alle »permanent residents« hielt sich auch Fauna an den un-ausgesprochenen Deal, im Austausch für ein kostenfreies Leben in Shivas Paradize das Leben der Gemeinschaft durch diverse Arbeiten zu bereichern. Sie hatte sich darauf verlegt, die Shiva-Feiernden zu massieren und zu schminken, ihnen die Nägel zu lackieren oder die Augenbrauen zu rupfen.

»Ich hab 'ne Ganzkörpermassage geordert!«, quengelte erneut KQ. »Wenn Du drauf bestehst, bitte sehr!«, antwortete Fauna schelmisch und machte sich mit der linken Hand auf den Weg zum Quex-Anus. Mit der anderen tastete sie in einer Schublade nach Kondomen. Der Quex stöhnte auf, als Faunas Mittelfinger einen ersten Vorstoß in sein anatomisches Hinterland unternahm. »Na, na, ist doch erst das Pro-bierfingerchen«, tadelte Fauna sanft, hob den Rock und streifte das Kondom über ihren steifen Schwanz.

Zwei Stunden später röhrte Faunas Schwalbe unter dem Torbogen des Shiva-Kombinats hindurch. »Über den Fluss. Ich weiß 'ne illegale Party!«, rief KQ nach vorne. Fauna zögerte ein wenig. Seit sie sich von der Menschheit verabschiedet hatte, mied sie den Moloch auf der anderen Seite. Aber warum nicht? Eine kleine Expedition ins Menschenreich war genau richtig, um dem Kanarienquex die Vorzüge ihres Vehikels nahezubringen.

Als Fauna mit Tempo 60 in die Auffahrt der großen Hängebrücke einbog, stieß KQ einen gellenden Freudenschrei aus und legte sich mit in die Kurve. Die hinter den Erdenball abdrehende Abendsonne ließ ihre letzten Lichtstrahlen auf dem breit dahinfließenden Strom tanzen, während die Schwalbe drüber weg röhrte.

Fauna, KQ und die Landschaft ringsum sahen gleichermaßen total super aus. Der dunkelgrüne Goa-Fetzen flatterte im Wind um Faunas unrasierte Beine. Ihr Oberkörper kam durch ein hautenges, rotes T-Shirt mit Aufschrift »Girls' Departement« wirksam zur Geltung. Dahinter zog eine schwarze Sonnenbrille einen scharfen Strich zwischen KQs Nase und Augenbrauen. Von der Rückseite seines Sturzhelms warf Shiva in Aufkleberform wachsame Blicke auf den rückwärtigen Verkehr.

Auf halber Höhe der Brücke, fünfzig Meter hoch über der Flussmitte, staute sich die Kolonne der Menschenautos. Fauna überholte mit kaum vermindertem Tempo den zähflüssigen Strom aus Stahl und Plastik. Es wurde enger. Vorne blockierte ein LKW die rechte Spur. Fauna nahm Gas weg und zirkelte in Serpentinen links und rechts an den smarten Citykarossen vorbei.

In den Außenbezirken des Molochs kam es zu einer unschönen Szene. Ein schwarzer Golf fuhr minutenlang neben Fauna und KQ her. Immer gleichauf. Durch das offene Beifahrerfenster waren monotone Industrial-Beats zu hören.

Fauna und Quex vermieden es hinüberzuschauen.

An der nächsten roten Ampel wurde es ungemütlich. »Is' ja echt süß, Euer Kindermotorrad«, hörten die beiden eine tiefe Jungmännerstimme sagen. Sie reagierten nicht, Blick geradeaus. »Wohin wollt Ihr zwei Hübschen denn, so ganz allein in dieser Gegend?« KQ und Fauna schwiegen weiter. Die Ampel sprang auf Grün.

Fauna beschleunigte, so gut es ging. Aber die doppelt besetzte Schwalbe war dem Golf heillos unterlegen. Der schwarze Wagen fuhr weiter neben ihnen her. Die nächste rote Ampel brachte die gleiche Situation wie zuvor. Erneut drohende Sprüche des Beifahrers. Erneut schwiegen Fauna und der Kanarienquex.

Als die Ampel diesmal auf Grün sprang, machte Fauna keine Anstalten loszufahren. Sie blieb einfach stehen und beugte sich über die Armaturen, als inspiziere sie den darunter hervorquellenden Kabelsalat.

Verdutzt blieb auch der schwarze Golf stehen. Fauna machte geschäftig am Bremszug herum. Der Quex stieg ab, stellte sich neben Fauna auf den Bürgersteig und untermauerte den Eindruck eines technischen Defekts. Die Golf-Insassen blieben weiter unschlüssig vor der grünen Ampel stehen, lösten damit aber ein wütendes Hupkonzert der nachfolgenden PKWs aus. Das brachte sie schnell dazu, ihre Fahrt fortzusetzen. »Scheißschwuchteln!«, war noch zu hören.

»Bombenidee. Effektiv und absolut gewaltlos«, rühmte der Kanarienquex Faunas minimalistische Kriegsführung, als der Golf außer Sichtweite war.

»Das wäre übrigens Plan B gewesen«, entgegnete Fauna mit breitem Grinsen und deutete auf einen unter diversen Kabeln versteckten, silbern glänzenden Gegenstand.

Es war der kürzlich erworbene Wurfstern.

Was an der illegalen Party sonderlich illegal sein sollte, war Fauna keineswegs ersichtlich. Das Event war für ihren Geschmack zu professionell organisiert und überteuert. KQ blockte jedes Genörgel ab und hatte recht damit: Es war doch ein freundlicher Haufen, der sich in der ehemaligen Fabrik für Damenhandschuhe versammelt hatte. Die Deko war liebevoll gestaltet, besonders der Chill-Out-Bereich hatte es Shivas Paradiesvogelduo angetan.

Eine mit blauem Licht, Pappmaché und Netzen simulierte Unterwasserlandschaft bildete ein sehr gelungenes, psychedelisches Aquarium. An unsichtbaren Fäden befestigtes Meeresgetier schwamm, durch den Windhauch zweier Ventilatoren bewegt, phosphoreszierend hin und her. Es räkelten sich neonfarbene Seesterne, Quallen und Krebse.

Gegenüber waren die Sitzflächen zweier Sofas so aneinandergeschoben, dass sie mit den Rücken- und Armlehnen als äußere Begrenzung ein gepolstertes Rechteck bildeten. Fauna kam mit zwei Wodka Red Bull von der Theke und kletterte zu KQ in den Sofa-Pool. Als sie sich gesetzt hatte, hielt ihr der Kanarienquex ein Plastikbeutelchen vor die Nase.

»Hälfte oder gleich alles?«, fragte Fauna zurück.

»Gleich alles. Die Energie muss schon reichen für den Sprung.«

»Okay. Aber ich sag Dir gleich: Das wird schwierig mit mir heute. Ich bin immer noch ziemlich angefressen wegen meinem vergeigten Liebesabenteuer mit diesem Sonnenmenschen.«

»Ich bin ja dabei. Ich helf' Dir, wenn Du abschmierst.«

»Versprochen?«

»Versprochen!«, antwortete der Quex und reichte Fauna wie zur Besiegelung seines Versprechens die Hand. Fauna ergriff sie und fand darin schon den Trip, der sie auf die andere Seite befördern sollte.

In diesem der Sofaburg gegenüberliegenden, wasserlosen Aquarium tat sich einiges. Vor ein paar Minuten war einer 'gekommen und hatte die Ventilatoren eine Stufe höher geschaltet. Die Neon-Fische, Kraken und Seesterne kamen richtig in Bewegung. KQ und Fauna, die immer noch das Doppelsofa bevölkerten und auf das Einfahren der Substanz warteten, waren von dem Schauspiel zur Gänze absorbiert.

Etwas jedoch zwang den Kanarienquex, sich aus den Polstern zu erheben. Sein Schwanz lag ungünstig in der Unterhose, sodass der titanstählerne Piercing-Ring am Frenulum unangenehm auf die freiliegende Eichel drückte.

KQ stand auf und nutzte die Gelegenheit, das merkwürdige Aquarium näher zu betrachten. »Nice! Nice! Sehr gut gemacht!«, murmelte er, vor dieser Installation stehend, um dann ein überraschtes »Häh? Was is'n des da?« auszustoßen.

Anscheinend verdeckte diese künstliche Wasserlandschaft mehr, als sie offenbarte. Zum Beispiel einen dahinterliegenden Raum. Hinter den Pappfelsen ging es weiter.

Es war zappenduster da drin. »Siehst Du das da hinten? Das Silbrige?«, fragte Fauna, die sich inzwischen neben den Kanarienquex gehockt hatte. Sie schirmte die Augen mit der Hand ab und lugte ebenfalls in das Dunkel: »Wenn Du von hier aus schaust, kannst Du's sehen.«

KQ hockte sich ebenfalls ab und tatsächlich: Da waren ganz schwach die obersten Sprossen einer Aluleiter zu erkennen. Offenbar reichte sie von unten durch ein Loch oder eine Luke herauf.

»Dieses Aquarium ist ja eine in höchstem Maße geheimnisvolle Einrichtung, findest Du nicht, Quex? Ich wüsste zu gern, was für Fische sich da noch so tummeln.«

KQs Forscherdrang war längst aktiviert: »Das werden wir gleich rausfinden. Werden diese Fischlein nämlich besuchen.«

»Spinnst Du?«, fuhr Fauna auf.

»Wieso denn?«, flötete der Quex fröhlich: »Ich hab' doch gesagt, dass die Party illegal ist.«

Da hatte Fauna einen Netzvorhang mit Kunstalgen zur Seite geschoben und schlüpfte hinein in das psychedelische Aquarium. Sofort fuhr ihr der Luftzug der Ventilatoren unter den Rock, der sich daraufhin in einem neon-orangenen Seepferdchen verhedderte. Fauna machte sich schnell los, wich einigen anderen Schwimmtieren aus und verschwand rechts hinter dem Pappmaché-Felsen.

Der Kanarienquex stand noch wie unbeteiligt draußen und warf einen Kontrollblick zurück. Die Chillout-Area war leer, und die Leute dahinter schenkten ihm keine Aufmerksamkeit. Er passte einen günstigen Zeitpunkt ab, um ebenfalls in diese künstlichen Meereslandschaft einzutauchen.

»Und? Schon was entdeckt?«, erkundigte er sich halblaut, als er Fauna erreicht hatte. Die legte nur den Finger an die Lippen. Die Leiter führte viel weiter nach unten als gedacht. Das waren locker fünf oder sogar sieben Meter. Flackernder Kerzenschein leuchtete schwach herauf.

»Nach Dir, hochverehrtes Quexchen.« Fauna machte eine einladende Handbewegung. Vorsichtig setzte KQ einen Fuß auf die Alusprossen und begann mit dem Abstieg. Oben war Fauna noch beschäftigt. Um unnötige Geräusche zu vermeiden, nahm sie sämtliche Ringe von den Fingern.

Als sie sich ebenfalls an den Abstieg machte, hing der Kanarienquex schon auf der Hälfte des Weges. Ein Blick nach oben gewährte ihm vollen Einblick in das Innenleben von Faunas Rock, die gemächlich, aber sicheren Tritts herunterstieg.

Plötzlich hielt Fauna inne. Sie klammerte sich an die Sprossen und schien zu krampfen. »Was is'n?«, fragte der Kanarienquex flüsternd. »Der Trip fährt ein«, kam es von oben zurück. Na, bravo! Das war nun wirklich der ungünstigste Zeitpunkt. KQ selber war noch nicht so weit.

Er stieg wieder ein paar Sprossen nach oben: »Bisschen atmen und Kraft sammeln, aber dann komm runter, Baby. Das ist kein guter Platz, den Sprung zu machen.« – »Okay«, keuchte Fauna. Sie tat ein paar tiefe Atemzüge und machte sich mit langsamen Schritten hinunter. Der Quex hatte fast den Boden erreicht, als es auch bei ihm losging.

Die Tripenergie breitete sich vom Solarplexus her ringförmig aus. Ohne sich umzusehen, sprang KQ die letzten Sprossen hinunter. Nach sicherer Landung hockte er sich, an eine Wand gelehnt, in den Schneidersitz. Fauna kam ächzend die Leiter herunter und setzte sich daneben. Der Trip fuhr ein, der magische Tunnel öffnete sich. Mit geschlossenen Augen saßen die beiden da. KQ nahm Fauna bei den Händen: »Es ist Zeit.«

Als er die Augen wieder öffnete, hatte ihn ein Zustand mystischer Klarheit erfasst. Er fühlte sich nicht im Mindesten verwirrt, wusste aber mit Bestimmtheit, dass sie sich auf der anderen Seite der Realität befanden.

KQ sah sich um. Sie saßen am Anfang eines langen Ganges. Das Gemäuer machte einen heruntergekommenen Eindruck. Metallgerümpel lag herum, ein paar alte Lumpen und ein Karton mit leeren Glasflaschen.

Überraschend warm war es hier. Und weiter hinten konnte KQ Stumpenkerzen erkennen, die im Abstand von einigen Metern links und rechts den Gang hinunterleuchteten.

Auch Fauna kam langsam zu Bewusstsein, auch wenn es sich um einen außergewöhnlichen Bewusstseinszustand handelte. Sie räkelte sich und schlug die Augen auf, schenkte dem Quex ein Lächeln und zeigte wortlos fragend in Richtung der Kerzen. »Da geht's zur illegalen Party unterhalb der illegalen Party, wenn ich mich nicht irre«, vermutete der Kanarienquex. »Oder gar keine Party. Sondern der magische Tunnel am Ende des magischen Tunnels«, entgegnete Fauna. »Schauen wir uns die Sache an«, beschloss KQ und half ihr auf die Beine.

Sie schlichen den Kerzen entgegen. Der Gang führte zwanzig, dreißig Meter weiter, links und rechts Kerzen, ohne dass sich etwas aufgetan hätte.

Da zupfte Donna Fauna KQ am Ärmel. Atemlos blieben beide stehen und horchten nach rechts. Von der anderen Seite der Wand drangen Stimmen ins Dunkle. Nicht viele, das waren höchsten drei oder vier Personen. Das meiste war unverständlich. Nur ein lauter Ausruf, der empört klang, war deutlich zu verstehen: »Bist Du wahnsinnig? Das kann den halben Laden in den Knast bringen!«, rief eine tiefe Stimme aus. Eine ebenfalls erregte Frauenstimme antwortete noch lauter: »Du weißt ganz genau, dass sie das niemals zulassen würde. Und ...« – es folgte ein unverständlicher, längerer Name: »... sagt, es muss alles gereinigt werden. Sonst kann er nicht kommen.«

KQ zog Fauna weiter. Was auch immer das Gesprächsthema hinter dieser Mauer war: Es roch nach Gefahr. Fauna folgte widerwillig und es gelang den beiden, sich ohne verräterischen Lärm zu entfernen.

»Diese Stimme!«, raunte Fauna, als sie einige Meter weg waren: »Die erste Stimme. Ich glaub, die kenn ich ...« »Ich nicht«, antwortete KQ, »Und ich will sie auch gar nicht kennen.«

Sie schlichen weiter, der Gang machte einen scharfen Knick nach links – und war zu Ende. Allerdings stand hier eine weitere Aluleiter, die nach oben und zu einem offen stehenden Kellerfenster hinausführte.

»Nichts wie raus jetzt«, zischelte der Kanarienquex.

»Wo sind wir denn jetzt rausgekommen?«, wunderte sich Fauna.

»Wenn Du mich so fragst, würde ich sagen, wir sind auf der anderen Seite der Damenhandschuhfabrik«, erwiderte KQ.

»So frage ich aber nicht! Das sehe ich selber«, giftete Fauna zurück: »Ich meine: Was für eine Realitätsebene ist das hier? Oder findest Du das da etwa normal?«

Der Himmel über ihren Köpfen war übersät mit winzigen kleinen Wölkchen, die in gleichen Abständen zueinander ein grobmaschiges Netz von perfekter Symmetrie bildeten. Links und rechts dieser langsam dahinziehenden Wolkenbahn war der Nachthimmel wolkenlos, sogar der ein oder andere Stern ließ sich sehen.

»Wenigstens wissen wir, wo wir hinmüssen«, sagte der Kanarienquex fröhlich, nachdem sie das Himmelsphänomen eine Weile betrachtet hatten.

Fauna skeptisch: »So. Das wissen wir also, ja?«

»Na klar«, meinte erneut KQ: »Just follow the heavenly highway!« Sprach's und rannte los, mit dem Wind im Rücken das Wolkenband entlang.

Wortlos liefen die beiden nebeneinander her. Durch Straßenzüge und nächtliche Parks folgten sie dem Zeichen über ihren Köpfen. Donna Fauna war zwar nicht so flink wie der Kanarienquex oder das Weazel, dafür verfügte sie über einige Ausdauer. Und so war es KQ, der vorschlug: »Lass uns noch bis zu der Ecke da vorne laufen. Dann brauch ich mal 'nen Break.«

Sie bogen um die Ecke eines noch unfertigen Komplexes von Bürogebäuden und City-Appartements. Vor einigen Häusern standen Baugerüste herum, andere waren teilweise bezogen. »Weiter! Ein bisschen noch«, entschied Fauna und rannte auf dem glatten Steinplattenweg weiter.

Sie kamen ans Ende der Häuserschlucht. Abrupt blieb Fauna stehen und schnappte vor Anstrengung und Überraschung nach Luft: Vor ihr öffnete sich eine Parkanlage. Das war früher ein Rangierbahnhof gewesen. In der Mitte stand, Relikt vergangener Zeiten, ein einsamer Signalturm. Rund herum war kürzlich ein Kinderspielplatz errichtet worden. Schaukeln, eine Siedlung winziger Holzhäuschen und eine Kletteranlage aus Masten und Seilen – genau die gleiche Bauart, die auch in Shivas Paradize als künstliches Gebirge diente!

KQ und Fauna gingen langsam auf den Signalturm zu. Die Kletteranlage stand in einer mit Sand aufgefüllten Senke. Ein Paar übriggebliebener Eisenbahnschienen schnitt quer durchs Gelände.

KQ untersuchte den Turm, fand aber keine Möglichkeit hineinzukommen.

Währenddessen hing Fauna schon in den Seilen. Die Kletteranlage war noch größer als die in Shivas Paradize. Die fünf Masten waren jeweils auf zwei Ebenen durch eine Drahtseilstruktur miteinander verbunden.

Fauna hatte unten gekreuzt und war jetzt auf dem Weg nach oben. Der Quex suchte noch nach einem günstigen Einstieg, fasste dann mit beiden Händen nach oben und zog seinen drogenhageren Körper hoch.

Die Wirkung des LSD verstärkte sich. Tierinstinkte drängten ins Bewusstsein und ließen die beiden animalische Laute ausstoßen. Sie hangelten sich durch die Anlage, und während Fauna dabei fauchte wie eine Tigermama auf Beutezug und sich auch so ähnlich zu bewegen versuchte, brach im Kanarienquex das Federvieh durch. Mit rhythmischen Schwimmbewegungen glitt er so behände nach oben, dass Fauna fast den Eindruck hatte, er würde tatsächlich fliegen.

Fauna und Quex eroberten je einen Masten. Im Top bildeten schwarze, in die Drahtseilstruktur eingelassene Kunststoffeinsätze jeweils ein kleines Gipfelplateau.

So hockten sich Fauna und Quex auf ihren Masten gegenüber und unterhielten sich auf recht fremdartige Weise. Die eine fauchend, der andere zwitschernd, tauschten sie eher Gefühlsstöße aus als formulierte Gedanken.

Als Fauna sich aufrichtete und ihren Blick senkrecht an der Alustange hinunterschickte, machte sie eine kuriose Entdeckung: Von oben besehen, bildeten die verschiedenen Ebenen der Drahtseilstruktur eine konzentrische Reihe größer werdender Sterne.

»Das sind ja lauter Pentagramme!«, rief der Kanarienquex Fauna zu, nachdem die ihn auf die verborgene Symbolik dieses Klettergerüsts aufmerksam gemacht hatte. Fauna war anderer Meinung: »Das sind keine Pentagramme, sondern Davidsterne, KQ. Zwei gleichschenklige Dreiecke, umgekehrt übereinandergelegt.«

»Is' wahr? Und was soll das?«, fragte der Quex, aber in dem Moment fiel sein Blick auf den Signalturm. Mein Gott, der sah ja aus wie der Wachturm eines Konzentrationslagers! Zumindest hatte KQ diese Assoziation.

Drüben hatte Fauna wieder mit dem Abstieg begonnen. Auch KQ, dem das Grauen in die Glieder gefahren war, machte sich auf den Rückweg durch die Seile. Dabei verstrickte er sich immer weiter in diese Assoziationskette. Die stillgelegten Gleise! Der in der Senke aufgeschüttete gelbe Sand! Die aufgestapelten Davidsterne! Und die kleinen braunen Holzhäuschen, die kamen KQ jetzt vor wie Miniatur-KZ-Baracken. Konnten diese Scheißdeutschen nicht einmal einen Kinderspielplatz aufbauen, ohne den Holocaust nachzustellen? Oder lag es an ihm, an seiner Jugend in diesem Land, dass ihm auf jedem zweiten LSD-Trip KZ-Assoziationen einfuhren?

Stimmen rissen den Quex aus den Gedanken. Tief grollend dröhnten sie vom Hügel hinter dem Signalturm hinunter. Und sie kamen näher. Der Gesang hart singenden Jungburschenpacks ließ auch Donna Fauna erschaudern. »Aber dennoch hat sich Bolle ganz kräftig amüsiert! Aber dennoch« hat sich Bolle ganz kräftig amüsiert ...« Die scharfzackigen Schmettertöne altdeutschen Liedguts sausten auf Faunas Energiekörper zu wie Granatsplitter.

»Los, weg hier.« KQ zog Fauna weiter. Ein Blick nach oben – das Wolkenband war immer noch da.

Die beiden entfernten sich zunächst langsam, erreichten dann eine Wiese und begannen erneut, die Himmelsbahn entlangzulaufen. Im Schutz der Bäume gingen sie in einem großen Bogen an den grölenden Burschen vorbei.

»Hier. Das wird Dir guttun«, redete der Kanarienquex Fauna beruhigend zu: »Das is' Süßholz. Zum Raspeln«, erklärte er lächelnd und brach ihr ein Stück ab. Sie schob es in den Mund und begann, darauf herumzubeißen. Ein holzig-süßer Geschmack baute sich auf, als sich abgefieseltes Süßholz faserig in den Zahnzwischenräumen und Backentaschen verteilte.

KQ war ebenfalls am Kauen und zeigte nach oben: »Unser Wegweiser löst sich demnächst auf.« Tatsächlich franste das Himmelsband seitlich aus. Einzelne Wölkchen wurden vom Wind ineinandergeschoben oder zerteilt.

»Wenn uns dieses Dach flöten geht, sollten wir schleunigst ein anderes suchen für unsere verstrahlten Schädelchen.« Das Süßholz hatte Faunas Stimmung merklich aufgehellt. Sie trabte los. Der Quex hinterher.

Der Park ging zu Ende. Dahinter lagen belebtere Straßen des Molochs. Allerdings hatten Fauna und KQ nicht die geringste Lust, auf Menschen zu treffen. Sie liefen quer. Links neben dem Bürgersteig ging es ab ins Gebüsch. Über ein Mäuerchen in den Hinterhof, von dort über Zäune hinweg durch Gärten und Rabatten, gelangten sie über eine wegen Bauarbeiten abgesperrte Straße in eine weitere Grünanlage. Hinter einer Tankstelle schlugen sie sich erneut ins Gebüsch und so ging es immer weiter.

»Das also ist die andere Seite der Stadt«, sinnierte der Kanarienquex.

»Zumindest ist es ein Teil von der anderen Seite«, erwiderte Fauna: »Weißt Du, das ist wie mit Materie und Anti-Materie. Für jedes offizielle Teilchen gibt es eine illegale Entsprechung. Für jeden ausgeschilderten Asphaltweg einen pfadlosen Pfad. Für jeden Quadratmeter schicke Schnösel-City einen Quadratmeter verkommener Moloch.«

KQ: »Auch für jeden offiziellen Menschen einen ...«

Fauna: »... einen Anti-Menschen, meinst Du?«

KQ: »Ja, genau. Gibt's so was auch?«

»Weiß nicht«, musste Fauna zugeben: »Illegale gibt es natürlich en masse. Leute mit falschem Pass oder gar keinen Papieren, Kleinkriminelle, Leute auf Fahndungslisten oder so. Aber richtige Gegen-Menschen – also sagen wir mal, wenn es die gibt: Ich hab' noch keinen davon getroffen«, sprach Donna Fauna, besann sich dann aber anders: »Nee, einen kenn ich vielleicht doch.«

KQ zog die Augenbrauen hoch: »Das Weazel meinst Du?«

»Hmhm. Das Weazel!«, stimmte Fauna zu: »Das mit der neuen Spezies ist bei dem jedenfalls mehr als nur eine besonders originelle Propagandanummer. Ich meine, das Weazel, das ist ja wohl bestenfalls noch lose humanoid. Ein Zweibeiner mit Wirbelsäule. Aber sonst? Kennst Du dem seine Geschlechtsteile?«

KQ: »Ihre Geschlechtsteile, sollte man vielleicht besser sagen ...«

Fauna: »Oder eine geschlechtsneutrale Formulierung irgendwie. Es stimmt aber: Das Weazel ist echt eine verdammte Mutantenratte.«

»Und Du bist auf dem besten Weg, auch eine zu werden, wenn ich Dir das sagen darf, Fauna«, gab KQ zurück.

Fauna fiepste in den höchsten Tonlagen: »Ehrlich? Findest Du das wirklich?!«

Selten hatte sie sich mehr geschmeichelt gefühlt.

So plaudernd, hatten sie das Stadthafenviertel erreicht. Es lag am Ufer des Flusses und galt als Hochburg des Widerstands. Graffitis in Rot und Schwarz schmückten besetzte und ex-besetzte Häuser. Hier konnten sich die Cyberhippies offen bewegen.

»Eeeeeh, Fauna. Ich hab' einen saumäßigen Hunger. Wir sollten in der Richtung was unternehmen«, rief KQ. Faunas Magen machte sich ebenfalls seit geraumer Zeit bemerkbar.

Sie kamen an der »Villa Kunterbunt« vorbei. Dieses Jugendstilhaus hatte in den Jahren der großen Häuserkämpfe eine gewisse Berühmtheit erlangt. Mehreren Räumungsversuchen der härtesten Kampfbulleneinheiten hatte es in heroischen Abwehrschlachten standgehalten.

Später hatten die Bewohner ihren Status legalisiert und Mietverträge abgeschlossen. Obwohl das Haus auch jetzt noch der subversiven

Szene des Molochs zugerechnet wurde und mit seiner buntangestrichenen Fassade von weitem ins Auge fiel, war es inzwischen einer Truppe ökoliberaler Kulturschicksen in die Hände gefallen, denen die radikale Symbolik des Ortes in erster Linie als verruchter Teint für ihre Vernissagen und Cocktailpartys diente.

Die Tür stand offen. Leute gingen ein und aus. Es hatte den Anschein, als sei ein Fest im Gange. »Probier'n wir aus«, entschied KQ.

Die beiden traten ein, wurden aber sogleich von einem Menschlein zurückgehalten, das hinter einem Tisch sitzend den Torwächter mimte.

»Wunderschönen Abend, die Herrschaften. Persönlich eingeladen, wie ich annehme?«, fragte das Menschlein.

»Wie bidde?«, fragte Fauna.

»Es handelt sich hier gewissermaßen um eine Privatparty, wenn man denn so sagen will.«

Fauna herrschte das Menschlein an: »Das ist mir neu, dass Partys in besetzten Häusern privat sein können. Dieses Haus ist, wenn man denn so sagen will, Eigentum der Bewegung! Und Du, Freundchen ...«

»Wir sind mit der Gastgeberin persönlich vertraut, falls die Frage sich darauf bezogen haben sollte«, fuhr der Quex Fauna geistesgegenwärtig in die Parade. »Wir stehen im Genuss ihres großzügigen Mäzenatentums und bereiten derzeit das Schwalbenprojekt im Kulturkombinat 108 für sie vor.«

Tatsächlich wirkten diese charmesprühenden Worte Wunder. Das Menschlein veränderte seinen bisher überheblichen Ton, drückte den beiden Stempel auf die Handrücken, wünschte viel Vergnügen und hieß sie eintreten.

Kaum drin, meinte KQ, Fauna für ihr Aufbrausen zurechtweisen zu müssen. Das seien zwar zweifellos recht verwerfliche Marotten, von wegen Privatparty und dergleichen, allerdings habe er Hunger, die hätten hier mit Sicherheit jede Menge Fresszeug aufgefahren, da seien politische Geplänkel mit Subalternen ebenso nachteilig wie unangebracht.

»Ja und Du?«, gab Fauna zurück: »Lügst den Typen an wie nichts Gutes. ›Mit der werten Gastgeberin vertraut‹ und so was. ›Schwalbenprojekt‹ und ›Kulturkombinat 108‹ und Pipapo. Das ist okay?«

»Das wird sich erst noch zeigen, ob ich da gelogen habe«, verteidigte sich der Quex: »Vielleicht kenn ich die Gastgeberin ja wirklich?

Außerdem ist das Kulturkombinat Shivas Paradize, wenn Du's genau wissen willst. Shiva trägt bekanntlich 108 Namen und ist überhaupt und seit jeher der Schutzgott der Diebe und Gauner. SO WHAT?«

Fauna wollte noch etwas entgegnen, wurde aber abgelenkt: Ein langer Tisch, zum Biegen voll mit Fressalien, zog ihre Aufmerksamkeit auf sich. Der Anblick erfüllte ihren Geist mit milder Nachsicht für die moralischen Unzulänglichkeiten des Quexvogeltiers. Eigentlich lehnte sie Not- und Bequemlichkeitslügen mit missionarischem Furor ab. Aber immerhin: Sie waren drin, hatten ordentlich zu mampfen und mussten so schnell nicht wieder raus.

Mit vollaufgeladenen Tellern verließen die zwei den reich gedeckten Gabentisch. So sehr hatten sie ihre Teller überfrachtet, dass sie in Kombination mit Faunas Äußerem einige Aufmerksamkeit erregten. Sie drückten sich, so unauffällig es ging, durch eine Tür ins Freie.

In dem seitlich an der Villa entlanglaufenden Gartenstreifen waren einige Biertische aufgestellt, an denen nur wenige Gäste saßen und sich mäßig angeregt unterhielten. Fauna und KQ drängten an ihnen vorbei und setzten sich an den hintersten Tisch. »Wir brauchen noch was zu trinken«, fiel dem Quex ein. Er stand auf, um erneut auf Raubzug zu gehen.

Als der Quex mit zwei Gläsern und einer vollen Flasche Rotwein zurückkam, war Fauna weg.

KQ stutzte, aber schnell hatte er einen klaren Verdacht, wohin sich die Beste verzogen haben konnte. Genau hinter dem zuvor in Beschlag genommenen Tisch war eine Barriere aus querliegenden Bierbänken errichtet worden. Dass dieses Schild mit der Aufschrift »Privat« schon zuvor Faunas missfallendes Interesse erregt hatte, war dem Kanarienvieh nicht entgangen. Und nach seinem bisherigen Eindruck würde es zu den Veranstaltern der Festlichkeit passen, ihren Gästen den Zutritt zum schönsten Teil der alten Villa zu verwehren.

Mit aufreizender Selbstverständlichkeit – er war ja doch schließlich Liebling der reizenden Gastgeberin! – stieg KQ über diese Bierbänke, als er schon Faunas Schmatzen und Stöhnen hörte.

Vor ihm tat sich ein wunderschöner, auf Japanisch getrimmter Hintergarten auf, mit Brünnlein, Teich und hellen Kieswegen. Das Haus selber ging in eine Holzterrasse über, die auf Pfählen erhöht stand und von einer Balustrade aus kunstvoll gedrechseltem Holz zum Garten hin begrenzt war. Ein modisches Glasdach darüber bot freie Sicht auf den Sternenhimmel.

Umfasst von drei chinesischen Schirmchen stand in der Mitte dieser Holzterrasse ein geräumiger Esstisch – an dem saß Donna Fauna, im Schein zweier Kerzen, und begrüßte KQ mit vollem Mund und den Worten: »Hast übrigens Recht gehabt. Wir kenn' die Alte, die das Fest hier schmeißt, tatsächlich.«

Der Kanarienquex machte ein fragendes Gesicht, während er die Gläser abstellte und Wein eingoss. »Schau mal, wer uns dieses opulente Nachtmahl in asiatischem Ambiente ausgibt.« Fauna deutete auf die Hauswand zu ihrer Linken. Der Quex ließ einen Ausruf freudigen Entsetzens fahren: Direkt über ihnen prunkte an der Wand ein neonfarbenes Konterfei von Lord Shiva! Halbmond im Haar, Kranz aus Stechapfelblättern, Dreizack, Trommel, Schlangen, Tigerfell – in vollem Ornat präsidierte der alte Hindugott grinsend über dem Esstisch. Zwei der vier Hände waren mit geöffneten Handflächen ausgestreckt, als wollten sie bedeuten: »Nun denn, meine Kinder, bitte sehr: Nehmet freudig hin, was ich Euch spendiere!«

KQ war wirklich gerührt. Er hatte spontan den Impuls, in die Knie zu gehen, besann sich aber auf eine längere, ehrerbietige Verbeugung und ließ sich dann Fauna gegenüber in ein gepolstertes Sitzmöbel fallen. Gemeinsam prosteten sie Lord Shiva zu und bedankten sich artig für diese außerordentlich großzügige Gabe. Sollte es Anflüge schlechten Gewissens gegeben haben – fort waren sie!

Was für ein königliches Mahl der göttliche Spender da hatte springen lassen! Fauna und KQ ließen es sich gut gehen, im Kerzenschein, bei delikatem Fresskram und erlesenem Wein, beschienen von den Sternen, mit Ausblick auf ein gelungenes Beispiel euro-asiatischer Gartenbaukunst »... und schon wieder auf der rückwärtigen Seite der Veranstaltung!«, ergänzte KQ triumphierend.

Wenn Fauna zu Beginn des Trips den Quex gebeten hatte, ihr im Ernstfall beizustehen, dann war dieser soeben auf das Theatralischste eingetreten. Nur war es Fauna, die zu helfen hatte. Was sich aus mehreren Gründen schwierig gestaltete.

Der Kanarienquex klebte, mit krampfenden Armen klammernd, an Faunas Rücken und schien wie ein armes, krankes Vögelchen dahinzusiechen. Fauna selbst hatte idiotischerweise kurz vor Beginn der Fahrt ein Achtelchen LSD nachgeworfen, war nunmehr auf dem Höhepunkt der frisch zugeführten Tripenergie und hatte erhebliche Mühe, die Schwalbe sicher auf der stark befahrenen Ringstraße zu steuern.

Und links neben der Schwalbe kurvte seit mehr als fünf Minuten: ein schwarzer Golf!

Querfeldein durch die geheimen Winkel und Wege des Molochs waren sie vom Stadthafenviertel zur alten Damenhandschuhfabrik zurückgelaufen.

Aus Neugier und Übermut waren sie erneut auf dem zuvor entdeckten Schleichweg in das Gebäude eingedrungen. Fauna war als Erste durch das noch immer offen stehende Kellerfenster gestiegen, KQ hinterher. Unten angekommen, hatten sie festgestellt, dass die Kerzen, die den Gang zuvor beleuchtet hatten, nicht mehr brannten. Unter Zuhilfenahme seines Feuerzeuges war KQ vorangegangen.

Es hatte eine Zeit gedauert, sich unter den widrigen Lichtverhältnissen den Weg zu bahnen. Endlich hatten sie den Gang durchquert. Bevor sie sich wieder auf die Party begeben wollten, warfen beide etwas Acid nach.

»Noch 'n paar Stunden feiern, dann raus, wie wir reingekommen sind, der Kreis schließt sich und – Schwupps! – sind wir zurück in der guten alten Realität von ... Shivas Paradize!«, hatte der Quex noch frohlockt und sich über die Leiter an den Aufstieg in die obere Etage gemacht.

Er hatte gerade das psychedelische Aquarium betreten, als plötzlich die Musik ausgegangen war. Sekunden später war alles hell erleuchtet und überall Panik: Bullen! Razzia! »Raus hier, raus! Komm! Schnell!«, hatte Fauna dem Quex von hinten zugeraunt, wo sie immer noch im Schutz der Pappmachéfelsen gestanden hatte.

Derweil drängten Uniformierte in Kampfmontur zwischen die Feiernden. Mit langsamen Schritten wich der Kanarienquex zurück. Sein Blick fokussierte auf einen zwei Meter Polizeigorilla, der sich schemenhaft und wie in Zeitlupe durch die Szenerie bewegte. Der Blick des Cops erfasste einen androgynen, auf Scheherazade gestylten Turko-Boy. Die Sicht vom zurückweichenden Quex immer wieder verdeckt, konnte Fauna erkennen, wie der Gorilla dieser orientalischen

Schönheit den Arm aus dem Schultergelenk drehte. Sie warf die Hände gerade noch rechtzeitig zu einer Schutzgeste hoch, um die Schmerzensschreie des so Malträtierten energetisch abzuleiten. KQ aber wurde voll erwischt.

Er schien paralysiert. Fauna rief seinen Namen. Der Quex starrte auf den Polizeigorilla, der mit seinem Opfer fertig war und den Wimmernden achtlos in die Ecke donnerte. Jetzt wandte er sich zum Aquarium – wo der Quex bewegungslos verharrte und ihm direkt in die Augen schaute. Fauna war, als sehe sie einen fies lächelnden Sadistendämon sich aus der Körperhülle des Bullen lösen und direkt auf den Energiekörper des Kanarienquex zudrängen.

Fauna zerriss den Schleier, der das Quexbewusstsein lähmte, indem sie ihn von hinten packte und hinter die Pappmaché-Felsen zerrte. Irgendwie gelang es ihr, den Quex unfallfrei die Leiter hinunterzubekommen. Von oben kam der Gorilla hinterher. KQ schubsend, schiebend, stützend, durchquerte Fauna den Gang und sie erreichten sicher die zweite Leiter am Kellerfenster.

Als sie oben aus der Luke gekrochen waren, zog sie die Leiter hinterher. Der Gorilla-Cop kam unten angerannt, sah nur noch die Leiter durch die Luke verschwinden und brüllte vor Wut auf, dass seine Opfer entkommen waren.

Oben mussten Fauna und KQ tatenlos zusehen, wie die restliche Hippiemeute in vergitterte Wannen verladen und abtransportiert wurde. Unbemerkt schlichen sie zur Schwalbe und machten sich davon.

Einige Straßenzüge weiter war aus einer Seitenstraße der schwarze Golf aufgetaucht.

Der Quex schmiegte seinen Kopf in Faunas Nacken, die seinen schwachen Atem in ihrem Helm aufsteigen spürte.

Eine rote Ampel. Das bekannte Spiel: »Da seid Ihr ja wieder. Wir hatten schon Angst, Ihr wärt auf und davon geflogen«, tönte es mindestens so hämisch wie bedrohlich aus dem Golf.

Fauna dachte an den Wurfstern. Ein Blick nach links brachte sie von der Idee ab: Das Auto war mit vier gut gebauten Nazihools besetzt. Enganliegende Muskelshirts, schwarze Military-Hosen, zwei im Gesicht gepierct: Jahrtausendwende-Faschos, wie sie auch gerne mal auf einem Techno-Move mitliefen.

Die Ampel sprang auf Grün. Der Trick vom Nachmittag würde nicht noch einmal klappen. Faunas Schwalbe und der Golf fuhren langsam an. »Quer laufen! Die Dimension wechseln! Auf die andere Seite der Realität!«, kam es Fauna in den Sinn, während sie auf Tempo fünfzig beschleunigte. Ob dieser Bewegungsmodus auch mit der Schwalbe funktionierte?

»Festhalten, KQ!«, rief Fauna nach hinten und stieg hart auf die Bremse. Der Golf schoss einige Meter an ihnen vorbei. Fauna zog dahinter einen scharfen Linksbogen, kreuzte über die Gegenfahrbahn und steuerte in eine hellerleuchtete, nicht für motorisierte Zweiräder gedachte City-Passage.

Wie ein Stuka im Sinkflug brach die blaue Schwalbe in eine Ladenzeile, wo das Putzpersonal und die Mitarbeiter der Backfabrik bereits den kommenden Handelstag vorbereiteten. Fauna verminderte das Tempo so wenig es ging. Dass der Golf hierher folgen würde, war zwar höchst unwahrscheinlich. Aber sie wollte nicht riskieren, am anderen Ausgang unliebsam empfangen zu werden.

Die Ladenzeile öffnete sich zu einer als italienische Piazza gestalteten Einkaufshalle. In der Mitte kam ein größerer Brunnen in Sicht, rund herum Mobiliar und Kunstpalmen eines Cafés. Fauna kurvte daran vorbei und bog in eine weitere Ladenstraße ab.

Sie fuhr langsamer an die geschlossene Schiebetür heran. Mit elektronischem Surren gab sie den Weg frei. Hinter ihr war der Quex erwacht: »Wo sind wir? Was geht 'n ab?« Fauna raunte nur: »Festhalten!«, rollte vorsichtig aus der Passage heraus, lugte nach links und rechts und nahm erneut Fahrt auf.

»Mephistooopheles! Mephistooopheles!« – Der Kanarienquex hatte seit einiger Zeit begonnen, immer wieder langgezogen den Namen des Leibhaftigen zu rufen.

»Meint der jetzt mich, oder was?«, fragte sich Fauna, konnte sich aber nicht weiter damit beschäftigen. Quer durch den Moloch zu laufen, war das eine. Total auf Trip mit der Schwalbe durch gesperrte Straßen und Baugebiete zu manövrieren, stellte eine ungleich größere Herausforderung dar. Zudem hatte sie seit geraumer Zeit die Orientierung verloren. »Über die Brücke! Zurück über den Fluss!«, schoss es Fauna durch den Kopf.

Sie rang um Kontrolle. Ruhig jetzt. Wenn sie eine Brücke erreichen könnten, wären sie so gut wie in Sicherheit. Fauna bog um die Ecke und sah die Turmspitzen der Kathedrale über die Dächer schimmern. Sie war erstmals froh, den verhassten Katholikentempel zu sehen: Hinter der Kathedrale gab es eine direkte Auffahrt zu einer der größeren Brücken über den Fluss, glaubte sich Fauna zu erinnern.

Zwischen Schwalbe und Kathedrale lag die Fußgängerzone. »Auch schon scheißegal«, entschied Fauna. Der Quex ließ erneut sein helles »Mephistooopheles!« hören.

Abgesehen von einigen Berbern in den Eingängen der Kaufhäuser, war die Fußgängerzone menschenleer. Als einziges Geräusch schallte das Röhren der Schwalbe durch den Häusercanyon. An der Kathedrale vorbei, erkannte Fauna schon die Stahlkonstruktion besagter Brücke. Diese stellte sich zwar als Eisenbahnbrücke heraus, aber es gab einen Fußgängerweg auf der rechten Seite, der mit der Schwalbe problemlos befahrbar war.

Fauna hielt kurz an. Sie drehte sich nach dem Quex um, der den Eindruck machte, als könnte er jeden Moment zusammenklappen. »Gleich sind wir in Sicherheit«, versuchte sie ihm Mut zu machen. Die Schwalbe stotterte los.

Der frische Fahrtwind und die Wasserenergie des Flusses machten KQ wieder etwas munterer. Er hörte mit seinem Mephistopheles-Geschrei auf und setzte sich stabiler hin. Als sie am Ende der Brücke unter den Eisenbahngleisen weg in den Uferpark einbogen, legte er sich sogar wieder ein bisschen aktiver in die Kurve. Trotzdem schien es Fauna angeraten, bei erster Gelegenheit eine Pause einzulegen.

Der Weg durch den Uferpark verlief parallel zum Fluss. Altes Stadtgemäuer begrenzte die Uferpromenade zum Wasser hin. Weiter vorne, erleuchtet von einer Straßenlaterne, war auf einer über den Fluss reichenden Aussichtsplattform eine Parkbank aufgestellt. Fauna stellte den Motor ab und ließ die Schwalbe ausrollen. Der Schwung reichte gerade bis zur anvisierten Bank.

»Warum ist der Motor aus?«, fragte KQ.

Als statt einer Antwort von Fauna das helle Klicken leerlaufender Fahrradgangschaltungen in sein rechtes Ohr drang, wandte er den Kopf herum: Zwei undefinierbare Objekte rollten mit ebenfalls auslaufendem Tempo im 90-Grad-Winkel auf dieselbe Bank zu.

Mit einem kleinen Ruck bremsten Fauna und die zwei anderen Gefährte ihre Restgeschwindigkeit ab und kamen im exakt gleichen Moment zum Stehen. Fünf Wesen, alle in gleichem Maße überrascht. Schweigen. Augen, die sich trafen. Gesichter, die sich erkannten. Frohes Kinderlächeln: Wesen von vollendeter Schönheit!

Das erste Gefährt schien auf den ersten Blick ein handelsübliches Fahrrad zu sein. Bei genauerem Hinsehen erkannte Fauna, dass die Räder durch seitliche Ledereinsätze geschützt waren und der Lenker mit metallenen Aufbauten bestückt war, deren Zweck nicht sofort ersichtlich war.

Das Wesen auf dem Rad schien ein Weibchen zu sein. »Ist der Blonde verletzt?«, fragte es.

Fauna hob die Achseln und sah sich nach KQ um.

»Du bist schön!«, sagte der Quex. Er war von der Schwalbe gestiegen und kniete vor einem der anderen zwei Wesen, welches sich in seinem Liegefahrrad aufgesetzt hatte. KQ streichelte dessen Hand. Eine Berührung von unendlicher Zärtlichkeit. »Du auch«, kicherte das Wesen, offenbar ein Männchen seiner Gattung.

Dessen Liegegefährt stellte eine äußerst bemerkenswerte Konstruktion dar. Am Vorderrad Pedale, darüber eine Lenkstange und ein Sattel. Zwischen zwei kleineren Hinterrädern war eine Sitzfläche aus Leder gespannt, worauf ein, wiederum weibliches Wesen hockte. Es hatte lange, schwarze Haare, darin blaue und rote Strähnen und allerlei eingeflochtenes Fadenzeugs. Dazu ein Nasenpiercing und die Ohren voller Kreolen. Die schwarze Kleidung erinnerte an das Outfit einer Dark-Wave-Hexe.

So versanken sie ineinander: Fauna, der Kanarienquex und diese drei eigenartigen Wesen mit ihren noch eigenartigeren Vehikeln.

Plötzlich, wie auf ein stilles Kommando hin, warfen alle Fünf die Köpfe zurück und öffneten die Münder. Es klang wie Wolfsgesang oder Unterwasseraufnahmen der Buckelwale. Kehlige Laute aus fünf Hälsen fügten sich mühelos zu einem harmonischen Klang von überirdischer Schönheit. Pfeifende Obertöne waren zu hören – dann brachen sie wiederum fast gleichzeitig ab und lachten alle miteinander auf, wie befreit.

»Ein Jahrtausende altes Begrüßungsritual«, dachte Donna Fauna bei sich.

KQ und der Typ im Liegerad waren weggetreten. Sie starrten einander in die Augen und schienen auf diese Weise zu kommunizieren. Nach einer Weile kamen sie wieder zu sich. Aus unerfindlichen Gründen hallten die Worte »Hast Du die Botschaft für den Schweizer?« durch KQs Gehirn, woraufhin er und sein Gegenüber sich erneut tief in die Augen schauten und sich, wie synchronisiert, langsam und bestätigend zunickten.

Fauna war mit der Situation überfordert. Von der wilden Flucht erschöpft, war sie von der Schwalbe gestiegen und hockte nun auf der Mauer über dem Fluss und beobachtete, was der Quex mit diesem Wesen trieb. Das Weibchen, das auf dem Ledersitz gehockt hatte, stand auf und kam an Fauna heran.

»Wie heißt Du?«, fragte Fauna. »Rafaela!«, kam es zurück.

»Ich bin Donna Fauna und das ist der Kanarienquex.«

»Fauna und der Quex!«, wiederholte das Wesen namens Rafaela mit versonnenem Blick. Fauna deutete zur gegenüberliegenden Flussseite, der sie und KQ gerade entronnen waren. »Ich mag die andere Seite auch nicht. Alles voller Menschen!«, sprach die andere. »Ich habe eigentlich mein ganzes Leben im Wald verbracht«, sagte das Wesen auf dem Liegerad.

»Wir wollen gerade was Essen«, sagte das Wesen auf dem ledergepanzerten Fahrrad: »Kommt Ihr mit?«

Die fünf bestiegen ihre allesamt recht ungewöhnlichen Fahrgelegenheiten. Die Kolonne setzte sich in Bewegung. Nach hundert Metern erreichten sie einen asphaltierten Platz, von welchem aus Wege in verschiedene Richtungen abgingen. Die Kolonne löste sich auf und die drei Gefährte steuerten auf verschiedene Abfahrten aus diesem Kreisverkehr los. Als das bemerkt worden war, kam Gejohle auf, alle drei Fahrzeuge wendeten und fuhren wieder aufeinander zu. Sie kamen erneut, wie beim ersten Zusammentreffen, mit einem gleichzeitigen Ruck voreinander zum Stehen. Wieder trafen sich die Blicke, wieder lachten alle fröhlich auf. Dann setzten die Gefährte jeweils zurück und nahmen erneut Fahrt auf.

Ach, Shiva! Zerstörerische Kraft und Güte Deiner alles durchdringenden Energie! Unergründlich, die verschlungenen Pfade deines göttlichen Spiels!

»Nein! Nein! Mephistopheles! Nicht!«, flehte KQ nach vorne.

»Wir sehen uns!«, rief Fauna in die Nacht und die Schwalbe fuhr einsam davon.

»Du hirnverbrannte, sturköpfige, von allen Geistern verlassene Ego-Ratte! Also, ich meine: Das ist ja fantastisch!«

Das Weazel war hin- und hergerissen, als Fauna und KQ ihre Geschichte erzählt hatten. Einerseits war es außer sich vor Begeisterung über die sensationellen Nachrichten von der Entdeckung dieser schönen Wesen. Andererseits: Welche geistige Umnachtung hatte Fauna nur dazu gebracht, deren Einladung zum gemeinsamen Essen auszuschlagen?

Fauna war geknickt und konnte sich selbst nicht erklären, warum sie einfach davongefahren war. Sie wusste lediglich, dass die Entscheidung einer spontanen Regung entsprungen war, die sich aus Ego, Selbstsucht und anderen Niederungen ihres Charakters gespeist hatte. Dieses Wissen behielt sie zwar für sich, aber es drückte sie innerlich nieder.

Der Kanarienquex sagte nichts dazu. Fauna hatte ihm am gestrigen Abend mehrfach den Arsch gerettet und sich überhaupt rührend seiner angenommen. Es lag ihm fern, ihr Vorwürfe zu machen. Aber die traurige Sehnsucht in seinen Worten sprach Bände:

»Die waren so schön. Das waren die schönsten Menschen, die ich je gesehen habe.« »Wenn es Menschen waren!«, ging das Weazel dazwischen. Fauna stimmte zu: »Die sahen weitgehend aus wie Menschen. Aber die hatten einen merkwürdigen Glanz, alle drei. Irgendwas an denen war substantiell anders. Die waren so ... bläulich!«

Sie spekulierten eine Weile, was es mit den Wesen auf sich haben könnte, ohne zu einem Ergebnis zu kommen. Auch über das weitere Vorgehen herrschte allgemeine Ratlosigkeit.

Neolin 2 nahm die Sache überaus ernst.

Schweigend hatte er sich den Bericht von Fauna und KQ angehört, nur drei-, viermal nachgefragt, um noch mehr Details in Erfahrung zu bringen.

»Und? Was hältst Du davon?«, wollte KQ schnell wissen.

»Schwierig. Spontan würde ich sagen, es könnten die sein, nach denen wir suchen.«

»Ich wusste nicht, dass wir wen suchen ...«, flüsterte Fauna dem Weazel zu.

»Andererseits«, fuhr der Shiva-Schamane fort, »müssen wir sehr vorsichtig sein. Wir leben, wie ihr wisst, in Kali-Yuga. Da wimmelt es nur so von irreführenden Zeichen und falschen Propheten.«

»Was is'n des für'n Yoga?«, wollte der Quex wissen.

Fauna erklärte: »Kein Yoga – YUGA! Kali-Yuga, das Zeitalter des Zerfalls. Du weißt schon, Kali: diese Hindu-Göttin mit den zig Armen und Krummsäbeln, die immer über Männerleichen tanzt und sich mit Totenschädeln behängt.«

»Ach, die«, sekundierte das Weazel: »Ist das nicht Shivas Rollkommando für robuste Kampfeinsätze?«

»Kann man so sehen.«, erläuterte Fauna: »Aber erstens würde Kali selber das nicht gerne hören und zweitens ist die Sache etwas komplizierter. In gewissem Sinne ist Kali nämlich nichts anderes als die ewige Mutter Erde, die ...«

Neolin 2 hatte wenig Geduld, sich mit Spitzfindigkeiten aufzuhalten. Er stoppte das Geplänkel, indem er anhob: »Jedenfalls haben wir hier ein Problem. Diese Begegnung ist potentiell von großer Bedeutung. Aber es kann sich auch alles als eine gefährliche Illusion entpuppen.«

»Und wie können wir das rausfinden?«, erkundigte sich das Weazel.

»Das ist eben die Schwierigkeit«, fuhr Neolin fort: »Bei den Katholiken gibt es ein klares Prozedere für solche Fälle. Wenn Du da eine Marienerscheinung registrieren lassen willst, wählst du eine Vatikan-Hotline und die schicken Dir wen von der Kongregation. Der überprüft das dann ein paar Hundert Jahre lang, und wenn die entsprechende Ortschaft über die infrastrukturellen Voraussetzungen für Massentourismus und florierenden Devotionalienhandel verfügt, baut ihnen die CSU noch schnell eine Autobahnabfahrt für Pilger aus Polen und Niederbayern und dann kriegen sie ihre Marienerscheinung halt bestätigt. Offiziell, vom Vatikan, mit Registriernummer und allem Drum und Dran.«

»Ja, haben wir in Shivas Paradize denn so eine Kongregation?«, warf Fauna erstaunt ein.

»Natürlich nicht, Dummchen. Brauchen wir normal auch nicht. Wir hören zwar alle paar Tage Stories von übersinnlichen Erscheinungen, Out-of-Body-Geschichten und dergleichen, aber bisher hat sich nie die Notwendigkeit ergeben, das näher zu überprüfen. Wir wären niemals auf das schmale Brett gekommen, jemandem seine individuelle Wahrnehmung abzustreiten oder da auch nur Zweifel anzumelden. Der Erleuchtung selber ist es ja sowieso scheißegal, wie die Leute sie erreichen. Das hier ist aber ein Fall von größerer Tragweite. Sag mal, KQ: Du hattest doch Gedankenkontakt mit dem Männchen?«

»Ja, hatte ich, auf jeden hey, das war voll krass. Mit diesem wunderschönen Menschen auf dem Liegerad, weißt Du ...«, bestätigte der Kanarienquex lebhaft.

Neolin hakte nach: »Um welche Spezies es sich bei diesen Wesen handelt, sei vorerst dahingestellt. Aber sag: Ist dir irgendwas erinnerlich, was den Inhalt dieses Gedankenaustauschs angeht?«

KQ fiel zunächst nichts ein. Er grübelte ein wenig, bis schließlich »der Schweizer« aus seiner Erinnerung nach oben tauchte:

»Ja, doch, pass auf, da ist was gewesen. Als wir den Kontakt beendet haben, kam mir irgendwie die Frage in den Sinn, ob die Botschaft für den Schweizer angekommen wär'. Mir ist nicht klar, ob er von mir oder ich von ihm diese Message gekriegt haben soll. Ich hab' mir nur gedacht: ›Hast Du die Botschaft für den Schweizer?‹ Der Satz war einfach da. Ich hab' mich noch gewundert, warum ich plötzlich was von einem Schweizer denke, und es mir deshalb wahrscheinlich auch gemerkt.«

Neolin 2 zuckte merklich zusammen. Sein Blick wurde glasig und seine Haltung straffte sich. Schwer atmend, als habe er eine Info von mordsmäßiger Wichtigkeit erhalten, saß er wortlos da. Dann schickte er das etwas verdatterte Trio mit den Worten weg, er könne das momentan nicht abschließend beurteilen und müsse sich mit den Shiva-Fürsten beraten. Das könne eine Weile dauern.

Die drei sollten sich in der Zwischenzeit möglichst in Shivas Paradize und Umgebung aufhalten, unbedingt aber auf der hiesigen Seite des Flusses. Viel Schlaf sei ratsam. Zwiebeln, scharfe Gewürze oder andere »aufgeilende Ingredienzien«, wie Neolin 2 sich allen Ernstes ausdrückte, gelte es zu vermeiden. Sie sollten auf sich aufpassen und Körper und Geist schonen. Eine etwaige Entscheidung werde rechtzeitig mitgeteilt.

»Ich will die schönen Menschen wiedersehen!«, jammerte der Quex sehnsuchtsvoll.

»Das waren keine Menschen, verdammt!«, herrschte ihn Neolin 2 an.

Daraufhin entließ er sie mit einer ebenso segnenden wie unwirschen Handbewegung.

Anfangs waren Fauna, Quex und das Weazel reichlich genervt. Was wurde da über ihre Köpfe hinweg ausgemauschelt?

Immerhin: Sie sollten es sich gut gehen lassen. Das hatte Neolin ja wohl eindeutig angeordnet.

Dem galt es sich zu fügen.

Als Neolin 2 die drei erneut zu sich rief, waren diese hochnervös. Der Shiva-Schamane gab sich betont freundlich und machte einen sehr aufgeräumten Eindruck. Er hieß alle, sich hinzusetzen, warf mit großem Brimborium seinen Weihrauchkessel an und unternahm große Anstrengungen, der Situation etwas Feierliches zu verpassen.

Als KQ stichelte: »Und? War das nun die Jungfrau Maria, die wir gesehen haben?«, musste er trotzdem grinsen, riss sich aber sogleich am Riemen, setzte eine gewichtige Mine auf und verkündete eine Entscheidung. Diese bestehe aus zwei Teilen.

Erstens wolle er ihnen ein Ritual beibringen, mit dem sie jeden Morgen und des Abends zur blauen Stunde einen Ruf in den Äther aussenden sollten. Wenn es sich wirklich um eine höhere Wesensform gehandelt habe, wie er vermute, bestünden gewisse Chancen auf Rückruf.

Der zweite Teil des Beschlusses, der laut Neolin 2 mit den Shiva-Fürsten und weit darüber angesiedelten Instanzen abgesprochen war, hatte es in sich: Fauna, Quex und Weazel sollten ausgesandt werden, um als Shivas hochoffizielle Delegation zu fungieren!

»Die haben drei geschickt. Wir schicken drei zurück«, beendete er die Durchsage.

»Warte mal, warte mal, wart mal, ganz langsam«, hielt Fauna dagegen: »Was heißt da hier, die haben drei geschickt? Wir sind mit denen zusammengerumpelt. Und die waren mindestens so überrascht wie wir. Und mindestens so erfreut, hatte ich das Gefühl.«

Neolin 2 ließ den Einwand nicht gelten. Kosmologisch mache es keinerlei Unterschied, ob das Treffen von den konkreten Beteiligten bewusst herbeigeführt oder an höherer Stelle eingefädelt worden sei.

»Im Übrigen«, fuhr er fort, »glauben wir auch nicht, dass es sich um eine direkt andere Spezies handelt.«

»Also doch bloß Menschen??«, fragte das Weazel enttäuscht. Neolin 2 beschwichtigte: »Das auch nicht gerade. Es könnte sich um eine Zwischenstufe handeln, was auch gut in unsere allgemeine Analyse passen würde, dass sich eine Spaltung im kollektiven Karma der Menschheit ankündigt. Zumindest tun wir hier in Shivas Paradize alles erdenkliche, um diese Karmaspaltung voranzutreiben.«

Die Wirkung seiner Worte abschätzend, verstummte er.

KQ reagierte als Erster: »Verzeih, Neolin der Zweite, großer Schamane von Shivas Paradize: Offenbar hast du deinen bereits bisher recht ansehnlichen Realitätsverlust weit über das Spektrum meiner begrenzten Wahrnehmungsfähigkeit hinaus ausgedehnt, aber sorry, Mann: Ich versteh kein Scheißwort von dem, was Du da laberst!«

Von KQs Grobheit leicht verunsichert, erklärte Neolin 2 weiter:

»Man kann es so sehen: Teile der Menschheit entwickeln sich auf einen qualitativen evolutionären Sprung zu. Der Prozess, der diesem Sprung, man könnte es auch als eine Mutation bezeichnen ... ähm, also, sagen wir: Das alles verläuft jedenfalls nicht linear, sondern ist dem dialektischen Gesetz der ungleichen, aber kombinierten Entwicklung unterworfen. Soll heißen: Gewisse Elemente sind, in einigen Aspekten ihres Bewusstseins oder ihrer Körperlichkeit, schon in einem weit fortgeschritten Transformationsstadium. Wie beispielsweise das Weazel, dessen Geschlechtsorgane, ich will das hier mal sagen, sich als ziemlich zukunftsweisend herausstellen könnten. Aber niemand hat bisher den Kreis schließen können. Egal wie weit Einzelne oder auch ganze Gruppen an der einen Stelle sind, an anderen Punkten sind sie heillos der Stagnation der menschlichen Spezies verhaftet. Anders gesagt: Die Teile des Puzzles sind womöglich schon allesamt vorhanden, aber überall verstreut. Womöglich bietet sich hier eine Chance, sie zusammenzufügen.«

Es herrschte betretenes Schweigen.

Wieder war es der Quex, der die angespannte Stille unterbrach – indem er nämlich lauthals losprustete: »Baaaaaaaaaaaaaaaaaaaahahaha! OhGottOhGottOhGottOhGott – was für'n gigantischer Scheiß!« Von epilepsieähnlichen Lachattacken erschüttert, sprang er auf und hüpfte von einem Bein aufs andere. Fauna und das Weazel lagen sich derweil brüllend vor Lachen in den Armen. »Neolin, Neolin, Neolin!«, heulte Fauna auf, als sie sich einigermaßen gefangen hatte, dem Schamanen dabei die Schulter tätschelnd: »Du bist doch tatsächlich der drogenverspulteste Wirrkopf, den ich je kennengelernt habe! Und ich habe einige kennengelernt!«

KQ kugelte inzwischen tränenlachend über den Teppich und stellte eine erhebliche Bedrohung für die Statik von Neolins Tuchtempelkonstruktion dar.

Das Weazel, das sich durchaus freute, als möglicher Prototyp moderner Sexualanatomie gehandelt zu werden, zitierte: »Karmaspaltung«, »ungleiche, aber kombinierte Entwicklung«, »der Stagnation der menschlichen Spezies verhaftet« und äffte dabei gekonnt Singsang und Gestik des Shiva-Schamanen nach.

Es dauerte eine Weile, bis sich alle wieder beruhigt hatten. Das Weazel fasste die Sachlage zusammen:

»Jetzt also mit anderen Worten gesagt: Du und diese Sphärenheinis, mit denen du dich da beraten haben willst, ihr habt alle miteinander nicht den leisesten Schimmer, was das für komische Viecher waren, die Fauna und KQ da aufgegabelt haben, right? Und wir sollen jetzt überall rumeiern und das Lockvögelchen spielen. So sieht das doch aus, oder?«

»Na ja. So in etwa kann man das schon sehen«, räumte Neolin einigermaßen zerknirscht ein.

Der Kanarienquex stand, immer wieder in hysterisches Kichern ausbrechend, vom Teppich auf. Er versuchte, sich etwas zusammenzureißen, und wollte gerade seinen ablehnenden Bescheid bekannt geben – hielt dann aber inne. Sein Instinkt als berufsmäßiger Partytraveller gewann langsam die Oberhand. Hatte er das falsch verstanden oder hatte Neolin 2 da grade eine ausgedehnte Sommertour in Aussicht gestellt? In Shivas heiligem Auftrag?

Unerwartet ernsthaft räusperte sich KQ vernehmlich und erklärte in völlig verändertem Tonfall, mit weitausholenden Gesten:

»Ääääähm, ja – beziehungsweise: Selbstverständlich sind wir bereit, diese Herausforderung anzunehmen. Uns ist, als habe Lord Shiva himself uns beauftragt, und es soll uns Ehre und Verpflichtung zugleich sein, diese Mission gewissenhaft zu erfüllen.«

Das Weazel schaute erst verdutzt, verstand aber sogleich:

»Eins geworden wie Shivas dreizackiger Wurfspieß werden wir – der Kanarienquex, Donna Fauna und ich, die Weazelratte mit den zukunftsweisenden Geschlechtsorganen – ausziehen in die Wildnis. Als Trägerinnen und Träger der Hoffnung, den Kontakt zu diesen wie auch immer gearteten Wesen erneut herzustellen.«

Neolin 2 war von dieser impulsiven Aufführung sichtlich geschafft. Entnervt murmelte er etwas von wegen ›absolut unangemessene Grundeinstellung‹. KQ konnte sich nicht verkneifen, trotzdem noch eine Anfrage betreffs eventuell benötigter finanzieller Mittel nachzuschieben. Neolin machte nur eine wegwerfende Geste, die wohl besagen sollte: Geld sei das allergeringste Problem, das ihnen bevorstehe.

In Erwartung eines alle bisherigen Exzesse überbietenden Partysommers hatten die drei die roten Backsteinmauern von Shivas heimatlicher Paradiesburg hinter sich gelassen. Was war das für ein triumphaler Abschied gewesen! Wie die Kreuzritter waren sie sich vorgekommen, verabschiedet von einer vielköpfigen Elektrohippieschar.

Sogar zwei zusätzliche Schwalben, eine in Orange-Grün und eine pechschwarze für das Weazel, hatte KQ in zähen Debatten mit Neolin und Thom Willbroox herausgeschlagen.

Die heißgeliebten Wald- und Wiesenfestivals schienen am geeignetsten, mit der Suche nach den Wesen zu beginnen. In diesen Powerhäusern psychedelischer Energie würde der Ruf des Rituals am ehesten zu den schönen Wesen dringen. Vielleicht würden sich, angezogen von der spirituellen Kraft dieser Events, sogar Wesen der gesuchten Art unter die Gäste mischen.

Leider blieben Intensität und produzierte Energielevel weit hinter dem Standard der letzten Jahre zurück. Die elektronische Festivalkultur, dieser Eindruck verfestigte sich zusehends, war im Arsch.

Einige Events fielen direkt ins Wasser. Dauerregen, kaum Besucher, miese Laune. Andernorts kam die Sonne manchmal durch. Die Luft blieb klamm, der Boden feucht und die Stimmung der Menge geprägt von lethargischer Ratlosigkeit. Eine Ratlosigkeit, die auch die Drei umfing und träge machte, wie ein zähflüssiges Sirup, durch das sie zu waten hatten. Sie kamen an, schlugen ihre Zelte auf, tanzten ein wenig, laberten ein wenig, tranken und kifften ein wenig – und fuhren weiter. Nichts geschah, nichts Nennenswertes, mithin.

Brav versammelten sie sich mittags nach dem Aufstehen und bei Sonnenuntergang im Kreis und führten das Ritual durch, das Neolin 2 ihnen vor der Abreise beigebracht hatte, um den Ruf nach den Wesen in den Äther abzusetzen. Aber sosehr sie sich auch zur Konzentration zwangen und das Ritual penibel nach seinen Anweisungen ausführten:

Wenn sie ehrlich waren, fühlten sie in jeder Sekunde, dass ihre innere Willenskraft nicht einmal ausreichte, untereinander Kontakt zu etablieren. An das gemeinsame Aussenden eines kraftvollen Impulses war unter diesen Umständen nicht zu denken.

Am nächsten Wochenende fielen drei Festivals auf einmal aus. Die Polizeikontrollen im Vorfeld überboten alles bisher Dagewesene und schreckten die Masse der Besucher weiträumig ab. Anfallende Anwaltskosten führten zu horrenden Ausgaben, absurde Auflagen brachen den Organisatoren das Genick. Einer der Raves wurde sogar gerichtlich verboten, wegen des zu erwartenden Konsums illegaler Substanzen und möglicher Ruhestörung.

Auf Faunas Betreiben hin wechselte man auf die politische Schiene.

Aber selbst jenes Kriegslager tief im Osten, wo jedes zweite Dorf den Namen einer rassistischen Bluttat trug, glänzte durch plätschernde Langeweile. In voller Kampfmontur lagerten sie fast eine Woche lang, mit einigen Hundert anderen, in vollendeter Wehrhaftigkeit: links ein Zaun mit Stacheldraht, rechts ein Zaun mit Stacheldraht, Wachposten vorne, Suchscheinwerfer hinten. Alle Anforderungen an militärische Schlagkraft und trostlose Stimmung waren erfüllt.

Fauna stolzierte nur in ihrem schwarzen Kriegsrock durch die Gegend. Das Weazel machte auf Waldläufer und inspizierte das Unterholz. Der Kanarienquex spielte Ninja und hockte die meiste Zeit in der Baumkrone eines großen Ahorns. Bei Shiva – sie waren bereit und willens, sich dem Feind entgegenzuwerfen!

Alas, über Tage hinweg ereignete sich absolut nichts. Der befürchtete Angriff des braunen Mobs blieb ebenso aus, wie es ihnen selbst für offensive Taten an Entschlossenheit und Strategie fehlte. Ohne jeglichen Feindkontakt wurde das Lager wieder abgebaut. Die Krieger zerstreuten sich so unentschieden, wie sie gekommen waren, in alle vier Winde.

Frustrierender noch waren die dazwischenliegenden Fahrten. Die Schwalben von KQ und dem Weazel waren kurzfristig zusammengekauft worden und ihre neuen Besitzer hatten viel Zeit darauf verwendet, ihre Gefährte optisch, nicht aber technisch auf Vordermann zu bringen. Zündkerzen, die nicht zündeten, viel zu schwache Batterien, ein defektes Rücklicht, ein verstopfter Vergaser, ein marodes Bremskabel – alle fünfhundert Meter tauchte ein anderes Problem auf. Stunden und ganze Tage verbrachten sie wartend vor Werkstätten und Tank-stellen. Oft genug mussten sie feststellen, dass ihre DDR-Oldtimer nicht zur Reparatur angenommen wurden.

Die ständigen Defekte raubten nicht nur jede Menge Zeit, sondern griffen auch die von Thom Willbroox ausgelobte Reisekasse und die letzten Reste guter Laune an.

Es kam, wie es kommen musste: Bei einem weiteren, vergeblichen Versuch, den Ruf nach den schönen Wesen auszusenden, kriegten sich das Weazel und Fauna ganz fürchterlich in die Haare. Fauna warf dem Weazel vor, sich nicht gescheit zu konzentrieren. Die Weazelratte konter-te, es bräuchte diesen ganzen Heckmeck überhaupt gar nicht, wenn Fau-na in jener denkwürdigen Nacht nicht so bescheuert gewesen wäre, die schönen Wesen einfach stehen gelassen zu haben. Fauna brach daraufhin in einen mehrstündigen Heulkrampf aus. Als sie sich wieder einigerma-ßen beruhigt hatte, beschlossen die drei, die Aktion abzubrechen.

Wie geschlagene Hunde kehrten sie unverrichteter Dinge nach Shivas Paradize zurück.

Sie hatten befürchtet, Neolin 2 würde ausrasten, dass sie Shivas Geld und die gegebene Zeit sinnlos verplempert hatten. Doch ganz im Gegenteil: Neolin war eher belustigt und gab sich große Mühe, seine traurigen Krieger wiederaufzurichten.

»Kinder!«, sagte er: »Es ist doch nicht Eure Schuld. Die Zeiten sind lausig! Und selbst wenn das Einzige, was uns Eure Reise zeigt, die Tatsache wäre, dass wir momentan nicht in der Lage sind, gegen diese Lausigkeit anzustinken – bitte, dann müssen wir das eben dankbar und demütig zur Kenntnis nehmen und uns drauf einstellen.«

Die Welt sei im Würgegriff eines immer weiter ausgreifenden Kon-flikts zwischen den »drei großen monotheistischen Weltidiotien«, wie er sich ausdrückte. Da hätten wir uns zwar eindeutig herauszuhalten (»Märtyrertum – Scheißkonzept! Weg damit.«), aber dieser hirnrissige Glaubenskampf schaffe leider Fakten, gegen die bis auf weiteres kein Kraut gewachsen sei.

Wie Fauna, das Weazel und der Quex bald feststellten, war Neo-lin 2 ruhelos bemüht, diese taktische Marschrute in Shivas Paradize durchzusetzen. Gäste wie ständige Bewohner beschwor er mit Engels-zungen und Brandreden, der harten Realität ins Auge zu blicken. »Wir durchleben den Beginn der eisernen Zeit«, beteuerte er unentwegt. Sie sei geprägt von Unsicherheit, verschwimmenden Linien und bereite einen urgewaltigen Zusammenstoß widerstrebender Energien vor: »Das Feuer und der Hammer schmieden das Eisen zu neuen Schwertern!«

Nacht für Nacht lief Neolin zu prophetischer Bestform auf. Am großen Feuer vor seinem Tuchtempel stehend, predigte er, es gebe zwei grundsätzlich verschiedene Lebensweisen:

»Nestbauer gibt es – und Krieger! Unser hochwertiges Shiva-Nest kann uns verleiten zu vergessen, dass wir zu den Kriegern gehören und dass der Kriegsgott sein blutiges Banner da draußen längst erhoben hat. Ein Krieger weiß, wann er abwarten muss und wann es sich lohnt, die Deckung zu öffnen, um in die Offensive zu gehen. Ich sage, wir dürfen uns nicht sinnlos verheizen. Ich sage aber nicht: abwarten und Tee trinken!« Maximale Wachsamkeit sei unerlässlich. Man dürfe keinesfalls unkontrolliert zurückzucken. Man hätte sich dem Eisen und der Ungewissheit zu stellen.

»Wir müssen Freunde suchen und Verbindungen aufbauen, Samen aussäen und Zeitbomben platzieren, im Wissen um ein verändertes Gewicht der Kräfte, in der nicht allzu fernen Zukunft. Und sollte unerwartet sich ergeben eine Öffnung für größere Sprünge: Nicht eine Sekunde zögern dürfen wir, sie beherzt zu nutzen!«

Das war starker Tobak, den der Shiva-Schamane da allabendlich verzapfte. »Wie der echte Neolin in den Jahren vor der großen Pontiac-Rebellion«, verlieh Fauna ihrer Bewunderung Ausdruck. Nicht lange und auch in ihr brach die geschulte Leninistin durch. Als ein Herz und eine Seele agitierten Neolin und Fauna durch die Hallen des alten Kombinats.

Das Weazel und insbesondere KQ waren skeptisch. Bei ihnen dominierte zwar die Erleichterung, trotz des Scheiterns ihrer Mission glimpflich davongekommen zu sein – weshalb sie die weitschweifigen Schamanenpredigten als milde Strafe hinnahmen. Während aber das Weazel seinen üblichen Kurs fuhr und mit dem Hüh und Hott des menschlichen Dauerschlamassels nicht belästigt werden wollte, lief der martialische Ton von Neolins Ansprachen der Mentalität des Kanarienquex grundsätzlich zuwider.

Der fand die Aufstachelung militanter Emotionen und das ganze Kriegsgerede, das Neolin 2 und jetzt auch Fauna ständig vom Stapel ließen, richtiggehend gefährlich. Seine feine Nase witterte die Sehnsucht nach reinigenden Stahlgewittern hinter all dem. Dieses prophetische Endzeit-Getue ging ihm gehörig gegen den Strich.

Als Neolin 2 durchblicken ließ, dass er die sommerliche Expedition lediglich für unterbrochen erachte, und sich dafür aussprach, die Suche nach den rätselhaften Wesen in einem zweiten Anlauf fortzusetzen, war KQ ausgesprochen erleichtert: Zum ersten Mal war ihm die Atmosphäre in Shivas Paradize etwas unsympathisch geworden.

Vierter Teil

Das Shiva Gate Festival

Das »Shiva Gate Festival« fand traditionell im Jugendpark statt, nahe dem Fluss. Gegenüber eines kürzlich restaurierten, »Den Märzgefallenen von 1921« gewidmeten Denkmals wurde die Hauptbühne errichtet. Kleinere Bühnen, Tanzflächen, Chill-Out-Areas, Küchenzelte, Marktstände und Feuerstellen erstreckten sich einige Hundert Meter den Fluss entlang.

Organisiert wurde das Event nicht direkt von Shivas Paradize. Oder zumindest nicht offiziell.

Aus Sicherheitsgründen, schierer Faulheit oder gewohnheitsmäßiger Geheimniskrämerei vermieden die mysteriösen Shiva-Fürsten auch in dieser Frage, sich zu erkennen zu geben. So wurde die Organisation des Festes in jedem Jahr an einen anderen Partyveranstalter vergeben.

Der Auftrag, die Shiva Gate auszurichten, war in der Szene so populär, dass es bisweilen zuging wie bei der Vergabe der Olympischen Spiele im 20. Jahrhundert der Menschenwelt.

In diesem Jahr hatte ein Verein namens »Heimaterben« den Zuschlag erhalten. Diese Entscheidung war auf harsche Kritik und Unverständnis gestoßen. Von diesen »Heimaterben« hatte bisher kaum wer gehört, »und der Name klingt auch total daneben!«, merkte KQ an, der im Gefühl hatte, dass die Vergabeentscheidung nicht die einzige Ungereimtheit bleiben würde.

Die Shiva Gate war ein ebenso legendärer wie berüchtigter Klassiker unter den psychedelischen Sommerfestivals. Es waren in der Gerüchteküche äußerst widersprüchliche Einschätzungen im Umlauf. Von schrecklichen Skandalgeschichten wussten die einen zu berichteten, von Gewalt, Psychoterror und Scheußlichkeiten mehr. Andere beschrieben die Shiva Gate als ein Festival der Blumen und wollten ausschließlich Liebe und Licht erfahren haben.

Möglicherweise meinten diese divergierenden Erfahrungen in der Tat ein und dasselbe Ereignis. Es ist seit jeher Shivas Art gewesen, sich seine Leute sorgsam auszuwählen. Wer musste nicht erst durch die Prüfung härtester Qualen gehen, um schließlich in Shivas vielarmiger Geborgenheit eine Heimat zu finden? Nur einige wenige gibt es immer wieder, die der alte Schamanengott spontan ins Herz schließt und auch ohne diese Prozedur mit seiner Liebe umfängt.

Shivas mitunter rabiate Auslesemechanismen schienen rund um das Gate-Festival besonders angebracht. Gewissermaßen den Vorgarten des alten Kombinats für ein Event dieser Größenordnung zu öffnen, stellte ein erhebliches Risiko dar. Offene Mobilisierung über Flyer und Internet, dazu ein über die Jahre erworbener Kultstatus in der Partyszene – dass ein gewisser Prozentsatz totaler Arschlöcher das Festival heimsuchte, war unter diesen Umständen unvermeidlich.

War aber deren geistige Umnachtung nicht funktional für den heimlichen Zweck der Veranstaltung? Viele waren überzeugt, dass es sich bei der Shiva Gate quasi um das Halbfinale der Erleuchtung handelte. Zweifellos wurde das Festival seitens des aktiven Personals von Shivas Paradize in diesem Licht gesehen. Das Dunkel der Arschlöcher werde als Hintergrundfolie benötigt, um die Herzzentren der Wenigen, die Zugang zu Shivas Paradize zu erlangen würdig waren, umso heller zum Leuchten zu bringen, wurde da argumentiert.

Neolin 2 und seine Schüler bereiteten den Ort des Geschehens Wochen vorher mittels komplizierter Rituale vor. Auch während des Festivals leisteten sie unermüdlich Energiearbeit. Zusätzlich wurden Scouts in die Menge geschickt, die die Spreu vom Weizen scheiden und eventuelle Rekruten für Shivas Hausmacht ausmachen sollten.

Auch KQ, Fauna und das Weazel erhielten den Auftrag, neue Mitglieder für die Shiva-Community zu werben. Fauna war außer sich vor Stolz und bestand auf einer ausgiebigen Vorbesprechung der Aktion.

In deren Verlauf erklärte der Quex, er habe vor, seinen Job als Talentspäher in der Hauptsache tanzend zu erledigen. Der Rest werde sich irgendwie ergeben. Das sei die Mentalität des alten Indiens und mithin die seine.

Das Weazel wiederum weigerte sich aus Prinzip, verbindliche Abmachungen irgendwelcher Art einzugehen und hatte keinerlei Interesse, in »Neolins spiritueller Drückerkolonne« tätig zu werden, wie es sich ausdrückte.

Fauna schmiss sich in Offizierspose und regte sich fürchterlich auf über das, was sie als »unprofessionelle Einstellung« und »Verantwortungslosigkeit« geißelte. Die anderen hätten wohl keine Ahnung, in welcher welthistorischen Lage man sich befände. Sie unterschätzten das Potential der Shiva Gate für den intergalaktischen Befreiungskampf und überhaupt könne sie so nicht arbeiten.

»Intergalaktische Verantwortungslosigkeit«, äffte das Weazel Fauna nach. »Sind ausgerechnet wir jetzt verantwortlich für die Geschichte der Menschenwelt, oder wie?«, fragte auch KQ, der sich keine Mühe gab, einen verächtlichen Unterton zu unterdrücken.

Die Antwort lag eventuell näher, als die beiden ahnen konnten.

Gleich den Festivals, die sie zuvor bereist hatten, war auch die Shiva Gate durchwachsen wie das Wetter. Wunderschöne Deko war aufgebaut, zwei, drei große Zirkuszelte, ein Hängemattenlager als Chill-Out, Spielanlagen für alle Altersgruppen, am Fluss war weißer Sand zu einem herrlichen Südseestrand aufgeschüttet worden. DJs aus aller Welt und mit klangvollen Namen traten auf – die Veranstalter von den »Heimaterben« hatten äußerlich besehen einen guten Job gemacht.

»Es ist trotzdem nichts Richtiges«, nörgelte Fauna: »Alles ein bisschen zu perfekt, wenn es nach mir geht. Disneyland für Elektrohippies.«

Das Weazel war zu diesem Zeitpunkt bereits auf 180. Es echauffierte sich maßlos über eine sogenannte »Diabolo-Show« auf der Hauptbühne. Ein adrett gestylter Typ zeigte durchschnittliche Diabolo-Tricks und quasselte dazu unentwegt Dummheiten in sein Headset.

Oder dieses Hängemattenparadies! Wunderschön und urgemütlich – aber was sollte dieses Schild: »Probeliegen kostenlos«? Das Weazel hatte nichts dagegen, wenn fahrende Händler, die von Festival zu Festival zogen, auch leben und etwas verkaufen wollten. Aber konnte man die für Hängematten sprichwörtliche Gemütlichkeit effektiver zerstören, als das Liegen in denselben zum ersten Akt einer Verkaufsverhandlung zu erklären? Hätte ein dezenter Hinweis, dass es die Teile auch zu kaufen gibt, nicht gelangt?

Das alles hatte nicht mehr viel zu tun mit Goa, Trance und psychedelischer Kultur, wie die Veteranen der Szene das verstanden. Nach deren puritanischer Auffassung war das Diabolo kein Kinderspielzeug für Comedy-Talente, sondern ein Instrument sakraler Kunst zur Erzeugung spiritueller Energie. »Animier-Scheiße und Vorturnerei brauchen wir nicht. Der Penner soll sich beim Club Méditerranée bewerben.«, pflichtete Fauna dem Weazel bei.

Nüchtern betrachtet war das Festival nicht unsympathischer als andere Festivals. Auch die Abzocke hielt sich in erträglichen Grenzen. Zumindest war auch das anderswo längst schlimmer geworden.

Trotzdem: Das hier war die Shiva Gate! Keine 500 Meter von Shivas Paradize entfernt! Und dafür war die Veranstaltung drei bis vier Spuren zu kommerziell und die anwesende Crowd zu männlich, zu heterosexuell, zu weiß und zu spießig. Es war das Mehrheitsmenschenpack, das sich hier versammelt hatte und mit größter Selbstverständlichkeit daranging, den Rest in die angestammte Minderheitenrolle zurückzubugsieren, mit Blicken, Sprüchen und Körpersprache. Da hatten die Shiva-Fürsten sauber danebengegriffen, mit ihren blöden »Heimaterben«.

Am zweiten Tag der Shiva Gate wurde es langsam bitter. Biersaufender Grölmob rottete sich bei derbem Schweinerock um eine Nebenbühne zusammen. Irgendwo gab einer lauthals Fußballergebnisse bekannt, es ertönten Sprechchöre. Die Baseballmützenquote überstieg jedes erträgliche Maß und mehrheitsmenschliches Dominanzverhalten rückte auf breiter Front vor.

Die Springmaus wurde mehrfach belästigt. Die Dschungelprinzessin musste sich den Zudringlichkeiten eines Grabschers mit einem beherzten Tritt erwehren. Auch die ätzende Dâra war schon gewalttätig geworden.

Fauna hatte nach den Erfahrungen des ersten Festivaltages ihren Kriegsrock angelegt. Der Killernietengürtel schwang lose ums Handgelenk. Sie war bereit, jederzeit gegen den verblödeten Männermob loszuschlagen. Sie und die anderen Shiva-Transen hatten genug von feistem Macho-Gegrinse und blöden Sprüchen. Sie warfen den Tuckenturbo an und zogen, aus allen Rohren geifernd und kreischend, über das Festivalgelände.

Am Haupteingang entdeckte Fauna einen schwarzen Golf, dem soeben ein Trupp technoider Nazis entstieg. Die offizielle Security, welche die »Heimaterben« angestellt hatten, fand an den neuen Gästen offenbar nichts auszusetzen. Fauna bat Thom Willbroox um Amtshilfe, welcher die Sache unbürokratisch übernahm. Fauna nutzte so die gute Gelegenheit, in einem Aufwasch ihre Frustration über das beschissene Festival abzureagieren und ihre offene Rechnung mit den vier Golfnazis begleichen zu lassen.

Auch wenn sich die Shiva Gate in vergangenen Jahren auf dem schmalen Grat zwischen den Extremen gehalten hatte: Mit Zündstoff war immer zu rechnen gewesen. Das Aufeinanderprallen von Extremen gehörte quasi zum Konzept der Shiva Gate. Dass jedoch die Veranstalter dieses Mal auf Seiten des Feindes zu stehen schienen und eine Mehrheit der Besucher sich gerierte wie ein Dorfkegelklub in Woodstock, gab allen Anlass zur Beunruhigung.

Nach dem Vorfall mit den Golf-Nazis war klar, dass eine weitere Eskalation unvermeidlich sein würde. Hier hatten sich Lager ergeben, deren friedliche Koexistenz ganz und gar undenkbar war. Neolin 2, Fauna und Willbroox kommunizierten diese Einschätzung unter den Stammgästen von Shivas Paradize und den anwesenden Freunden verbündeter Stämme. Vorbereitungen wurden getroffen, im Bedarfsfall hart und koordiniert draufzugehen.

Was würde Shiva tun? Der Zerstörer selbst würde sich das nicht bieten lassen. Nicht vor der eigenen Haustür und nicht in seinem geheiligten Namen.

Während Faunas Tuntentrupp weiter Leute zusammenkeifte und der Kanarienquex in Habachtstellung auf seinen Einsatz lauerte, agierte das Weazel auf tausend Ebenen, um den göttlichen Gegenschlag zu supporten. Wie es nur konnte, gab es Stöße destruktiver Energie in den Äther ab. Mit energischen Willensmanövern, im Lotus sitzend, verstärkte es Durga, Shivas weibliches Gegenstück, und versuchte sie zu bewegen, demnächst zur Attacke zu schreiten. Achtarmig sollten nach des Wezaels aktueller Geschmackslage Durgas schnelle Säbel in die Schacherstände fahren und Händlergier, Mehrheitsmenschenpack und technoide Robotniks aus dem Park der Jugend und am besten zurück über den Fluss treiben. Shiva, der Asket – der tanzende Shiva! Rudra, Kali! Durga! Bhairava! – Hinein wie die bunten Räder in den wippenden Pulk, keine Gnade, kein Erbarmen. Säbel, Dreizack, Donnerkeil bei der geschäftigen Arbeit! – So träumte das Weazel in unbändigem Hass ... ein gellender Schrei – »NOW! Baby! NOW!«, schoss es durch des Weazels rattigen Schädel – Kreischen, Rennen, Gebrüll! Mit sauberem Schnitt durchtrennte ein krummer Säbel die Luft. Durga sehr böse. Durga richtig ätzend, Durga sehr fies, gnadenlos und gemein. Und irgendwie trickreich:

In der Frauentoilette war ein toter Fötus gefunden worden.

»Ich finde besser, wenn es nicht heißt: Frauen- und Männertoilette. Sondern Toilette für Leute mit Rock und Toilette für Leute ohne Rock. Obwohl unsereins bei der derzeitigen Regelung legitimen Zutritt zur Behindertentoilette hat, und die ist meistens die einzig hygienisch vertretbare. Die Drei des Om-Zeichens ist also auch in diesem Fall die Hausnummer meiner Wahl: Es lebe das queere Scheißhaus.«

Schon Donna Faunas spontane Reaktion auf jenen, das Festival komplett sprengenden Vorfall war auf faszinierende Weise unangemessen. Nun lag ausgerechnet sie, die sonst so leicht Entflammbare, während das restliche Volk in Aufregung versank, in einer geräumigen Hängematte und genoss die lärmende Hektik um sich herum.

Versonnen ging KQ die Bandbreite von Verhaltenskonventionen durch, gegen die Fauna mit ihren sachlich vorgetragenen Einlassungen verstieß.

Weiter drüben kreischten einige arme Seelen durch den Wald, die von der Nachricht des fötalen Toilettenhorrors auf dem Höhepunkt der Tripenergie erwischt worden waren. Fauna zog indessen ihren Handspiegel aus der Tasche und verstärkte mit dem Kajalstift den diabolischen Ausdruck ihrer Augenpartie.

Es kamen einige alte Bekannte dahergeschlendert, und die hatten noch etwas zu rauchen dabei. Fauna und KQ hingen in den Hängematten, schaukelten ein bisschen im Wind und lauschten einer Trommelperformance, die am gegenüberliegenden Flussufer stattfand, wo sie von den Ereignissen auf dieser Seite sicher nichts ahnten.

Fauna brachte anhand des toten Fötus noch fertig, in eine mit Fundamentalisteneifer geführte Abtreibungsdebatte auszubrechen. Auf die Frage, wann menschliches Leben beginnt, wollte aber insbesondere das Weazel keine Zeit verwenden: »Das ist ja doch eine völlig alberne Diskussion, right? Siehst Du nicht, dass menschliches Leben überhaupt nicht mehr beginnt, sondern begonnen hat abzusterben?«, wies die Stadtratte Fauna zurecht.

Die Cops, die erwartungsgemäß von einem Studentenschädel per Handy auf den Plan gerufen worden waren, hatte indes die ätzende Dâra abgefangen. Sie gab sich als Organisatorin aus und versicherte den Streifenhörnchen süßsäuselnd, der panische Anrufer müsse ein schizoider Knallkopf gewesen sein. Der angeblich tote Fötus deute vielmehr auf den Zustand seines Gehirns hin. Erleichtert, in dieser

Sache nicht ermitteln zu müssen, zogen die Cops nach der flüchtigen Überprüfung einiger Dixi-Klos und der Personalienaufnahme des offiziellsten Heimaterben wieder ab. Auch der Diabolo-Komödiant und ein Großteil der Biersäufer hatten den Rave fluchtartig verlassen. Ein toter Fötus im Klo, das war ein bisschen unangenehm.

Einige Acid-Freaks irrten derweil verloren durch den Finsterwald. »Eine Reise hinter den Vorhang der Welt, angereichert durch eine Horrorstory von solcher Qualität! Das ist schon eine Herausforderung für die Willensstärke des Energiereisenden, wenn man so sagen will«, stellte Fauna mitfühlend fest.

Hinter den ersten Baumreihen ertönte Gewimmer und Schluchzen. Neolin 2 machte sich auf in den Wald: »Scheißschamanenbusiness! Scheißdrecksknochenarbeit. Wär' ich Partylöwe geworden, wie der Quex, oder allgemeiner Jointbaumeister wie unser Weazelchen ... Jetzt muss ich wieder durch die Gegend heilen und Ihr hängt hier gemütlich ab!«, quengelte er, als er sich aus der Hängematte erhob und weder KQ noch das Weazel Anstalten machten, sich ihm anzuschließen.

»Wart, ich komm' mit«, erbarmte sich Fauna und zog mit Neolin 2 dem wimmernden Wald entgegen. Dort hatten einige Tripreisende sicherlich geschulte Hilfe nötig, denn die Panik ist von Haus aus eine Lehrmeisterin der harten Methode. Ihr Raum zu geben, ohne sich überwältigen zu lassen, still zu werden, ohne sie auswuchern zu lassen, ihr die Geduld an die Seite zu stellen und das Warten zu erlernen – dieses Manöver stellt selbst für erfahrene Trippiloten höchste Ansprüche an die Kräfte des Willens und der Willenlosigkeit. Der Trick jedenfalls ist, wie immer und jederzeit: zu atmen.

Es atmete auch das Weazel, als sich die Hektik rundherum einigermaßen gelegt hatte. Hoppala, daran waren wir wohl nicht vollends unbeteiligt, wie? Allerdings hatte sich Shiva-Durga für eine ausgesucht hinterhältige Variante entschieden. Das mit dem Fötus – genial! Ein wirklich eleganter Dreh, den bierseligen Partymob des Feldes zu verweisen.

Aber halt: Das Weazel spürte da noch etwas nachkommen. Eine neue Welle destruktiver Energie schwappte heran: »Runter!«, schrie das Weazel und warf KQ seinen Rattenkörper entgegen, dass dieser aus der Hängematte auf den Bastboden kippte. Schon brandete eine Wand aus Licht und Hitze über sie hinweg, das laute Getöse einer Explosion dareingemischt.

Das Weazel und KQ waren aufeinander zum Liegen gekommen und begannen gerade, sich wild zu küssen, als eine zweite Druckwelle über sie hinwegdonnerte. Das war zu geil! Schübe aus Feuerhitze und Rauch, wildes Geschrei überall – und diese beiden wälzten sich leckend und lachend über den Boden.

»Tschhhh! Genug!«, zischelte scharf Neolin 2. Er war außer Atem, das Flackern in den Augen verriet äußerste Nervosität. »Der Zeitpunkt ist günstig. Wir sollten jetzt arbeiten.«

Das Weazel ließ einen spitzen Ton hören und sprang auf. Der Kanarienquex versetzte dem Weazeltier einen Klaps auf den Arsch und erhob sich ebenfalls. Auch Fauna kam aus dem Wald zurückgelaufen. Sie hatte zunächst den Impuls, sich auf Position 1 zurückzuziehen: Shivas Paradize lag keine zehn Gehminuten gegen die Flussrichtung. Neolin 2 aber startete professionell durch. Die Hände in Kraftstellung, die Augen geschlossen, schritt er völlig unbeeindruckt auf die panische Menge der vormals Feiernden zu. Dahinter konnte man den Grund für den neuerlichen Aufruhr erkennen: An die zwanzig, dreißig Autos, lichterloh in Flammen, standen dicht beieinander und gaben eine einzige gigantische Rauchsäule in den Himmel ab.

Fauna war mitten in der Heilarbeit von der Eruption erfasst worden und noch in vollem Fluss mit den göttlichen Energien. Auch das Weazel trat wieder in Kontakt. KQ schloss den Stromkreis dieser Triade und ließ die Kraft frei fließen. Neolin 2 schritt mit wehendem Umhang voran – und nichts wie los, mitten hinein, in die brandhellen Haufen.

Hoch loderten die Feuer, die Musik war erstorben, die Stimmen Babylons erwacht. Der Gestank von brennendem Benzin ging beißend in die Kehlen. Tränengaserfahren legte sich Donna Fauna als Atemschutz ein feuchtes Palästinensertuch um Mund und Nase. Neben ihr fing KQ im Vorwärtsgehen zu tanzen an, wobei es sich eher um spastische Zuckungen handelte. Stimmengewirr, Energiewirbel. Und kleinere Explosionen, wenn das Feuer einem weiteren Wagen den Tank zerriss. Ob das auf das Konto der Golfnazis ging?

Neolin 2 lief schnurstracks auf die Hauptbühne zu. »Probeliegen kostenlos!«, damit war es jetzt vorbei, dachte bei sich das Weazel. »Aus und vorbei, Baby!«, grummelte zustimmend Neolin 2: »Los, rauf da!«, drängte er KQ, das Weazel und Fauna auf die von Flammen und Scheinwerfern hell erleuchtete Bühne. Die Dschungelprinzessin kam mit nach oben, Neolin 2 winkte DJ Yoritomo dazu, der sich umgehend am Soundsystem zu schaffen machte. Kontrolliert und kraftvoll setzte sich der Geleitzug seiner Beats in Bewegung, um die herum sich in komplexen Zyklen eine vielschichtige Klanglandschaft aufzubauen begann.

Was sich jetzt abspielte, musste ein Jahrtausende altes Ritual in upgedateter Version sein. Wild und verboten. Energiegeladen und grazil. Auf der Hauptbühne der Shiva Gate vollzogen das Weazel und die Dschungelprinzessin rituellen Geschlechtsverkehr.

Sexualmagie! Zauberei! Aruna!

Die beiden rissen sich die Klamotten vom Leib. Schon standen sie mit nackten Oberkörpern. Die Dschungelprinzessin enthüllte ein doppeltes Brustwarzenpiercing. Das Weazel zeigte seine den Rücken ausfüllende Ratten-Tätowierung. Mit Bissen und Küssen übersäte die Prinzessin den Körper des Weazeltiers, das zischelnd zurückstieß und seine Keiler hart in das süße Frauenfleisch schlug.

Neolin 2 indessen streute rundherum Blüten aus und verfiel in seinen mystischen Singsang. KQ umtanzte die Liebenden wie ein mittelalterlicher Narrendämon. Warf die Arme in die Luft, rollte am Boden herum, imitierte Fickbewegungen und schnellte wieder hoch. Jetzt ging das Weazel in die Hocke und nagte mit scharfen Rattenzähnen an den entblößten Lenden der Dschungelprinzessin. Yoritomos Sound wechselte vom Verschwörerischen ins Verspielte und wieder zurück.

Was für ein Bild bot sich da: Im Hintergrund ein Parkplatz noch immer lodernder PKWs, darüber eine Säule aus schwarzem Rauch. Das Denkmal für die Märzgefallenen von 1921, eine abstrakte Säulenkonstruktion, im flackernden Schein des Feuers. Auf der Hauptbühne ein schamanisches Ritual seltsamer Kraft und dazwischen eine Menge von weniger als 500, der eiserne Kern einer zuvor vierstelligen Besucherzahl, jene, die sich weder von toten Föten noch von explodierenden PKWs hatten abschrecken lassen. Bunte Gesellen, Festivalvögel, die Crème der Crowd. Die vielfarbigen Haare sturmzerzaust, die Häute schwarz, gelb und rot, notdürftig gehüllt in Lumpen, mit Kunstgefieder ausstaffiert oder elegant in Hippie-Loden.

Offenen Mundes starrte die Menge auf die Bühne, wo das wilde Treiben ekstatische Züge annahm und jetzt eine neue Gestalt auftauchte. »Der Schweizer!«, hörte sich der Kanarienquex entsetzt ausrufen!

Gesicht und Körper in einen schwarzen Burnus gehüllt, trat eine bucklige Figur zu Neolin 2 und umarmte diesen kurz. Dann warf der Schwarzgewandete mit kurzen, zackigen Bewegungen ein grobkörniges Pulver in den Wind, das kurz aufleuchtete, als weißer Rauch aufstieg und mit dem Wind verzog.

Die Springmaus hatte das Denkmal für die Märzgefallenen 1921 erklommen. Von unten wurde ihr eine große rote Fahne mit dem Om-Zeichen und Shivas Dreizack gereicht.

Die Dschungelprinzessin hatte gerade ausgiebig des Weazels Arsch geleckt, welches seine vordere Geschlechtspartie von der Menge abgewandt hatte. Jetzt kugelten die beiden eng umschlungen über den Blütenteppich. KQ, der die Zwei weiterhin umtanzte, schlug mit einer Reitgerte auf das von Schweiß und Öl nassglänzende Körperknäuel. Dabei verbog er sich wie ein Akrobat und führte seine Schläge der Lust aus den unglaublichsten Stellungen. Yoritomo jagte in die Menge, was er dem Soundsystem an Teufelsklängen entlocken konnte.

Neolins fremdartiger Schamanenkollege trat jetzt ganz nahe an die Dschungelprinzessin und das Weazel heran: »Naaaaaa? Naaaaaaaaaa. Ho! Ho!«, sprach er beruhigend auf sie ein: »So heftig, warum denn so eilig, das Weazeltier? Warum verzweifelt so much, Prinzessin, die vom Dschungel, dem die seinige, hmmmm? Love, das tut sein, my heart, die Liebe. Die Liebe tut brauchen ... a bisserl time ... und Zärtlichkeit!«

Neolin 2 beträufelte das zuckende Knäuel mit Öl und Heilwässerchen: »Also bitte, Kinderchens! Wir sind doch hier nicht bei den Dreharbeiten für einen Hardcoreporno! Blümchensex! Diese Welt braucht Blümchensex! Wir wollen einander doch nicht weh tun ...« mahnte er sanft, um dann ohne Vorwarnung quer über die Bühne »YORITOMO! VERDAMMT!«, zu brüllen: »Zeig diesen notgeilen Säcken, worum es wirklich geht!«

Atmosphärischer Bruch! Zwischen Yoritomos Beats bauten sich die weichen, fließenden Klänge klassischer Streicher auf, ein Cello schluchzte beschwörend und es war, als verbreite sich warmer bläulicher Glanz über der Szenerie. Die ätzende Dâra hatte sich über die Lichtanlage hergemacht und sorgte für eine entsprechende Farbarchitektur, als die Wildheit auf der Bühne sich in blühendes Liebesspiel von anrührender Zartheit verwandelte. Auf der Videoleinwand entpuppten sich Schmetterlinge aus Larven, es folgten beschwingte Kamerafahrten durch sommerliche Felder.

Das Weazel überkam mit einem Mal eine unendliche Traurigkeit. Es sank vor der Dschungelprinzessin in die Knie, senkte Schulter und Kopf und fing bitterlich zu weinen an. »Kleines, süßes Weazeltier, wein' für mich und bleib' bei mir«, summte Neolin 2 zur Melodie eines Kinderreims. Die Prinzessin küsste die Tränen von den Wangen des Weazels, als aus der Menge die ersten Diabolos aufstiegen. Hände umfassten sich, Körper umfingen sich und gingen zu Boden, Kleidungsstücke flatterten durch die Luft. Einige Gaukler kletterten der Springmaus hinterher. Einbeinig auf den granitenen Pfeilern des März-Denkmals balancierend, jonglierten sie mit Orangen, Kiwis und anderen Südfrüchten und warfen sie auf Anruf in die Menge.

Wie kleine Kinder kichernd, neckten und leckten sich auf der Hauptbühne das Weazel und die Dschungelprinzessin. Die momentan gar nicht so ätzende Dâra schickte alle Farben des Regenbogens in die verschmelzende Menge davor. Über die Videoleinwand liefen die Worte: »Ich bin so groß als Gott / er ist als ich so klein / er kann nicht über mir / ich unter ihm nicht sein!«, Dahinter eine Sequenz des freundlich lächelnden Shiva Shambo, im vielarmigen Tanz der kosmischen Liebe.

»Das ist zwar richtig. Wir sollten trotzdem nicht den Fehler machen, uns für unverletzlich zu halten wie Götter. Und wir können auch nicht gebrauchen, dass das halbe Kombinat an einem Abend schwanger wird!«, Fauna, die soeben die Bühne erklommen hatte, begann mit vier, fünf anderen Shiva-Transen, Cruising Packs mit Gleitcreme und Kondomen nach unten zu werfen, wo es inzwischen kreuz und queer durcheinander ging.

Yoritomo hatte in der Zwischenzeit ein halbes Sinfonieorchester in seinen immer verspielteren Elektro-Sound eingeschmuggelt und die Schlagzahl der Beats beträchtlich reduziert. Vor ihm näherten sich Dschungelprinzessin und Weazel einem sehr langsamen Höhepunkt. »Eben. Warum immer diese Hektik? Diese grauenhafte Gier? Wir brauchen die Essenz, meine Süßen. Die Essenz der Liebe!«, säuselte Neolin 2. »Wir müssen nämlich wieder nach Hause«, fügte er sehr eindringlich an und verfiel in seinen Singsang.

Hinter dem Weazel und der Prinzessin war der geheimnisvolle »Schweizer« in Stellung gegangen. Mit einem kristallenen Gefäß fing er ungeniert auf, was er an Körpersäften abkriegen konnte: öligen Schweiß, Speichel – und eine geheimnisvolle, bläulich schimmernde Flüssigkeit, die das Weazel auszuscheiden schien.

Nach und nach entspannte sich das Liebesknäuel auf der Bühne und auch die Menge davor. Die das Denkmal erklommen hatten, machten sich vorsichtig an den Abstieg.

»Lasst uns jetzt heimgehen. Heim ins Paradies«, gab Neolin 2 über das Hauptmikro durch. »Öffnet Shivas Tor.« »Open the Gate, öffnen tut's es!«, sekundierte der Bucklige im schwarzen Burnus mit krächzender Stimme. »Shivas Gate steht Euch allen offen, meine Lieben! Wer das neue Leben nicht fürchtet, der gehe hindurch«, ließ sich erneut Neolin 2 vernehmen: »Es ist nicht mehr weit, auf die andere Seite. Ein kleiner Schritt. Wir müssen wieder nach Hause! Hinüber! Hinüber nach Shivas Paradize!«

Yoritomo leitete die Musik kunstvoll in das Geräusch fließenden Wassers über. Die Lichter wurden nach und nach abgedimmt und auf der Leinwand war im Standbild ein antikes Tor zu sehen, hinter dem sich die Weite einer saftig grünen Blumenwiese ausbreitete.

Die Vorbereitungen zum Abmarsch wurden getroffen. Einige waren unschlüssig, andere traten den Heimweg an. Schließlich hatte sich eine Prozession von vielleicht 200 aufgeregt tuschelnden Hippiekindern formiert.

Neolin 2 und Thom Willbroox folgend begaben sie sich an einen gesicherten Ort, um dort das Morgengrauen abzuwarten. Bevor sie ins Kombinat zurückkehrten, wollte Willbroox sicherstellen, dass Staatschergen oder Golfnazis keine Spürhunde angesetzt hatten. Seine Paradieswächter durchpirschten einige Stunden lang die weitere Umgebung, der Bericht fiel aber beruhigend aus.

Auf dem Festivalgelände schien alles, wie es am Tag nach einem Rave zu sein hatte. Die Techniker und Helfer der »Heimaterben« waren geschäftig, Anlagen und Material in Sicherheit zu bringen. Ein paar andere räumten den Müll weg.

Die den Sprung durch Shivas Gate gewagt hatten, machten sich auf zum Kombinat.

Faunas heimlich gehegte Hoffnung, im Zug der Shiva-Rekruten ihren Sonnensamurai zu entdecken, erfüllte sich indes nicht. Der Bucklige im schwarzen Burnus, nach dem der Quex dauernd Ausschau hielt, ließ sich auch nicht mehr sehen. Auch von den schönen Wesen: keine Spur.

Die Zeit, diverser Fäden lose Enden miteinander zu verknüpfen, war noch nicht gekommen.

Zweites Buch

BERLIN

Erster Teil

Balkonfrevel
in Friedrichshain

Die Wohnungsgesellschaft zu verklagen, weil die ungefragt und in seiner Abwesenheit den Balkon saniert hatte, war natürlich einigermaßen aussichtslos, rein juristisch gesehen.

Aber die geliebte Stelle hoch über Berlin-Friedrichshain war wirklich scheußlich jetzt, hatte alle Liebenswürdigkeit eingebüßt, und überhaupt war der Kanarienquex nicht der Typ, sich mangelnder Erfolgsaussichten wegen von einem winkenden Propaganda-Coup abbringen zu lassen.

Sogar Lola Mercedes hatte Interesse bekundet, die Story in den Hauptstadtmedien prominent zu featuren. Und im Kreise der Elektrohippies war die Nachricht von der bevorstehenden Rechtsstreitigkeit samt Pressegewitter eingeschlagen wie das Silvesterfeuerwerk am Berliner Nachthimmel.

Der Kanarienquex war einige Monate aushäusig gewesen. In Nepal oder Laos oder Vietnam oder Thailand. In jener Ecke Asiens eben, wo Buddhismus, Hinduismus und Tourismus eine bezaubernde Dreieinigkeit bilden.

Zurückgekommen, fand der Quex seinen zerstörten Balkon vor: frisch gestrichen, weiß gefliest, ein Alptraum in Glas und Chrom. Offenbar war das gesamte Haus eingerüstet gewesen und einer Modernisierungskur unterzogen worden. Die Fassade erstrahlte von oben bis unten im verhassten, kalten Neuberliner Hochglanz.

Ungefragt hatte man sich bei dieser Gelegenheit auch an seinem kleinen Heiligtum vergangen – an jenem Ort, der ungezählte Ausgelassenheiten beherbergt hatte, wo der Quex zum Beispiel halböffentlichen Analverkehr hoch über der Proskauerstraße zu zelebrieren pflegte, mit Hanfstauden und Strauchtomaten aber auch botanische Sensationserfolge erzielt hatte. Dieser Balkon war nun so leblos und steril wie das Foyer einer Bankfiliale in Berlin-Mitte.

Zugleich hatte die skandinavische Investorengruppe, der das Haus gehörte – sie hatte im Zuge der vorletzten Finanzkrise den halben Straßenzug von einer Immobiliengesellschaft aus Großbritannien erworben – auch noch die Frechheit besessen, die Zerstörung der Balkon-Idylle zum Anlass einer saftigen Mieterhöhung zu nehmen.

Der Gesamtvorgang war ein Skandal ohne Beispiel.

Zu den Kuriositäten seines langen Partylebens gehörte, dass der Kanarienquex heutigentags Vertreter beruflicher Fragwürdigkeiten wie Unternehmensberater, Personalchefs oder eben auch Rechtsanwälte in seinem näheren Bekanntenkreis hatte. Die waren, abgesehen von ihrem honorig wirkenden Geschäftsgehabe, immer nur noch verruchter geworden, was Lebenshaltung und Nachtgestaltung anging. Natürlich hatten mit den Jahren die Drogen gewechselt. Längst war nicht mehr Erleuchtung angesagt, sondern Durchhalten.

Der Quex schilderte Jonathan Rischke sein juristisch-propagandistisches Anliegen bei einer Line Speed auf dem Klo des Soho-House. Dieser 2010 eröffnete Businessclub hatte sich des ehemaligen Instituts für Marxismus-Leninismus an der Torstraße bemächtigt, welches zuvor für ziemlich kurze eintausend Jahre die Zentrale der Hitlerjugend beherbergt hatte – und davor ein Warenhaus in deutsch-jüdischem Besitz gewesen war.

Für 650 Euro Jahresbeitrag war Jonathan Rischke sofort Mitglied geworden und hatte sich von dieser Investition neben Distinktionsgewinn und Geschäftskontakten nicht zuletzt einen gewissen Schutzraum versprochen. Dass man dann zum Schniefen immer noch auf die – allerdings recht festlichen – Toiletten angewiesen war, stellte alles in allem eine kulturpolitische Niederlage dar.

Überraschend hielt Rischke das Unterfangen, die feindliche Balkonsanierung juristisch zu beantworten, keineswegs für aussichtslos. Er skizzierte mögliche Strategien, zitierte Paragraphen und nestelte dem Quex dabei unentwegt an der Hose herum. Er tat dies zunächst spielerisch, dann zupackend, zuletzt mit der Entschlossenheit des Verzweifelnden. Peinlich, aber wahr: Die in der Hauptstadt grassierenden Potenzprobleme hatten nicht nur Leute wie den workoholischen Jungrechtsanwalt erwischt. Der Kanarienquex litt ebenfalls. Und solche, früher unvorstellbaren Ausfallerscheinungen nagten am Selbstbewusstsein.

Auf das intime Leiden wurde, wie auf alle Leiden in dieser Stadt, in erster Linie chemisch reagiert. Poppers musste helfen, wo routinemäßige Erregung nicht mehr hinreichte. Rischke zog das kleine Fläschchen aus der Hosentasche, zog selbst kräftig an und dann pfiff sich auch der Quex den scharfen Dampf gierig durchs Nasenloch. Die folgende Sekundengeilheit vermochte, die Anfangsschwierigkeiten auf dem

Scheißhaus des Soho zu überwinden. Aber der Sex bekam dadurch etwas Forciertes, eine eher krampfhafte Wildheit.

Und natürlich hatte man auf diese Weise nur einen einzigen Anlauf Richtung Höhepunkt. Wenn dann – wie in diesem Augenblick – das Eintreten zweier Clubmitglieder mit lediglich sanitären Absichten eine Unterbrechung des wildwütigen Treibens in der dritten Toilettenkabine von links erzwang, war es so gut wie unmöglich, die Stimulanz-Kurve anschließend wieder nach oben zu stemmen.

Und ob es wer mit erschlaffenden Sexualorganen, sinkenden Kurswerten an der Börse, dem tendenziellen Fall der Berliner Partyfrequenz oder dem Auf und Ab des eigenen Marktwerts als lebende Legende, Lustobjekt oder am regulären Arbeitsmarkt zu tun hatte: Das Stemmen sinkender Kurven war eine Bemühung, in der sich gegen scheinbar sehr unterschiedliche Problemstellungen gerichtete Aktivitäten in der Neuen Deutschen Hauptstadt zeitgemäß zusammenfassen ließen.

Sicherlich, einiges davon hatte mit der biologischen Uhr zu tun, die je nach Biographie hektisch oder gemächlich, jedenfalls unüberhörbar tickte.

Die das Berliner Nachtleben in den Neunzigerjahren weithin legendär gemacht hatten, bezahlten den Preis für einen Lebensstil von exquisiter Kompromisslosigkeit – einschließlich des konsequenten Konsums aller erdenklicher Substanzen.

Dazu kam die Angst. Profane Fragen der Alltagsbewältigung drängten mit Macht in jenes innere Zentrum, wo früher die Sehnsucht nach Wissen, Exzess und Liebe dominiert hatte.

So stand am Ende eines stolzen Aufbruchs in die unendlichen Weiten kollektiver Grenzüberschreitung nicht die Rückkehr der Magie. Sondern die der Skepsis. Berlin Elektro City lag begraben und verbaut unterhalb der neuen O_2-Arena. Kein Bass wehte mehr herauf aus den einstmals pulsierenden Tiefen.

Und jetzt auch noch dieses Balkon-Desaster!

Rischke war steinreich. Mit seinen 48 Jahren hatte er ein Vermögen aufgehäuft, das ihn in besseren und zweitbesten Kreisen zu einer Größe machte. Er galt hier als wilder Hund. Wie Rischke zu Reichtum hatte kommen können, war den meisten letztlich schleierhaft. Irgendwie war er aus dem Sumpf der Berliner Techno-Szene emporgestiegen.

Zunächst hatte er Wohnungen gekauft. Heruntergerockte Buden, aber Altbauten und in guter Lage. Inzwischen gehörten ihm 35 Wohnungen, die meisten davon in jenen ehemaligen Ostbezirken der Stadt, wo eine Kriegskoalition aus internationalen Immobilienfonds und Bionade-Bourgeoisie erst die angestammte DDR-Bevölkerung vor die Tür gesetzt und dann Rischkes altes Milieu aus Hausbesetzern und Elektrohippies verdrängt hatte.

Rischke war geblieben. Rischke war mit aufgestiegen. Rischke mutierte.

Aus einem umtriebigen, etwas dubiosen Eventfuzzi war ein aufgehender Stern am Berliner Juristenhimmel geworden. Die genauen Umstände seines wirtschaftlichen Erfolges zu thematisieren, vermied Rischke selbst nach Tunlichkeit. Er wirkte lieber darauf hin, sich in eine Aura vermeintlich alten Geldes und tradierter gesellschaftlicher Macht zu hüllen.

Drogenselige Toilettenficks in Businessclubs stellten für diese Inszenierung freilich ein gewisses Risiko dar. Aber Rischke brauchte immer noch diesen Kick des Verbotenen: Es war das Geheimnis seines Aufstiegs.

Das war in der zweiten Hälfte der Neunziger gewesen: Techno war binnen Wochen in die Welt explodiert. Der Bassbeat regierte mit einem Mal die Clubs von der US-amerikanischen Westküste bis Kuala Lumpur.

Berlin war jene Metropole, die für das ungeheure Dezibelaufkommen dieser Musikrichtung die nötigen Freiflächen bereithielt: unentdeckte Katakomben, ungesicherte Gebäude und Gebäudekomplexe, ganze Ruinenlandschaften in zentraler Lage.

Dieses weite, freie, wilde Land im Osten der Stadt wurde befeiert, was das Zeug hielt. Die Partydroge Ecstasy explodierte in den Bassbeat – oder andersherum, das ließ sich so genau nicht mehr eruieren. LSD explodierte fröhlich hintendrein. Eine Generation wunderschöner, schwuler Jugend nutzte die allgemeine Verwirrung mit Entschiedenheit – und Rischke, notgeil und außerordentlich geschäftstüchtig, war mittendrin.

Ein Soundsystem mit fetten Bässen, ein Türsteher, eine Bar: Steuerfrei und ohne GEMA-Abrechnung warfen gerade diese illegalen Partys exorbitante Sonderprofite ab!

Über eine Umlagefinanzierung verdiente Rischke auch am Drogenverkauf ein bisschen mit. Zumal die restlos überforderte Hauptstadtpolizei andere Sorgen hatte, als diese laute, aber letztlich harmlose Partymeute zu drangsalieren.

Eine intakte stadtpiratische Gegenmacht war mit dem Fall der Mauer aus Kreuzberg in die ehemalige DDR-Hauptstadt herübergeschwappt. Sie verbandelte sich dort mit den militanten Elementen der »friedlichen Revolution« und man begann sofort, im Ostteil ganze Straßenzüge zu besetzen. Diese wieder zu räumen, war für die Staatsmacht nicht nur mühselig, es war regelrecht gefährlich, denn die Leute wehrten sich gekonnt.

Gleichzeitig hatten die Vagabunden des globalen Hippietrails Kurs auf Berlin gesetzt. Freaks strömten aus allen Richtungen in die wiedervereinigte Stadt, eröffneten hier einen Bauwagenplatz, sorgten dort für kreatives Chaos auf einer Hauptverkehrsstraße und pinselten Berlin von oben bis unten knallbunt an. Die halbe Stadt schien als DJ und/oder Dealer zu arbeiten. Tausende bestritten tatsächlich mit der Basar-Ökonomie dieser schönen, bunten Partywelt ihr Leben. Einige Zehntausend verbrachten einen Großteil ihrer wachen Stunden auf dieser Seite der Realität.

Sogar das Leben außerhalb der Party war damals erträglich. Man wohnte in unsanierten 150-Quadratmeter-Wohnungen mit alten Fenstern und Ofenheizung, die sich fast jeder problemlos leisten, die man aber im Winter kaum warm bekommen konnte.

Immer war irgendwer zu Besuch. Mädels aus Mexiko-City flochten und färbten Haare, und im WG-eigenen Tempelzimmer, geweiht Ganesha, Shiva, Kali oder Durga – jedenfalls einer hinduistischen Gottheit – hockte kiffend die Gilde der Fadenknüpfer und erschuf aus neonbunten Fäden Decken-Gespinste von erhabener Komplexität. Der Hausdealer kam persönlich vorbei und drehte eine Verkaufsrunde von WG zu WG. Er war Freund und Geschäftspartner zugleich.

Bei Jonathan Rischke verhielt all dies sich nicht anders. Mit dem Unterschied, dass er solche 150-Quadratmeter-Wohnungen zu kaufen und zu sanieren pflegte. Die erste Wohnung hatte ihm – und dieses Detail verschwieg Rischke grundsätzlich – der in der Versicherungsbranche tätige Vater finanziert. Die zweite Wohnung finanzierte sich aus einer Hypothek auf die erste. Die dritte aus einer Hypothek auf die zweite. Die vierte endlich konnte Rischke aus eigener Kraft anzahlen, mit den Einnahmen illegaler Techno- und Goa-Events, die er inzwischen im großen Stil veranstaltete.

Rischkes Jurastudium indessen lag nicht vollends brach. Wie ein kleines, schmutziges Geheimnis gehütet, wurschtelte er sich durchs Grundstudium. Via Sondertilgung zahlte er eifrig die Kredite für seine Wohnungen ab und erhöhte ebenso eifrig die Mieten, wann immer die stetige Fluktuation der Bewohner dazu Gelegenheit gab.

Zu Beginn des Hauptstudiums drehten schon die ersten der nunmehr acht Wohnungen ins Plus. Zwei besonders riskante Elektro-Events glückten Rischke grandios und spülten ihm einen sechsstelligen Betrag auf die schwarzen Konten. Damit kaufte er noch einmal eine opulente Dachgeschosswohnung in Mitte und sanierte sie anschließend. In diese Wohnung zog er ein und sich selbst Knall auf Fall aus dem Veranstalterleben zurück. Er ersetzte Ecstasy und LSD durch Speed und Koks und büffelte wie ein Verrückter für die Staatsexamen.

Rischke bestand, mit summa cum laude.

»Weißt Du noch, wie sie den Craver erwischt haben?«, fragte der Kanarienquex bei der Zigarre danach. KQ trieb plantschend im Pool auf der Dachterrasse des ehemaligen Instituts für Marxismus-Leninismus.

Rischke stand am Beckenrand und warf den Blick weit über das morgendlich leuchtende Berlin.

Der Craver, na klar! Der war ein Dealer gewesen, aber was für einer. Eine jener legendären Gestalten der magischen Jahre der elektronischen Revolution.

Der Craver hatte Dinger abgezogen, vor denen selbst die Durchgeknalltesten zurückgeschreckt waren. Als der Polizeiterror immer übler geworden und es auf den Zufahrtsstraßen zu den Elektro-Festivals schon zugegangen war wie an der alten Zonengrenze, hatte sich der Craver als tollkühner Blockadebrecher bewährt. Immer wieder war er mit seinem rostigen MB 100 durchgekommen, hatte seinen Drogentransporter dann zielsicher auf die Tanzfläche gesteuert, mitten rein in den Pulk der Tanzenden, Ladeklappe auf und verkaufen, verschenken, verkaufen. Der Craver hatte alles im Angebot gehabt, von der gewöhnlichen grünen Haschplatte und Pillen aller Art bis hin zu erlesenen Delikatessen, wie jenem brasilianischen Zauberpilz, von dem der Quex nunmehr zu schwärmen begann.

Aber dann war es aus gewesen mit des Cravers draufgängerischer Herrlichkeit. Längst hatte der sich selbst total abgeschossen mit den Substanzen, die er beim Verkaufen auch reichlich konsumiert hatte, war verrannt in den Trip von der eigenen Unbesiegbarkeit und blind für den massiven Fahndungsdruck, der auf ihn zielte. Bei einem Goa-Festival auf der Insel Fehmarn war er schließlich in die Falle gegangen, mit Karacho und mit Ansage. Es war das vorhersehbare und etwas unrühmliche Ende einer großen Dealer-Karriere gewesen – und der Beginn eines langjährigen Knastaufenthalts.

»Das ist halt der Unterschied, KQ, weißt Du? Im Gegensatz zum Craver hab' ich gerade noch die Kurve gekriegt. Die hatten mich ja auch schon fast am Haken. Aber ich hab' eben vor diesem letzten, großen Rave, der einen in den Abgrund reißt, da hab ich die Biege gemacht, rechtzeitig!«

»Du?«, gab der Kanarienquex dem verdutzten Rischke zurück: »Du ein Typ wie der Craver? Im Leben nicht!«

Der Quex hatte das zu seinem eigenen Befremden mit einem Unterton unversöhnlicher Verachtung herausgebracht.

Jonathan Rischke fühlte sich unendlich einsam jetzt. Wie erstarrt saß er im Strandkorb und schaute minutenlang hinüber zum Fernsehturm. Dann wandelte sich seine Verletztheit in eine Welle sexueller Aggression. Rischke hatte den Impuls, einfach seine Badehose, die allen Ernstes 300 Euro gekostet hatte, abzustreifen. Vor seinem inneren Auge schlenderte er cool wie Packeis zum Beckenrand, zog KQs hageren Körper halb aus dem Wasser, griff sich diesen blöden, blonden Schädel und fickte derb in das freche Maul.

Alles das jedoch unterließ Jonathan Rischke.

Die ersten Strahlen eines neuen Morgens erhellten das Sonnendeck des Soho-Clubs. Es wurde Zeit, sich jener ausführlichen Morgentoilette zu unterziehen, die Rischke nach Nächten wie dieser äußerlich instand setzte. Er würde das vitaminreiche Frühstück mit etwas Chemie würzen, um sich und seinen Mitarbeitern einen konzentrierten Arbeitstag zu ermöglichen.

»Der entscheidende Angriffspunkt sind die Pflanzen, speziell der Efeu.«

Es war nicht Rechtsanwalt Rischke, der auf diese juristische Finesse kam, sondern Donna Fauna.

Der Balkon des Quex war in der Tat ein Traum aus erlesenstem Wildwuchs gewesen. Die Wohnungsgesellschaft jedoch hatte da im

Zuge der Balkonsanierung kurzen Prozess gemacht. Nur waren diese Pflanzen eindeutig Eigentum des Mieters und hätten ohne dessen Einwilligung nicht entfernt werden dürfen: ermordet, wie Donna Fauna es formulierte.

Fauna: »Der Efeu war außerdem nicht irgendein Efeu, das war Hedera Colchica!«

KQ: »Der Scheiß-Efeu war bitte was?«

Fauna: »Hedera Colchica. Persischer Efeu aus Kolchis, noch dazu schlitzblättrig. Das ist eine ganz seltene Sorte.«

KQ: »Krass. Wusste ich gar nicht.«

Fauna: »War ja auch nicht so. Aber glaubst Du, die Bauleute haben sich Efeublätter als Beweisstücke aufgehoben, bevor sie Deinen Balkon versaut haben? Also war das schlitzblättriger Hedera Colchica! Da reden wir über eine erhebliche Schadensumme. Vom ideellen Wert Deines liebevoll und über Jahre hinweg zur Blüte gebrachten Pflanzenparadieses mal ganz zu schweigen.«

KQ: »Cool. Das muss ich Jonathan sagen, das klappt vielleicht.«

Fauna: »John Rischke?«

KQ: »Ja klar, das ist der einzige Rechtsanwalt, den ich kenne, und der macht das umsonst für mich.«

»Mit dem Rischke im Soho?« Donna Fauna warf sich in die Pose totaler Entrüstung. Für sie war Jonathan Rischke ein Gentrifizierungsgewinnler übelster Sorte. Ein Verräter, der geächtet gehörte!

Dass sie selbst einen ausgedehnten Sommer lang eine Affäre mit Jonathan Rischke gehabt hatte, befeuerte nur Faunas jetzigen Hass. Dass eine Prise Eifersucht da eine Rolle spielen könnte, brauchte der Kanarienquex aber nur anzudeuten, um Faunas emotionalen Dampfkochtopf vollends zur Explosion zu bringen.

Vorwürfe über Vorwürfe. Fauna schrie, Fauna tobte und drohte, Fauna flippte restlos aus. Jeder quexseitige Beschwichtigungsversuch löste ein neues Missverständnis und eine noch höherschlagende Welle der Empörung aus.

KQ drehte einen Joint, Fauna beruhigte sich für eine Zeit und man fand wieder zu einem halbwegs versöhnlichen Grundton zurück. Doch die nächste Sprengladung harrte bereits ihrer Zündung.

Zu einem für diesen Abend vereinbarten »Balkonstrategischen Dinner« im Caravaggio waren nebst dem Kanarienquex selbst nämlich nicht nur Lola Mercedes und Fauna geladen, sondern auch Jonathan Rischke. Den hatte KQ dazugebeten, selbstverständlich, aber irgendwie hatte er verpeilt oder verdrängt, dieses Detail der Veranstaltung auch Donna Fauna rechtzeitig zu kommunizieren.

Als der Quex dann sehr ungelenk daranging, ewig um den heißen Brei herumzureden und Donna Fauna die drohende Anwesenheit Rischkes zielsicher aus KQ herausverdächtigte, waren die beiden bis auf Sichtweite des Caravaggio erneut in einem feindseligen Wortgefecht vereint.

Der Quex verteidigte sich, er brauche für die Aktion logischerweise einen Rechtsanwalt und er kenne nun einmal keinen anderen. Das wollte Fauna keineswegs als hinreichende Begründung gelten lassen, eine Ex-Affäre wie Rischke, den sie bekanntermaßen mehr als kritisch sah, unangekündigt mit ihr an einem Tisch zu platzieren. Das wiederum räumte KQ mit wenig gespielter Zerknirschung ein.

Dass die ganze quälende Angst, schon wieder einen gigantischen Fehler zu machen und dafür einen Tobsuchtsanfall zu ernten, ihn gelähmt und gehindert hatte, Fauna Rischkes Anwesenheit rechtzeitig zu beichten, vermochte er ihr nicht verständlich zu machen.

So blieb vieles nur innerlich ausgesprochen.

Wie so oft.

Lola Mercedes kam zu spät, selbstverständlich. Sie war im Allgemeinen nicht auf Pünktlichkeit aus. Dies weniger, weil ihr das Warten der Anderen gleichgültig gewesen wäre – das sowieso –, vielmehr lehnte sie Minutenpünktlichkeit, die sie für etwas Kerndeutsches hielt, prinzipiell und aus ebenjenem Grunde ab.

Sie, deren Essays durch ebenso gewagten wie schlüssigen Satzbau brillierten, die in Wien über den großen Karl Kraus, speziell dessen Kunst der Interpunktion, promoviert hatte, – ausgerechnet diese in deutsche Literatur vernarrte Lola Mercedes hielt die Kultur der Biodeutschen, der Kartoffelnasen und Neuzeit-Hunnen gleichzeitig für einen rundum bedenklichen Einfluss, den sie jederzeit abzuwehren suchte – beispielsweise durch ihren terminlichen Laissez-faire-Stil. Demonstrative Pünktlichkeitsverweigerung verschaffte Lola ein wohliges Gefühl der Gewissheit um die intakten Abwehrkräfte ihres Kanakentums.

Rischke, Fauna und der Quex verloren kein Wort über Lolas Verspätung, so erleichtert waren sie, durch eine überschwängliche Begrüßungsrunde aus der feindseligen Angespanntheit herauszukommen, die sie beim Warten zu dritt befallen hatte.

War das nicht ein zwar verständliches, an sich aber ziemlich unehrliches Manöver? Wurde auf diese Weise nicht die schlechte Stimmung der drei nach außen abgespalten, sublim übertragen auf die neu hinzukommende Vierte?

Als Rischke, Fauna und KQ über die bevorstehende Balkon-Kampagne losplapperten und plötzlich bester Laune zu sein schienen, befiel Lola Mercedes ein ziehender Schmerz, links hinten im Becken. Sie hatte das öfter, seit Jahren schon. Beim Fahren langer Strecken im Auto kam dieser Schmerz mit großer Zuverlässigkeit auf, und Lola wusste, dass sie da besser einmal genau hinschauen und das Problem eingehend bearbeiten sollte. Aber dieses Rumfahren und Rumlaufen, das ständige Auf-Achse-Sein, welches Lola auch schon ausgezeichnet hatte, bevor sie sich zu einer semi-prominenten Hauptstadtjournalistin emporgeschrieben hatte, machte eine intensive Beschäftigung mit dem eigenen Körper geradezu unmöglich. Sie konnte ja heute nicht einmal sagen, ob sie nicht in zwei Tagen überraschend nach Hamburg oder Barcelona oder Haifa fahren würde. Jede Woche dreimal zum Yoga oder zur Physiotherapie? Wie denn? Geht nicht. Also weiter.

Nun aber verlieh Lola ganz anderen Bedenken Ausdruck: »Ganz ehrlich, Leute: Die Story fliegt nur, wenn das Ganze juristisch eine reelle Basis hat. Ansonsten mach ich mich ja lächerlich.«

»Das kriegen wir hin«, ließ Jonathan Rischke keine Unsicherheiten aufkommen: »Die Wohnungsgesellschaft hat eine ganze Reihe eklatanter Rechtsverstöße begangen. Die Mieter wurden unzureichend, gar nicht oder nicht fristgerecht informiert, ein Teil der Baumaßnahmen hätte deren vorheriger Zustimmung bedurft und so weiter. Die Mieterhöhung anzufechten, sollte in jedem Falle möglich sein. Schadensersatz ist eventuell auch drin. Ich halte den Fall für aussichtsreich.«

Faunas Idee, das Privateigentum des Quex am angeblichen schlitzblättrigen Efeu Colchica Hedera rechtlich auszuschlachten, hielt Rischke heimlich für tatsächlich bedeutsam. Dennoch reagierte er jetzt nicht gerade enthusiastisch auf den Vorschlag und lobte Faunas juristischen Erfindungsreichtum mit spöttischem Unterton.

Lola skizzierte die PR-Strategie der Sache. Sie plane, die Story auf das Titelblatt des wichtigsten Szenemagazins der Stadt zu hieven. Schlagzeile: »Balkonfrevel in Friedrichshain«. Interview mit dem Kanarienquex, Fotos Balkon vorher, Balkon nachher, juristische Expertise von Jonathan Rischke in einem Kasten, Editorial von Lola selber. Die Coverstory wäre dann Auftakt einer Serie über illegale Modernisierungsmaßnahmen in Berlin. Damit könne man einige Ausgaben des Monatsmagazins überbrücken und bei Prozessbeginn wieder voll draufleuchten.

Lola war jetzt in ihrem Element: »Gleichzeitig wäre es gut, wenn wir zu dem Thema ein paar Aktionen der Spaßguerilla auslösen könnten. Gibt es da noch was in Friedrichshain?«

»Traurige Reste, ein paar neue Strukturen, aber irgendwas kann man bestimmt machen. Ich frag mal rum«, entgegnete Fauna.

Lola hängte die Messlatte niedrig: »Es braucht ja nicht so viele Leute. Hauptsache eine witzige Idee, paar schöne Fotos und ein YouTube-Video.«

Der Quex war still geblieben bisher, hatte das Gesagte nur mit eifrigem Nicken oder zustimmendem Kichern kommentiert. Jetzt sagte er zusammenfassend: »Cool. Dann machen wir das!«, und ließ eine Flasche Champagner kommen. Die öffnete er feierlich und schenkte allen ein. Davon, dass die opulente Rechnung dieses sich noch länger hinziehenden Abends im Caravaggio der steinreiche Jonathan Rischke übernehmen würde, ging übrigens nicht nur KQ wie selbstverständlich aus.

Fauna sah hierin einen Akt gesellschaftlicher Umverteilung und emotionaler Wiedergutmachung und winkte nach der zweiten Flasche Schampus.

Lola zahlte bei Geschäftsessen prinzipiell nicht – und sie dinierte prinzipiell geschäftlich.

Zwei weitere Flaschen später legte Rischke dann auch umstandslos seine Kreditkarte in das Ledermäppchen mit der Rechnung und ließ sich einen Bewirtungsbeleg über 425 Euro ausstellen. Als er aber im Weggehen noch wie beiläufig zu KQ meinte, man müsse sich halt die Tage mal zusammensetzen und dann auch über die Anwaltskosten reden, traf den Kanarienquex fast der Schlag.

»Glaubst Du, ich lass mich umsonst von Dir ficken?«, schoss es
durch den Kopf. Sofort befiel ihn Scham ob dieses Gedankengangs.
Er nickte stumm und ging die Alte Schönhauser Straße hinunter, zum
Alexanderplatz. Fauna war schon vorher abgedampft. Die wohnte allen Ernstes in Prenzlauer Berg.

Einmal würde Lola ihr Leben geordnet kriegen. Eines Tages würde
Stabilität Einzug halten und Planung regieren. Danach wäre ihr Alltag einer reibungslos funktionierenden Systematik unterworfen, und
das bliebe dann so. Das würde auch den endgültigen publizistischen
Durchbruch bringen. Lola würde nicht nur alle Jubeljahre wegen irgendeiner Szene-skandalösen Belanglosigkeit vom RBB interviewt
werden. Sie hätte dann ihre eigene Sendung im Fernsehen, einen gewieften Produzenten dazu, eine Redaktion, die ihr die leidige Drecksarbeit von Recherche und Gegenrecherche abnehmen würde, ein Sekretariat, das die Termine koordinierte, einen Fahrer, der sie pünktlich
hinbrächte.

Und dann würde sie sich auch um ihre chronisch wiederkehrenden
Rückenschmerzen kümmern können. Vielleicht mit einem Privatcoach,
der zu ihr käme, wann immer sich ein Stündchen fände.

Redaktion, Sekretariat, Produzent, Privatcoach, Fahrer – Lola
Mercedes glaubte, all dieses zu benötigen, um ihr wahres Genie entfalten zu können. Diesen ganzen, kleinkarierten Schmonz immerzu
an den eigenen Hacken zu haben, frustrierte sie. Zahlen, Daten und
die sogenannten Fakten hielt sie sowieso für gnadenlos überbewertet. Ihre Texte wurden gelesen, nicht weil sie trockene Sachverhalte referierte. Lola entwarf textmalerische Panorama-Aufnahmen,
beschrieb gewissermaßen sphärische Gesellschaftsphänomene, die
niemand messen, kein anderer benennen konnte, die fast alle aber
diffus spürten. Hatte Lola dieses kollektive Ahnen ins metaphernreiche Licht ihrer Worte gesetzt, ohne Quellenangaben und statistische
Belege, dafür mit großer polemischer Schärfe und noch größerer
sprachlicher Schönheit, war dem Leser zumute, als sei ein Tropfen
Wahrheit ihm zu Kopfe gestiegen aus den trüben Brunnen seines
Verdrängten.

Im geschriebenen wie im gesprochenen Wort lag Lolas Brillanz in
der Zuverlässigkeit spontaner Geistesblitze. Sie wurde von vielen Kol-

legen offen beneidet für ihren literarischen Impuls, den sie, gestützt auf ihr exzellentes Gedächtnis, scheint's mühelos abrufen konnte. Nicht zuletzt dieses Archiv von Anekdoten, Formulierungen und Zitaten machte Lola zu einer Gesprächspartnerin, für die willig Kreditkarten in Ledermäppchen gelegt wurden. Lola Mercedes veredelte einen Abend. Sie brachte jede Tischgesellschaft zum Leuchten. Ihr geistsprühender Charme und die Wildheit eines kaum gezähmten Raubtiers bezauberten die heterosexuellen, biodeutschen Herren. Die Schwulen wiederum liebten Lola ob der kaum verhohlenen Verachtung, mit der sie die Avancen dieser Burschen abschmetterte – was jene Gimpel natürlich für ein heimliches Kompliment hielten, woraufhin einmal mehr eine Kreditkarte in ein Ledermäppchen wanderte.

Selbst die Damen der Gesellschaft hielten sich gegenüber der kessen Lola mit Stutenbissigkeiten zurück. Erstaunlich, so wie die Herren sie umschwärmten. Aber Lola achtete darauf, stets einige Gerüchte über lesbische Affären in Umlauf zu halten. Das beruhigte die Frauenwelt, erfreute die Schwulen und fachte den Jagdtrieb der Hetero-Männer noch an. Ihre angeblichen Frauenliebschaften ermöglichten Lola aber auch eine jederzeit einsetzbare Vermeidungsstrategie, mit der sie allzu aufdringliche Verehrer abweisen konnte, ohne das Feuer des Begehrens jedoch zu ersticken, auf dem ihr Karrieresüppchen zu kochen sie nicht nur keine Skrupel, sondern die feste Absicht hatte. Die dampfende Notgeilheit dieser geschniegelten Schimpansen schrie ja geradezu danach, von der Vertreterin einer höher entwickelten Evolutionsstufe ausgenutzt zu werden.

Nach dem Caravaggio ging Lola mit Jonathan Rischke noch auf einen Absacker in die Pony-Bar. Rischke zahlte erneut. Auf seine ungelenken Avancen ging Lola liebreizend ein, aber anschließend nicht mit. Sie ging nach Hause. Allein.

»Diese Scheiße mit dem Balkon!«, brütete KQ wütend vor sich hin. Alle hatten sie ihn reingeritten in diesen Spleen, hatten ihm eingeredet, er würde zum Berliner Mieterhelden, die Partymeute würde ihn auf Händen tragen, Hauptstadt- und womöglich Bundespresse würden seinen Coup auf den Titelseiten abfeiern.

Und jetzt sollte er zahlen dafür?

Wovon denn bitte?

Alles hatte er sich so schön ausgemalt, sich sogar schon überlegt, in welchem Outfit er bei der Pressekonferenz auflaufen würde, die natürlich im Soho-House steigen musste, am besten oben, auf der Dachterrasse.

Einen scharfen Anstieg seines Marktwerts hatte er sich auch erhofft und mittels dieser Kampagne seine Collagen und Montagen besser verkauft zu bekommen. Jene knallbunten Großkunstwerke, für die wenig betuchten Kunden schon der nötige Platz fehlte, verschleuderte er momentan geradezu.

300 Stunden Arbeit gingen in eine Wand, die KQ in ein großflächiges Kunstwerk verwandelte. Was hatte er davon? Genug Geld, um den Mietrückstand auszugleichen und die dringendsten Rechnungen zu bezahlen, und für einen halben Monat, in dem er ohne Not leben und feiern konnte!

Dafür hatte er an der Hochschule der Künste studiert? Als Student hatte man ihn mit Medienpreisen zugeschmissen, die Hochschule warb bis heute auf ihrer Homepage mit seinem preisgekrönten Namen, mit dem bürgerlichen und dem Zusatz »AKA Kanarienquex«. Nur wissen wollten die nichts mehr von ihm. Geschweige denn, dass die mal Geld rüberschöben für ein Projekt.

Auf den Dozentenstellen hockten inzwischen die Langweiler und Loser seines Jahrgangs. Während er Kunstprojekte in ganz Asien gerissen, dazu in Stockholm, Beirut und in New York ausgestellt hatte, waren die auf ihren jungfräulichen Ärschen sitzengeblieben, hatten sich bei Verwaltung und Professoren lieb Kind gemacht – und jetzt drückten sie den Kanarienquex ins Seitenaus. Frei von eigener Kreativität witterten sie im schillernden Quexvogeltier einen gefährlichen Konkurrenten. Sie schirmten ihn gekonnt von den alten Professoren ab. Jede Anfrage, ob mündlich, postalisch oder per E-Mail versandete nach belanglos freundlichem Hin und Her im Nirwana der Universitätsbürokratie.

KQ drohte derweil dauerhaft auf das Niveau eines gehobenen Schnorrers herabzusinken. Kein Geld haben und gar kein Geld haben, das ist bekanntlich ein Unterschied – und der Quex hatte in aller Regel überhaupt gar kein Geld. Mal nicht für eine Schachtel Zigaretten, oft keines für den Asia-Imbiss unterhalb seines kaputtsanierten Balkons, mitunter gerade so viel in bar, um sich beim Penny um die Ecke sein

Überlebensset zu kaufen: einen Sack Kartoffeln und eine Flasche Joghurtdressing für die Hauptmahlzeiten. Beim türkischen Gemüsemarkt kaufte er dazu Brot, Schafskäse und eine Tüte Oliven oder Peperoni. Das reichte für einige Tage, die er dann in seiner Wohnung dahinvegetierte.

Wenn er Glück hatte, erreichte ihn zwischendurch eine Einladung zu einer Vernissage oder Finissage oder zu einer anderen Gelegenheit, sich bei neunmalklugen Gesprächen und mittelmäßiger Kunst den Wanst vollzuschlagen. Neuerdings räumte er immer noch ein paar Happen vom Buffett in eine Plastiktüte, die er heimlich mitführte. Das war natürlich riskant, denn mit seinem jederzeit perfekt gestylten Äußeren schaffte es der Quex, in der Branche weiterhin für ausgesprochen erfolgreich gehalten zu werden.

KQ tat alles, diese Illusion am Leben zu halten.

Aber er musste auch essen.

Kam keine Einladung und kein Anruf, wurde der Quex selber aktiv und telefonierte die betuchteren seiner Freunde ab – also all jene, die im Genuss eines festen Einkommens standen. Die freuten sich über seine Besuche, was für ihre ehrliche Zuneigung sprach. Denn im näheren Umfeld waren die sozialen Umstände des Quexlebens längst ein offenes Geheimnis, über das man sich lediglich in seinem Beisein dezent ausschwieg.

Nicht so Donna Fauna: »Entschuldige, dass ich Dein Lamento unterbreche, Du Verdammter dieser Erde. Aber woher nimmst Du eigentlich das Geld für die Drogen, die Du Dir pausenlos reinpfeifst?«

KQ gab sich unschuldig empört: »Was'n für Drogen? Du spinnst wohl! Ich nehm' gar nicht so viel.«

Aber Fauna war unerbittlich: »Schatz, ich kann auf 300 Meter Entfernung am Gang erkennen, auf welcher Substanz jemand drauf ist. Mir machst Du nichts vor. Du bist ein richtiger kleiner Kokser geworden!«

KQ explodierte: »Das sagst Du mir? Das stimmt überhaupt nicht. Ich hab' das total im Griff. Weißt Du eigentlich, was Du da machst? Ich versuch' mich irgendwie nach oben zu kämpfen, und Du erzählst überall rum, dass ich voll süchtig bin! Du machst mir alles kaputt mit Deinem blöden Geschwätz, mit Deinen miesen Lügen!«

»... und Koks versaut den Charakter, KQ«, hatte Donna Fauna noch geschrien, nachdem sie der Quex grob angegangen und mit keineswegs sanfter Gewalt aus der Wohnung geschmissen hatte.

Draußen rieb sich Fauna den Oberarm. Der Quex hatte sie geschlagen. Der Schmerz war auszuhalten, jedoch musste sie sich eingestehen, dass sie in dieser immer verrückteren Beziehung zum Opfer häuslicher Gewalt zu werden drohte.

An sich war das ein Witz. Fauna war fast eineinhalb Köpfe größer als der Kanarienquex. Sie hatte einige Jahre Kampfsport hinter sich und war eine erfahrene Veteranin militanter Straßendemonstrationen. Wer sie als draufgängerische Aktivistin der linksradikalen Szene kannte, würde ihr die Geschichte von den Quex-Übergriffen wohl schlicht nicht glauben können. Bloß waren Körpergröße und Kampfkraft nicht entscheidend. Die Frage war, ob einer über die Hemmungslosigkeit verfügte, gegen Menschen, noch dazu gegen einen, den man zu lieben vorgab, gewalttätig zu werden. Fauna hatte in der Hinsicht alle Hemmungen der Welt.

Na ja. Nicht alle vielleicht, bei Menschen, die sie nicht liebte. Beim vorletzten CASTOR-Transport etwa hatte sie einen Kampfbullen glatt niedergerannt, Knie voran, aus vollem Lauf, beim Sturm auf die Gleise. Dem Quex aber konnte Fauna kein Haar krümmen. Sie schlug niemals zurück, sondern nahm nur schützend die Arme hoch, wenn es wieder losging. Der Kanarienquex schien das inzwischen begriffen zu haben. Seine Hemmschwelle sank kontinuierlich. Die Übergriffe wurden langsam gefährlich.

»Der Rischke ist auch nicht mehr richtig schwul, seit er so eine große Nummer ist«, dachte Lola Mercedes auf dem Heimweg von Berlin Mitte nach Kreuzberg. Nachdem sie Jonathan schlecht auch noch nach dem Geld für ein Taxi hatte fragen können, ging sie zu Fuß durch die Berliner Spätsommernacht. Die hochhackigen Schuhe hatte sie ausgezogen und im Rucksack verstaut. Barfuß und glücklich spazierte sie durch diese Stadt.

Durch ihre Stadt.

War das ihre Stadt?

Endlich oder doch schon nicht mehr?

Berlin, Du Heimat, für die, die keine Heimat haben!

Da drüben hatte es in den Neunzigern einen fetten Bauwagenplatz gegeben. Ein magischer Ort war das gewesen: Gaukler aus aller Welt, unglaubliche Akrobatik, nackte Menschen, Feuertänzer, Schamanen, Krieger und Propheten. Ewige Sommer und der stolzeste Bassbeat der Welt hatten die ganze Stadt ergriffen, die Herzen synchronisiert und Liebe, Liebe, Liebe in alle Spreekanäle gepumpt.

Heute stand hier ein Parkhaus. Daneben ein Hotel. Nicht einmal ein gutes. Kein Hyatt in faszinierender Architektur, sondern ein doofer Kasten, betrieben von einer der minderen Hotelketten. Zielgruppe waren Berlin-Touristen, die in der Lage und willens waren für metropolitanen Lebensstil zu zahlen, ohne die geringste Ahnung zu haben, was metropolitaner Lebensstil eigentlich ist. Das war jene Sorte, die im Sightseeing-Bus durch Kreuzberg schipperte, um Punker und Graffitis und den Dreck an der Straßenecke zu fotografieren. Dabei hatten die keine Vorstellung, wie ekelhaft aufgeräumt es in Kreuzberg mittlerweile war.

Vor fünf oder fünfzehn Jahren, da hatte es ausgesehen! Oder früher noch, was Lola nur aus Erzählungen kannte. Da war Kreuzberg ein bettelarmer Stadtteil gewesen, am Rande West-Berlins, ein verlottertes Quartier direkt hinter der Mauer. Niemand wollte dahin bis auf Türken, eher unfreiwillig, und Linksradikale. Die Polizei kam auch nicht gerne hin, weil es ganze Straßenzüge gab, in denen es Steinplatten aufs Fahrzeug regnen konnte, einfach so.

»Dass wir diese Stadt verloren haben!« – Lola Mercedes spürte die plötzliche Wucht einer schleichenden Niederlage. Über zwei Jahrzehnte hatte auch sie sich alles schöngeredet. »Für jedes Haus, das die sanieren, gehen doch zwei andere in' Arsch ...«, hatte sie sich und anderen oft gesagt. So war es aber nicht gekommen. Die Gegenkultur ging den Bach runter, Projekt für Projekt, Haus um Haus.

Die Räumkommandos hatten inzwischen den Bogen raus, das musste man zugeben. Angesichts der vielfachen Übermacht, die jeweils anrückte, war an effektive, militante Gegenwehr der Hausbesetzer nicht mehr zu denken. Die Brutalität der Einsätze sprengte jeden gesetzlichen Rahmen. Juristische Folgen blieben grundsätzlich aus. Die Presse schrieb von verletzten Beamten und gewalttätigen Chaoten.

Im Zuge der typischerweise im Herbst erfolgenden Räumungen wurden neuerdings sofort alle Fenster mitsamt Fensterstöcken herausgerissen. Dies geschah offenbar im Einvernehmen mit den Hauseigentümern. Damit war das Haus den Winter über unbewohnbar. Eine Wiederbesetzung machte keinen Sinn. Im Frühling begannen die Sanierungsarbeiten. Vor dem nächsten Winter bezogen die ersten Bewohner ihre schnieken Wohnungen hinter nagelneuen Doppelglasfenstern.

Lola Mercedes hatte diesen und vergleichbare Vorgänge miterlebt, unzählige Male. Sie hatte aber kaum über diese Häuserkämpfe geschrieben bisher. Das würde sich demnächst ändern.

Diese Balkon-Story war für sich genommen restlos albern. Aber Lola Mercedes war ein Trüffelschwein, sie witterte Geschichten mit Sensationspotential. Die Frage war, ob eine Story als Prisma für größere Zusammenhänge dienen konnte, ob sich in einem scheinbar belanglosen Detail konträre Tendenzen der gesellschaftlichen Entwicklung brachen – und ob die Geschichte Witz genug hatte, um spontan weitererzählt zu werden.

»Künstler verklagt Immobilienfonds wegen Balkonfrevel« – Das hatte Charme ohne Ende. Das war hinreißend naiv und drückte andererseits einen hart ausgefochtenen Grundkonflikt der Berliner Stadtentwicklung aus.

Der Kanarienquex war außerdem ein idealer Coverboy für die Kampagne. International anerkannter Künstler, HDK-Absolvent, ein Aushängeschild Berlins und Vertreter der jungen Kreativen! So wollte sie ihn präsentieren, ihn richtig aufbauen, mit Interview und Porträt-Kasten. Das konnte ihrem chronisch unterfinanzierten Kumpel nur guttun. Und wenn die Story eventuell bundesweit fliegen würde, könnte auch Lola damit abheben.

Durch die Titelseite der August-Ausgabe des Stadtmagazins ging ein aufwendig gelayouteter Riss: links das Foto des pflanzenüberwucherten, rechts ein Foto des sanierten Quex-Balkons. Darunter stand: »Balkonfrevel in Friedrichshain! Junger Kreativer verklagt Spekulanten.«

Die Lettern waren weitaus größer als gewohnt; eine richtige Schlagzeile war das. Im Heft wurde das Thema über eine Doppelseite ausgebreitet, dazu kam ein Kommentar von Germaine Gamma, Lola Mercedes liebster Kollegin, mit der Überschrift: »Eine Stadt prostituiert sich«. Schwungvolle Angriffe gegen Immobilienspekulanten im Allgemeinen und den im konkreten Falle zuständigen Immobilienfonds mit Postadresse in Finnland gab es da zu lesen.

Lola fuhr auch gegen die Ausverkaufspolitik des Rot-Roten Senats schwere Geschütze auf, legte überdem nahe, Baukorruption habe in Berlin seit Jahrzehnten und parteiübergreifend Tradition.

Auch Donna Faunas schlitzblättriger, persischer Efeu fand prominente Erwähnung.

Die reißerische Coverstory platzte ins mediale Sommerloch und zerriss förmlich die Leserschaft des Stadtmagazins – und dessen Redaktion, deren feste freie Mitarbeiterin Lola seit vielen Jahren war. Die einen feierten den schwungvollen Gegenangriff auf die Gentrifizierer und solidarisierten sich euphorisch mit dem Kanarienquex, den plötzlich Hinz und Kunz persönlich zu kennen vorgab – die anderen empörten sich über den Bildzeitungsstil des Aufmachers und fanden die ganze Sache mit dem Balkon überhaupt lachhaft.

Lola Mercedes hatte erreicht, was sie wollte. So oder so wurde über den Fall geredet. Sie glaubte nicht an Konsensjournalismus. Sie war überzeugt, die Leserschaft von Zeit zu Zeit zu spalten, dabei aber immer hübsch bei der Stange zu halten, sei die echte Kunst der Meinungsmache. Und Meinungen machen, indem man Kontroversen auslöste, führte und gewann, diese Methodik hatte Lola seit frühesten Schülerzeitungstagen perfektioniert.

Die Verlagsbosse gingen genau aus diesem Grunde mit der Idee schwanger, Lola Mercedes auf den Posten der Chefredakteurin zu hieven, und hatten ihr grünes Licht für die Mieter-Kampagne gegeben. Der durch eine anstehende Babypause demnächst ausfallende Chefredakteur stand intern in der Kritik.

Das vor fünfundzwanzig Jahren als linksradikales Szene-Blättchen mit Veranstaltungshinweisen gestartete Magazin hatte sich längst zu einer lukrativen Hochglanzpublikation mit Veranstaltungshinweisen gemausert. Weitgehend abhängig vom Anzeigengeschäft hatte man den politischen Ton stark gedämpft, aber in letzter Zeit war das Magazin dadurch so dröge geworden, dass die Auflage einzubrechen drohte. Neue Veranstaltungsportale im Netz machten zudem Konkurrenz.

Das Stadtmagazin sollte deshalb – so die neue Vorgabe von ganz oben – »inhaltliche Relevanz« entwickeln und wieder mehr sein als nur ein hübsch aufgemachter Veranstaltungskalender, garniert mit als Artikeln getarnten Werbetexten. Die anstehende Senatswahl erschien als ein ideales Umfeld, die Konturen zu schärfen.

Die Balkon-Story war Lolas Testballon für die neue Blatt-Strategie. Und der Testballon hob ab! Der *Tagesspiegel* und die *taz* kommentierten den Fall, ätzend süffisant der erste, mit Sympathie die zweite. Am Folgetag gelang Lola, in der *Berliner Zeitung* ein Interview mit Jonathan Rischke zu lancieren. Der setzte in geschliffenen Worten die juristischen Verfehlungen der Immobiliengesellschaft auseinander, vermied jedoch tunlichst, sich als Mieteranwalt und Rächer der Enterbten zu inszenieren.

Wie er es mit Lola detailliert durchgesprochen hatte und wie es aber auch seinen längerfristigen Geschäftsinteressen entgegenkam, setzte er sich lieber als Vorkämpfer des kreativen, jungen Berlins in Szene. Diese Kreativen – und nicht anonyme Investmentfonds – seien die Träger der Innovation in dieser Stadt, wofür es allerdings gewisser Freiheiten des kulturellen Ausdrucks bedürfe. Gerade urbane Soziotope wie Balkone, Parks und Hinterhöfe seien als Freiräume unerlässlich, wie die Kreativitätsforschung hinlänglich belegt habe. Eine übertriebene Reglementierung und Vereinheitlichung solcher Refugien mache der kommunikativen Elite die Reproduktion ihrer Kreativkraft geradezu unmöglich – eine für den Wirtschaftsstandort Berlin verheerende Fehlentwicklung. Der Fall seines Mandanten sei da exemplarisch.

Rischke las das Interview wieder und immer wieder. Er war restlos begeistert von sich und von seinem genialen Schachzug. Eine PR-Strategie anzusetzen, die ihn den linkesten Kreisen der Gentrifizierungsgegner akzeptabel machte und gleichzeitig als Champion jener »Kreativkräfte« aufbaute, die doch wohl die Stoßtruppen der Gentrifizierung waren – ein Kunstgriff von seltener Kühnheit!

In einem jubilanten Telefonat mit Lola Mercedes konnte sich Rischke über die durchtriebene Eleganz des Vorgangs offen auslassen. Auch sie liebte es, sich nach einem gelungenen Coup in jenem Zynismus zu suhlen, der so leichtfüßig, und doch professionell verrucht daherkam, dass er schon wieder etwas Fortschrittliches ausstrahlte.

Nur waren es nicht haargenau diese Art tabubrecherischer Gespräche, die ansonsten immer die Anderen führten? Die Arschlöcher? Die Feinde?

In der Tat stellte sich Lola Mercedes die Frage, ob dieser Jonathan Rischke, den sie menschlich gesehen sowieso für eine fragwürdige Type hielt, nicht längst einer dieser »Anderen« geworden war.

Und sie selbst? Sie, die sich mit diesem menschlich so fragwürdigen Rischke gerade für einen gewitzten Spagat quer übers politische Feld feierte und die sie auch den offiziell schwulen Rischke mit ihren weiblichen Reizen zu betören versuchte, weil sie sich von dessen Position und Connections einiges versprechen zu dürfen glaubte?

Nein! Sie, Lola Mercedes, das war ein ganz anders gelagerter Fall. Sie war eine Tochter Kanakistans – und entschlossen, es zu bleiben. Sie beherrschte das Spiel der Biodeutschen, der Neuzeithunnen, der Kartoffelnasen, sie spielte es mit Verve und Chuzpe und dreimal über die Bande. Dass es ein verdammtes Scheiß-Spiel war, vergaß sie dabei keinen Augenblick lang. Und das würden die allesamt noch rechtzeitig rausfinden. Das zumindest sagte Lola Mercedes in diesem Moment zu und über Lola Mercedes. Und der wenigstens vertraute sie.

Enthusiasmiert von seinem Medien-Coup ging Jonathan Rischke schwungvoll zur Sache. Er ließ sich sogar zu dem Angebot hinreißen, KQ könne bis auf weiteres jede Zahlung bleiben lassen. Am Ende werde der Prozess mit großer Wahrscheinlichkeit sowieso gewonnen und dann zahle ja die Gegenseite. Im anderen Fall werde man sich mit Sicherheit gütlich einigen können.

Der Kanarienquex verstand das so, dass er in keinem Fall zu zahlen hätte. Sein Talent, das eigene Wunschdenken in aktives Missverstehen umzuwandeln, war unübertroffen.

Ansonsten war auch er begeistert, wie er in der Magazin-Story rübergekommen war. Prompt hatte sich ein loser Party-Bekannter nach ewigen Zeiten wieder gerührt und KQs Gemälde »Raver in Öl«, für das er sich schon lange interessiert hatte, endlich gekauft. Für 1 200 Euro, das waren 600 mehr als vordem gefordert, aber KQ hatte beschlossen zu tun, was Vermieter, Krankenkassen und Ladenketten ständig machten: Er setzte die Preise nach oben.

»Ist doch klar!«, meinte Rischke: »Der Typ hat Dich im Stadtmagazin gesehen und der pure Verdacht, Du könntest demnächst richtig berühmt werden, hat ihm zur Kaufentscheidung verholfen. Der fühlt sich jetzt als superkluger Kunst-Spekulant.«

KQ winkte ab: »Na, so wild wird sich der nicht fühlen. Der hat von Kunst keinen Dunst.«

»Das haben die Wenigsten, die auf dem Kunstmarkt rumturnen«, konterte Rischke: »Genau deswegen hat es nur sehr am Rande mit der Qualität der Werke zu tun, wer durchbricht und wer durchfällt. Zufälle und kunstferne Faktoren spielen eine riesige Rolle. Ein Galerist, der angeblich einen Wahnsinns-Riecher hat, lässt beim richtigen Stehempfang Deinen Namen fallen, irgendein Ochse aus der Herde hört das, recherchiert und fängt plötzlich an, Dich zu sammeln. Das spricht sich rum. Und im Handumdrehen sammeln Dich andere auch. Das treibt wieder Deinen Marktwert hoch, und so weiter.«

»Mich sammeln? Das glaub ich mal eher nicht!«, gab sich KQ immer noch skeptisch.

»Abwarten, Quex. Kunst gilt heute als vergleichsweise sichere Anlageform. Typen, denen die Börsen zu unsicher geworden sind, spekulieren neuerdings en masse auf dem Kunstmarkt. Ehrlich, da gehen Milliarden rein. In Berlin eröffnen inzwischen private Galerien, die haben ein zweistelliges Millionenbudget nur für PR und Werbung.«

Das Gespräch federte zurück zur juristischen Attacke auf die Wohnungsgesellschaft. KQ unterschrieb Jonathan eine Vollmacht, und man besprach die nächsten Schritte. Zunächst würde Rischke denen einen Brief schreiben und darin satte Forderungen erheben, mit dem Angebot, die Sache außergerichtlich zu regeln. Darauf würden die mit absoluter Sicherheit nicht eingehen, woraufhin Rischke eine Frist setzen würde, nach deren Verstreichen er zur Klageerhebung zu schreiten gedächte. Für KQ hörte sich das überzeugend an. Beide verabschiedeten sich in aufgeräumter Stimmung.

Der kurze Exkurs über die Verhältnisse auf dem Berliner Kunstmarkt beschäftigte im weiteren Verlauf des Tages den einen wie den anderen. Rischke, dem völlig klar war, dass KQ jede noch so geringe Geldforderung niemals begleichen können würde, hatte die Idee, sich notfalls in Kunstwerken auszahlen zu lassen. Angefixt von der heutigen Diskussion spielte er darüber hinaus mit dem Gedanken, seinerseits der erste zu sein, der den Kanarienquex zu sammeln begann. Dass dieser künstlerisch richtig gut war, wusste Rischke seit jeher. Auch als Medientyp würde der im Grunde funktionieren, wenn er sich nur nicht ständig selbst im Weg stünde. Sollte aber diese Balkonstory dem Kanarienquex eine gewisse Basis öffentlicher Bekanntheit verschaffen, könnte das

Quex-Projekt richtig abheben. Speziell, wenn er, Rischke, mit seinem Geld und seinen Verbindungen, kräftig anschieben und damit genau jene Spirale in Gang setzen würde, die er zuvor beschrieben hatte.

Ganz ähnlich gelagerte Ideen gingen KQ im Kopf herum. Der Rischke hatte doch Kohle und Einfluss. Wenn der sich zum Beispiel ein paar Bilder von ihm in die Kanzlei hängen würde – als Dauerleihgabe oder als Ausstellung? Sicher, es gab nichts Uncooleres, als in Rechtsanwaltskanzleien ausgestellt zu werden. Seinen Elektro-Homies dürfte KQ kein Sterbenswörtchen drüber sagen. Aber vielleicht würde Rischke ein paar Werke kaufen oder ihn beauftragen, eine Wand der Kanzlei oder seines Lofts zu collagieren? Oder hatte Rischke so einen Galeristen in petto, dessen fallengelassene Geheimtipp-Namen die Gier der Kunstochsen in Wallung brachten?

Auf jeden Fall entwickelte diese Balkongeschichte eine Dimension, die weit darüber hinausging, den Immobilienheinis ein bisschen ans Hosenpein zu seuchen.

Und Rischke? Der war eigentlich nicht so ein Schwachmat, wie KQ bisher heimlich gedacht hatte. Auf seine Art war Jonathan sogar sackcool, ein gechilltes Kerlchen. Der wusste, wie der Hase rennt.

Die neuen Mediendaten kamen und Lolas Sieg war perfekt. Die Ausgabe mit dem schmissigen Aufmacher hatte mitten im Sommerloch den Absatz angekurbelt. Speziell in den von Gentrifizierung am meisten betroffenen Bezirken schossen die Verkaufszahlen am Kiosk um bis zu fünfzehn Prozent nach oben.

Dazu wurde die Story inzwischen weiträumig aufgegriffen. In der Weekend-Beilage der *Financial Times Deutschland* wurde eine launige Glosse über den Fall geschrieben. Die *Berliner Zeitung* hatte in einem Rischke-Porträt dessen gesammelte Mythen über sich selbst nachgeplappert. Der *Stern* hatte zwei Balkon-Fotos als kommentierte Bildmeldung gebracht, woraufhin das im gleichen Verlag erscheinende *NEON*-Magazin den Kanarienquex wichtig genug für ein doppelseitiges Interview gehalten hatte.

Das war ein beachtlicher Kampagnenstart für einen Fall, der nüchtern betrachtet eigentlich keiner war. Das würde möglicherweise ausreichen, die Balkon-Story im Zuge der zu erwartenden juristischen Eskalation in die TV-Kanäle zu pushen.

Die Kritiker in Verlag und Redaktion wurden plötzlich sehr kleinlaut. Lola Mercedes hatte ihre Qualitäten als Trüffelschwein einmal
mehr bewiesen. Der Geschäftsführer des Verlages überschlug sich vor
Anerkennung.

Schon kam die nächste Ausgabe des Stadtmagazins auf den Markt. Am
demnächst babypausierenden Chefredakteur vorbei hatte Lola von der
Verlagsleitung das OK bekommen, die Story großflächig fortzusetzen.

Sie tat das mit einem Interview mit Jonathan Rischke, der seinen
virtuosen Zangenangriff aus engagierter Gentrifizierungskritik und einem Hoch auf die Kreativindustrie wiederholte.

Allerdings gab Lola dem Rechtsanwalt auch ausführlich Gelegenheit, über seinen Mandanten zu plaudern. Rischke beschrieb KQ
als einen Avantgarde-Künstler, wie ihn eigentlich nur das Berlin der
Neunzigerjahre hatte hervorbringen können, ein Amalgam diverses-
ter Lebenswelten. Von theoretisch durchdrungener Radikalität beseelt,
weise der Quex herausragende handwerklich-technische Fertigkeiten
auf. In Fachkreisen längst kein Geheimtipp mehr, nehme inzwischen
auch die breitere Öffentlichkeit dieses junge Genie zur Kenntnis.

Lola hatte unter dem Titel »Die Immobilen« außerdem eine große
Reportage geschrieben. Kiezhelden wurden da portraitiert, die gegen
ihre drohende Vertreibung gekämpft und auf die eine oder andere Weise siegreich geblieben waren.

So zum Beispiel jener szenebekannte DJ, der in Prenzlauer Berg
neun Jahre lang seinen alten Mietvertrag verteidigt hatte, während sich
rund um ihn herum eine Mietpartei nach der nächsten zu Unterschriften ködern und zum Auszug hatte nötigen lassen. Der DJ unterschrieb
nichts und keilte konsequent juristisch zurück. Im ganzen Haus hatten
derweil radikale Baumaßnahmen begonnen. Am Ende war es so weit
gekommen, dass das Gebäude außen komplett eingerüstet und innen
fast vollständig entkernt war – zu der einzig verbliebenen DJ-Wohnung
im dritten Stock hatten ein Gerüst und Baubohlen geführt. Nachdem
der DJ trotz dieses aberwitzigen Zustands keinerlei Anstalten gemacht
hatte, endlich auszuziehen, sondern unverdrossen über Gerüst und Boh-
len in seine Wohnung gestiegen war, wegen des Baulärms und unzu-
mutbarer Wohnumstände jedoch geschlagene zwei Jahre lang die Miete
vollständig einbehalten hatte, musste letztlich der Immobilienfonds ka-

pitulieren. Man bot dem DJ für die Räumung der Wohnung sage und schreibe 50 000 Euro an. Die hatte der DJ akzeptiert – und damit den Kredit für eine Eigentumswohnung im Haus gegenüber angezahlt.

Oder jener Haufen von dreißig Punks. Die hatten ein restlos heruntergekommenes Eckhaus in bester Lage in Friedrichshain besetzt und waren einfach nicht herauszubekommen. Der Eigentümer war schier am Verzweifeln gewesen, zumal »Unbekannte« ihm mit Telefonterror, Hackerangriffen und handfesten Sabotageakten zusetzten. Am Ende organisierten sich die Punks Privatkredite zu je 10 000 Euro und kauften dem entnervten Besitzer das Objekt mit Hilfe des Mietersyndikats weit unter Marktwert ab. Inzwischen war rund herum alles adrett herausgeputzt und saniert worden – nur das Eckhaus der Punker hielt als bunter, transparentbehangener Felsen stand!

Oder jene betagte Dame aus Mitte. Deren verstorbener Ehemann, Spanienkämpfer und »Verdienter Aktivist der Partei«, hatte die Wohnung in den stalinistischen Prachtbauten an der Karl-Marx-Allee einst in Anerkenntnis seiner Verdienste für die Arbeiterklasse zugewiesen bekommen. Jetzt lebte die Frau dort alleine und war wild entschlossen, genau auf demselben Kanapee zu sterben, auf welchem ihr Heinz einstmals das Zeitliche gesegnet hatte. Mit allerhand Eingaben, Unterschriftensammlungen, der Organisation eines Nachbarschaftskomitees und dergleichen hielt sich die rüstige Rentnerin über Jahre an Ort und Stelle – und wehrte eine Mietsteigerung nach der nächsten ab.

Als Gegengewicht zu diesen etwas militant geratenen Fallbeispielen brachte Lola ein lesbisches Akademiker-Pärchen aus Kreuzberg 61. Das hatte beste Connections zur Grünen-Fraktion in der Bezirksverordnetenversammlung und zum grünen Vorsitzenden des Bauausschusses. Über den konnte die Bebauung einer benachbarten Baulücke abgewendet werden, stattdessen wurde dort ein Kinderspielplatz errichtet, pünktlich zur langersehnten Adoption eines südamerikanischen Buben durch das Pärchen.

Lola hatte eine Aversion gegen grüne Lesben. Lola hasste Geschichten mit Kindern oder über Kinder. Generell mochte sie Kinder nicht. Trotzdem brachte sie als Letztes noch den Fall dieser alternativen Kindertagesstätte, die der Hauseigentümer ebenfalls aus ihren Räumlichkeiten hatte drängen wollen, was unter anderem mit einer Kinder-Demo verhindert worden war.

Die ganze Reportage mit dem Zitat eines Kindes zu beenden, brachte Lola dann doch nicht fertig, obwohl das die Verlagsleitung sicher lieber gelesen hätte als jenen spitzen Verweis auf alle jene Luschen, die im Gegensatz zu den hier vorgestellten »Immobilen« ihre Räumlichkeiten sang- und klanglos aufgegeben, den Versprechungen der Eigentümer vertraut und ohne Nachzudenken jedes Papier unterschrieben hätten, das man ihnen hingelegt hatte.

Und Donna Fauna? Die hatte sich aus dem Balkon-Projekt mehr oder weniger zurückgezogen. Ihre Versuche, aktivistische Kreise für die Sache zu interessieren, Soli-Aktionen und Proteste auszulösen, waren kläglich gescheitert.

Die Berliner Anarchos hatten mit erlesener Häme und offener Feindseligkeit auf Faunas Ansinnen reagiert, und das, obwohl Fauna in diesem Umfeld einen ausgesprochen guten Stand hatte. KQ hingegen ging jegliche militante Ausstrahlung ab. Er hatte nicht den Hauch aktivistischen Stallgeruchs und wurde nach einem Blick auf die Fotos im Stadtmagazin für einen »Kunst-Arsch« und »Digital-Yuppie« befunden. Für den gedenke man keinen Finger zu rühren. Und Rischke? Der mochte sich selbst zum »Flankengott der Hauptstadt-PR« erheben und sich für seinen »Diagonalpass quer übers politische Feld« abfeiern. Zumindest eine Seite des Feldes fiel nicht eine Sekunde auf ihn herein.

Typen wie Rischke kenne man genau, durfte sich Fauna, nicht ohne innerlich zuzustimmen, anhören. Der stehe im Grunde mit beiden Beinen beim Feind und mime den Gentrifizierungsgegner nur, um sich als Kreativ-Anwalt öffentlich in Szene zu setzen. Rischke sei überdies selber drauf und dran, ein veritabler Immobilienhai zu werden, mithin als Bündnispartner indiskutabel – eventuell als Feindbild brauchbar.

Normalerweise hasste Fauna dieses legendäre Berliner Sektierertum, diese schnodderige, miese Stimmung der Linksradikalen. Diesmal war sie stolz auf die Genossen. Die gingen weder Rischke noch Lola Mercedes auf den Leim, die führte keiner so schnell an der Nase herum.

Gut, KQ schätzten die falsch ein, das mit dem Kunst-Arsch war wieder typisch für den Anti-Intellektualismus der Berliner Militanten, für deren bornierte Affinität zur Trash-Kultur. Was denen an KQ spontan missfiel, war genau, was Fauna, Rischke und viele andere als dessen herausragende Stärke erkannten: die Abstraktion seiner Kunst.

Fauna fiel es dennoch ausgesprochen schwer, zu einer ausgiebigen Verteidigungsrede für die Fortschrittlichkeit quexscher Lebenshaltung und Kunstauffassung anzuheben. War ihr doch schmerzlich zu Bewusstsein gekommen, was in ihrer Beziehung seit Monaten ablief, dass sie als KQs emotionaler Mülleimer und Boxsack herhalten musste.

Also widersprach sie gar nicht. Sie war im Grunde froh, mit dieser Misserfolgsmeldung aus dem militanten Lager ihren Rückzug aus dem Balkon-Zirkus begründen zu können. Sie fand die Berichterstattung, die Lola und Rischke professionell inszenierten, sowieso daneben. Und womöglich war ja auch einmal die Frage erlaubt, was sie, Donna Fauna, eigentlich von der Sache hatte? Mal wieder nichts, so sah es doch aus! Wie es mit KQs Dankbarkeit aussah, hatte sie oft genug erlebt. Und an Rischkes weiterem Aufstieg begehrte sie keine Schuld zu tragen.

Und die Mercedes? Ein grundfalsches Luder! Die kokettierte nach Faunas fester Überzeugung aus rein taktischen Erwägungen mit lesbischen Gerüchten. Die kannte für ihren Erfolg keine Skrupel und keine Verwandten.

Was wollte sie, Donna Fauna, ein queeres Identitätsprojekt höherer Ordnung und vollendeter Radikalität, bei diesem schmierigen Haufen, dem alles andere als das eigene Image scheißegal war? Sie gehörte da nicht hin. Sie hatte keine Ambitionen, auf der Dach-Terrasse des Soho mit der Presse im Pool zu plantschen. Sie musste auch nicht aufs Titelblatt des Stadtmagazins. Sie wollte die Welt, wie sie war, und ist bolschewissimo vom Sockel ballern. Darum ging es Donna Fauna!

Daran hatte sich nichts geändert, seit sie 1991, mit zarten sechzehn Jahren, in den kurzen Wochen der Schülerbewegung gegen den damaligen Zweiten Golfkrieg ihr »own private 1968« durchgezogen hatte: erste Drogenerfahrungen, politische Radikalisierung, schwules Coming Out, alles in einem Waschgang, aber gründlich!

Vor sich hin grummelnd lief Fauna durch Prenzlauer Berg. Was war das für ein geiler Kiez gewesen, kurz nach der Wende. Die Prenzlberger waren zu DDR-Zeiten berühmt gewesen für ihre Renitenz. Den Stadtteil hatte die Stasi nie richtig im Griff gehabt. Dazu kam gleich nach dem Mauerfall Verstärkung aus dem Westen. Herrlich war das gewesen, kommunistische Rentner und Asselpunks, revolutionäre Intellektuelle und linksradikale Bohemiens, spirituelle Propheten, Stadtstreicher von Format, belesene Alkis und Trash-Philosophen an jeder Straßenecke ...

Wie Fauna so in Nostalgie dahinschwelgte, blieb sie stehen, kramte minutenlang in ihrer Handtasche aus Schlangenlederimitat und legte dann beiläufig aufs linke Hinterrad eines Porsche Cayenne einen Grillanzünder.

Als es dem Wagen den Tank zerriss, schlenderte Fauna ein paar Hundert Meter weiter immer noch die gleiche Straße hinunter und sang lauthals, mit dem schönsten Schmelz ihres Tunten-Tenors »My Hometown« von Bruce Springsteen:

»There was a lot of fights between the black and white / There was nothing you could do / [...] In my hometown ...«

In seinen besseren und zweitbesten Kreisen galt Rischke mehr denn je als durchtriebener Hund erster Zuchtklasse. Im Soho-House war er ein richtiger Star geworden. Die »Kreativen« und die, die sich dafür hielten oder dafür gehalten werden wollten, trugen ihn förmlich auf Händen. Sie fanden die Balkon-Aktion irre mutig und erklärten ihn zum Vorkämpfer ihrer Sache, deren Inhalt sie bei genauerer Nachfrage freilich nicht benennen konnten.

Die höheren Tiere durchschauten, wie die Linksradikalen, Rischkes Manöver auf Anhieb. Sie klopften ihm schmunzelnd auf die Schulter: »Chapeau, mein Lieber!« Dazu gab es aber auch das ein oder andere Wort freundschaftlicher Warnung. Er solle seine öffentliche Position klug verwalten und es besser nicht gleich übertreiben. Berlin sei eine launische Schnepfe, unberechenbar und hinterhältig. Seine virtuose Inszenierung könne ganz schnell in eine problematische Richtung abgleiten. Dann würde man ihn als Risikofaktor und Hasardeur wahrnehmen und sich vorsichtshalber distanzieren. Er tanze da Tango auf einem sehr schmalen Grat.

Jonathan Rischke war ein vorsichtiger Mann, der stets mitrechnete, wie weit er zu weit gehen konnte. Die Warnungen der medienerfahrenen Haudegen nahm er überaus ernst.

Dass Fauna bei den Militanten auf Granit gebissen hatte, bedauerte er vor diesem Hintergrund nicht im Mindesten. Diese Halbirren hätten sowieso nur für unnötigen Trouble gesorgt. Und ob diese Berufsradikalen ihn nun leiden mochten oder nicht, konnte ihm herzlich gleichgültig sein. Strategisch wichtig war es nicht.

Die für seine Zukunft entscheidende Zielgruppe, soviel hatte sich

Rischke längst klargemacht, wohnte nicht in ex-besetzten Hausprojekten oder Antifa-WGs, sondern in Luxuslofts, Townhouses oder am Müggelsee, das waren Kumpels von Günther Jauch, Neo Rauch, von Biolek, Peymann oder Sloterdijk. Magnaten der Kunst- und der Finanzwelt, die Botschafter ernstzunehmender Konzerne und Nationen.

Bei Lichte besehen war diese Balkon-Kampagne wohl kaum das richtige Instrument, in diese Zirkel vorzustoßen. Fast bereute er, sich auf die Sache eingelassen zu haben. Und dass Faunas linksradikale Militanzdeppen nicht einsahen, welches Risiko er ohne jede Not für sie und ihren albernen Kampf gegen eine angebliche »Gentrifizierung« einging, sprach Bände über deren Realitätsverlust! Schon dieses dumme Wort: »Gentrifizierung« Sprachlich eine Katastrophe. Hatten die denn gar keine Ahnung von professioneller PR, von »Agitation und Propaganda«, wie sie es in diesem Milieu wahrscheinlich immer noch nannten?

Dennoch, der öffentliche Hype um seine Person war angenehm und konnte dem Projekt seines Aufstiegs hilfreich sein – vorausgesetzt, gewisse Grenzen wurden nicht überschritten. Die Medienstrategie musste sehr diszipliniert gefahren werden. Message Control war jetzt alles!

Rischke beschickte Lola und KQ mit einer jeweils wortgleichen SMS und beraumte ein neuerliches strategisches Abendessen im Caravaggio an. Fauna bekam keine SMS. Rischke hatte auch gar nicht ihre aktuelle Handynummer.

Der noch amtierende Chefredakteur des Stadtmagazins sammelte seine Truppen und kämpfte. Der Geschäftsführer des Verlages, Lolas Hauptverbündeter, weilte im Urlaub, und Lolas redaktionsinterne Gegner nutzten die Gelegenheit nach Kräften.

Im neuen Heft war Lola mit Ausnahme einer Randspalte gar nicht vertreten. Sämtliche ihrer Vorschläge waren irgendwo versandet, wurden nach ausführlicher Diskussion auf die nächste Ausgabe verschoben, abgelehnt oder ohne ihr Wissen kurz vor Drucklegung aus dem Magazin gekickt.

Quer über das Stadtmagazin waren stattdessen Artikel gestreut, die, für den Außenstehenden nicht als solche erkennbar, unzweifelhaft Angriffe auf Lolas Position darstellten.

Einerseits gab es eine Reihe von Texten, die Lolas neue Blattlinie vorwegnahmen. Beispielsweise wurde ein Korruptionsskandal in einer

Wilmersdorfer Kfz-Zulassungsstelle in investigativ-journalistischem Ton groß aufbereitet. Der Innensenator wurde im Interview mit bohrenden Fragen wegen eines brutalen Polizeieinsatzes gegen Antifaschisten konfrontiert und im Editorial, das der Chefredakteur wieder selber geschrieben hatte, kommentierte er bissig die Zustände im Berliner Nahverkehr und zitierte zustimmend die Forderung der Piratenpartei nach einem allgemeinen Nulltarif.

Das alles war recht gut gemacht, wie Lola zugeben musste. Da zeigte einer, dass er die von der Verlagsleitung erwartete Wende ebenso gut selber durchführen konnte.

Dazu kamen Angriffe persönlicher Natur, so gut versteckt und hinterhältig, dass sie für Eingeweihte als auf Lola gemünzte Attacken klar erkennbar waren, diese Wahrnehmung aber ebenso gut als paranoides Hirngespinst abgetan werden konnte.

Zum Beispiel eine genüsslich-süffisante Kolumne über den in Japan zum Massenphänomen gewordenen »Lolita-Komplex«, welcher in jüngster Zeit auf Berlin überzugreifen drohe. Sicher, das konnte man schlecht überzeugend erklären, dass mit diesem Lolita-Komplex Lola gemeint war. Nur, wenn da von der Fixierung älterer Herren auf dreiste Mädchenhaftigkeit, krankhafter Gefallsucht, Lust an der Intrige und einer neurotischen Fixierung auf ästhetische Oberflächlichkeiten die Rede war, zielte das doch wohl auf Lola, oder nicht?

Zumal derselbe Autor, rein zufällig ein dicker Verbündeter des Chefredakteurs, die Rezension einer Chanson-CD im Musikteil des Magazins zum Anlass nahm, einen alten Marlene-Dietrich-Hit erst zu zitieren: »Ich bin die fesche Lola / der Liebling der Saison« – um dann anzumerken, dass die Lola-Saison seinerzeit abrupt beendet worden sei, als sich die Dietrich in die Emigration begeben hatte.

Von besagtem Schreiber stammte auch die Kurzmeldung, in Berlin seien im vergangenen Monat 49 Autos der Marke Mercedes abgefackelt worden.

Lolita / Lola / Mercedes! Das, sagte sich Lola Mercedes, waren doch schlechterdings keine Zufälle.

Natürlich wusste sie auch, dass es keinen Sinn hatte, diese Gemeinheiten zu thematisieren. Das würde sie vollends der Lächerlichkeit preisgeben. Getroffene Hunde bellen, würden die Gegner sagen oder sich breit grinsend wundern, wie Lola Mercedes ausgerechnet diesen

Artikel über die Lolitas auf sich beziehen könne, wo sie doch eine so professionelle, intellektuell versierte Persönlichkeit sei ...

Lola war stinksauer. Die Rückenschmerzen machten sich wieder bemerkbar, just nachdem sie die Attacken im aktuellen Heft entdeckt hatte. Es half nichts. Lola musste solche kleinen fiesen Manöver einfach aushalten und hoffen, ihre Position würde demnächst stark genug sein, die Urheber dieser Schmieragen und Intrigen auszuschalten, einen nach dem andern. Da würde sie keinen Pardon kennen, schwor sie sich.

Lola fiel das lehrreiche sizilianische Gleichnis vom altehrwürdigen Mafia-Paten ein. Der saß im späten Herbst seines Lebens melancholisch im Rollstuhl und ließ noch einmal die Gesichter seiner Feinde Revue passieren. Mit Wärme und Nachsicht gedachte er all jener, die dank seiner Mithilfe unnatürlich früh aus dem Leben geschieden und an sich aber doch recht passable Menschen gewesen waren. Dagegen grämte sich der elegante Senior unendlich bei der Erinnerung an die, denen er in einem Moment rührseliger Schwäche und fataler Rücksichtnahme die Lampe nicht hatte ausblasen lassen, – was sich bitter gerächt hatte, ausnahmslos.

Diesen menschlich sympathischen, strategisch verheerenden Fehler würde Lola nicht machen.

Köpfe mussten rollen.

Köpfe würden rollen.

Fürs Erste warf Lola eine Ibuprofen 600 gegen die verdammten Rückenschmerzen ein.

Die Brüter waren ein Phänomen des internationalen Metropolen-Provinzialismus.

Der Begriff »Breeders« stammte aus New York City – jener Stadt am Hudson River, die durch eine Brüter-Invasion in Schutt und Asche gelegt worden war. Der AIDS-Virus – zweifellos in geheimen Breeder-Labors entwickelt! – brach die entscheidende Bresche in das vormals fest in queerer Hand befindliche East Village. Die Schwulen starben, die aufgeklärte Mittelschicht mit ihren quietschenden Bälgern zog in die freigestorbenen Quartiere. In ganz Manhattan wüteten die Breeders anschließend wie eine Horde habilitierter Hunnen, betrieben ihre kulturellen Säuberungen und hetzten die Radikalen der Siebzigerjahre über die Brooklyn Bridge oder weiter nach Queens.

Ein grauenvolles Kulturmassaker!

Die Innenstädte von Paris, London, Barcelona hatten das gleiche Schicksal erleben müssen: Stadtteil für Stadtteil gerieten sie unter die Räder der Kinderwagen-Kavallerie. Großartige, vor Radikalität, Durcheinander und Lebenslust dampfende Metropolen machte der brave Dauerterror der Brüter binnen weniger Jahre zu blitzblank aufgeräumten Plattformen wohlgeordneten Nebeneinanderherlebens, behütet von Vater Staat, reduziert auf die Konsumfunktionen. Alles Leben wurde der reproduktiven Brüter-Mission unterworfen.

Nun stand Berlin im Fadenkreuz des Empire of Breed. Die Partyszene der Stadt wehrte sich und kämpfte aufopfernd gegen die feindliche Übernahme.

Es schien aussichtslos.

Ein Straßenzug nach dem anderen ging an die Invasoren verloren. Graffitis wurden übermalt, Schmutz, Berber und nächtliche Biertrinker von den Straßen gefegt.

Und was das Schlimmste war: Der Beat erstarb, der elektronische Herzschlag dieser Stadt wurde erdrosselt – von spülmaschinenfesten Mutterhänden.

In der Regel reichte aggressiv eingeforderte »Rücksichtnahme« als moralische Wunderwaffe aus, die wummernde Musik rücksichtslos zu ersticken. Notfalls wurden diese Mutterhände zur Polizeifaust.

Donna Fauna beispielsweise litt unter der direkt über ihr wohnhaften, alleinerziehenden Mutter, die in Wahrheit viel eher den Anspruch hatte, eine »alles- und jeden erziehende« Mutter zu sein. Eine überassimilierte Deutsch-Griechin, unterrichtete sie an einer Waldorfschule Musik. Sie fand ihrerseits rein gar nichts dabei, auch mal um ein Uhr nachts Klavier zu spielen. Und Fauna auch nicht, denn sie liebte klassische Musik, selbst wenn sie schlecht gespielt wurde. Außerdem verfuhr sie seit jeher nach dem Prinzip, dass die Lautstärke der anderen nur die Grenzen für die eigene Lärmentwicklung erweiterte.

Weit gefehlt! Seit Neuestem verfiel die Brüterin im zweiten Stock auf den Trip, sich über Faunas Musik zu beschweren – stets mit dem Hinweis auf ihre immerhin bereits elfjährige Tochter. Die musste dem Anschein nach schon am späten Nachmittag ins Bett, jedenfalls stand die Brüterin mit ihrem Lamento immer früher bei Fauna auf der Matte.

Zugegeben: Der Subwoofer von Faunas Logitech-System verfügte über einen wirklich stolzen Bass – selbst wenn man ihn bis zum Anschlag runterdrehte, was Fauna bußfertig bereits getan hatte.

Andererseits hörte Fauna keineswegs 24 Stunden am Tag elektronische Musik, im Gegenteil. Mit der Ausnahme von Hip-Hop, den sie als Speerspitze der Homophobie wie auch aus musikästhetischen Gründen, verachtete, hatte Fauna den Ehrgeiz, Musik aller Sparten für sich zu entdecken. Und Fauna hörte Musik prinzipiell nur in der Shuffle-Funktion.

So mochte auf Miles Davis ein Fetzen aus einer italienischen Oper folgen, deren Reihenfolge die Musiksoftware sorgfältig zerlegt hatte. Ein österreichischer Militärmarsch – Fauna verehrte die Habsburger Monarchie aus voller Tuntenseele! – ging Georgette Dee, Van Halen, Ravi Shankar oder Kraftwerk voraus, die Biermösl Blosn löste Karlheinz Stockhausen ab, der wiederum Quetschenpaua weichen musste. Dazwischen streuselte der Chaosgenerator Filetstücke aus ihrer »Spoken Word« – Abteilung, die alleine sechs Gigabyte umfasste. Dann las Helmut Qualtinger aus »Mein Kampf«, die rauchige Stimme eines amerikanischen Beatpoeten leierte rotzbesoffen los und Oskar Werner rezitierte Rilke.

Ja, und tatsächlich rief der Zufall in etwa alle zwei Stunden eben auch für sechs oder acht Minuten Infected Mushroom oder DJ Skazi auf. Und noch bevor der Generator weitersprang und zum Beispiel 16 Minuten lang die Verteidigungsrede des Sokrates vor Gericht oder den Shanty eines Hamburger Seemannschors gebracht hätte, stand die Lehrerin vor der Tür und beschwerte sich bitterlich.

Fauna war am Anfang total verständnisvoll gewesen. Da hatte die Lehrerin sich ja auch noch nachts um eins beschwert. So was sieht man ein. Inzwischen stand die Gute um halb zehn vor der Tür. Diese moraltriefenden Anklagen, diese Sirenengesänge von Rücksichtnahme und ihren süßen kleinen Kindern ... Fauna hatte das alles so dermaßen satt. Manchmal erfasste sie nach einer solchen Brüter-Attacke der kalte Hass. Dann packte sie ihre Handtasche aus trashigstem Krokoleder-Imitat und ging noch mal raus, zum Grillen ...

In vermeintlicher Opposition zu den Brütern standen nicht nur die Alteingesessenen und die Linksradikalen, sondern auch einige Neuankömmlinge. In vielen Fällen stellten sie aber nur die Brüter der Zukunft dar und beschleunigten mit ihrer Einfältigkeit jenen Prozess, der Berlin herabsinken ließ von einem exzessiven Moloch intergalaktischer Qualität zu einer bundesdeutschen Hauptstadt, deren »internationales Flair« von Touristen, Austauschstudenten und den Expatriierten von NGOs, Botschaften, Handelsvertretungen oder multinationalen Konzernen vermittelt wurde.

Die Brüter-Jugend, die aus Schwäbisch Gmünd, Herne oder Herrsching zum Studieren, für Praktika oder sogar für einen richtigen Arbeitsplatz – aber eben nicht mehr zum Herumlungern, Scheiße bauen und feiern – nach Berlin kam, fand je nach Einkommen der Eltern in Berlin Mitte, Prenzlauer Berg, Friedrichshain, Kreuzberg, Neukölln oder Wedding jenen Mythos Berlin vor, den zu finden sie mutig ausgezogen war.

Sie verglichen die Stadt dann eben mit Schwäbisch-Gmünd, mit Herne und Herrsching und erlebten folglich Berlin als total krass, wild, bunt, schmutzig, verrucht, radikal, gefährlich, abgefahren und ungeheuer aufregend.

Die Veteranen der zwanzig magischen Jahre wollten sich diesem Empfinden selbst dann nicht anschließen, wenn sie, wie Jonathan Rischke, zu den Profiteuren des neuen Berlins gehörten.

Denn auch für Rischke wurde die Luft dünner, je weiter er nach oben sank. Wenn er sich nach der alten Gemeinsamkeit sehnte, nach Leuten, die man am Leuchten in den Augen sofort als Seelenfreunde erkannte, nach Raves, wo die kosmische Liebe wogte durch den wellenschlagenden Ozean der Tanzenden – dann war da keine Gemeinsamkeit mehr. Das Leuchten war erloschen, auch in Jonathan Rischkes Augen. Im Berghain oder der Renate wippte der Pulk immer noch. Statt Wogen der Liebe war da aber nur noch Coolness.

Cool war diese Stadt geworden, in der Tat: kühl.

Das Chaos wurde konsequent zurückgedrängt. Das pfadlose Land des Molochs war zerschnitten durch die klar definierten Bahnen der Stadtentwicklung, die unter der Ägide eines Wirtschaftssenators der Linkspartei freie Fahrt für Großinvestoren durchgesetzt hatte.

Die Partykönige der Ruinenlandschaften hatte man vom Thron gestoßen. Sie waren jetzt Nomaden der sanierten Gebiete, hin und her gehetzt mit Zwischennutzungsverträgen für die letzten heruntergekommenen Buden oder abgedrängt in Bezirke, die man früher nur vom

Hörensagen gekannt und schon deshalb als hauptstädtische Provinzkieze verachtet hatte.

Wenn KQ zum Beispiel hörte, dass Neukölln jetzt für Künstler total angesagt wäre, der Wedding im Kommen und Tempelhof gar nicht so schlecht sei, stieg ihm die kalte Kotze hoch. Früher hatte er ein Atelier in den Hackeschen Höfen gehabt! Bis das Haus an einen Fonds aus Boston verkauft und die Miete mit einem Schlag um 200 Prozent raufgesetzt worden war. Da hatte der Kanarienquex passen müssen.

Am Schlimmsten war es aber, wenn einige von der alten Garde ein neues Projekt hochzogen und damit richtig Erfolg hatten. Die neuen Akteure im Berliner Eventbetrieb hatten viel Geld, aber keine Ahnung. Die alte Garde war bestens vernetzt und hatte es drauf. Man kannte weltberühmte DJs aus langen Jahren gemeinsamer Rave-Geschichte, und die hatten große Lust, einem subkulturellen Projekt für lau Starthilfe zu geben. Dazu kam die Crowd der restlos Durchgeknallten, deren Art des Feierns und Sich-Danebenbenehmens jeder Festivität den avantgardistischen Glanz vergangener Zeiten verlieh.

So kam es immer wieder vor, dass eine mit winzigen finanziellen Ressourcen gestartete Location binnen eines Sommers zum angesagtesten Club der Stadt aufstieg.

Damit begann nur leider die Misere! Dann brachen jene, die frisch aus Schwäbisch Gmünd, Herne und Herrsching kamen, zu Hunderten und Tausenden auf das Gelände. Fatal wurde es, wenn Wochenends auch noch die aus den Dörfern und Kleinstädten Brandenburgs nach Berlin hineindrückenden, exzesssuchenden Provinztruppen die Location für sich entdeckten. Diese Dorfjugendlichen waren wild entschlossen, an genau diesem Wochenende so viele Drogen zu fressen wie nur irgendwie möglich, besoffen sich dabei konsequent mit heimlich hineingeschmuggeltem Hart-Alkohol und purzelten am Ende von Bäumen und Baugerüsten. Ständig musste man für diese Volldeppen einen Rettungswagen rufen, und jeder Schwerverletzte ermöglichte der lauernden Stadtverwaltung einen bürokratischen Angriff.

Freilich spülte dieser Partymob absurde Mengen Geld in die Kassen. Aber die alte Garde hatte sich die weise Einstellung erhalten, dass eine gute Party bedruckten Papierschnipseln jederzeit vorzuziehen sei und besaß eine virtuose Kunstfertigkeit, trotz horrender Einnahmen am Ende ohne nennenswerten Gewinn dazustehen. Kein Geld der Welt konnte außerdem den Frust aufwiegen, sich im eigenen Club als Fremder oder als Ausstellungsobjekt für Szene-Touristen zu fühlen. Dem Druck der Massen jedoch war keine Türpolitik gewachsen. Alles wurde Ballermann. Es war furchtbar.

Was KQ techno-avantgardistisch als sein »papierloses Büro« verklärte, entsprang der Tatsache, dass er für seinen etwas neueren Laptop keinen zu seinem uralten Drucker passenden Treiber auftreiben konnte und für einen neuen Drucker kein Geld. Außerdem war sein Scanner im Arsch.

Um einige Internetfundstellen betreffs der Balkonstory für ein neuerliches Strategietreffen im Caravaggio auszudrucken, stapfte KQ in den neuen Internetshop im Parterre des Hauses gegenüber.

Dieses gründerzeitliche Eckhaus, wo jetzt blütenweiße Kinderwäsche ebenfalls sanierte Balkone zierte, war jahrelang die reinste Punkerhochburg gewesen. Die Punks hatten KQ endlos genervt, mit ihrem Gesaufe und Gegröle und ihren stinkenden, kläffenden Kötern. Inzwischen trauerte er ihnen nach.

Weder Punker noch Köter waren je an seiner Wohnungstür aufgetaucht, um sich über die Bässe seiner Musik oder zu lautes Gelächter zu beschweren, was diese Neu-Berliner Muttis, die in der Zwischenzeit im ganzen Kiez ihren Einzug gehalten hatten, regelmäßig fertigbrachten.

Außerdem war der Unterhaltungswert des Häuserkampfes unermesslich gewesen. Soli-Demos, gescheiterte Räumungsversuche, triumphierend an die Tür genagelte Einstweilige Verfügungen, Razzias, erneute Soli-Demos ... der Quex hatte sich das immer gerne angesehen, mit einem Joint in der einen und einem Cocktail in der anderen Hand, oben, von seinem Balkon aus. Natürlich hatte er auch fotografiert, gefilmt und sogar einige Bullen- und Punkerporträts gezeichnet.

Dann war alles ganz schnell gegangen. Eines Nachts war der Dachstuhl komplett ausgebrannt. Es gehörte zu den exquisitesten Momenten der quexschen Balkon-Historie, dieses Inferno und die spektakulären Löscharbeiten auf gleicher Augenhöhe mit den Flammen und auf LSD miterlebt haben zu dürfen.

Die Punks hatten hinterher von Brandstiftung durch den Hauseigentümer gesprochen. Der war im Hauptberuf Chefarzt einer orthopädischen Spezialklinik an der Ostsee, kam ursprünglich aus Rheinland-Pfalz und machte nur nebenbei ein bisschen in Immobilien. Dem Mann war einiges zuzutrauen.

Flugblätter der autonomen Szene hatten allerhand Ungereimtheiten in der offiziellen Darstellung des Brandverlaufs aufgelistet. Die Gegenthese, eine saufselige Punkerdummheit hätte den Brand ausgelöst, hörte sich für den Quex auch nicht gerade unplausibel an.

Als Kompromissvorschlag kursierte die Variante, Nazis hätten die Hütte angesteckt.

Jedenfalls war das besetzte Haus im Zuge der Löscharbeiten auch gleich geräumt worden, in einem Aufwasch, quasi. Danach war saniert worden, und mit Fertigstellung der ersten Wohnungen war die Kinderwagenkavallerie eingeritten, die Gebär-Einheiten Grüngroßdeutschlands, die Alternativ-Spießer – die Brüter. Inzwischen hatten sie das Gebäude vollständig erobert. Im Parterre, das früher einen linksradikalen Infoladen, Antifa-Gruppen und einen Club samt polysexuellem Darkroom beherbergt hatte, gab es neuerdings eine lederbecouchte Whiskeybar und eine Backfactory und einen Internetshop.

»Na? Alles im grünen Bereich?«

Es waren Begrüßungsformeln wie diese, die KQ einen Morgen komplett versauen konnten. Nicht, dass es noch Morgen gewesen wäre, aber wenn als Digitaldealer nebenjobbende Studentinnen der Erziehungswissenschaften ihm mit solchen Textbausteinen eines vermeintlichen Szene-Jargons kamen, zu dem es effektiv gar keine Szene gab, die den Namen verdiente, dann wuchs ihm der Hass.

Zumal, mit der Verkäuferin plaudernd, noch eine dieser jungen Mütter im Laden stand. Ein buntes Band in den Henna-Haaren, Kübelhintern wie eine Trümmerfrau, um die enormen Brüste einen Säugling geschnallt, der KQ bei der Gelegenheit auch gleich unsympathisch war – und offensichtlich war das Muttertier schon wieder schwanger.

Ein beachtliches Maß an Feindseligkeit befiel den Quex in diesem Augenblick. Er deutete stumm auf seinen USB-Stick, die Szene-Jargonistin nickte ihm kumpelhaft zu und sagte: »Computer Nummer 4, Compañero.«

»Sie ist es nicht wert! Sie ist es nicht wert!«, kämpfte KQ den folgerichtigen Impuls nieder, spontan herumzurandalieren. Compañero? Ah so, natürlich. Da stand er doch, der fair gehandelte Zapatisten-Kaffee in jenem IKEA-Regal, das KQ als Erstes umzuschmeißen eine unbändige Lust befiel. Bildeten sich diese Esoterikzuchteln allen Ernstes ein, Teil von so etwas Ähnlichem wie globalem Widerstand zu sein? Vertreterinnen einer rebellischen Subkultur? Das Ausmaß der hier vorliegenden Missverständnisse war schier nicht zu fassen.

KQ stapfte nach hinten und schob seinen USB-Stick in den Rechner mit der Nummer 4. Er öffnete einige Dateien, klickte nacheinander auf »Drucken« und meldete den Rechner wieder ab. Bevor er zur Theke zurückging, holte er dreimal tief Luft.

Als er hinkam, waren die beiden Brüterinnen noch immer in den Austausch angeregter Dümmlichkeiten verstrickt. Soeben wurde die These verhandelt, nicht überall, wo »Bio« draufstünde, sei auch tatsächlich Bio drin. Die mit dem Kübelhintern verstieg sich gar zu der Behauptung, da würde mitunter »Schindluder getrieben«, und das »aus purer Geldgeilheit« – wobei sie dem Quex zuzwinkerte, was vermutlich revolutionäre Komplizenschaft unter Wissenden ausdrücken sollte.

»Isses ausgedruckt?«, unterbrach der Quex jäh diesen Sturmlauf bahnbrechender Enthüllungen, um zur Antwort zu bekommen: »Nö, sorry. Der Drucker streikt seit gestern!«

»Oh Mann, sag das doch gleich!«, gab KQ entnervt zurück. Er wandte sich schroff dem Ausgang zu, da passierte das Unglaubliche: Die nebenjobbende Studentin der Erziehungswissenschaften hielt ihn zurück und forderte 50 Cent vom Quex.

»Dafür, dass Dein Drucker im Arsch ist, oder wie?«, wollte KQ wissen.

Nein, die 50 Cent seien für die Benutzung des Internets angefallen. Als der Kanarienquex das für restlos absurd erklärte, hob die schwangere, säuglingsbewehrte Vorkriegstrümmerfrau zu einer ausführlichen Erläuterung der juristischen Anspruchsgrundlage an, faselte von einem mündlich abgeschlossenen Kaufvertrag und Lebenssachverhalt ...

KQ hatte wirklich keine Geduld, sich auf diese Kindereien einzulassen. In einem Akt nachgebender Feindesliebe, der ihn selbst überraschte, kramte er 25 Cent aus der Tasche, legte sie hin und wandte sich zur Tür.

»Hey, das sind aber nur 25 Cent!«, kam die rechnerisch richtige Antwort hinterher. »Du hast doch echt einen totalen Knall!«, gab KQ gelangweilt zurück und verließ diesen Hort grüngroßdeutschen Irrsinns.

Damit allerdings unterschätzte der Quex die Bereitschaft wesenhaft *deutschen* Brütertums, für jene perfiden Kleinkariertheiten, die mit »dem Prinzip« zu verwechseln Deutsche die Angewohnheit haben, in jeden Kleinkrieg zu ziehen. Ausgestattet mit jener Besitzstandshysterie, die der deutsche Bürger wiederum zu seinem »Gerechtigkeitssinn« verklärt, ist dabei jede noch so groteske Unverhältnismäßigkeit der Mittel recht.

Tatsächlich hing sogleich diejenige, die KQ in späteren Erzählungen über den Vorfall als »die Trächtige« zu bezeichnen keinerlei Hemmungen hatte, mit beiden Klauen am Quexschen Rucksack fest, nachdem sie mit der Anmut einer Elefantenkuh hinter ihm hergestürmt war. Die Ladenbesitzerin zückte währenddessen das Handy und drohte allen Ernstes, die Staatsmacht herbeizurufen. Wegen 25 Cent!

Kurz darauf näherte sich ein Hubschrauber der Krisenreaktionskräfte, eine vollmaskierte Spezialeinheit seilte sich in Windeseile ab und ... Nein! Bevor die Staatsorgane zur Durchsetzung von Prinzip und Gerechtigkeit einzugreifen Gelegenheit finden konnten, gab KQ klein bei und warf den zwei haltlos enragierten Weltbürgerinnen weitere 25 Cent vor die manikürten Trampelfüße.

Der Quex befand, es könne damit dann doch noch nicht genug sein. Jedenfalls warf er, als die beiden Kontrahentinnen triumphierend in den Laden zurückgekehrt waren, im Weggehen und wie zufällig noch einen Zeitungsständer um. Der fiel so günstig, dass er einen zweiten Zeitungsständer mit sich in die Tiefe riß.

Als KQ diese Story im Caravaggio zum Besten gab, erwartete er, johlend und feixend beglückwünscht zu werden. Der Vorgang lag ja voll auf der Linie der Balkonstory und zeigte, wie es mit Friedrichshain rasant bergab ging. Das Haus gegenüber war ein Fallbeispiel für den Niedergang des Kiezes und der Vorfall illustrierte, welche Mentalitäten da neuerdings Einzug hielten. Vielleicht würde Lola den Kanarienquex sogar wieder auf die Titelseite hieven?

Lola würde nicht. Und Rischke rangierte am Rande der Panik, als er von KQs Verhalten in und vor dem Digital-Kiosk hörte.

»Quex, bist Du blöd? Was denkst Du Dir? Die verkaufen in dem Laden das Stadtmagazin mit Dir auf der Titelseite und Du führst Dich da auf wie ein Irrer?«

KQ war fassungslos! Solidarisierte sich Jonathan allen Ernstes mit diesen Neospießerinnen? War das nicht total klar, dass er da im Recht gewesen war?

»Im Recht, wenn ich Dir das als Jurist sagen darf, waren die anderen! Du hast schließlich eine Leistung – die Benutzung des Internets – in Anspruch genommen. Auch wenn die zweite Leistung – das Ausdrucken – nicht zustande kam, musst Du für die erste bezahlen!«

Jetzt echauffierte sich KQ: »Die erste Leistung macht ohne die zweite doch gar keinen Sinn. Ich wollte bloß was ausdrucken, Mann! Ins Internet kann ich übers Handy oder in meiner Wohnung besser und mit Flatrate. So ein Quatsch!«

Jetzt schaltete sich Lola ein, beschwichtigend und besorgt. Diese regelrechte Furcht, die KQs wohl eher harmloser Regelübertritt bei Rischke auslöste und dieses juristische Drüberstehertum, das er vorführte, stießen sie ab und ließen sie vor allen Dingen um ihren bisher besten Verbündeten in dieser Kampagne fürchten. Bekam Rischke kalte Füße?

»Kinder!«, nahm Lola den Gesprächsfaden kommunikationsgeschult in ihre Hände: »Ich denke nicht, dass KQs Verhalten so riskant war, wie Du das darstellst, John. Ich wäre wahrscheinlich auch ausgerastet. Aber weißt Du, Quex, Du musst schon wirklich ein bisschen schauen, dass Du die nächsten Monate keinen Anlass für eine Gegenkampagne bietest. Da muss ich John recht geben. Wenn wir das richtig aufziehen, kommt auch unweigerlich der Punkt, wo die *BZ* gegen uns schießt oder ein anderes Drecksblatt aus der Ecke. Pass bisschen auf, ok?«

KQ, der das alles überhaupt gar nicht einsah und die Wahrscheinlichkeit, dass die Springerpresse in den Fall einsteigen würde, für herzlich überschaubar hielt, setzte ein verständiges Gesicht auf und gab sogar einen beipflichtenden Räusperlaut von sich. Jonathan, der es noch lieber gehabt hätte, wenn er bei Lola seinen bevorzugten Spitznamen »Nathan« durchsetzen hätte können, war über das vertrauliche »John« aus ihrem Munde dennoch erfreut. »Diese Medienfotze ist echt geil!«, sagte er zu sich genauso stumm, wie er sich innerlich sofort übers grobe Maul fuhr. »Kein Schwein werden, Nathan, bleib einer von den Guten!«, hörte er eine sonore Stimme sagen und stellte sich schnell genug den indischen Affengott Hanuman vor, um diese Ermahnung für eine höhere Eingebung zu halten.

»So oder so haben wir ein fettes Ding am Laufen und können total zufrieden sein bisher. Genau deshalb habe ich aber unser kleines Strategietreffen einberufen. Wenn die Kiste richtig rollt, muss man das Steuer mit beiden Händen unter Kontrolle halten. Wir dürfen uns jetzt keine Fehler erlauben!«

»Jo, bravo!«, ließ sich KQ vernehmen, der das für überdrehtes Gefasel hielt – und bestellte eine Flasche Schampus.

In dem Moment spazierte Donna Fauna zur Tür herein.

KQ hätte sich ohrfeigen können.

Es hatte die letzten Tage mal wieder eine Annäherungsphase gegeben zwischen Quex und Fauna. Erst eine Facebook-Message, dann ein kurzes Telefonat, dann mehrere lange Telefonate ... Endlich hatten sie sich getroffen, bei KQ in der Wohnung mit dem kaputtsanierten Balkon.

Dort hatte sich der Kanarienquex tränenreich für seine Ausraster entschuldigt, hatte Fauna hoch und heilig versichert, demnächst eine Therapie zu machen und mit den Drogen aufzuhören. Fauna war weich und verzeihend geworden und hatte auch Gründe zur Selbstkritik ausfindig gemacht. Danach hatten sie Wiedergutmachungssex gehabt. Der war wieder mal so fantastisch gewesen, dass alle Krisen und Krämpfe und Tritte und Tränen vergessen waren. KQ hatte sich von der 1,93-Tunte richtig hernehmen lassen, hatte sie animiert, immer noch dominanter ranzugehen. Fauna war richtig abgegangen, KQs Körper war wie Butter in ihren kräftigen Händen gewesen. Sie hatte seine Arschbacken gewatscht, hart und immer härter, war immer tiefer in ihn reingegangen. Am Ende hatte der Quex quer übers Laminat und Fauna in KQs Arsch gespritzt – ein grandioser, ein historischer Fick!

Später in der Nacht, Fauna war längst gegangen, hatte KQ ihr dann versöhnungsselig Lolas SMS mit der Einladung ins Caravaggio weitergeleitet, aus der aber keineswegs hervorging, dass auch Jonathan Rischke dort sein würde.

Natürlich war ihm am nächsten Morgen sonnenklar, dass das eine schlechte Idee gewesen war. Natürlich aktivierte die unauflösliche Schwierigkeit, die drohende Katastrophe abzuwenden, KQs Phlegma, diesen gallertartigen Schutzschild ums quexsche Kleinhirn. Zuletzt hatte er gehofft, Fauna würde vielleicht einfach nicht hinkommen.

Und jetzt stand Donna Fauna vor diesem Tisch im Caravaggio, pudelnass, denn draußen regnete es wie blöd.

Rischke, der gerade zu seiner vorher ausgearbeiteten Analyse der strategischen Großwetterlage anheben wollte, verstummte angesichts der Schockstarre, in die KQ verfiel, ebenfalls. Lola freute sich ehrlich über Faunas Kommen, was auch nicht half, die Lage zu entspannen. Große allgemeine Verlegenheit, der Abend war gelaufen. KQ wagte nicht einmal mehr, eine weitere Flasche Schampus kommen zu lassen. So sehr fürchtete er, Jonathan würde diesmal nicht zahlen. Der aber stand nach einigem inhaltlosen Verlegenheitsgeplänkel auf, ging zur Bedienung, legte dort wie gewohnt seine Kreditkarte ins Ledermäppchen und dampfte ab. Lola hatte dann auch keine Lust mehr, zu bleiben. Denn über Fauna und KQ zogen sich schwarz die Gewitterwolken zusammen.

Deren wortreiche Entladung begann, sobald die Tür des Caravaggio hinter den beiden zugefallen war. Noch bevor sie die nahe U-Bahnstation Rosa-Luxemburg-Platz erreicht hatten, geiferten sie sich lauthals an. KQs Versuche, sich zu rechtfertigen, gerieten zu einer Serie von Vorwürfen an Faunas Adresse. Die war fassungslos über die unmögliche Situation, in die KQ sie gebracht hatte, und darüber, dass »sein lieber Jonathan« sie soeben behandelt habe wie Dreck. KQs Erwiderungen wurden immer wirrer und Fauna wiederholte in jedem dritten Satz dieses »dein lieber Jonathan«. Irgendwann schubste KQ wütend und mit beiden Händen Fauna von sich weg. Die machte einen Schritt rückwärts auf die Fahrbahn der Torstraße – und ein PKW verfehlte sie nur um Haaresbreite.

»Willst Du mich killen? Du Wichser! Du dummes Arschloch! Du willst mich killen, Du hirnloser Idiot! Du killst mich!« Dies und Ähnliches mit kaltem Hass ausstoßend, ging jetzt Donna Fauna auf KQ los und rannte schließlich weg, immer weiter, ohne Pause, bis sie vor der Tür ihrer Wohnung stand.

Schon auf dem Weg waren ihr die Tränen hinuntergelaufen, im Treppenhaus hatte sie lauthals angefangen zu schluchzen. In ihrem Zimmer wartete die fetteste Depression der letzten Jahre auf die keuchend wehklagende Heimkehrerin.

Und diese Depression würde erst mal dableiben, bei Fauna.

Dagegen war mit allen Grillanzündern der westlichen Welt nichts mehr zu machen.

Also legte Fauna die Infected Mushrooms ein und drehte die Bässe voll auf. Erwartungsgemäß stand die Musiklehrerin drei Minuten später vor der Tür. Fauna entschuldigte sich zuckersüß, ging ins Zimmer und drehte die Mushrooms ab. Stattdessen ließ sie das »Wohltemperierte Klavier« von Bach erklingen, zwei Stunden lang und mindestens genauso laut. Danach ging es Fauna etwas besser. Die vor der Wohnungstüre tobende Nachbarin ignorierte sie genüsslich.

Der Kanarienquex war sauer.
Auf wen?
Auf alle.
Ja, auch auf sich.
Vor allem aber: auf alle.
Und auf alles.
Auf Fauna, auf Lola, auf Rischke, auf die HDK, auf Berlin, auf Deutschland, auf Europa, auf die Welt und auf den Kulturbetrieb und auf die Zeit, in der er leben musste – auf alles eben.
Und auf alle.
Ja sicher machte er sich Vorwürfe! Als er Donna Fauna geschubst hatte und die fast von diesem Auto ... keine gute Szene das. Gar nicht gut! Aber was konnte die auch nicht aufhören mit ihren doofen Vorwürfen und ihrem ständigen »Dein lieber Jonathan«? Als ob er was hätte mit dem Rischke! Oder jedenfalls als ob das was Ernstes wäre! Dieser Schleimscheißer, der die Hosen voll hatte, wenn KQ mal zwei dummen Truten in einem dummen Internetshop um die Ecke die Meinung geigte! Sollte er ins Kloster gehen, nur weil er die Titelstory des Stadtmagazins gewesen ist und Rischke Angst hatte um seine Geschäfte und seinen Ruf als Held der kreativen Spießer?
Die Geldkarte, mit der KQ die Line Koks so lange hin- und herschob, bis sie endlich eine perfekte Gerade ergab, war auch leer. Die perfekte Line, immerhin. Perfektion musste sein! Der Kanarienquex verstand sich als Fine Artist, sowas fing im Alltag an. Den Zwanziger, mit dem er noch vor drei Tagen das Koks eingezogen hatte, hatte er auch investiert. In die Line Koks, die er vor sich liegen hatte. Perfekt! Eine ganz gerade Linie, hauchdünn, wie mit dem Laser gezogen.
Der Quex zog durch, atmete kräftig aus, warf sich in die Polster und entspannte. Alles perfekt jetzt. Er schaute geradeaus, direkt an die Decke

über sich. Auch die hatte er mit schlanken geometrischen Figuren perfektioniert. Nur zwei Figuren, der Quex war Minimalist. Eine Kosinus-Kurve war da. Und eine Sinuskurve. Leider war die Sinuskurve nicht hundertprozentig gelungen. Die Krümmung der Linie war nicht ganz sauber.

Sowas ärgerte KQ maßlos!

Sonst aber: alles perfekt!

Supersache, das mit dem Stadtmagazin. Lola: super. Die hatte es voll drauf. Er hatte außerdem ein Bild verkauft. Die Kohle musste die Tage reinkommen! Bald ließ vielleicht irgendein Galerist seinen Namen fallen, dann würden ihn die Kunstfuzzis zu sammeln anfangen. Demnächst gäbe es noch mehr Artikel über ihn, wegen dem Balkon-Prozess. Den würde er mit Rischke gewinnen, auf jeden Fall. Und dann würden die Kunst-Spekulanten richtig steilgehen auf ihn.

Ach halt, genau: die Pressekonferenz vorher, die auf der Dachterrasse des Soho! Die hatte der Kanarienquex noch vergessen, sich vorzustellen. Die kam ja vorher.

Also stellte sich der Quex die Pressekonferenz auf der Dachterrasse des Soho vor und das gefiel ihm richtig gut: Rischke in diesem dunkelblauen Blazer mit dem Abzeichen eines superbonzigen Country Clubs, dessen Mitgliedschaft man ihm kürzlich angetragen hatte. Daneben Lola, Fauna, und in der Mitte er, El Quecko, in seiner Silberhose, in seinem weißen, weiten Seidenhemd. Sonnenbrille auf jeden Fall, egal bei welchem Wetter. Und rauchen vor der Presse, ganz wichtig: einfach rauchen. Und zwar keine Filterzigaretten und ganz sicher keine Zigarre. Sondern Drehtabak! Und die Fluppen mitten in den Antworten auf die Fragen der Journalisten drehen, so nebenbei.

Hatte er sich die Pressekonferenz jetzt mit Fauna vorgestellt? Das ging natürlich nicht, das ging gar nicht mehr, also: Nach dem Auftritt, den die sich im Caravaggio geleistet hatte und danach an der Torstraße – Fauna bei der Pressekonferenz, das ging auf keinen Fall! War letztlich besser so, dachte sich KQ, die mit ihrem Tuntenterror, das passte auch gar nicht zum Style der Veranstaltung.

KQ unterließ es, sich die Szene noch einmal, aber diesmal ohne Fauna, vorzustellen. Musste nicht sein, weil: Alles war perfekt. Aber vielleicht sollte er doch Filterzigaretten rauchen? Kam vielleicht besser bei dem Anlass und bei dem zu erwartenden Presseauflauf. Kein Trash! Auf dem Level nur kein Trash!

Egal, das konnte er sich noch überlegen. Erst musste er sich um was anderes kümmern. Der Joint, den er extra vor der Koks-Line gebaut hatte, war vom Glastisch gefallen und auf dem Laminat doof unter das Sofa gerollt, auf dem KQ sich die Pressekonferenz im Soho vorgestellt hatte.

Ach, verdammt, natürlich bekam er den Joint unterm Sofa mit den Fingern nicht zu fassen. Jetzt musste er unters Sofa tauchen, und siehe da: Ach, Fuck! Der Joint war weiter gekullert als gedacht. Schöner Mist! Also runter vom Sofa, das Sofa anheben, drunter greifen, Joint retten.

So.

KQ saß wieder auf dem Sofa, der Joint brannte schon. So war das halt, im Grunde genommen alles perfekt. Bloß manchmal hakte es ein bisschen.

Normal, oder?

Der Senatswahlkampf ging in die heiße Phase. Die Kernbotschaft der SPD war der sympathische, schwule Bürgermeister. Die Grünen versuchten das Gleiche mit einer unsympathischen Spitzenkandidatin. Die CDU beschäftigte sich mit brennenden Autos. Die Linke »brachte es auf den Punkt« und illustrierte dies zur Sicherheit mit einem großen, roten Punkt auf den Plakaten. Die glücklose FDP hatte sich im Wahltermin vertan: Sie legte zur Berliner Senatswahl eine Anti-Europakampagne auf.

Die faden Abgeschmacktheiten dieses Wahlkampfs kontrastierten auf das Misslungenste mit dem Hintergrund einer weltweiten Katastrophendynamik. Zwischen den diversen Kriegs- und Krisenschüben war es zu erfolgreichen Aufständen und anhaltenden Bürgerkriegen im Nahen Osten gekommen. Dazwischen Erdbeben und Atomalarm in Japan, ein Öl-Leck im Atlantik sowie Nahrungsmittelspekulanten, die Hungerkatastrophen auslösten, Flüchtlingswellen brandeten an die Wälle der westlichen Welt. Die Zahl der vor Gibraltar Ertrinkenden ging bereits in die Zehntausende – und einfach keine Ruhe an den Finanzmärkten.

Die Frage, ob man es mit der Krise eines Systems zu tun hatte oder mit dem Zusammenbruch einer Zivilisation, war noch nicht abschließend geklärt. Die Argumente für die zweite Analyse häuften sich jedoch.

Aber wer hätte auch nur ein schwerwiegendes Problem vermuten wollen, der in diesen Tagen die Verlautbarungen in den Mainstreammedien verfolgte – oder besser, von ihnen verfolgt wurde!

Sicherlich. Begriffe wie »Euro-Krise« und »Rettungsschirm« klangen nicht allzu positiv. Alle paar Monate gerieten die Börsen in Panik, und DAX, Dow Jones, Nikkei und Co. stürzten einige Prozentpunkte ab. Trotzdem morphten nach jedem Krisenschub alle unweigerlich zurück in jene depressive Antriebslosigkeit, die man bei Spiegel Online als »Besonnenheit« feierte:

»Der Euro taumelt, die Nachbarländer meckern über die Berliner Dominanz, die Kanzlerin hetzt von Krisengipfel zu Krisengipfel. Doch die Deutschen bleiben anscheinend völlig entspannt. Woher nur kommt diese neue Gelassenheit?«

Lola brachte das Missverhältnis zwischen Inszenierung und Situation in einem Kommentar mit dem Titel »Lethargie & Wahnsinn«, den sie zur Abwechslung und um dem Stadtmagazin eine gewisse Unabhängigkeit zu demonstrieren, im *Freitag* unterbrachte, auf jenen Punkt, den Die Linke wohl doch weiträumig verfehlt hatte und auch nie so schön und treffend zu formulieren vermocht hätte:

»Die Hypochonder sind die letzten Realisten der westlichen Welt!«, schrieb Lola und sinnierte weiter, dass die Digitalen Aktivisten nicht zufällig den Virus als Waffe im Einsatz für die Weltgesundung entdeckt hätten. Dies sei ein Beleg für die These des wunderbaren Egon Friedell, der in seiner *Kulturgeschichte der Menschheit* klug erkannt hätte, dass Krankheit das eigentlich vorwärtstreibende Element der menschlichen Entwicklung sei. Und damit sei der Status quo ja reichlich gesegnet.

Die hellfühlige Donna Fauna hatte eine ganz ähnliche Witterung und glaubte ihrerseits zu erkennen, dass einige der TV-Moderatoren ihrer Aufgabe der kollektiven Einlullung nur mit wachsender Mühe nachzukommen vermochten. Weniger aus moralischem Skrupel, dafür hätte es ja einer Moral bedurft. Nein, Fauna empfing den Impuls, dass es einigen dieser Damen und Herren persönlich schlecht ging. Hinter den Masken des ewigen Lächelns erspürte sie ein großes Leiden. Es blitze mitunter auf, wenn den TV-Profis für eine kleine Sekunde die Stimme nach oben wegbrach oder eine Hand ganz kurz außer Kontrolle geriet und zuckend nackte Angst verriet.

War das ein Wunder?

Die Dauerkrise erreichte langsam auch die Gutsituierten.

Zweiter Teil

République
Royale

Der Country Club »République Royale« war von Berlin aus in einer bequemen Dreiviertelstunde über die Autobahn Richtung Prenzlau zu erreichen. Tädeus von Tadelshofen empfing Jonathan an der Autobahnabfahrt. So konnten sie gemeinsam vorfahren, von Tadelshofen im BMW Roadster, dahinter Rischke in seinem knallroten Bugatti Veyron.

Heather und Bobby, ein US-amerikanisches Paar, hatten sich in die flachen Weiten des Landes Brandenburg eingekauft, in großem Stil, sofort nach der Wende. Gar nichts hatte es hier gegeben, berichtete Heather rückblickend: rein gar nichts außer Müll, Gestank und Leninbüsten.

Zwei zunehmend profitable Jahrzehnte und sieben Fördertöpfe später verfügte das Clubgelände über einen Golfplatz, einen Tenniscourt, einen Wellnesstempel mit Schwimmhalle und einen Yachthafen für die Havelschifffahrt. Neben dem Eingang zum Club-Restaurant im perfekt sanierten Landschloss von 1762 prangten zwei Sterne. Der Rest des preußischen Herrenhauses diente als Clubhotel.

Die umgebaute Orangerie war 2004 als Konferenzzentrum eröffnet worden – und nur Amerikaner hatten es fertigbringen können, der gehobenen Schwafelhütte mitten im protestantischen Brandenburg den Namen »Metternich-Center« zu verpassen. Jonathan hatte sich gekugelt vor Häme und Lachen, als von Tadelshofen ihm von diesem Griff ins Symbol-Klo der europäischen Geschichte erzählt hatte.

Die ursprüngliche Kohle für das Projekt war von Heathers Seite gekommen. Deren Vater war Mitte der Achtzigerjahre mit seiner Sportmaschine verunglückt, als ausgerechnet ihm einer der letzten freifliegenden Adler Nordamerikas in den Propeller geflattert war.

Der alte Herr hatte sein Erbe mit Bedacht aufgeteilt. Die Ranch in Arizona und der dazugehörige Landbesitz gingen an die ältere Schwester. Die mittelständische Firma für Hydraulikpumpen bekam der Bruder. Heather, die an sich auf die Ranch gehofft hatte, bekam ein bisschen Geld und je ein fettes Aktienpaket von Lockheed und von McDonnell Douglas vermacht.

Bobby – der eigentlich ganz anders hieß und sich den Namen aus Verehrung für Bobby Kennedy zugelegt hatte – kam Ende der Achtziger mit Heather zusammen. Und Bobby war der Auffassung, es sei moralisch nicht haltbar, von den Aktiendividenden zweier Rüstungs-konzerne zu leben.

Er lebte dennoch davon, bis er Heather endlich überzeugt hatte, das zu unternehmen, was er den großen Sprung in die Freiheit nannte.

Und der ging so:

Unmittelbar nach dem Golfkrieg von George Bush im Jahre 1991 standen die Aktien von McDonell Douglas sensationell im Kurs. Heather stieß das Paket ab, und der große Sprung in die Freiheit führte die zwei Luxus-Aussteiger nach Brandenburg, Germany. Nach längerem Herumsuchen einer ganzen Armee von Maklern entschieden Bobby und Heather aus Amerika sich schließlich für das Fünfzig-Hektar-Anwesen mit Landschloss und Havelanschluss.

Der aus Westdeutschland stammende Wirtschaftsminister der frisch gewählten Landesregierung war davon so begeistert, dass er die Kaufsumme spontan mit Fördergeldern aufdoppelte und diese den beiden Neubrandenburgern unbürokratisch als Starthilfe zuschanzte.

Restaurant und Golfplatz standen am Beginn der République Royal. Im Landschloss konnte immerhin provisorisch gewohnt werden und von Tag eins an kamen natürlich alle alten Freunde aus den USA und der restlichen Welt angeflogen, um sich die neue Heimat der beiden Draufgänger anzusehen. Dieser internationale Auflauf lockte die Medienfuzzis aus der Hauptstadt an, die eifrig und dankbar über das Engagement der betuchten US-Hippies berichteten. Bald kamen die Chefs dieser Medienfuzzis und trugen sich in die Mitgliederlisten der République Royal ein.

Ende 2001, mitten im Afghanistankrieg von George W. Bush, stieß Heather das verbliebene Aktienpaket ab, das inzwischen auf Lockheed Martin umgeschrieben und wieder einmal auf einen sensationellen Kurs gestiegen war. Mit dieser siebenstelligen Finanzspritze konnten der Yachthafen und die Schwimmhalle er- und die Orangerie zum Konferenzzentrum umgebaut werden.

Während Heather die Investitionen ermöglichte und ansonsten bildhübsch und dauerbekifft vor sich hin faulenzte, erwies sich der bis dahin als mittelmäßiger Maler dahindümpelnde Bobby als exzellenter Club-Manager. Mit New Yorker Charme und der Härte eines Tycoons hatte Bobby das Personal im Griff. Dieses Regiment war unumgäng-lich, wusste Bobby, denn die Lohnkosten waren die Achillesferse eines

Clubs, deren Mitglieder von vorne bis hinten bedient und umsorgt zu werden selbstredend erwarten durften.

Im Vergleich zum Soho war die République Royale um ganze Welten exklusiver angelegt. Zu den hiesigen Clubmitgliedern zählten die Botschafter ernstzunehmender Nationen, Konzernführer, TV-Promis und emeritierte Spitzensportler. Außerdem global agierende Spekulanten, Lobbyisten und Großkünstler. Besonders stolz war das amerikanische Pärchen auf die vielen adeligen Namen, deren Träger sich hier tummelten. Der unadelige Jonathan wähnte sich im Paradies der Netzwerker!

Tädeus von Tadelshofen übrigens, der Jonathan das Entrée verschafft hatte, ließ beiläufig wissen, er habe sich die 40 000 Euro für die Clubmitgliedschaft einst in seinen Arbeitsvertrag als CEO einer aufstrebenden Beratungsagentur für Geopolitik schreiben lassen. Das Engagement habe nur kurz gewährt, aber die Clubmitgliedschaft sei ihm geblieben.

Die Ankunft Tädeus von Tadelshofens war Bobby rechtzeitig gemeldet worden. Er stand wie zufällig auf der Freitreppe des Herrenhauses, spätsommerlich gekleidet. Als er die Eintreffenden erblickte, ging Bobby die Treppe hinunter. Von einem entgegeneilenden Standesbewusstsein beseelt, wie es nur Amerikaner in Europa entwickeln können, wollte er von Tadelshofen ersparen, von unten kommend die Treppe heraufgrüßen zu müssen. Bobby hatte nämlich die Geschichte gehört, wonach Kaiser Wilhelm II. extra den Bahnhof Hamburg Dammtor als Kaiserbahnhof habe erbauen lassen, weil er dort vom Bahnsteig aus nach unten ausschreiten konnte, während er am bereits existierenden Hauptbahnhof von unten nach oben gemusst hätte.

Tädeus von Tadelshofen seinerseits, ausgestattet mit dem organisch gewachsenen Überlegenheitskomplex einer Familie, die – anders als etwa das Haus Hohenzollern! – seit einigen Jahrhunderten über Macht und Reichtum verfügte, schenkte solcherlei Äußerlichkeiten keine sonderliche Beachtung. Wer wen wo begrüßte, änderte ohnehin nichts an einer Überlegenheit, die ihm und den Seinen eingeboren war, noch bevor man sie in bestickten Windeln mit den Tischsitten des Hauses vertraut gemacht hatte.

Unbotmäßigkeiten von Subalternen wurden lässig, fast unmerklich abgestraft. Aber allzu diensteifrige Unterwürfigkeit stellte mitunter geradehin eine versteckte Anmaßung dar, indem sie einen Rangunterschied demonstrativ bekräftigte, der einer Bekräftigung mitnichten bedurfte.

Durch Heathers familiäre Einbettung in die amerikanische Geldaristokratie hatte Bobby Erfahrungen mit Menschen machen können, die ihre Macht als unhinterfragbare Selbstverständlichkeit erlebten. Von der Kollektivpsyche europäischer Adelshäuser wusste er nur, was Historienfilmchen, Romane und Biographien ihm vermittelt hatten. Dass man in diesen Kreisen jedoch, ganz anders als in der amerikanischen Geldelite, Kronenkraxler und Hermelinmotten, also ein Übermaß an Unterwurf, als eher unangenehm empfand, hatte er inzwischen herausgespürt.

Also kam er scheinbar rein zufällig die Freitreppe so hinunter, dass von Tadelshofen nicht hinaufgrüßen musste, legte sein berühmtes Bobby-Lächeln auf und begann einen Small Talk, wie ihn nur das New Yorker Galerieleben zu führen lehrte. Binnen fünf Minuten hatte Bobby von Tadelshofen mit der jovialen Bemerkung in Empfang genommen, das Licht seiner Ankunft überstrahle selbst die Reaktorruinen von Fukushima, hatte sich mit Jonathan Rischke auf das vertraulichste bekannt gemacht, hatte das Wetter in Beziehung zur Lage an den Weltbörsen gesetzt und diese zum Tagesangebot der Küche des Clubhotels: Das sechsgängige Tagesmenu mit Känguru-Ragout als Höhepunkt, welches Gérôme heute gezaubert habe, sei nämlich so abwechslungsreich komponiert, dass es mit den derzeitigen Kurssprüngen an den Börsen spielend mithalten könne.

Von Tadelshofen schätzte Bobby als idealen Gastgeber. Bobby war zuvorkommend, ohne vollends aufdringlich zu werden, führte den Laden gekonnt und war ehrlich besorgt um das Wohl seiner erlesenen Gäste, bei deren Auswahl er ein glückliches Händchen bewies.

Innerlich bat von Tadelshofen nur inständig, dieser viertelgebildete Mensch aus Übersee hätte endlich das Einsehen, Ausflüge in die französische Sprache zu unterlassen. »... au fait accompli«, schloss aber jetzt Bobby, grottenfalsch betont und ohne jeden Sinn, seine kleine Begrüßungsansprache. Sagen wollte Bobby, dass er sich nunmehr seinen Aufgaben als Clubchef zuzuwenden habe.

Von Tadelshofen entließ ihn mit einer knappen Geste.

»Welche Sprache war jetzt das genau?«, fragte Jonathan ironieselig, als sie die Freitreppe zur Hälfte erklommen hatten. »Die zwei großen Leiden des gebildeten Standes heißen Alltag und Mitmensch«, seufzte von Tadelshofen.

Sie traten in die Eingangshalle, wo livriertes Personal bereitstand.

Von Tadelshofen gab seine Anweisungen und winkte dann Jonathan zu sich. Er hatte eine gewisse Gehemmtheit an seinem jüngeren Freund bemerkt. Als sie auf die Balkonterrasse des Herrenhauses schritten, zwinkerte er Rischke vertraulich zu: »Die kochen hier auch nur mit Champagner, John. Ne vous inquiétez pas.« – Er solle sich nicht beunruhigen.

Ein Livrierter kam an den Tisch getreten, und Jonathan griff die Vorlage mutig auf, indem er eine Flasche Champagner bestellte. »A moi aussi, s'il vous plait!«, kommentierte von Tadelshofen.

Der Kellner trat ab und brachte nicht etwa zwei Flaschen Champagner, sondern eine Flasche mit zwei Gläsern. »Und sehen Sie«, meinte von Tadelshofen feierlich: »Das ist der feine Unterschied. Woanders verstehen sie schon das Französisch nicht, und wenn Du dann auf Deutsch sagst, ich krieg dasselbe, stellen sie hirnlos zwei Flaschen Champagner hin. Der Kellner hier, ein Russe zwar – der wär' übrigens was für Sie, John, comprenez-vous? – Gregorij denkt mit und bringt zwei Gläser. Merveilleux!«

Jonathan inspizierte Gregorij und fühlte sich geehrt und war gerührt, dass von Tadelshofen so sehr an ihn dachte und in der Tat seinen Geschmack richtig einschätzte. Dass die Kellner hier schön und schwul und noch dazu für Geld zu haben waren, überraschte ihn weniger. Das war ab einem gewissen gesellschaftlichen Level eher die Regel als die Ausnahme – und eben eine Preisfrage. Skrupel, für Sex zu bezahlen, hatte Jonathan längst abgelegt.

Auf die Terrasse trat eine illustre Gesellschaft. Ein kräftiger Mittsechziger mit polierter Vollglatze, scharfkantiger Spiegelsonnenbrille und einem kunstvoll gezwirbelten Schnauzbart erheblichen Ausmaßes war erkennbar das Zentrum dieser lautstark und fröhlich in die Szene brechenden Kumpanei.

Jonathan traute seinen Augen nicht: Berger-Grün! Das war leibhaftig Pavel Berger-Grün!

Durch den wimmelnden Schwarm seiner Entourage hindurch erspähte der weltweit gefeierte Star-Regisseur schließlich von Tadelshofen. »Teddy! Old chap! I am delighted to find you here! How are you doing?«, polterte Berger-Grün los. »Well, Pavelinsky: I appear to rest. Jolly and idle.«

»Truly, Teddy! You do live up to the values of the leisured classes!« – »A man of independent means, they used to call it ...«, gab von Tadelshofen gelassen zurück.

Rischke war baff. Pavel Berger-Grün live und in persona zu begegnen, erschien ihm unwahrscheinlich genug. Dass von Tadelshofen diesen Superstar des internationalen Kinos nicht nur persönlich kannte, sondern dieser offenkundig die freundschaftlichsten Gefühle für den Freiherrn hegte, hätte ihm glatt die Sprache verschlagen, wenn jetzt nicht Berger-Grüns Begleitschwarm in ein plapperndes Treiben ausgebrochen wäre.

Tische wurden zusammengeschoben und Stühle herangeschleppt, eine große Tafel zusammengebaut.

Jonathan wunderte sich, dass niemand hierfür ein paar Livrierte antanzen ließ. Aber anscheinend fühlte man sich heimisch genug hier, und in der Tat herrschte in kürzester Zeit Wohnzimmeratmosphäre.

Auch von den neu Hinzugekommenen wurde Champagner bestellt. Gregorij verstand freilich, dass es sich diesmal nicht nur um Gläser zu handeln hatte, und verteilte drei Flaschenkühler über den Tisch. Berger-Grün machte sich umständlich an einer Tabakpfeife zu schaffen. Von Tadelshofen entzündete einen Zigarillo, der in einem Mundstück aus Elfenbein stak.

Jonathan stieß mit Champagner an und machte sich so mit den neuen Tischnachbarn vertraut. Pedrillo Caldez, ein Spanier, saß gegenüber und war, wie sich herausstellte, nur zu Besuch in Berlin. Er war Yogalehrer, oder eher: Yoga-Unternehmer, denn er besaß eine Kette ziemlich exklusiver Yoga-Schulen. Je eine in London, Madrid, in Berlin, Tokio, Wien, Moskau, Istanbul, Stockholm und Washington DC. »DC?«, fragte Rischke zurück: »Why DC? Seems kind of odd in this order, doesn't it?« Nun, erklärte Pedrillo, er habe ein Faible für Hauptstädte, quasi eine Sammelleidenschaft. »Like Teddy collecting ancestors and titles, right!«, warf Berger-Grün launig ein. Alle lachten ausdauernd. Auch von Tadelshofen lachte herzlich.

Neben Pedrillo saß eine bildhübsche Frau und Jonathan hoffte inständig, es sei nicht die Freundin des Yoga-Bonzen, dessen austarierter Körper Rischke sofort die Säfte höher steigen ließ. Dummerweise stellte sie sich umgehend als Pedrillos Frau vor, namens Janette Silverstone. Janette hatte ihrerseits eine Vermittlungsagentur für Schauspieler, die, wie sie beiläufig durchblicken ließ, einige Top-Promis unter Vertrag hatte. Also waren die beiden deshalb nach Berlin gekommen. Janette organisierte die Castings für das neue Filmprojekt von Berger-Grün, von dem in Andeutungen im Gespräch links neben Jonathan Rischke die Rede war, wo zwei noch recht junge Damen den neuesten Tratsch der Branche austauschten.

Von Tadelshofen besaß die Aufmerksamkeit, Rischke bei Pavel Berger-Grün einzuführen. Jonathan Rischke sei einer seiner liebsten Herzensfreude, meinte er gnadenvoll und rückte ihn als höchst selten anzutreffende Parademischung aus Jura-Superstar, Immobilienhai und Kulturmensch in das für diese Umgebung denkbar günstigste Licht. Im Übrigen sei »Nath«, wie von Tadelshofen Jonathan auf Englisch hieß, von einer solch ausgesuchten Verderbtheit, dass er direkt die Vorlage für einen neuen Berger-Grün-Film abgegeben könne.

Pavel Berger-Grün lachte schallend, stellte sich Jonathan, als ob das nötig gewesen wäre, mit selbstverständlicher Höflichkeit vor und wollte schon im nächsten Satz mehr über Rischkes Kanzlei wissen. Natürlich habe man eine eigene Rechtsabteilung, aber mitunter sei es ja doch hilfreich, auf ortskundige Kräfte zurückgreifen zu können, fallls es mit Drehgenehmigungen, überhaupt dem ganzen Kleinkrieg mit den Behörden, doch einmal Probleme gebe.

Inhaltliches wurde für den Moment über das Filmprojekt nicht gesprochen und Jonathan war auch klug genug, nicht nachzufragen. Er bekundete gerade seine Bereitschaft, jederzeit zu helfen, schon wurden alle abgelenkt, und zwar von Gregorij, der an den Tisch herangetreten war, um die Essensbestellungen aufzunehmen. Als Jonathan erfragte, ob es das sechsgängige Tagesmenü auch in einer vegetarischen Variante gebe, warf er Gregorij diesen einen Blick zu, der in der schwulen Weltkultur alles klarmacht. Gregorij bestätigte.

Während Jonathan Rischke den Tag seines Lebens feierte, in dessen weiterem Verlauf er mit von Tadelshofen, Berger-Grün und Anhang rotzbesoffen und koksselig auf einer Yacht in der wunderschönen Flusslandschaft herumschipperte – und sich hinterher für 250 Euro mit dem schönen Gregorij vergnügte, – saßen Donna Fauna und der Kanarienquex im Wartezimmer der Berliner »Schwulenberatung« in Charlottenburg.

Fauna hatte KQ diese Bedingung gestellt, ehe sie bereit war, auch nur den ersten Ansatz einer Annäherung zuzulassen. In der Beratung kamen sie dann eine Viertelstunde zu spät an, weil KQ wieder einmal die Planlosigkeit besessen hatte, in die falsche U-Bahn umzusteigen. Dann hatte er nicht vermocht, den Weg von der U-Bahnstation zur Schwulenberatung zu finden und hatte die bereits entnervte Fauna per Handy um Hilfe gebeten. Die hatte ihn zur Begrüßung angeblafft, sie sei nicht sein Schülerlotse.

Das war ausgesprochen unfair und verletzend, denn der Quex hatte einen Knick in der Optik. Es mochte dies der Urgrund seines Genies als Visionskünstler sein, zu dem sich der früher hauptberuflich als Partylöwe tätige Quex weiterentwickelt hatte. Straßenschilder konnte KQ aber nur mit großer Mühe lesen.

Den beiden war der denkbar schlechteste Start in eine Paartherapie gelungen.

Piet, der Therapeut, gab sich alle Mühe, trotzdem eine konstruktive Gesprächsatmosphäre herzustellen. Immer wieder fanden Donna und Quex zielsicher zurück in ihren jeweiligen Schützengraben. Von dort aus beschossen sie sich unablässig mit Vorwürfen und Erwiderungen.

Als sie die Beratungsstelle verließen, waren die beiden dennoch guten Mutes. Ein erster, kleiner Schritt war getan. Dieser Piet machte einen kompetenten Eindruck. Hilfe hatte man gesucht und Hilfe war gefunden worden.

Außerdem war das Wetter fabelhaft, Indian Summer in Berlin!

Die beiden steuerten ein Eiscafé an und ließen sich Eisbecher enormen Ausmaßes kommen – als Fauna eine SMS erhielt. KQ grabschte sich das Handy, sah nur den Absendernamen und fragte: »Wer is'n das: Sexycaro?« Faunas Beteuerungen, es handle sich dabei um eine lesbische Freundin aus der Schulzeit, entsprachen zwar der Wahrheit, verfingen aber nicht beim Quex. Nach einem Wortgefecht, das das halbe Eiscafé aufhorchen ließ, warf Fauna einen Zehn-Euro-Schein auf den Tisch, raffte den Rock und zog wortlos ab.

Die Balkonkampagne? Die ging den Weg so manches größenwahnsinnig erdachten Projektes. Sie verlief nach und nach im Sand.

Lolas Kampf um die Chefredaktion des Stadtmagazins stagnierte zudem.

Dabei hatte sich der alte Chefredakteur längst in die Babypause verabschiedet. Man hätte ihr das Amt problemlos übertragen können, wenigstens kommissarisch. Lola spürte jedoch, dass im Hintergrund einiges an Widerstand gegen sie in Anschlag gebracht worden war. Eine unsichtbare Mauer zog sich zusammen und grenzte ihren Aktionsradius immer weiter ein. Der Geschäftsführer des Verlages machte die ewig gleichen Versprechungen, stellte in Aussicht und sagte zu, ohne jemals konkret zu werden.

Der Kanarienquex träumte gelegentlich weiter an seiner Vision, als Balkon-Champ bundesweite Prominenz zu erringen, und stellte sich dann immer noch diese Pressekonferenz auf der Dachterrasse des Soho vor. Dabei registrierte er längst, wie nach und nach der Druck aus diesem Projekt entwichen war.

Ein Hebel, die Sache wieder ins Laufen zu bringen, fehlte ihm. Nach jenem katastrophalen, zweiten »Strategie-Dinner« im Caravaggio wollte speziell Jonathan nichts mehr von KQ wissen. Zumindest rief Rischke nicht an. Und KQ traute sich nicht, dessen Nummer zu wählen.

Ganz so arg, wie das der Quex befürchtete, verhielt es sich nicht mit Rischke, der ein Freund von erstaunlicher Anhänglichkeit war.

Dafür verhielt es sich ganz genau so und noch viel schlimmer mit Donna Fauna. Die wollte nicht nur von dieser lächerlichen Balkonsache rein gar nichts mehr wissen. Für sie war auch KQ so gut wie gestorben. Den pflichtschuldig besuchten zweiten Termin bei der Partnerschaftsberatung hatte der Kanarienquex durch eine nicht enden wollende Kaskade von Vorwürfen zum Scheitern gebracht, vorsätzlich, wie Fauna verdächtigte.

Piet hatte daraufhin seine Möglichkeiten als Therapeut erschöpft gesehen, das erneut ausgebrochene Gezeter mit einer genervten Geste gestoppt – und den beiden in aller Offenheit geraten, sich aus dem Konzept einer Liebesbeziehung besser zu befreien, zumindest vorläufig. Er könne zwar jede Menge Hass und Verletzungen erkennen, von auch nur einem Funken wirklicher Liebe zwischen diesen beiden habe er in den bisherigen Sitzungen leider nichts bemerkt.

Wütend war Donna Fauna abgedampft, sämtliche Türen der Schwulenberatung knallend. Das tat ihr leid, im Nachhinein. Diese altehrwürdigen Holztüren mit den Jugendstilbeschlägen aus Messing konnten ja nun nichts dafür.

Jonathan Rischke kam es bei aller freundschaftlichen Loyalität zu KQ sehr gelegen, wenn aus dieser Balkonkampagne nichts weiter wurde. Die ersten paar Schriftsätze, die er mit der Rechtsabteilung des finnischen Immobilienfonds ausgetauscht hatte, hinterließen eine stark verkomplizierte Gefechtslage.

Die waren gut, die Burschen, das musste Rischke zugeben.

Trotzdem sah er weiterhin Chancen für KQ, mit Schadensersatz und dergleichen durchzukommen, aber das hätte einen Aufwand bedeutet, der nur im Kontext einer Kampagne von bundesweiter Durchschlagkraft einen Sinn ergeben hätte, allerdings auch dann nur einen propagandistischen Sinn.

Und diese Art von Propaganda erschien Jonathan aktuell nicht mehr erstrebenswert. Seine im Soho-House zustande gekommene Freundschaft mit Tädeus Freiherr von Tadelshofen hatte ihn in Kreise vorstoßen lassen, die solch einen Einsatz gegen »Gentrifizierung« und die Geschäfte internationaler Fonds nicht zu goutieren wussten, vermutete Rischke.

Rischke vermutete falsch.

Vom Donner gerührt war er, als von Tadelshofen beim nächsten Besuch in der République Royal Pavel Berger-Grün und den anderen erklärte, »Nath« sei übrigens ein Mann von formidabler Widersprüchlichkeit, und zwar nicht nur selbst im Begriff, ein Immobilienhai zu werden, sondern gleichzeitig ein tapferer Kämpfer gegen die skandalösen Machenschaften eines internationalen Immobilienfonds. Rischke vertrete da einen Media Artist, der gegen die Zwangssanierung seines Balkons protestiere ... von Tadelshofen packte die komplette Story aus!

Jonathan Rischke wähnte sich in der Falle. Hatte dieser eitel französisierende Baron ihn hier nur zum Schein eingeführt, um ihn zum Gaudium der wahrhaft Initiierten runterzuschießen wie eine Tontaube?

Mitnichten. Die Anwesenden und allen voran Pavel Berger-Grün reagierten auf die Erzählung von Tadelshofens mit der allergrößten Anteilnahme. Man hieß Jonathans Einsatz mutig, lobenswert, direkt ritterlich!

Pedrillo Caldez berichtete, wie anständig er selbst seine Mieter behandle. Die Häuser, in denen er seine Yoga-Studios einrichte, pflege er nämlich zu erwerben. Eine Art Sentimentalität sei das – er entstamme mütterlicherseits einem alten katalanischen Bauerngeschlecht und bevorzuge Vermögen, das man anfassen könne.

Pavel Berger-Grün entgegnete süffisant, das entspräche ja nun nicht gerade der Philosophie eines Yogis. Pedrillo solle aufpassen, sich nicht im Illusionsgeflecht des Weltlichen zu verstricken, mit seinem ausufernden Besitzstand.

»Wir haben eine gute Buchhaltung«, warf Janette überlegen ein.

Dann fand Berger-Grün lobende Worte für Jonathans Engagement gegen die globale Geldkrake, wie er sich englisch ausdrückte. Ein wahrer Siegfried sei »unser Nath«, und hieran schloss Berger-Grün einen ausführlichen Diskurs über die Ästhetikgeschichte europäischen Städtebaus an.

Das war die ideale Vorlage für Jonathan. Schon die Romantiker hätten sich über die grassierende Gleichförmigkeit der Städte empört, meinte er und überführte ein entsprechendes Novalis-Zitat flugs ins Englische, um dann in wenigen, scharfkantigen Sätzen neue Sachlichkeit und Bauhaus als lebensfeindlich zu attackieren.

Diesen Ball nahm wiederum Tädeus von Tadelshofen auf. Von Kindestagen her an das Leben in Bauten von ausgelassener Schnörkelhaftigkeit gewöhnt, frage er sich bei der heutigen Architektur immer, wann denn nun die Steinmetze anrückten, die Bildhauer, die Kupferstecher, Elfenbeinarbeiter, Kunstschlosser, Goldschmiede, Medailleure und Stuckateure, oder ob man wohl schon fertig zu sein glaube mit dem Bauen?

Jonathan fasste mutig nach und verwies auf ein Grundlagenwerk über die Architektur der Postmoderne. Die Augen Pavel Berger-Grüns ruhten mit zärtlicher Väterlichkeit auf dem deutlich jüngeren Rechtsanwalt. Dieser spürte, dass er gewonnen hatte. Als sie sich verabschiedeten, fragte Berger-Grün erneut nach Jonathans Kanzlei. Jonathan Rischke überreichte ihm seine Visitenkarte.

»Überrascht, mein Lieber?«, grinste von Tadelshofen.

Überrascht war kein Ausdruck. Die höhergestellten Kommunikationsfuzzis im Soho hatten sich halb in die Hosen gemacht, welches Wagnis er da eingehe, sich mit den Gentrifizierungsgegnern einzulassen. Und hier, in der zwanzigmal reicheren République Royal wurde er dafür gefeiert wie Robin Hood. Jawohl, Jonathan Rischke war überrascht!

»Und wie Sie wissen, Tädeus, schwimmt meine Familie nicht seit Jahrhunderten im Geld. Ich gestehe Ihnen deshalb in aller Offenheit: Ich habe mir die Spitze unserer gesellschaftlichen Sahnetorte gründlich anders vorgestellt, ich dachte, die sind alle ...«

»Knallrechts?«, warf von Tadelshofen dazwischen.

»Das nicht unbedingt, aber spießiger, in gewissem Sinne auch kränker, neurotischer, in jedem Fall ausgestattet mit einer undurchdringlichen, alle sozialen Belange rücksichtslos und zynisch hinwegfegenden Klassensolidarität!«

Von Tadelshofen lächelte: »Spießig, wo denken Sie hin? Wer es sich leisten kann, leistet sich auch einen Lebenswandel, in dem für Spießigkeiten ziemlich wenig Platz übrigbleibt. Es sei denn, man baut sich ein öffentliches Image als Moralapostel auf, meistens zu Geschäftszwecken, dann ist man eben ein Heuchler. Und Klassensolidarität, alors, le temps perdu! Klassensolidarität, das ist kein schönes Wort, Jonathan. Sie scheinen insgesamt etwas altertümliche Vorstellungen zu haben, wer da heutzutage wessen Solidarität benötigt. Ich will Ihnen mal was erklären, Jonathan, über die ökonomischen Realitäten unserer Zeit. Die sehen leider Gottes so aus, dass diese Irren mit ihrem Finanztsunami auch unsereinem die Lampen auslöschen werden, wenn wir nicht höllisch aufpassen! L'argent n'a pas d'odeur. Aber dieser Spekulantenpöbel ist anders gestrickt als Leute wie Pavel Berger-Grün. Für den ist sein sagenhafter Reichtum nur das Nebenprodukt seines Erfolges und garantiert ihm die Freiheit, wirkliche Kunst machen zu können, ohne dass ihm irgendeine Knallcharge einer sechstklassigen Produktionsfirma permanent reinredet. Trotzdem oder gerade deshalb, ist eine Kultur, in der nur noch die teuersten Blockbuster durchgehen, für einen Berger-Grün der reine Alptraum. Und woher, meinen Sie, kommt der in letzter Zeit nachgerade anti-kapitalistische Ton der *FAZ*? Ich will es Ihnen sagen, Jonathan: Die Industrie ist nicht weniger gierig als die Finanzbranche und mindestens so skrupellos. Die rollen, Ihnen muss ich das ja nicht erklären, über ganze Leichenberge, wenn es Geld bringt. Aber die Industrie benötigt für ihre Profite ein Mindestmaß an gesellschaftlicher Funktionalität: Verkehrssysteme, die eine Belegschaft zuverlässig zum Werk bringen und dort wieder abholen, ein Gesundheitssystem, das die Leute arbeitsfähig flickt, wenn sie krank sind, und so fort. Die Industrie braucht halbwegs geordnete politische Zustände, mit denen man langfristig kalkulieren kann. Diesen Spekulanten ist das alles völlig schnuppe! Langfristig heißt für die: Zehn Minuten und jede Turbulenz ist gut fürs Geschäft! Vive l' indifference!

Glauben Sie zum Beispiel, die Bewirtschaftung unseres Familienbesitzes wird dadurch einfacher, dass heute eine Horde Wahnsinniger von ihren Laptops aus mit Hedgefonds und Derivaten auf Waldflächen spekuliert, die zusammenaddiert ein Vielfaches der gesamten Erdoberfläche ergeben? Im Übrigen ist jener Teil der Menschheit, den Sie in diesem Country Club vorfinden, keineswegs ›die Spitze der gesellschaftlichen Sahnetorte‹, wie Sie sich auszudrücken belieben, noch lange nicht, Johnathan, seien Sie dessen versichert ...«

Von Tadelshofen begann und endigte seinen Vortrag ruhig und souverän, wie man ihn kannte. Zwischenzeitlich allerdings hatte er sich ein wenig in Rage geredet, dabei für Sekundenbruchteile beinahe die Contenance verlierend.

Das war ein höchst ungewöhnlicher Vorgang, ein geradezu skandalöses Ereignis, welches Jonathan Rischke im gleichen Moment richtig einzuordnen verstand: Haus Tadelshofen hatte finanzielle Probleme.

Am Abend, zurück in seinem Berliner Loft, rief Jonathan bei KQ an und lud ihn ein, zum Abendessen vorbeizukommen. Man müsse die Balkonkampagne noch einmal neu bedenken und wieder Schwung in die Sache bringen. Der Quex war hocherfreut. Rischke kochte selbst, erklärte dabei den Stand der juristischen Dinge und natürlich landeten die beiden nach dem Essen im Bett.

Am nächsten Tag sollte Lola zum Brunch zu den beiden stoßen. Selbstverständlich kam sie wieder zu spät. Nicht zwanzig Minuten oder eine halbe Stunde, wie mindere Leute sich das erlaubten. Lola kam in der Annahme, als Rechtsanwalt hätte Jonathan ohnedies nichts Sinnvolles zu tun im Leben, volle drei Stunden zu spät in dessen Loft an. Es hätte eben auch jede Menge Verkehr gehabt, erläuterte Lola. Dabei eröffnete sie ungeniert den Brunch und schnappte sich zielsicher das einzige Marzipan-Croissant aus dem Brotkorb.

Übrigens sei ihr, Lola, auf der Karl-Marx-Straße etwas Wunderbares passiert, berichtete sie fröhlich schmatzend. In der Autoschlange an einer Ampel kurz hinterm Hermannplatz hätte sie dieser Mann überholt, auf einem gelben Fahrrad. Er habe ein ebenfalls gelbes Schild über den Rücken hängen gehabt, etwas von Demokratie, Widerstand, Europa habe darauf gestanden.

»Ein älterer Mann, vielleicht um die sechzig war das. Grauer Schnurrbart und so, Filzjacke. Radelt da rum, mit diesem Protestschild auf dem Rücken. Und plötzlich beginnt der Mann, in eine Trillerpfeife zu blasen!«, schilderte Lola weiter, sichtlich begeistert, aufgeregt direkt: »Und trillert und trillert und triumphiert!«

Aus der Gewohnheit heraus, sich von anderer Leute Begeisterung begeistern zu lassen, tat KQ begeistert. Jonathan machte ein ratloses Gesicht. »Was genau hat der da zu triumphieren gehabt?« KQ, der sich ebenso von fremder Skepsis bereitwillig anstecken ließ, meinte nun skeptisch: »Versteh ich auch nich ...«

Lola rollte die Augen: »Dieser Mann fährt diese Straße hinunter, mitten im Berufsverkehr, mit einem Schild auf dem Rücken, dessen viel zu kleine Buchstaben man kaum lesen kann. Irgendwas stand da auch noch drauf von einem neuen Sturm auf die Bastille. Dazu trillert er herum ...« Das müssten sie doch wohl einsehen, dass dieser Mann in exakt diesem Moment die ganze Bedeutungslosigkeit seines Lebens hinter sich gelassen und zu einem relevanten gesellschaftlichen Akteur aufgestiegen sei!

Die beiden sahen das eher nicht ein, aber so leicht gab Lola nicht auf: Dieser Mensch habe sich entschieden! Dieser Mensch habe etwas begonnen, etwas namenlos Lächerliches, das jedoch darin, dass es eben ein entschlossener Anfang sei, einen unendlichen Triumph darstelle. Dieser alte Mann auf seinem Fahrrad sei geradezu um Lichtjahre vorgeprescht! Sieger sähen so aus, neuerdings.

»Kaffee?«, wollte Rischke wissen. »Sojamilchkaffee«, gab Lola zurück. Rischke drückte die entsprechende Taste an seinem sündhaft teuren, chromverspiegelten Kaffeeautomaten und dieser spuckte, zur allgemeinen Überraschung, anstandslos einen Sojamilchkaffee in die Tasse. Jonathan nutzte die Gelegenheit:

»Schau, Lola: Das nenne ich einen Triumph! Kein fehlendes Wasser, kein rotes Lämpchen meckert, dass ich Bohnen nachfüllen, den Filter wechseln oder die Maschine entkalken muss, keine sonstige Fehlfunktion. Ich drücke auf die Taste für Sojamilchkaffee – et voilà: Sojamilchkaffee!«

»Na gut, auch das ein triumphales Ereignis!«, zeigte sich Lola großzügig. Man werde ihr jedoch zustimmen, dass der Begriff »Triumph« sich durch einen inhärenten Superlativismus auszeichne, den er manch anderem Begriff weit voraushabe. Vielleicht könne man sich deshalb darauf einigen, dass sowohl ihr protestlerischer Radfahrer als auch Jonathans Sojamilchkaffee geeignet seien, den Tatbestand eines Triumphes überzeugend zu erfüllen. Beides aber verblasse jäh im Vergleich hierzu.

Dabei griff Lola in die Innentasche ihrer uniformartigen, hellblauen Jacke, zog ein zusammengefaltetes Papier heraus und warf es theatralisch in den inzwischen geplünderten Brotkorb.

KQ schnappte sich das Teil, faltete es sorgfältig auf und strich in einer langwierigen Prozedur erst einmal das Papier glatt. Anstatt zu lesen, reichte er es anschließend mit den Worten »Macht meine Rechtsabteilung!«, an Rischke weiter. Der schließlich las und fragte nur: »Woher?« Lola: »Das hier ist dpa, läuft bei den anderen Agenturen aber auch.« Rischke: »Das sind ganz sicher dieselben?« Lola: »Jaja, das ist denen ihr Berlin-Häuptling, ich hab's gegoogelt.«

»Der Balkonfrevler hat ausgefrevelt, richtig?«, schaltete sich der Quex ein, nachdem Rischke ihm düster schweigend das Blatt zurückgegeben hatte. Lola und Rischke nickten.

Deutsche Presseagentur
Helsinki / Berlin – Todesfall erschüttert skandinavischen Investmentfonds. Lars Lundergreen, Deutschlandchef von »M-Square«, wurde am vergangenen Dienstag tot in seiner Berliner Wohnung

aufgefunden. Die Polizei nahm zur Todesursache bisher keine Stellung. Der Hochrisiko-Fonds stand wegen seines undurchsichtigen Finanzgebarens in der Kritik. Branchenkenner gehen von erheblichen Finanzproblemen des international agierenden Unternehmens aus.
UPDATE 10:43: Die Berliner Kriminalpolizei geht laut PM von einem Freitod aus.

Die Einladung kam so überraschend wie folgerichtig. Der Geschäftsführer weigerte sich allerdings auch bei diesem Arbeitsessen beim Edel-Thai »Ho Chi Minh«, Lola wenigstens die kommissarische Chefredaktion des Stadtmagazins anzutragen. Über den Fall Lundergreen wollte er derweil alles wissen.

Lola musste aufpassen. Das war genau die Methode, die sie von dem Typen kannte. Informationen abschöpfen, sie auf die richtig heißen Stories ansetzen und dafür Handlungsspielräume eröffnen. Bloß ja keine strukturellen Zugeständnisse. Alles vermeiden, was den Verlag irgendeinem Risiko aussetzte. Und Lola, so viel war längstens klar, galt als risikobehaftet.

Immerhin sollte sie die nächste Titelstory machen, wurde ihr eröffnet. »1 500 Euro«, erwiderte Lola trocken: »Zusätzlich zum Zeilensatz, Fahrtkosten und Spesen. Und ich will das diesmal vorher schriftlich haben.«

Der Geschäftsführer schluckte, nahm einen Schluck Weißwein und schluckte schließlich auch Lolas Forderung. Für die schriftliche Bestätigung der Vereinbarung musste Lola im Laufe des nächsten Tages noch ein paarmal nachhaken, per E-Mail und Telefon.

Sie hakte nach – und obsiegte.

Jonathan hatte sich diesen zwanzigjährigen Afrikaner über gayromeo.com organisiert. Sam, oder wie er sich nannte, betrieb dort ein Escort-Profil.

Der Feueralarm erwischte Jonathan kurz vorm Orgasmus, doch er behielt die Nerven. »Let's go, my horse, giddiyo!«, zischelte er dem Jungen ins Ohr, zog am Poppers und legte los. Er packte den Boy hart an, zehn, zwanzig tiefe, feste Stöße, dann spritzte er ab.

Danach musste natürlich alles sehr schnell gehen. Die Alarmsirenen machten einen Riesenlärm. Jonathan sah aus dem Fenster. Unten auf der Torstraße kam ein Löschzug angefahren. »Come on! Come on!«, trieb Jonathan den Jungen an, sich anzukleiden, streifte den Gummi ab und war selbst ruckzuck angezogen. Gewissermaßen als Gefahrenzulage stopfte er diesem Sam oder Jim oder wie er hieß statt einem Hunderter einen Zweihunderteuroschein in die Jeanstasche, ein kurzer Kuss auf den Mund und nichts wie raus.

Leichte Panik machte sich breit im Treppenhaus. Jonathan achtete darauf, dem Afroboy im Gewimmel der fliehenden Betuchten Deckung zu geben. »Stay right behind me!«, gab er Bescheid. Als sie im Foyer des Soho angekommen waren, konnte sich den Grund für den Alarm noch niemand so recht erklären.

»I have not the faintest idea, my dear!«, zuckte auch Jonathan die Achseln, als Sam nach der Ursache fragte.

Eine Durchsage der Feuerwehr forderte alle auf, sich nach draußen zu begeben. Das hätte man angesichts der unwirtlichen Witterung nun gerne vermieden.

Vor der Tür machte sich Sam bei der ersten Gelegenheit aus dem Staub. Jonathan verabschiedete die schwarze Perle mit einem Augenzwinkern und rauchte erst mal eine. Feueralarm und Orgasmus, dachte er genießerisch, das war das Geheimnis seines Aufstiegs in Reinkultur: der Kick des Verbotenen, die Geilheit der Gefahr!

Als Rischke eine Viertelstunde später, in der Tiefgarage des Soho, vor den rauchenden Resten seines ausgebrannten Bugatti Veyron stand, liefen ihm die Tränen herunter. Der Feuerwehrmann klopfte ihm auf die Schulter und sagte mitfühlend: »Verfickte Scheiße, wa?«

Sofort stiegen die Feindmedien groß ins Thema ein. Während der Tod des Fondsmanagers Lars Lundergreen in einer Randnotiz vermeldet wurde, brachte die *BZ* als Schlagzeile »Die Geister, die ich rief ...«, darunter ein Foto von Rischkes ausgebranntem Bugatti, daneben ein konsternierter Rischke und im Text hieß es: »John Eduard Rischke hat sich einen Namen machen wollen, als Held der sogenannten ›Gentrifizierungsgegner‹. Gestern erlebte der Jungrechtsanwalt, welche Geister er da gerufen hat: Linke Chaoten fackelten seinen Bugatti ab!«

Jonathan pochten die Adern in den Schläfen, als er das las. Exakt diese Art der Prominenz hätte es zu vermeiden gegolten, um jeden Preis. Dazu die Häme. Jungrechtsanwalt? Er war 48. Und dieses »John

Eduard Rischke«! Woher hatten die bloß diesen Eduard? Jonathan hieß so nicht und hatte auch kein Interesse, daran etwas ändern zu lassen. Was sollte denn das?

Auf Seite drei wurde das Thema weiter ausgewalzt. In einem Kommentar hieß es, der Herr Rechtsanwalt habe sich ja zuletzt als Robin Hood der jungen Kreativen gefallen. In Wirklichkeit sei er nur der nützliche Idiot der neuen Stadtguerilla gewesen. Immerhin sei der weitaus schlimmere Verdacht, Rischke mache sich mit linken Extremisten gemein, nunmehr vom Tisch. Vielleicht aber halte der Herr Rechtsanwalt das Abfackeln seines Bugattis auch für eine gelungene Aktion junger Performancekünstler am »Kreativstandort Berlin«?

Die *Junge Welt*, deren Redaktion sich auf der dem Soho House gegenüberliegenden Seite der Torstraße befand, beschäftigte sich ebenfalls mit Rischkes Auto. Man hatte ein Foto der auf dem Gehweg stehenden Clubgäste während des Feueralarms gemacht und untertitelte die Bildmeldung: »Wilhelm Piecks Rache? In der Parkgarage eines Business-Clubs im ehemaligen Institut für Marxismus-Leninismus, das einst Wilhelm Piecks Arbeitszimmer beherbergte, brannte gestern ein Bugatti Veyron aus. Von den Tätern fehlt jede Spur.«

Jonathans Lebenslage bekam endgültig einen surrealistischen Zug dadurch, dass am haargenau selben Tag das neue Stadtmagazin ausgeliefert worden war. Das war nicht mehr rechtzeitig zu stoppen gewesen, also hatten die Kioske der Hauptstadt einen doppelten Rischke im Angebot.

Er war wahlweise der Depp des Tages – oder ein hellsichtiger Rechtsanwalt, dessen mutiger Einsatz entscheidend dazu beigetragen hatte, die miesen Geschäftspraktiken eines offenbar dubiosen Investmentfonds aufzudecken, wie Lola in ihrer angriffslustigen Titelstory geschrieben hatte.

Die Lage war zum Verzweifeln, aber Lola sei Dank, zumindest offen. Mit etwas Glück, hoffte Jonathan, konnte man den Diskurs so twisten, dass er am Ende nicht allzu beschädigt dastünde, in der breiteren Öffentlichkeit und in seinem geschäftlichen Umfeld.

Aber was war das für ein mieses Hoffen? Jonathan stierte verloren vor sich hin. Einige Minuten später nahm er alle Kraft zusammen, legte das Stadtmagazin weg, raffte sich auf ... und sank zurück auf den Fußboden, wo er in Depression verfiel.

Kaum im Selbstmitleid ertrunken, riss ihn »Karma Police« von Radiohead aus dem Meer von Verzweiflung und Fassungslosigkeit. Es war der Klingelton seines Handys. Rischke brauchte einige Sekunden, um sich aufzurappeln und das Handy aus der Sakkotasche zu angeln. Er erwischte den unbekannten Anrufer gerade noch.

»Hi there, Nath. Pavel speaking. Pavel Berger-Grün, remember?«

Donna Fauna stellte derweil Nachforschungen an, wer hinter der Aktion mit Rischkes Bugatti stecken konnte. Hatten besonders strenge Militanz-Apostel Rischke zum Feindbild auserkoren? Hatten also tatsächlich Gentrifizierungsgegner dessen knallrotes Spielzeug abgefackelt?

Es war nicht auszuschließen, jedoch unwahrscheinlich. Für so abgrundtief bescheuert mochte sie selbst die durchgeknalltesten Glaubenskrieger von der roten Kirche der revolutionären Wahrheit nicht halten. Vor allen Dingen traute sie denen, die sie für bescheuert genug hielt, nicht zu, so ein Ding in der Tiefgarage des Soho abzuziehen. Da gab es doch sicherlich Kameras, Security und Rauchmelder! Es war kaum anzunehmen, dass man da einfach so rein- und rausspazieren konnte.

Fauna hörte sich um. Man mochte Rischke durchaus nicht. So weit, dass man gegen ihn aktiv geworden wäre, gingen die Feindseligkeiten aber nicht.

Das beruhigte Fauna. Der Fall war für sie damit erledigt.

Nicht so für Lola. Die war von der Entwicklung ausnahmslos begeistert und hätte darüber beinahe ihre Rückenschmerzen vergessen. Für die Verkaufszahlen des Stadtmagazins konnte es nur Gutes bedeuten, mitten im Trubel um Rischkes Bugatti, Lundergreens Tod und den M-Square-Skandal mit einer Titelstory auf dem Markt positioniert zu sein, die sich nun wie ein annähernd prophetischer Hintergrundbericht las.

Das alles entsprach ihrer Methodik: von Zeit zu Zeit ein bisschen polarisieren, voll rein ins Konfliktfeld, und dann wieder hübsch zurück ins Körbchen.

Letzteres hieß: dranbleiben, klar, aber die Storyline gezielt abflachen, dem Thema ein bisschen freundlichere Farben beimischen.

Lola schlug als neue Titelgeschichte vor: »Der Winterbalkon«. Eine gutgelaunte Foto-Reportage über außergewöhnliches Balkon-Design in der winterlichen Hauptstadt, ein Interview mit einem Blumenhändler über immergrüne Balkon-Botanik und dazu ein Jura-Ratgeber, der die Mieter informierte, was sie auf ihren Balkonen durften und was nicht. Die Fotos für die Reportage würde der Kanarienquex liefern, den Ratgeber natürlich Jonathan Rischke, den man jetzt keinesfalls fallen lassen dürfe, sondern hegen und pflege müsse, der stehe auf der Schwelle zu echter Prominenz, so Lola.

Die Verlagsleitung hatte damit gerechnet, Lola würde, enthusiasmiert durch die Eskalation »ihres« Themas, komplett überschnappen und dem Magazin einen Radikalisierungskurs verordnen wollen. Dass sie stattdessen zu diesem geschickten Schachzug riet, gefiel der Geschäftsleitung außerordentlich. Das zerstreute einige Ängste, Lola sei allzu draufgängerisch.

Lola wurde erneut ins »Ho Chi Minh« geladen. Sie warf zur Sicherheit eine Voltaren Resinat ein und blieb den ganzen Abend über schmerzfrei. Als sie für die November-Titelstory diesmal 2 500 Euro plus Zeilengeld und Spesen forderte, meinte der Geschäftsführer, das komme gar nicht infrage. Vielmehr werde man sich diese unverschämten Forderungen ihrerseits künftig elegant ersparen, indem man sie nämlich für das gleiche Geld zur Chefredakteurin mache. Kommissarisch könne sie den Posten sofort antreten.

Lola jubilierte innerlich.

Äußerlich verhandelte sie kühl und verhandelte gut.

Die mediale Lage, die sich in der Hauptstadt ergeben hatte, besaß Seltenheitswert. Seit Jahren hatte man sich daran gewöhnt, dass die Berichterstattung nahezu sämtlicher Presseerzeugnisse auf identischem Agenturmaterial basierte. In der Bewertung desselben befuhren die Redaktionen vorgezeichnete Linien.

In diesen Oktobertagen zerriss es für kurze Zeit diesen beengten Interpretationskorridor in einer Kakophonie der Darstellungen.

Es fing damit an, ob man Rischkes Bugatti, Lundergreens Tod und die Ermittlungen gegen den finnischen Immobilienfonds M-Square überhaupt in einen Zusammenhang stellen wollte. *BILD* brachte am Folgetag kein Wort über M-Square oder den toten Lundergreen, sondern trat lieber noch ein bisschen gegen Jonathan nach. Der *Tagesspiegel* fragte laut, ob der Tod Lundergreens mit den Ermittlungen gegen M-Square zusammenhinge. *Neues Deutschland* und die *Junge Welt* stellten die gleiche Frage rein rhetorisch und bejahten sie. Die *Berliner Zeitung* verneinte sie dahingehend, »Depressionen und Schwierigkeiten im privaten Bereich« seien wohl für Lundergreens Freitod verantwortlich.

Die *taz* schrieb ausführlich über M-Square, pochte auf Aufklärung und parkte dafür Rischkes Bugatti in der Gesamtstatistik abgefackelter Autos ab.

Die *Financial Times Deutschland* machte die betrügerischen Praktiken von M-Square zum Hauptthema. In mehreren skandinavischen Ländern werde wegen Betrugs und Steuerhinterziehung ermittelt. In Norwegen sei bereits Anklage erhoben worden. Sogar die bislang schnarchnasige Börsenaufsicht in Frankfurt am Main sei in ungewöhnlichen Aktivismus ausgebrochen. Offenbar habe man dort gute Gründe, vorsorgliche Schadensbegrenzung zu betreiben. So schrieb ein Irinäus von Tadelshofen, Redakteur der Financial Times Deutschland.

Irinäus von Tadelshofen?

Eduard Rischke?

Irgendeine Narrenenergie musste sich der Vornamen in dieser Stadt bemächtigt haben, sinnierte Jonathan Rischke als er den Artikel online las.

Er surfte weiter und war elektrisiert als er auf Spiegel Online anlangte, wo sein Bugatti in einem äußerst überraschenden Zusammenhang zur Sprache gebracht wurde. In einem Interview mit dem renommierten Filmregisseur Pavel Berger-Grün nämlich, der wegen Dreharbeiten zu seinem neuen Streifen in Berlin weile!

Berger-Grün führte aus, wie sehr er Berlin schätze, gerade auch wegen der ungebrochenen Radikalität der Widersprüche in dieser Stadt. Das mache Berlin ungeheuer inspirierend. Selbstredend, räumte Berger-Grün auf Nachfrage ein, komme es dabei auch zu beklagenswert fehlgeleiteten Konfrontationen. Sein Freund und Mitarbeiter etwa, der Rechtsanwalt Jonathan Eduard Rischke, sei, obgleich einer der engagiertesten Streiter gegen die Exzesse der Gentrifizierung, kürzlich auf nahezu groteske Weise zwischen die Fronten geraten ...

Berger-Grün! Das war die Rettung! Jonathan ballte die Faust und sprang jubelnd mit seinem Laptop durch die Kanzlei. Allen Mitarbeitern zeigte er das Interview! »Gerettet, gerettet!«, rief Rischke immer wieder und alle waren froh und erleichtert über die Rettung ihres Chefs, der durch alle Büros tanzte.

Plötzlich wurde Rischke todernst und befahl mit schnarrender Stimme, sämtliche Arbeiten für heute umgehend einzustellen: »Jetzt wird gefeiert, Leute!« Jonathan holte aus dem Kühlschrank zwei Flaschen Champagner und gab eine Großbestellung beim Pizzaservice auf.

Die Party zog sich bis in die Nacht, irgendwann legte Rischke Elektromucke ein und drehte voll auf. Immer mehr Leute kamen dazu, Freunde von Rischke, Leute aus umliegenden Büros, Freunde der Mitarbeiter und andere, die kein Mensch kannte, wahrscheinlich feierlustige Passanten, die einfach geklingelt hatten. Berlin, sagte Jonathan zu sich, als er, besoffen, bekokst, bekifft und glücklich, die Kanzlei hinter sich abschloss: Berlin!

Er winkte das nächste Taxi und fuhr ins heimatliche Loft.

Dort angekommen, warf Jonathan eine halbe Packung Räucherstäbchen an und sich selber auf den Boden vor einer kleinen, hölzernen Buddha-Statue. Er hatte auch andere Buddha-Statuen, wertvollere, imposantere, antike. Aber die hier hatte er sich von seinem allerersten Asientrip mitgebracht. Die war jetzt die Richtige, um seine Dankbarkeit und Demut zu empfangen! Gerettet! Ein Wunder!

Ein waschechtes Wunder war ihm widerfahren.

Speziell Berger-Grüns Einsatz rührte Jonathan nachhaltig. Nichts in der Welt hatte Berger-Grün verpflichtet, sich in dieser Weise für einen Menschen zu verwenden, den er doch eher flüchtig kannte bis dahin. Dieser Freundesdienst wog schwer. So schwer, dass Jonathan sogar diesen »Eduard« verschmerzte, den ihm nun auch Berger-Grün angeheftet hatte.

John Eduard Rischke? Vielleicht doch. Das hatte was.

Mehr gute Nachrichten liefen ein von der Medienfront. Der *Tagesspiegel* biss sich jetzt an den Machenschaften von M-Square fest. In einem fulminanten Kommentar von Tissy Bruns wurde Jonathan erwähnt als einer, der den Stein ins Rollen gebracht und dafür einen hohen persönlichen Preis zu entrichten gehabt hätte. In der *Financial Times Deutschland* brachten sie ein ausführliches Interview mit einem finnischen Wirtschaftsjournalisten, der über M-Square seit Jahren recherchierte und den Laden für richtiggehend kriminell erklärte. Damit nicht genug, attackierte dieser Irinäus von Tadelshofen in der gleichen Ausgabe die *BZ*.

In einer Glosse schrieb er, diese direkte Schadenfreude, mit der man im Hause Springer auf den brennenden Bugatti eines renommierten

Rechtsanwalts reagiert hätte, sei unerhört. Die *BILD* spiele damit den Tätern in die Hände, werte sie in unverantwortbarer Weise auf.

Das alles war etwas zu erfreulich, um wahr zu sein! Jonathan befand, dass diese kampagnenförmig auftretenden Artikel zu seinen Gunsten kein Zufall sein konnten. Jemand wirkte im Hintergrund. Jemand koordinierte. Jemand setzte Truppen in Bewegung und organisierte Gegenangriffe, um Jonathan aus der Schusslinie zu bekommen.

Dieser Jemand war Buddha, natürlich, in einer gewissen Hinsicht, sicherlich zog auch Lola an diversen Strippen, beziehungsweise ... Tädeus von Tadelshofen!

»Oder sollte ich sagen: Irinäus?«, scherzte Jonathan, als sie sich im Facebook-Chat begegneten.

Ich??

SIE!!

Ach so?

GEBEN SIE ES ZU!!!!!

Bon. Ich gestehe.
Halb so wild.

Habe ein bisschen telefoniert.
Tagesspiegel war nicht ich.

Wirklich nicht!!!

Egal.

Sie haben mir den Arsch aus dem Feuer gerissen!

Reine Sentimentalität, mein Lieber.

😊

Für unsereins hat das Wort
Freundschaft einen alten Klang ...

Für Unsereins (gay folks!) auch ... 😂😂

Alors ...

Ich stehe auf ewig in Ihrer Schuld

Bleiben Sie da nicht gar so lange stehen
mit Ihrem feurigen Arsch.

OK

Muss weitermachen.

Volk hungert.

FREIHERR VON TADELSHOFEN!
SIE WERDEN JETZT GEFÄLLIGST MEINE
UNENDLICHE UND ÜBRIGENS VÖLLIG
ANGEBRACHTE DANKBARKEIT ZUR
KENNTNIS NEHMEN UND BIS AN IHR
LEBENSENDE DAMIT LEBEN MÜSSEN,
MICH ALS TREUEN FREUND AN
DER HACKE ZU HABEN!!

Mon dieu!

Sie sind gut!

Na, meinethalben.

Ich akzeptiere

und wir sehen uns bei Metternichs!

CU & 1008x DANKE!!

Stop it!!

Im Laufe der nächsten Tage drehte der mediale Wind endgültig in die gewünschte Richtung und wurde zum Sturm. Eine Hackergruppe veröffentlichte interne Dokumente und E-Mails aus der M-Square-Zentrale. Hierin wurde unter anderem der Einkauf finnischer Parlamentarier, Berliner SPD- und Linksparteipolitiker und europäischer Kommissionsfuzzis offen diskutiert. Das Thema erreichte Tagesschau, Tagesthemen und das Heute-Journal.

Gleichzeitig sickerten Details über die Todesumstände Lars Lundergreens durch. In der Badewanne seiner Wohnung sei der Fondsmanager aufgefunden worden, berichtete n-tv mit Verweis auf Polizeikreise, mit einer Plastiktüte über dem Kopf. Drogeneinfluss könne nicht ausgeschlossen werden. Für Gewalteinwirkung habe man keine Hinweise, verlautbarte die Polizei auf Nachfrage des *Tagesspiegel*. Neben der Selbstmordtheorie brachte RTL die Vermutung auf, es könne sich auch um einen Sexunfall gehandelt haben.

Hohe Zeit der Abgründe!

Der skandalumwitterte Tod Lundergreens und der M-Square-Skandal rückten zu Jonathans Erleichterung den Bugatti-Brand weit in den Hintergrund. Dafür gewann die Berichterstattung über den schwelenden Finanzskandal der M-Square-Gruppe an Schwung. Der Staatsanwalt in Helsinki hatte Anklage erhoben gegen den Vorstand des Fonds, wegen des Verdachts auf Untreue, Betrug, Steuerhinterziehung, Bestechung und Erpressung.

Jonathan Rischke war bestens gelaunt. Überdies sah es danach aus, als würde die Versicherung klaglos für den Bugatti aufkommen, und Jonathan beschloss, nicht die gesamte Summe in eine Nachfolgekarrosse zu investieren. 40 000 Euro wollte er abzweigen – für die Mitgliedschaft in der République Royal.

Was die dortigen Kontakte wert waren, hatte er ja erleben dürfen.

Dritter Teil

Witterer der Wechselwinde

»Wir sehen eine Welt voller Fragezeichen, einen gewaltigen Krisenknoten wie ein buddhistisches Kōan, schier unlösbar. Aber in der Lösung des Unauflösbaren liegt mehr als eine Antwort. Eine ganze neue Welt liegt darinnen.«

Der Zukunftsforscher, Heiler und Homöopath Friedhelm Persch sprach diese Worte, und der natürliche Hall in der alten Orangerie verstärkte die schwer zu erklärende, numinose Kraft, die ausging von dem Gesagten und von dem, der es sagte.

Handelsübliches Charisma oder echte Magie? Das fragte sich von Tadelshofen, der in einer hinteren Reihe neben Pavel Berger-Grün saß und diesem flüsternd übersetzte.

Am Inhalt des Vortrages, welcher unter dem Titel »Zur Weltenwende – Passagen transzendenten Bewusstseins« angekündigt worden war, konnte es nicht alleine liegen. Diese Mischung aus Nachhaltigkeits-Talk, Hausfrauen-Esoterik, Neo-Schamanismus und New-Age-Philosophie, die da referiert wurde, war nicht wirklich spektakulär.

Aber der Freiherr hörte einen stummen Subtext mitlaufen, eine Botschaft von betörender Gefährlichkeit, verkapselt im Nicht-Ausgesprochenen. Von Tadelshofen hatte eine Ader für so was. Dieser Persch, so viel stand fest, der meinte mehr, als er sagte.

Insgesamt 35 Personen, fast ausnahmslos Clubmitglieder der République Royale, waren ins Metternich-Center gekommen, um den Ausführungen Friedhelm Perschs über den Kollaps des alten Denkens und den Umbau der Welt in und außerhalb der menschlichen Seele zu lauschen. Heather und Bobby saßen in der ersten Reihe und blickten wie gebannt auf den Redner. Auch der Yoga-Unternehmer Pedrillo Caldez und seine Janette waren da.

Und jetzt stieg die Zahl der Zuhörer auf 37 an, denn Jonathan Rischke kam herein, zu spät, natürlich, hatte er doch, von seinen neuen Rechten als Vollmitglied der République Royale Gebrauch machend, den Kanarienquex mitgebracht. Zu zweit hatten sie dann noch ewig auf Lola Mercedes gewartet, ehemals Chefredakteurin des Stadtmagazins und jetzt deutschlandweit prominente Bloggerin. Aber die war einigermaßen durch den Wind in letzter Zeit, lag mit bösen Rückenschmerzen danieder und hatte sie diesmal komplett versetzt.

Von Tadelshofen winkte Jonathan und den Kanarienquex zu sich und deutete auf die noch leeren Stühle neben dem seinen. »Schau Dir das an!«, stieß KQ halblaut aus, als sie sich, so leise es ging, gesetzt hatten. »Das glaub' ich nicht!«, gab Jonathan fassungslos zurück. »Des isser, eindeutig, des isser!«, flüsterte wieder KQ.

Auch dem Zukunftsforscher, Heiler und Homöopathen Friedhelm Persch blieb für einen Moment die Luft weg, als er die Neuankömmlinge fixierte.

»Mach Dir nichts draus. Ich bin inzwischen Rechtsanwalt geworden. Auch nicht schön«, flötete Jonathan Rischke fröhlich, als die Veranstaltung zwischen Vortrag und Diskussion in die Pause gegangen war. Er gab sich alle Mühe, die Distanz zu überbrücken, die der ungewohnte Rahmen ihres Wiedersehens mit sich gebracht hatte.

»Friedhelm Persch! Ich pack's einfach nicht! Friedhelm Persch! Oh Mann! Friedhelm 2«, japste KQ, bevor er erneut in unkontrolliertes Kichern und Glucksen ausbrach.

»Könnt Ihr mich auch mal einweihen? How come, dass Ihr Euch so erheitert?«, beschwerte sich Pedrillo.

»Eine herrliche Anlage, dieses ganze Clubgelände!«, fuhr Persch zischelnd dazwischen, angstvoll, denn von Tadelshofen und Berger-Grün kamen jetzt daherspaziert.

»Mein lieber Persch! Es ist nicht so meine Art normalerweise, die Welt durch das Prisma des Mystischen zu erblicken, wie sie vorhin sagten. Ich bin eher bodenständig veranlagt, wissen Sie. Mais c'est bon. Sehr erhellend und stellenweise auch ein wenig erdunkelnd, Ihr Vortrag. Vielen Dank, mein Lieber, in der Tat!«, kumpelte von Tadelshofen gepflegt los.

»Verzeihen, meine Deutsch is nich so good but: very impressive, indeed!«, sekundierte Pavel Berger-Grün.

Friedhelm Persch switchte auf Englisch um und unternahm einen Versuch, sich im Gespräch mit Berger-Grün und dem Freiherrn von KQ und Rischke zu entfernen, was Letzterer beherzt unterband. Sie würden es nämlich nicht für möglich halten, hob er an, dass er und der Kanarienquex hier unverhofft auf einen Freund aus alten Zeiten gestoßen seien. Freilich habe man den Namen Friedhelm Persch heute zum ersten Mal gehört, an diesem ungewöhnlich sonnigen Herbsttag in der République Royale. Seinerzeit nämlich habe man den heutigen Referenten gekannt als ... Neolin!

»Neolin 2«, gab KQ furztrocken hinterher.

»Seher und Hausschamane von Shivas Paradize!«, schloss Jonathan Rischke die Enthüllung feierlich ab.

Fragende Gesichter.

»Shivas Paradize. So hieß ein Goa-Club in Berlin. Da haben wir uns kennengelernt«, versuchte KQ zu erläutern.

»Und einen Großteil unseres damaligen Lebens verbracht«, fügte Jonathan an.

Von Tadelshofen schaute überrascht: »Sie haben in diesem Schuppen gewohnt, oder wie darf ich mir das vorstellen, mon vieux copain?«

»Wissen Sie, Tädeus: Techno, Goa, Schranz und Trance ...«, versuchte Rischke sich begreiflich zu machen.

»Wer bitte?« Von Tadelshofen verstand kein Wort.

Rischke: »Also, die elektronische Musikkultur der damaligen Zeit, das war mehr als Musik. Das war eine komplette Welt in der Welt. Da hatte sich eine regelrechte Alternativ-Ökonomie entwickelt in dieser Partyszene, eine Ökonomie, die auf dem Prinzip des Schenkens basierte, und es gab einen Haufen Leute, die zumindest einen Hauptteil ihrer Zeit wirklich in diesen Schuppen gelebt haben. Tag und Nacht sind in dieser Gegenwelt ohnehin so ziemlich dasselbe gewesen, abgesehen vom Helligkeitsunterschied draußen vor der Tür, von dem man einige Leute wispern hörte. Dafür sind wir völlig andere gewesen. Ich zum Beispiel war ein Fürst im Zeichen des indischen Gottes Shiva, der Kanarienquex war ... ahm, na, der war damals schon der Kanarienquex ... der Referent des heutigen Tages jedenfalls hieß nicht Persch und schon gar nicht Friedhelm, sondern eben Neolin 2 und fungierte in Shivas Paradize tatsächlich als eine Art Hausschamane! Einige der Gäste hatten einen spirituellen Heiler ziemlich nötig, wenn Sie wissen, was ich meine. Und wenn Sie der Herr Persch beim Vortrag im Metternich-Center bereits beeindruckt hat: Tädeus, Sie machen sich keine Vorstellung, welche Kraft von diesem Neolin 2 ausging. Eine Festung der Stille war der, inmitten eines ekstatischen Pulks, ein Zauberer der alten Zeit, nicht nur den Klamotten nach. Damals.«

Jonathan Rischke hatte erwartet, für seine Ausführungen über die gemeinsame Vergangenheit im Berlin der zwanzig magischen Jahre ungeteilte Bewunderung zu ernten, wie einst, als von Tadelshofen in großer Runde sein Engagement rund um die Balkon-Kampagne geoutet hatte.

Pavel Berger-Grün reagierte auch wie gewünscht und machte, als Pedrillo ihm das Gesagte übersetzt hatte, ein beglücktes Gesicht. Von Tadelshofen, hinwiederum, schien etwas pikiert. Offenkundig hatte Rischke den Freiherrn überfordert mit seinem Bericht aus der Welt der Elektrohippies, obschon er die Sache stark verharmlost dargestellt und jeden direkten Bezug zu illegalen Substanzen vermieden hatte. Das übernahm jetzt der Star-Regisseur.

»So in other words: you were a bunch of Acid-Freaks!«, stellte der Regisseur anerkennend fest. »That's right!«, antwortete KQ, Jonathans warnenden Blick ignorierend. »Mes enfants terribles! Der Fürst Metternich, wenn das gewusst hätte!«, rief von Tadelshofen aus.

Die Pause war beendet und alle gingen zurück in die alte Orangerie, wo der zweite Teil der Veranstaltung anders verlief als nach dem Pausengespräch zu vermuten gewesen wäre, weil nämlich der bodenständige Tädeus von Tadelshofen sich rege an der Diskussion beteiligte und von dem Referenten alles Mögliche wissen wollte.

Es fing an mit einer Frage nach der Wirkung der Mondphasen auf den Wassergehalt frisch geschlagenen Holzes und schamanische Praktiken rund um den Waldbau. (»200 Hektar Wald hat der!«, erklärte Rischke flüsternd.) Alsdann dozierte von Tadelshofen selbst über Geomantie und die spirituelle Sanierung alter Gebäude. (Rischke: »Die Familie hat drei Schlösser und sonst noch haufenweise Immobilien.«)

Spätestens als von Tadelshofen dann auch noch von Baumheiligen und Waldgeistern anfing, waren Rischke und KQ baff – und ihrerseits etwas pikiert.

Neolin 2 alias Friedhelm Persch beantwortete die Fragen so gut er konnte, machte jedoch ein besorgtes Gesicht, als der Freiherr abschließend ein langes Zitat von Graf Dürckheim in die Debatte einbrachte.

Jonathan kannte diesen Gesichtsausdruck von früher.

Der Shiva-Schamane witterte Gefahr.

»Zufall? Scheißkonzept! Weg damit.«

Zurück in Berlin, klangen KQ jene Worte in den Ohren, die Neolin 2 oft gesagt hatte, in den seligen Zeiten von Shivas Paradize. Der mochte jetzt Friedhelm heißen, wie er wollte. Dieses Zusammentreffen in dem Brandenburger Bonzenclub war kein Zufall, kosmisch gesehen, fand der Quex, der sich am meisten bewahrt hatte von jener non-rationalen Denke, die rund um das alte Kombinat Allgemeingut gewesen war.

Natürlich war auch KQ die Skepsis ins Herz gekrochen seither, und die Kälte ins Gehirn. Diese weißen Pülverchen hatten ihren Anteil daran, die Zeit und der Frust. Das war ja auch kein Wunder. Das Weazel war seit dem Untergang von Shivas Paradize spurlos verschwunden, mutmaßlich tot. Von der Dschungelprinzessin und der Springmaus hatte er ewige Zeiten nichts mehr gehört. Mit Donna Fauna hatte er sich heillos zerstritten. DJ Yoritomo jettete von Event zu Event und wurde, was man so mitbekam, stinkreich dabei.

Und Jonathan Rischke? Voll auf dem Karrieretrip und rettungslos verstrickt in die Fänge der Feinde. Bildete sich ein, er wäre ein Typ wie der Craver und markierte medial den Helden der Gentrifizierungsgegner. In Wirklichkeit war er ein feiger Pisser.

Die alte Garde war erledigt. In alle Winde zerstreut und/oder moralisch verkommen. Und Berlin, die jahrzehntelange Frontstadt eines anderen Zusammenlebens, das Großlabor eines fantastischen Massenexperiments, war so gut wie verloren. Niemand kannte noch die Zahl und die Namen der gegenkulturellen Projekte, die hier den Bach runtergegangen waren – zerstört durch Räumung, Konkurs oder Kommerz.

In diese intergalaktische Einsamkeit platzte nun urplötzlich der gute Neolin 2. Selbstverständlich weigerte sich der Kanarienquex, dieses Zusammentreffen für einen Zufall zu halten. Er beschloss vielmehr, dem Ereignis eine weit über die Reichweite des Alltagsbewusstseins hinausgehende Bedeutung beizumessen. Und es gab eine Person, die ihm darin aus voller Seele zustimmen würde ...

Als Donna Fauna die SMS gelesen hatte, war sie sofort auf die Schwalbe gestiegen und losgeröhrt in Richtung Friedrichshain: »Neolin is back, Baby! Come right here!!«

Auch sie lachte sich schlapp über diesen Namen: »Friedhelm Persch«. Es war doch nicht zu fassen, was Leute für einen Unfug trieben. »Es gibt Namen, mit denen sich ein öffentliches Auftreten schlicht verbietet!«, befand Fauna schonungslos. So was müsse man doch bemerken! So viel Anstand sollten wohl auch Schamanen aufzubringen in der Lage sein!

Darüber hinaus hielt Fauna Neolins Auftauchen ebenfalls für ungeheuer bedeutsam. Die Umstände schienen ihr nachgerade skandalös. Ein Country Club in Brandenburg! Ein Operettenadeliger mit Eso-Tick! Es war ja kaum glaublich, wie tief dieser Persch AKA Neolin 2 gesunken war!

Den Namen »Berger-Grün« übrigens wollte Donna Fauna, die sich brüstete, keine Filme zu sehen, weil sie »das Genre Film« ganz generell ablehne, angeblich noch nie gehört haben, was wiederum den cineastisch versierten Quex auf die Palme brachte.

Anyway: Neolin 2 war zurück. Das veränderte einiges. Zum Beispiel ließ es Fauna und KQ ihre verunglückte Beziehungsepisode endgültig überwinden.

Es wurde auch Zeit, denn im Grunde genommen waren sie in langen, langen Jahren wunderbar gefahren mit einer Freundschaft mit gelegentlichem Sex. Stress hatte es erst gegeben, als sie diesen gesegneten Zustand in ein eheähnliches Zusammenleben eskalieren ließen. »Zweierbeziehung? Scheißkonzept – weg damit!«, fasste KQ im Stile des früheren Neolin 2 die Moral der Geschichte zusammen und ging mit dem Joint in der Hand hinaus auf den Balkon.

Der machte schon wieder einen ziemlich unsanierten Eindruck, der Kanarienquex tat da sein Möglichstes. Wenn er ehrlich war, fand er den Platz hoch über der Proskauerstraße auch schon wieder ganz gemütlich.

»Manometer! Die sauen uns wieder ein heute, des gibt's doch gar nicht«, rief der Quex empört ins Zimmer zurück. »Wer?«, fragte Fauna, die am Laptop saß, ihren Facebook-Account bereits aktualisiert hatte und jetzt bei gayromeo.com unterwegs war, Richtung Balkon zurück. »Ach, Chemtrails! Der ganze Himmel ist wieder voll mit der Scheiße!«

Fauna trat zu ihm und sah über die Hausdächer hinweg auf einen schlierenverhangenen Himmel. »Wenn das von Kondensstreifen kommt, fress' ich meinen Kater!«, deutete KQ nach oben. Fauna verstand nicht, worauf der Quex hinauswollte. Der hob zu einer ausführlichen Erläuterung an.

Demzufolge sei es eine erwiesene Tatsache, dass die immer häufiger auftretenden Streifen am Himmel, die sich auch immer länger in der Luft hielten, eben gerade keine Kondensstreifen seien. Vielmehr würde von Sprühflugzeugen ein chemischer Cocktail ausgetragen, Silberjodid und Styroporteilchen seien unter anderem darin enthalten. Zum Teil würden diese Bestandteile auch dem Flugbenzin normaler Verkehrsmaschinen beigemischt oder über spezielle Düsen versprüht. Jedenfalls erkenne man Chemtrails daran, dass sie in der Regel als Gitternetzlinien ausgebracht würden und sich stundenlang nicht auflösten.

»Aha«, meinte Fauna: »Und was wäre der Sinn der Operation?«

Das sei, wie KQ einräumte, noch nicht vollends geklärt. Es sei wohl einerseits ein Versuch der NWO, die Klimakatastrophe abzuwenden. Wetterbeeinflussung im globalen Stil, und das Styropor solle die UV-Strahlung reflektieren, um dadurch die Erderwärmung zu mildern. Denkbar sei aber auch oder zusätzlich zu der ersten These, dass die Chemtrails Teil eines Programms der chemisch-psychologischen Kriegsführung seien, »Massenverdichtungswaffen«, wie KQ das nannte. Einige behaupteten sogar, Chemtrails sollten die Möglichkeit globaler Projektionen schaffen, um am Himmel Symbole oder Figuren aufscheinen lassen zu können, mittels derer eine neue Weltreligion gestiftet werden sollte. Daran glaube er nun eher nicht, obwohl er der NWO natürlich so gut wie alles zutraue.

Neutral Weather Opposition? Natural War Operation? Nationale Wetterorganisation? Neue Waffenoptionen? Donna Fauna überlegte vergeblich, wer oder was sich hinter »NWO« verbergen könnte. Als sie KQ diesbezüglich fragte, erntete sie einen Blick von grenzenloser Überlegenheit. »Dass gerade Du das fragst, das ist echt ein Witz«, freute sich der Quex: »Sonst bist ja immer Du die politisch Informierte. NWO – das ist die Neue Weltordnung.«

Fauna: »Und wer soll das sein?«

KQ führte mit großen Gesten aus, die NWO sei eine Oligarchie superreicher Magnaten, die Rockefellers, die Rothschilds und andere darunter, welche das Spiel der Nationalstaaten längst steuerten, Finanzkrisen und Katastrophen gezielt auslösten und überhaupt eine Strategie der Eskalation entwickelt hätten, eben mit dem Ziel, aus dem globalen Schlamassel eine Neue Weltordnung in ihrem Sinne zu formen. Die würden auch planen, der ganzen Menschheit Mikrochips unter die Haut zu pflanzen, Kondensstreifen seien das da oben auf gar keinen Fall, und dass die NWO die letzten vorbereitenden Schritte für ihren Weltputsch unternehme, würde man ja nicht zuletzt an Haiti und

Japan sehen. Oder ob ihr, Fauna, etwa nicht klar wäre, dass diese Erdbeben keine normalen Erdbeben gewesen, sondern mittels einer Erdbenwaffe ausgelöst worden seien?

»Das war mir bisher nicht klar, nein!«, gab Fauna zu und war perplex.

Der Kanarienquex hatte sich, seit Fauna ihn kannte, nur widerwillig mit Politik beschäftigt. Spirituelle Bücher las er gerne, Philosophisches, Mystisches, Fantasy-Bücher, Werke über Kunsttheorie und die Klassiker der psychedelischen Literatur. Die Niederungen der Tagespolitik hatte er gemieden, hatte sich lieber verstiegen ins Abstrakte und Fiktive, als durch den Sumpf des Heutigen zu waten.

Gut. Reichlich verstiegen waren auch die gesammelten Thesen von Chemtrails, Erdbebenwaffen und der großen Weltverschwörung namens NWO, fand Fauna. Zudem befremdete sie der Eifer, mit dem KQ das alles vorbrachte. Das passte so gar nicht zu ihm. Und die faktenfreie Verkettung wilder Thesen zu einer besonders wilden Großthese, die er da veranstaltete, ging ihr schon methodisch total gegen den Strich.

Donna Fauna war nicht nur Polittunte, Autozündlerin und Elektrotranse – sie gehörte auch einer Generation von Aktivisten an, die noch ein solides theoretisches Fundament vermittelt bekommen hatten. Früher war Fauna Marxistin gewesen, selbstverständlich, und was für eine! Hatte alles besser gewusst und alles analysieren können mit dem jederzeit siegreichen Instrumentarium der Dialektik: These, Antithese, Synthese – Einleitung, Hauptteil, Schluss – Spiel, Satz und Sieg!

Genau dieser analytische Schematismus der marxistischen Klassiker, die starre Methodik und das unversöhnliche Besserwissertum der linken Orthodoxie hatten die ersten Risse in Faunas Theoriegebäude gezeitigt. Die grauenvolle Homophobie der marxistisch-leninistischen Linken hatte ein Übriges getan. Außerdem zerlegte sich das Massivgestein absoluter Wahrheiten, auf dem sie jahrelang gethront hatte, in lauter Kieselsteinchen, als die Depression, die Fauna nie ganz verließ, mit der panzerbrechenden Waffe des Weltzweifels draufhielt.

Faunas postmarxistische Transformationsphase musste natürlich auch wiederum in den erdenklich radikalsten Formen absolviert werden. Fauna versenkte das Boot ihres historischen Materialismus mit psychoaktiven Drogentorpedos, unterzog sich einer Therapie bei einem New-Age-Schamanen, trieb eine Weile im Meer des Okkultismus und rettete sich endlich an die Ufer der poststrukturalistischen Theorie. Mit Foucault und Guattari, LSD und Psylocibin, Judith Butler und Jiddu Krishnamurti dekonstruierte Fauna so gut wie alles, was sie jemals zuvor geglaubt hatte.

Donna Fauna hatte aber auch bald erkannt, dass die Philosophie der Postmoderne, wie zuvor der verknöcherte Marxismus, bestens geeignet war, gefährliches Denken lediglich vorzutäuschen, ohne die eigenen Karrierechancen ernstlich zu gefährden.

In Ermangelung realistischer Karriereoptionen ihrerseits hatte Fauna peinlich darauf geachtet, ihren Radikalismus in jede nächste Runde der Dekonstruktion mitzunehmen. Das war ihr gelungen und nunmehr ergab dieses Gebräu aus Rest-Marxismus, Poststrukturalismus und Cyber-Esoterik einen Cocktail von gehöriger Sprengkraft. Außerdem war Fauna Straßenaktivistin geblieben, bei all diesen Irrungen und Wirrungen.

Sie fand auch nichts billiger als dieses ewige Keulenargument der »Verschwörungstheorie«, das alle zu Spinnern und Verrückten erklärte, die der offiziellen Version eines an sich durchaus fragwürdigen Ereignisses widersprachen oder immerhin Zweifel anzumelden wagten. Verschwörungen und Operationen unter falscher Flagge hatte es schließlich immer gegeben, quer durch die Weltgeschichte.

Vom Treiben der heutigen Geheimdienste hatte Fauna schon weit vor den Enthüllungen Edward Snowdens im Jahre 2013 eine ungefähre, aber hinreichend diabolische Vorstellung besessen.

KQs NWO-Gebrabbel ärgerte sie trotzdem. Monströs kriminelle Aktionen einer Supermacht oder ihretwegen auch einer Oligarchie, Geheimdienstoperationen mit klar erkennbarer geostrategischer Zielsetzung, so etwas kam vor.

Dass am 11. September 2001 Osama Bin Laden mit seinen 19 Räubern auf einem aus Plastiksprengstoff gewebten, fliegenden Teppich in die Türme gerast war oder so ähnlich ... Selbst die knapp weniger absurde offizielle Erklärung des Tathergangs stellte nach Faunas Dafürhalten erstens auch nur die Theorie einer Verschwörung dar – und zweitens eine nicht besonders glaubwürdige, noch dazu. Wenn Fauna jetzt, genau zehn Jahre später, die Videosequenzen aus New York ansah, erschien ihr das Filmmaterial geradezu amateurhaft fingiert!

Auch längerfristige Strategien wurden natürlich gefahren, und dass die von Marx analysierte »Tendenz zur Zentralisation und Konzentration des Kapitals« die Monopolbildung auf dem Weltmarkt an einen extremen Punkt entwickelt hatte, konnte sich Fauna lebhaft vorstellen. Dass dieser Prozess bis hin zur Herausbildung eines einzigen Weltmonopols vorgeschritten war, hielt sie allerdings für unwahrscheinlich.

Fauna hatte mittels des schönen, schwulen Michel Foucault ohnehin ganz andere Vorstellungen davon entwickelt, was das hieß: Macht.

Nach Faunas neuerem Verständnis war Macht gerade nicht dieser eine, unendlich verdichtete, zentrale Punkt, die Spitze der Pyramide, wie sich die Illuminatenjäger das dachten. Macht musste immer wieder neu hergestellt werden, in jeder Sekunde und Situation, und Macht konnte von knüppelhart bis butterweich die unterschiedlichsten Texturen annehmen. Dafür brauchte es soziale Maschinen auf allen Ebenen. Ohne unzählige Mikrofaschismen, in Form von hasserfüllten Nachbarn, Denunzianten und massenhaften, kranken Seelen zum Beispiel, konnte sich keine faschistische Diktatur etablieren oder halten. Man brauchte schon ein komplett verrücktes, seelisch total verkorkstes Volk, damit Weltkriege und Völkermorde möglich wurden.

Fauna selbst hatte es außerdem immer so erlebt, dass die ihr feindlich gegenüberstehende Macht nicht von einer winzigen Minderheit ausging – sondern von der Mehrheit. Keine »NWO« und auch nicht »das Kapital« musste die Menschen zwingen, einen biologischen Mann in Frauenklamotten leidenschaftlich zu verachten oder einen Menschen mit ungewohnter Hautfarbe zu verfolgen. Das mochte angefacht werden, von oben und mit der Wucht zentralisierter Medienmacht, wie drei Jahre zuvor, mit der Eugenik-Bibel von diesem frustrierten Beamtenarsch namens Sarrazin. Aber die Mehrheit sog diese Hasspropaganda allzu gierig auf, beobachtete Fauna.

Dieses Weltbild von den unschuldigen Mehrheitsmenschen, die immer nur verführt und vergiftet werden von einer bösen, fremden, zentralisierten Macht – das hatte sich Fauna längst abgeschminkt. Eine im Grunde kindliche Weltsicht war das: Ganz oben, in der weiten Ferne zog das Böse seine Fäden. Und als kollektive Opfer wir hier unten, verblendet und ferngesteuert, aber herzensgute Leute.

Die Leute waren aber nicht herzensgut, das war das eigentliche Problem. Die Weltrevolution scheiterte in erster Linie und immer wieder an der Arschlochigigkeit der Menschen, sagte sich Fauna. Selbst wenn die Staatsmacht schon erobert war, kroch das immer wieder an die Spitze und versaute alles!

Diese schaurige Mär von den allmächtigen Strippenziehern und der unschuldigen, ahnungslosen Mehrheit eignete sich auch viel zu gut, die Verantwortung des Einzelnen für die Weltmisere ins schwarze Loch zu verschieben.

Japan zum Beispiel hatte über fünfzig Atomkraftwerke gebaut auf einer Inselkette, unter der drei Kontinentalplatten aufeinander krachten. Alle Nase lang kam es dort zu Erdbeben. Aber eine nennenswerte Anti-Atombewegung gab es nicht in Japan, und Greenpeace, das waren für den Durchschnittsjapaner Irre, die ihm sein Walfleisch abjagen wollten, auf das er ein welthistorisches Anrecht zu haben wähnte. Wenn dann aber die Weltmeere abgefischt, die Wale fast ausgestorben waren und das große, statistisch längst überfällige Beben endlich kam und dabei eines der fünfzig japanischen AKW hochging ... dann waren es die Amis mit ihrer geheimen Erdbebenwaffe, oder »die NWO«.

Letztere entpuppte sich bei genauerer Nachfrage als eine Gruppe jüdischer Familien.

Fauna gefiel das alles nicht.

Hatten Fauna und Neolin 2 denselben Geruch in die Nase bekommen? Wie so oft, damals in Shivas Paradize, als sie ein Herz und eine Seele gewesen waren?

Neolin war alarmiert. Seine außerplanmäßige Enttarnung durch Rischke und KQ mochte ihm schon nicht gefallen. Sich vom Techno-Schamanen zum Seelenheiler der upper class umzubauen, war nicht einfach gewesen. Er hatte an dieser Geldquelle lange gebastelt und Heather und Bobby monatelang umgarnt.

Am wenigsten gefiel ihm dieser von Tadelshofen. Jonathan hatte das alarmierte Neolin-Gesicht des Friedhelm Persch während den Ausführungen des Barons ganz richtig gedeutet.

Zunächst einmal war Neolin 2 überrascht gewesen von der spirituellen Potenz, die ihm in diesem kuriosen Freiherrn gegenübertrat. Dieser von Tadelshofen war ebenfalls ein Praktizierender, soviel stand fest. Zu einer energetischen Grundspannung, wie sie Neolin den ganzen Körper dieses scheinbar gediegenen Lebemanns durchzittern sah, kam man nicht ohne konsequente Übungen. Neolin sah diese Energie und schreckte innerlich zurück vor ihrer Dunkelheit. Ein Geruch war in ihm aufgestiegen in diesem Moment im Metternich-Center, als von Tadelshofen den Grafen Dürckheim zitierte. Es war ein altbekannter Geruch. Dieser Tadelshofen stank nach Massengrab und nach Gas, fand Neolin.

726 003 Zugriffe von 275 986 einzelnen Usern! So viele waren im vergangenen Monat auf ihrer Seite unterwegs gewesen! Lola Mercedes kontrollierte fast suchthaft die Statistik ihres Blogs, und Google Analytics verschaffte ihr die erfreulichsten Momente. Alleine ihr aktueller Blogeintrag »Lundergreens Erben« war innerhalb einer Woche 85 389-mal angeklickt worden. Das waren Zahlen, die viele Artikel auf den Online-Portalen etablierter Tageszeitungen nicht erreichten.

Lolas Online-Magazin hatte einen denkbar günstigen Start hingelegt.

Das Stadtmagazin hatte sie zuvor mit großem, öffentlichem Tamtam als neue Chefredakteurin auf den Schild gehoben. Als Lola sich aber Ausgabe für Ausgabe festgebissen hatte an dem Fall Lundergreen, setzte es erste mahnende Worte der Geschäftsleitung. Lola ließ ab von dem Thema, bis die sechsmonatige Probezeit vorbei und ihr Arbeitsverhältnis abgesichert war.

Heimlich setzte sie Germaine Gamma, die beste (und einzige) investigative Journalistin der Redaktion, auf den Fall an. Bald waren die Verflechtungen namhafter Berliner und Bundespolitiker in den Korruptionsskandal um den Immobilienfonds M-Square ausrecherchiert. Alles war wasserdicht belegt, mit Fotos und Kontoauszügen, Filmmaterial und Eidesstattlichen Erklärungen: die Schmiergeldzahlungen an Politiker aller Senatsparteien, die diversen Rechtsbrüche der Baubehörde, ein gemeinsamer Urlaub Lundergreens mit dem früheren Wirtschaftssenator und beiden Familien, die perfide Erpressung eines Politikers der Piratenpartei, als der in einem Bezirksausschuss Schwierigkeiten zu machen drohte ...

Als Lola das zur Veröffentlichung aufbereitete Material schließlich der Geschäftsleitung vorgelegt hatte - Kopien natürlich, die Originale verwahrte sie an einem sicheren Ort -, hatte sie eisiges Schweigen geerntet. Man werde das Material zunächst in Ruhe sichten, hieß es.

Eine Woche später hatte sich die Chefetage dagegen entschieden, die Bombe platzen zu lassen, und das, obwohl diese Story das Stadtmagazin bundesweit ins Zentrum der medialen Aufmerksamkeit katapultiert und die Auflage zweifellos erheblich gesteigert hätte.

Stattdessen forderte man Lola kategorisch auf, jede weitere Nachforschung in dem Fall zu unterlassen und die Originale ihres Recherchematerials herauszurücken. Als sie sich weigerte, bot man ihr unvermittelt 25 000 Euro für das Material – sowie für ihre Unterschrift unter ein Dokument, in dem sie sich verpflichtet hätte, keinerlei Veröffentlichungen über den Todesfall Lars Lundergreen, über das Unternehmen M-Square und die Politik der Berliner Baubehörden mehr zu tätigen. Bei Zuwiderhandlung wurde in dem Schriftstück eine Konditionalstrafe von 250 000 Euro festgesetzt.

Lola fühlte sich wie in einem schlechten Mafiafilm und verweigerte sich, selbstverständlich. Daraufhin setzte man in einem zweiten Vertragsentwurf das Schweigegeld auf 50 000 Euro hoch und die Konditionalstrafe auf 500 000. Lola weigerte sich erneut.

Zehn Minuten später hatte sie die fristgerechte Kündigung auf ihrem Schreibtisch liegen. Bis zum Ablauf der Frist sei sie bei vollen Bezügen beurlaubt. Für die Redaktionsräume des Stadtmagazins und das gesamte Verlagsgebäude wurde ihr außerdem mit sofortiger Wirkung Hausverbot erteilt. Sie habe dreißig Minuten Zeit, ihren Arbeitsplatz zu räumen.

Lola informiere ihren Anwalt – John Rischke! Der bestellte der Geschäftsleitung per Fax, dass Lola für die Räumung ihres Büros mindestens vier Stunden benötige, und drohte, dies auf dem Wege einer einstweiligen Verfügung durchzusetzen. Die Geschäftsleitung willigte ein, zwei Stunden zu gewähren.

Lola beeilte sich, aus dem schlechten Mafiafilm einen Agententhriller werden zu lassen. Sie schloss ihre Bürotür ab und nutzte die verbleibende Zeit, um aus den Redaktionssystemen alles Mögliche herauszukopieren. Als sie mitten in ihrer Datensammelaktion feststellen musste, dass sie aus dem Redaktionsnetzwerk gekickt worden war, loggte sie sich mit den Zugangsdaten eines Kollegen wieder ein und kopierte weiter.

Zwei externe Festplatten befüllte sie, kühl und geschwind handelnd. Eine Liste aller Anzeigenkunden war darunter, interne und externe Verteilerlisten, das Gesamtverzeichnis sämtlicher Autoren, Mitarbeiter und Geschäftspartner des Stadtmagazins, Recherchedossiers, Agenturmaterial und dergleichen mehr – alles, was für Lolas journalistische Zukunft entfernt nützlich sein konnte.

Denn an dieser Zukunft zweifelte sie kein bisschen. Im Gegenteil, Lola gedachte, ihre Ausstoßung als Chefredakteurin nach Kräften zu skandalisieren und damit das Schwungrad neuer, eigenständiger Unternehmungen kraftvoll in Bewegung zu setzen.

Das klappte dann auch vorzüglich.

In der Medienwelt der Hauptstadt kannten fast alle Lola Mercedes. Sie polarisierte. Man hasste oder man liebte sie. Aber selbst ihre erklärten Gegner schätzten sie als grandiose Stilistin und bestens informierte Kollegin.

Dass sie auf den Chefredakteursposten des Stadtmagazins gehievt worden war, war dennoch eine faustdicke Überraschung gewesen. Lola galt als schwierig im zwischenmenschlichen Umgang und war legendär für ihren Unwillen, sich hierarchischen Strukturen unterzuordnen. Man war gespannt gewesen, ob sie fertigbringen würde, eine Redaktion zu führen, noch dazu im Einvernehmen mit einer notorisch interventionsfreudigen Geschäftsleitung.

Lola hatte die Skeptiker widerlegt und die ersten sechs Monate scheinbar mühelos überstanden. Das Stadtmagazin wirkte frischer als zuvor, die Mediendaten verbesserten sich. Nach der Probezeit hatte die Geschäftsleitung Lola mit großer Zufriedenheit als Chefredakteurin bestätigt, und diese Meldung war vom Verlag weithin publiziert worden. Zwei Ausgaben später schmiss man Lola raus.

Diese unvermittelte Wendung schlug unter jenen paar tausend Leuten, die in der Hauptstadt so etwas ähnliches wie »öffentliche Meinung« simulieren, Wellen erregter Geschwätzigkeit. Niemand konnte sich recht erklären, was eigentlich vorgefallen war.

Wilde Gerüchte gingen um. Nur ein einziger Kollege hatte allerdings den Mumm, bei Lola persönlich anzurufen, um die Hintergründe der Entlassung zu erfahren.

Lolas Pressemitteilung, in der sie den Rausschmiss mit ihren hartnäckigen Recherchen zum Berliner Bauskandal erklärte, wurde allgemein mit größtem Interesse zur Kenntnis genommen und ausgiebig diskutiert – in den Zeitungsspalten aber ignoriert. Alle duckten sich weg und brachten die Nachricht vom Wechsel der Chefredaktion beim Stadtmagazin bestenfalls als neutrale Meldung in einer Randspalte.

Der eine Mutige aber, der dem Fall öffentlich auf den Grund ging, ein gewisser Irinäus von Tadelshofen, glich das Versagen der Meute im Alleingang aus. Der Mann war vormals bei der inzwischen eingestellten *Financial Times Deutschland* tätig gewesen und jetzt fester Redakteur im Feuilleton der *Welt*. Er brachte dort eine bissige Kolumne mit dem Titel »Ein Mercedes unter lauter Trabanten«. Darin rechnete er süffisant mit der Provinzialität eines gewissen Hauptstadtmagazins ab, dessen Geschäftsleitung mit der journalistischen Brillanz und Redlichkeit der Chefredakteurin wohl schlichtweg überfordert gewesen sei. Irinäus von Tadelshofen lieferte aber auch genug offene und versteckte Hinweise auf den Fall Lundergreen und den Korruptionsskandal um M-Square, um die Fantasie der *Welt*-Leser über die wahren Hintergründe der Entlassung ausgesprochen zu beflügeln.

Diese mediale Steilvorlage und die Abfindung des Stadtmagazins, die Jonathan Rischke herausverhandelt hatte, ermöglichten Lola, den Start ihres eigenen Webmagazins mit einigem Wirbel und großzügigen Werbemaßnahmen im Internet zu inszenieren.

Lolas zweiten Blogpost, der die Fragwürdigkeiten rund um den vermeintlichen Sexunfall Lars Lundergreens zum Inhalt hatte (»Der Tod des Spekulanten – das Schweigen der Behörden«), griff wiederum ein einzelner, mutiger Journalist auf. Aber diesmal war es nicht Irinäus von Tadelshofen, der sich der Sache annahm, sondern Frank Schirrmacher höchstpersönlich.

Nach diesem Ritterschlag durch den FAZ-Herausgeber sah sich Lola in die erste Riege der deutschen Journaille emporgehoben – und das, wo sie über keine weitere Publikationsplattform mehr verfügte, als ihr kürzlich gestartetes »Online-Magazin«: einen privaten Blog. Der allerdings entwickelte umgehend eine Durchschlagkraft und Reichweite, von der andere nur träumen konnten.

Dass die restlichen Mainstreammedien Lolas Blog und die Ergebnisse ihrer Recherchen beharrlich totzuschweigen versuchten, ließ sich da verschmerzen. Zumal ein erster Aufruf zum Crowdfunding auf Anhieb 10 000 Euro in Kleinspenden einbrachte. Dazu kam ein anonymer Scheck angeflattert, über sage und schreibe 15 000 Euro! Lola rätselte, wer der Großspender sein könnte und war über diesen Geldeingang mindestens so erfreut wie besorgt. Offenkundig hatte da ein unbekannter Jemand mit hinreichendem finanziellem Hintergrund ein gehöriges Interesse, die Recherchen über den immer weitere Kreise ziehenden Berliner Bauskandal kräftig anzuschieben.

Lola investierte das Geld, um Germaine Gamma aus der Redaktion des Stadtmagazins abzuwerben, wo sie ohnehin komplett unterfordert gewesen und auf die Abschussliste geraten war. Lola konnte natürlich deren bisheriges Redaktionsgehalt nicht annähernd aufbringen, aber Germaine hatte politische Ansprüche – und sie witterte, dass der eigentliche Skandal, der sich bisher noch im skandalösen Korruptionswirrwarr um M-Square verborgen hielt, das Potential haben würde, die Bundesrepublik in ihren Grundfesten zu erschüttern.

»Erklär mir das!«, forderte Lola in scharfem Ton.

»Da gibt es nichts zu erklären!«, behauptete Jonathan Rischke.

»So, findest Du? Dann lies Dir doch bitte das hier mal durch, Schätzchen.« Lola schob ihr iPad über den Tisch.

Es zeigte den Scan eines Schreibens, datiert auf den 27.11.2006. Der Briefkopf wies als Absender die Rechtsabteilung der Firma »M-Square« aus, mit Sitz in Helsinki.

Im deutschsprachigen Text hieß es:

»Nachdem Sie und Ihre Geschäftspartner unseren wiederholten Aufforderungen, das Anwesen in der Kennedystraße 139 (vormals Thälmannstraße) zu räumen, nicht nachgekommen sind, unterbreiten wir Ihnen hiermit letztmalig einen Vorschlag zur gütlichen Einigung ...«

Adressiert war der Brief an einen gewissen Rischke, Jonathan, in Berlin.

»Hast Du angenommen?«, fragte Lola.

Rischke schwieg.

»Wie ist das damals eigentlich zu Ende gegangen mit Shivas Paradize? Seid Ihr von den Bullen geräumt worden, hat man Euch rausgeklagt?«, bohrte Lola nach: »Oder hast Du einen Deal gemacht mit den Finnen? Ist das der eigentliche Ursprung Deines Wohlstands?«

Rischke schwieg.

»Hast Du Dir von der Kohle Dein Loft gekauft? Oder den Bugatti?

Zu dem Brandanschlag auf die Karre hätte ich übrigens auch noch einige Fragen ...«

Rischke schwieg.

»Hör mir zu, Jonathan: Die Quelle, von der ich dieses Schriftstück bekommen habe, hat noch lange nicht ausgesprudelt. Was auch immer Du mir jetzt verheimlichen willst: Ich krieg es raus, verlass Dich drauf.«

Rischke schwieg, stand auf und wandte sich zur Tür.

Wortlos ließ er Lola im Caravaggio sitzen und vergaß diesmal sogar darauf, zuvor seine Kreditkarte in das kleine Ledermäppchen zu legen.

Jetzt war Lola richtig sauer.

Ihr Jagdtrieb war vollends erwacht – und die chronischen Rückenschmerzen ebenfalls.

Bevor sie bezahlte, warf sie eine Ibuprofen 800 ein.

»Ich warne Dich, mein Lieber: Das sind gefährliche Leute!«, versuchte Donna Fauna dem Quex ins Gewissen zu reden. Nein, sie kenne diesen Freiherrn von Tadelshofen nicht persönlich und nein, sie habe auch keinerlei Interesse, ihn kennenzulernen.

Woher sie dann wissen könne, dass der so gefährlich sei?

Nun, dieser Tadelshofen habe bekanntlich den Grafen Dürckheim öffentlich zitiert und der sei ein Faschist gewesen. Mehr müsse sie nicht wissen. Wer öffentlich Faschisten zitiere, müsse sich den Vorwurf gefallen lassen, selber einer zu sein.

Der Kanarienquex wusste rein gar nichts über diesen Dürckheim, aber fand die Argumentation total schräg. Dann sei wahrscheinlich auch jeder Ford-Fahrer Antisemit, weil Henry Ford einer gewesen sei?

Das wiederum, meinte Fauna, sei doch gar nicht vergleichbar, er werfe da die Argumentationsebenen durcheinander. Ganz davon abgesehen gehe es auch gar nicht um diesen Tadelshofen alleine. Ihr sei diese ganze Gesellschaft zuwider, in der er sich da neuerdings herumtreibe.

»Wieso? Weil die Geld haben?«, wollte KQ wissen.

Die Frage sei eher, wo sie es herhätten, erwiderte Fauna.

Das nun sei wohl jeweils ziemlich unterschiedlich, vermutete der Quex. Tädeus von Tadelshofen habe das meiste sicherlich geerbt. Pavel Berger-Grün sei ein weltweit gefeierter Star und dass dessen Filme Unsummen einspielten, könne sich jeder ausrechnen, der vom Kino auch nur die geringste Ahnung hätte. Ein anderer sei eine Art Yoga-Unternehmer, dessen Frau eine Künstleragentur habe – und so weiter.

»Yoga-Unternehmer«, wiederholte Fauna süffisant. »Und einen hast Du übrigens vergessen in Deiner Liste. Woher hat denn eigentlich unser lieber Freund Jonathan seine Kohlen?«

Der Kanarienquex dachte einige Sekunden nach: »Dem Rischke seine Eltern sind vermutlich nicht ganz arm und als Rechtsanwalt wird er auch bisschen was verdienen. Aber am Ende, Fauna, das weißt Du so gut wie ich: So richtig kann sich dem Rischke seinen Reichtum keiner erklären. Aber nur, weil Leute Geld haben, sind sie jedenfalls nicht automatisch Verbrecher oder so was ...«

Fauna fand es läppisch, wie KQ seinen geliebten Jonathan vor ihr nur noch »den Rischke« nannte. Als wisse sie nicht ganz genau, dass das Verhältnis der beiden immer enger geworden war, in den vergangenen Monaten.

Für Fauna grenzte das an Prostitution. Und während sie selbst damit ja einige Erfahrung hatte, zögerte sie nicht, KQ selbige zum Vorwurf zu machen.

In der Tat hatte Rischke viel getan für den Kanarienquex. Hatte eine Ausstellung mit Quex-Werken in seiner Kanzlei organisiert und zur Eröffnung jede Menge Geschäftskunden mobilisiert. Zwei Bilder hatte KQ glatt verkauft bekommen und mit seinen Visitenkarten nur so um sich geschmissen. Gleich darauf hatte ihn Rischke eine ganze Wohnzimmerwand in seinem Loft in Berlin Mitte collagieren lassen und sehr gut bezahlt dafür. Zum ersten Mal seit langen Jahren war der Quex hinterher schuldenfrei und hatte sogar etwas Geld auf der Seite. Und an seiner Seite hatte er jetzt immer häufiger: Jonathan Rischke.

Der nahm ihn mit ins Soho-House und in die République Royale, wo KQ sehr genoss, in das elegante Leben besserer Kreise einzutauchen und lebende Legenden wie Pavel Berger-Grün persönlich zu treffen. Und die mochten ihn alle, sofort.

»Dein geliebter Neolin springt da ja auch rum, bei diesen ach so gefährlichen Leuten. Der hält da sogar Vorträge und kriegt dafür bestimmt nicht wenig Geld. Aber das ist scheinbar was ganz anderes, hm?«, ging jetzt der Quex zum Gegenangriff über. Aber der Herr Friedhelm »Neolin 2« Persch brauche halt die Kohle wahrscheinlich auch und im Übrigen müsse sie schon entschuldigen, wenn er als Künstler darauf angewiesen sei, seine Bilder und Collagen an irgendwen verkauft zu bekommen. Dafür eigneten sich Leute, die Geld hätten, nun einmal wesentlich besser als Faunas linksradikale Asselpunks, die von Kunst sowieso nicht die Bohne verstünden und ihn obendrein grundsätzlich immer nur wie Dreck behandelt hätten. Aber es sei natürlich politisch viel sauberer, redete sich KQ in Rage, von Hartz IV-Kohle zu leben, nebenbei rumzustrichern und ansonsten auf Demos zu rennen oder auf irgendwelchen pseudoradikalen Schwafeltreffen abzuhängen. Er habe, im Gegensatz zu ihr, vom Staat, den sie angeblich so sehr hasse, noch keinen Cent bekommen bisher. Sogar die Stipendien, die er ergattert habe, seien Stiftungskohle gewesen. Ansonsten lebe er seit Jahren unter unmöglichen Bedingungen, sei dauerverschuldet gewesen und habe sich oft nicht mal was zu essen kaufen können. Das habe ja nun auch damit zu tun gehabt, dass er in seiner Kunst keinerlei Kompromisse gemacht und seine abstrakte Schiene konsequent durchgezogen habe. Und jetzt, wo er zum ersten Mal so etwas ähnliches wie Erfolg habe und zumindest Aussicht darauf, als Künstler halbwegs anständig leben zu können, überfalle sie ihn mit ihrem Misstrauen und ihrem Neid und diesem unheilschwangeren Geraune von wegen »gefährliche Leute«. Er habe an keinem seiner neuen Freunde auch nur irgendetwas Gefährliches entdecken können. Allerdings kotze ihn das an, wie er sich ständig rechtfertigen müsse vor ihr, Fauna, die sich selbst für weiß Gott wie radikal halte und ihre Kühnheit abfeiere, nur weil sie ab und zu mal Luxusautos anzünde, und zwar Autos von Leuten, die sie überhaupt nicht kennen würde und über die sie rein gar nichts wüsste, was für sich genommen schon eine völlig hirnrissige Aktion sei.

Entsetzt gestikulierend bedeutete Fauna KQ zu schweigen und zeigte auf ihre beiden Handys, die auf dem Tisch herumlagen. Der Quex verstand und brach seine Suada sofort ab, schuldbewusst, denn er wollte Fauna keineswegs gefährden.

Dass zumindest Faunas Mobiltelefon gezielt abgehört werden könnte, schien auch dem Kanarienquex durchaus im Bereich des Möglichen zu liegen. Reaktionsschnell schob KQ zwei, drei Sätze nach, dass Fauna selber nun so saudumm ja glücklicherweise nicht sei, dass sie aber wohl zugeben müsse, dass diese Autozündelei aus dem Umfeld ihrer linken Freunde heraus zumindest bejubelt werde, was bescheuert genug sei.

Fauna gab das augenzwinkernd zu, erklärte die Brandanschläge aber zu einer immerhin verständlichen Reaktion auf die Vertreibung ganzer Kulturen aus ihren angestammten Stadtvierteln, der man ohnmächtig gegenüberstehe.

Beide fanden, sie hätten die Kurve noch ganz gut gekriegt.

Der Feind jedenfalls hörte mit, immer und überall.

Das war allen längst bewusst geworden.

Faunas weitere Reaktion auf KQs Predigt kam einem Wunder gleich: Sie brauste nicht auf und ging nicht zur Attacke über. Kleinlaut verabschiedete sie sich.

Auf dem Nachhauseweg wurde Fauna ausgesprochen nachdenklich. Tatsächlich konnte sie nicht ausschließen, dass Eifersucht und Neid eine gewisse Rolle spielten bei ihrer Empörung über die neuen Freunde des Quex – sowie die Verlustangst, er könne sich durch dieses neue Umfeld von ihr entfremden.

Komisch, denn zuvor hatte monatelang Funkstille geherrscht zwischen beiden und der Abbruch ihrer Beziehung war eindeutig von ihr ausgegangen.

Aber sie hatte auch schwerer gelitten unter dieser Distanz.

Nun dachte sie nach: über KQs Worte und über ihr eigenes Leben. Welchen Anteil an ihrem Tun hatten die Eitelkeiten einer geradezu gewohnheitsmäßigen Militanz?

Faunas Dauerradikalismus gestattete ihr ein pauschales Drüberstehertum, das sie den nagenden Selbstzweifeln und Grunddilemmata heutiger Erdenbürger scheinbar enthob.

Und wahrlich: Wer wollte Faunas Überlegenheit in Sachen tätiger Weltverbesserung infrage stellen?

Fauna war auch in ihrer aktuellen Nachdenklichkeit weit entfernt, den Sinn ihres Widerstands gegen Nazis, Ausbeutung oder Umweltzerstörung grundsätzlich in Zweifel zu ziehen. Die Morde des NSU, die Zunahme prekärer Arbeitsverhältnisse und die eskalierende Öko-Katastrophe sprachen auch nicht sehr dafür, diesem Aktivismus abzuschwören.

Aber war ihr Leben dadurch wirklich so überlegen fortschrittlich, wie sie immer wähnte? Der doofe Rischke zum Beispiel war selbstredend nie auf Demos oder gar bei Blockadeaktionen anzutreffen, Lola und der Kanarienquex fast nie. Dafür waren alle drei Vegetarier, Rischke machte neuerdings sogar einen auf vegan.

Sie, Fauna, war immer noch Fleischfresserin. Sie rannte natürlich nicht in irgendwelche Fastfoodketten. Man hätte dabei ja außerdem auch gesehen werden können. Jedoch war sie in Ernährungsfragen weit entfernt, zur Vorhut des neuen Lebens zu gehören, und ihr Konsumverhalten im Allgemeinen war alles andere als vorbildlich. Sie trug Klamotten, die mutmaßlich in Bangladesch von Kindern gefärbt und zusammengenäht worden waren. Die Schuhe, die sie in diesem Moment anhatte, hatten 16,95 Euro gekostet und so viel war Fauna klar, dass man für diesen Preis keine ökologisch und sozial sonderlich erfreulichen Produktionsbedingungen erwarten durfte.

Und von wegen: »Es gibt kein richtiges Leben im falschen« – diesen Adorno-Spruch konnten die anderen genauso für sich in Anspruch nehmen wie Fauna. Die einen rannten halt nicht auf Demos und konsumierten dafür wesentlich verantwortungsbewusster. Sie konsumierte ziemlich wahllos und rannte dafür auf alle möglichen Demos.

Aber selbst ein schier übermenschlicher Superaktivist, der beides mit perfekter Konsequenz und vollem Einsatz vereinigte, würde vermutlich immer noch das Problem haben, dass er keinen fair produzierten Computer benutzen könnte und Datenkraken wie Facebook oder Google in Anspruch nehmen müsste. Und wer wie Fauna kein eigenes Auto besaß, fuhr dann eben mit Bussen durch die Gegend ... auch für deren Benzin weit hinten im Mittleren Osten blutige Kriege geführt wurden.

Dass Fauna gegen diese Kriege demonstrierte, änderte nichts daran, dass sie einen Anteil der Beute dieser massenmörderischen Feldzüge konsumierte. Aber sie musste ja eben auch irgendwie leben, sagte sie sich. Genau wie der Quex – und da schloss sich der Kreis.

Lola hatte Germaine Gamma seit Wochen auf Jonathan Rischke angesetzt. Die sollte alles herausfinden, über dessen neue Freunde in diesem Brandenburger Bonzenclub und vor allem über die frühere Connection mit M-Square.

Das passte doch alles nicht zusammen!

Wenn Rischke mit den Finnen einen Deal gemacht hatte, um das Gelände von Shivas Paradize zu verhökern, dann wäre er zehn Jahre später wohl kaum so dumm gewesen, sich auf diese Balkonkampagne einzulassen und M-Square öffentlich zu attackieren.

Soviel immerhin stand fest: zur Zeit der Räumung von Shivas Paradize gehörte das alte Kombinat dem finnischen Immobilienfonds M-Square – und die hatten es aus irgendeinem Grund für nötig gehalten, mit Jonathan Rischke persönlich über die Modalitäten der Übergabe zu verhandeln. Dass der aber zu Beginn seines wundersamen Aufstiegs in der Lage gewesen war, sich eine solche Liegenschaft aus eigener Kraft zu sichern, schien Lola unwahrscheinlich.

Die findige Germaine Gamma förderte täglich neue Fakten zu Tage, die die eigentumsrechtliche Historie des alten Kombinats und Jonathan Rischkes Rolle darin endlich etwas klarer werden ließen. Und was Lola Mercedes nun von ihrem süßen Recherchemonster zu hören bekam, hatte es in sich:

Nach der Wende war der zuvor volkseigene Betrieb »Roter Ziegel« demnach stillgelegt und in die Bestandslisten der »Treuhandanstalt« übertragen worden, jener Behörde, die eigens für die Privatisierung des ehemaligen Volksvermögens der DDR eingerichtet worden war.

Die Treuhand hatte dann lange und vergeblich versucht, für das Areal einen Käufer zu finden. Eher am Rande der Stadt gelegen und mit einigen, nur kostspielig zu sanierenden Altlasten ausgestattet, war das insgesamt gut zwei Hektar große Industriegebiet nicht gerade ein Filetstück gewesen.

Eine Gruppe abenteuerlustiger Goa-Leute um Jonathan Rischke und einen gewissen Thom Willbroox, der in Kreuzberg einen links-alternativen Sicherheitsdienst aufgebaut hatte, schien das Gelände irgendwann Mitte der Neunzigerjahre entdeckt zu haben. Die Treuhand hatte immer noch keinen Käufer gefunden und den bereits zunehmend verfallenden Gebäudekomplex auch nur sehr unzureichend gegen Eindringlinge gesichert. So wurde das heimliche elektronische Treiben über längere Zeit gar nicht bemerkt, zumal die Gruppe um Rischke und Willbroox mit äußerster Vorsicht vorging. Es schien niemals auch nur einen einzigen Flyer für Shivas Paradize gegeben zu haben. Die Mobilisierung erfolgte ausschließlich über Mundpropaganda in der Elektroszene.

Trotzdem wurde Shivas Paradize in kaum zwei Jahren zu einer der angesagtesten Locations der Stadt.

Von wem der Laden eigentlich betrieben wurde, dürfte den allermeisten Gästen unklar gewesen sein. Einige spekulierten, die findige Mama Valente mit ihrer mehr als kuriosen »Bar zum Krokodil« in direkter Nachbarschaft stecke auch hinter Shivas Paradize. Aber die Valente starb im Jahr 2000 und Shivas Paradize florierte unbeeinträchtigt weiter und übernahm augenscheinlich die Krokodilbar. Auf Nachfrage beim Thekenpersonal war von nebulösen »Shiva-Fürsten« als neuen Betreibern die Rede, die man selbst freilich nicht persönlich kenne.

In Wirklichkeit kannten fast alle Gäste die rätselhaften »Shiva-Fürsten« recht gut.

Jonathan Rischke trat allerdings wie ein stinknormaler Partygast in Erscheinung. KQ, Fauna und das Weazel lernten ihn kennen, wie sich Feiernde auf Goa-Raves zu dieser Zeit eben kennenlernten.

Willbroox machte derweil den Sicherheitschef, hatte dadurch maximale Kontrolle über das Geschehen, erschien den Besuchern aber als angestellter Security-Fuzzi und sprach seinerseits von den mysteriösen Shiva-Fürsten wie von fernen Halbgöttern, die auch er nur vom Hörensagen kenne.

Irgendwann musste man bei der Treuhand Wind von dem illegalen Treiben im alten Kombinat bekommen haben. In diesem Moment trat der angehende Rechtsanwalt Jonathan Rischke in Aktion. Er handelte mit der Treuhand einen Mietvertrag aus – zu durchaus günstigen Konditionen, denn potentielle Käufer des Areals standen auch weiterhin nicht in Aussicht. Eine von Rischke und Willbroox gemeinsam gegründete GbR war Vertragspartner der Treuhand. Besiegelt mit den Unterschriften dieser beiden schloss man diesen Vertrag ab.

Germaine Gamma hielt triumphierend eine Kopie des Vertrags in ihren in Händen, als Lola ihre Erzählung unterbrach: »Aber sobald die einen offiziellen Mietvertrag hatten, war doch auch der Betrieb von Shivas Paradize aktenkundig!«

In der Tat, führte die Gamma weiter aus, sei mit den geregelten Rechtsverhältnissen auch die illegale Phase von Shivas Paradize zu Ende gegangen. Rischke habe den Betrieb konsequent auf eine behördlich abgesicherte Grundlage gestellt, was die inzwischen enormen Umsätze wohl hergegeben hätten.

Man habe auch damit begonnen, ein jährliches Festival namens »Shiva Gate« auszurichten. Für dieses Event habe es dann erstmals

Flyer und Plakate und sonstiges, ziemlich professionell aufgemachtes Werbematerial gegeben. Die GbR von Rischke und Willbroox habe ansonsten äußerst akkurate Steuererklärungen eingereicht.

Es läge sogar ein unterhaltsamer Schriftverkehr Rischkes mit der Bezirksdirektion der GEMA vor. Auch an den war Germaine Gamma gekommen und legte die Dokumente jetzt Lola vor, die kopfschüttelnd las, was sich Shivas Paradize und die GEMA so zu sagen gehabt hatten.

»Gastronomischer Eventbetrieb ... Wiedergabe urheberrechtlich relevanter Musik ... ist eine Pauschalvereinbarung anzustreben ... Puhu, das sind ja einigermaßen unromantische Einblicke in das Innenleben eines Ladens, den Fauna und KQ bis heute als vermeintliche Revolutionszentrale der Elektrohippies hochhalten«, befand Lola.

Für die Gäste seien diese strukturellen Veränderungen eventuell nicht erkennbar gewesen, vermutete Germaine Gamma. Die »Shiva-Fürsten« hätten sich große Mühe gegeben, die Inszenierung des Ladens als restlos illegale, rebellische Gegenwelt nicht nur aufrechtzuerhalten, sondern konsequent zu perfektionieren. Allerdings sei es wegen des vorsichtig einsetzenden Kommerzialisierungskurses rund um Shivas Paradize auch zu einigen Konflikten gekommen. Denn der Spagat zwischen radikaler Gegenwelt und den Realitäten eines professionellen Gastro- und Eventbetriebes sei immer schwieriger geworden, zumal die Treuhand 1999 endlich doch einen Käufer für das Areal auftreiben habe können – eben den finnischen Immobilienfonds M-Square.

»Nun sind Mietverträge aber bekanntlich auch bei einem Eigentümerwechsel bindend«, führte Germaine Gamma weiter aus: »Und der Mietvertrag, den Rischke mit der Treuhand ausgehandelt hatte, ist juristisch eine Festung. Eigentlich hätte M-Square auf absehbare Zeit keine Chance gehabt, die Shiva-Leute aus ihrem Paradies zu vertreiben. Es ist auch fraglich, ob die Finnen überhaupt eigene Pläne für das Gelände hatten. Ich glaube eher, die haben das Gelände als mittelfristig angelegtes Spekulationsobjekt gekauft und hatten von daher kein allzu großes Problem damit, dass dort ein Partyschuppen betrieben wurde. Außerdem hatte der Rischke noch einen weiteren Trumpf im Ärmel und der dürfte den Interessen von M-Square mehr als einen Nadelstich versetzt haben.«

Germaine Gamma machte eine gewaltige rhetorische Pause. Lola platzte vor Neugier und Ungeduld: »Was für ein Trumpf ist das gewesen, raus damit!«

»Nun, dieser Trumpf hieß: Bar zum Krokodil. Dieser Laden in der ehemaligen Betriebskantine des Kombinats ›Roter Ziegel‹ ist nämlich eigentumsrechtlich ein Fall für sich. Wie es aussieht, hat eine gewisse Maria Eduarda Valente die Wirren der Nachwendezeit und das vergebliche Suchen der Treuhand nach einem Käufer für das Gesamtobjekt genutzt und schon 1994 eine Art Separatverkauf durchgesetzt. Das hier ist die Kopie eines Kaufvertrags zwischen der Treuhand und Frau Valente. Die hat ihren Laden für damals 22000 Mark gekauft. Das Teilgrundstück, ein winziger Bruchteil des Areals, wurde herausgemessen und im Kataster« – Germaine reichte Lola einen Auszug aus dem Grundbuch – »... mit Wegerechten und Überleitungsrechten und so weiter als eigenes Grundstück mit neuer Flurnummer eingetragen.«

»Aha. Und warum ist das der große Trumpf von Jonathan Rischke gewesen?«, wunderte sich Lola, die aus dem Staunen gar nicht mehr herauskam.

»Deswegen«, erwiderte Germaine Gamma keck und zog ein weiteres Dokument heraus: Kopie eines Kaufvertrags, diesmal aus dem Jahre 2000, zwischen Frau Maria Valente und einem Herrn Jonathan Rischke! »Und deswegen!« Sie holte ein weiteres Schriftstück hervor und gab es der baffen Lola zur Lektüre.

Es war dies ein regelrechtes Protestschreiben von M-Square an einen Vertreter der Treuhand. Die Finnen beschwerten sich darin bitterlich, dass der ihnen von der Treuhand garantierte Verkauf des Gesamtgeländes offenkundig nur unvollständig zustande komme, da die »Enklave« der Frau Valente mitten auf dem Areal des ehemaligen Kombinats entgegen aller Absprachen an den derzeitigen Mieter des Grundstücks, Herrn Rischke, verkauft worden sei. Dieser aber weigere sich, zu verkaufen!

Das bisher im Eigentum der Frau Valente befindliche Grundstück sei noch dazu durch diverse Baulasten der angrenzenden Flächen, wie Wege- und Überleitungsrechte, abgesichert. Der neue Eigentümer Rischke, zudem Teilinhaber der GbR »Shivas Paradize«, sei dadurch in einer nahezu unüberwindlichen, strategischen Position. Die Investition des Fonds für das Areal, immerhin im sechsstelligen Bereich, sehe man dadurch maximal entwertet. Man fühle sich von der Treuhand hintergangen und so weiter und so fort.

Lola brummte der Schädel: »Ich verstehe das richtig, ja? Die Valente hatte das Grundstück mit ihrer Krokodilbar aus dem Geländekuchen des Kombinats herausgeschnitten und von der Treuhand gekauft. Die Treuhand hat dann das restliche Gelände an M-Square verkauft. Aber die Valente hat ihren Teil an den Rischke verscherbelt.«

Germaine Gamma: »Schon, aber die Valente hatte der Treuhand und M-Square vorher monatelang zugesichert, sie würde ihren Teil selbstverständlich auch an die Finnen verkaufen. Dadurch, dass sie das nicht gemacht, sondern den Deal für sage und schreibe 52 000 Mark mit Rischke abgeschlossen hat, wurde der Wert des Gesamtareals für M-Square dramatisch gemindert – während der Wert des Teilgrundstücks mit der Krokodilbar sich vervielfacht hat.«

Lola fasste zusammen: »Mit anderen Worten: Rischke und die Valente haben M-Square gelinkt!«

Germaine Gamma nickte: »Ganz genau. Wobei die Valente nicht mehr viel davon hatte. Die war schon schwer krank und ist ein paar Monate nach dem Deal verstorben.«

»Aber wie und warum wurde Jonathans strategisch unüberwindliche Position, wie M-Square das beschreibt, am Ende doch überwunden?«, wollte Lola wissen.

»Das ist die entscheidende Frage, die ich im Moment auch noch nicht beantworten kann.«

»Vielleicht sollten wir diese Frage einer unserer Freundinnen zur Beantwortung vorlegen.«, schlug Lola vor.

Donna Fauna war fassungslos. Die Story, die ihr Lola Mercedes und Germaine Gamma da auftischten, war unmöglich in Einklang zu bringen mit ihren farbenfrohen Erinnerungen an Shivas Paradize. Miet- und Kaufverträge, Steuererklärungen und GEMA-Abrechnungen? Das war, als käme jemand mit einer Rechnung für Sauerkrautplatten, Schrauben und Schmirgelpapier daher, die Noah einstmals mit drei Prozent Stammkundenrabatt im örtlichen Hagebaumarkt für den Bau seiner Arche eingekauft habe. Das war einfach aberwitzig!

»Sag mal: Wie genau ist das eigentlich zu Ende gegangen mit Shivas Paradize?«, wollte Germaine Gamma von Fauna wissen. Die seufzte tief, schwieg lange, seufzte erneut und begann zu erzählen.

»Das kam für uns alle völlig überraschend. Ihr wisst ja vielleicht, dass ich so ab dem Sommer 2002 in Shivas Paradize gewohnt habe. Und ich war nicht die Einzige. Es hatte den Anschein, als würde da eine Art Siedlungsprojekt anlaufen, auch wenn die Umstände natürlich nicht sehr wohnlich waren, vor allem im Winter, das waren Verhältnisse wie in Stalingrad. Der Willbroox hat das jedenfalls total unterstützt damals, dass Leute anfingen, im Kombinat zu wohnen. Der hat halt nur geschaut, dass das einigermaßen ordentlich abgelaufen ist. Neolin 2 und ich haben uns ja quasi mitten im Partybereich eingenistet, also in der Chillout-Area, rund um eine große Feuerstelle, in so zeltartigen Behausungen. Später haben zwei, drei Leute damit angefangen, sich in den ehemaligen Büros des Kombinats Wohnungen auszubauen. Wir waren alle der Meinung, dass das erst der Beginn ist, dass wir wirklich die Basis für so eine Art Gegenzivilisation entwickeln. Klingt heute vielleicht naiv, aber die innere Kraft dieser Szene, die Power der Leute, das hat wirklich die Zukunftsenergie einer ganz neuen Epoche geatmet, das war unglaublich und es sind einem ständig Sachen passiert, die Du mit Zufall oder Einbildung nicht mehr erklärt gekriegt hast. Beweise der Kraft und echte Wunder. Hinterher fragst Du Dich natürlich, ob das nicht doch einfach Zufall gewesen ist oder Einbildung, aber damals waren Wunder eine ziemlich alltägliche Angelegenheit und es wurde kaum infrage gestellt, dass die Götter, die Dämonen oder Engel dann halt mal wieder eingegriffen hatten. So was war für uns … normal.«

Fauna bekam glänzende Augen, als sie sich in diese geheiligten Zustände zurückversetzte. Auch Germaine und Lola, die die hohen Zeiten der elektronischen Kultur verpasst hatten und Shivas Paradize nur aus Erzählungen kannten, waren gerührt und beeindruckt von der offenbaren gegenweltlichen Intaktheit des Ladens.

Jonathan Rischke mochte ein Schlitzohr von ausgesuchter Skrupellosigkeit sein, dachte bei sich Lola Mercedes, aber er hatte es mit Geld, Verschlagenheit und einer gehörigen Portion Risikobereitschaft doch immerhin vollbracht, diesen legendären Ort zu erobern, zu entwickeln und sogar gegen die Machinationen der Treuhand und eines international tätigen Spekulantenfonds einige Jahre lang zu verteidigen.

Dass die Feiernden von diesen Konflikten nicht viel mitbekommen hatten, konnte man ja auch positiv auslegen. Während die in aller

Ruhe Party machen und an der neuen Zivilisation herumbasteln konnten, hatte Rischke – oder er, Thom Willbroox und eine Handvoll anderer Leute – diese ganzen Konflikte allein durchgefochten, den ganzen Druck weggebuckelt und die Existenz des Ladens mit List und Tücke gesichert.

Germaine Gamma kam trotzdem noch einmal auf ihre Frage zurück, wie es denn nun mit Shivas Paradize zu Ende gegangen sei. Donna Fauna machte ein schmerzensreiches Gesicht, als reiße eine alte, kaum verheilte Wunde jäh wieder auf:

»Wir wurden brutal geräumt. Zwei Hundertschaften Kampfbullen, mindestens. Ohne jede Vorwarnung und aus heiterem Himmel. Eines Nachmittags rollten die plötzlich an, stürmten rein, schlugen alles kurz und klein, Deko, Einrichtung, Tresen, Soundsystem – wir waren zu dem Zeitpunkt vielleicht fünfzig, sechzig Leute und dann haben die uns rausgeprügelt, dass die Sternchen aufgegangen sind. Draußen standen schon Handwerker und Material bereit und zwei Tage später war das Kombinat versiegelt und verriegelt und Shivas Paradize existierte nicht mehr.«

Der Kanarienquex hatte ein neues Hobby: Stundenlang saß er kiffend vorm Rechner – und wenngleich das nun nicht unbedingt neu war, surfte er nunmehr im Internet, anstatt sich in Online-Games zu vertiefen, und suchte nach dem, was er »unabhängige Information« nannte oder schlicht: »die Wahrheit«.

Ein Forscher war KQ früher schon gewesen. Die Dynamik der menschlichen Psyche hatte ihn interessiert. Die Kartografie jener Welten hatte er nachzuvollziehen versucht, die er tief im Inneren wähnte, auf jener anderen Seite der Wirklichkeit, die nur durch das Tor außergewöhnlicher Bewusstseinszustände zu erreichen war.

Jetzt erfasste ihn das Interesse für verborgene Zusammenhänge der großen Politik und für historische Fragen. Er pfiff vorsorglich auf das, was er abfällig »Schulwissen« oder »offizielle Geschichtsschreibung« titulierte, und jagte wie besessen durch die Weiten des Netzes.

Wie ein Vielfraß schaufelte er Information in sich hinein. Hatte er sich soeben noch mit vermeintlichen Geheimnissen um den Bau der Pyramiden beschäftigt, war er zehn Minuten später mit der Geheimgeschichte des Vatikans oder des Freimaurerordens befasst und bald darauf mit der Ermordung John F. Kennedys, mit der Gründung der Federal Reserve Bank, der Politik der Nahrungsmittelkonzerne oder mit den neuesten, höchstgeheimen Waffensystemen der US-Armee.

Er, der Unglaublichkeiten jeglicher Art seit je für ausgesprochen möglich erachtet hatte, so sie das Innere betrafen, stellte nun auch im Außen der Welt alles bisher unhinterfragt Geglaubte rückhaltlos infrage.

Man hatte ihn belogen, fand er. Abgefüllt hatte man ihn mit Fakes und gezielten Fehlinformationen. Und er hatte es noch nicht einmal bemerkt! Bei all seinem ach so kritischen Bewusstsein als Cyberhippie war er dem Mainstream hörig gewesen: ein treudummes Schaf, ein Schlafschaf, ein Systemsklave und Lemming und Medienopfer.

Jetzt aber war der Quex erwacht! Der Schleier war zerrissen, und er war den versteckten Zusammenhängen auf der Spur, die das scheinbar Zufällige im Weltgeschehen zu steuern wussten, mit unsichtbarer, starker Hand. Und er begann zu ahnen, worauf diese finsteren Mächte, deren Schattenriss er jetzt deutlich erkannte, am Ende eines auf Jahrhunderte angelegten Masterplans hinauswollten.

Jonathan Rischke rannte wie ein gehetztes Tier in seinem Loft auf und ab.

Obzwar er ein reines Gewissen und nie jemandem übelgewollt hatte, gab es so einiges in seiner Vergangenheit, das nicht nur Böswillige genüsslich ausschlachten, sondern auch Wohlmeinende sehr leicht missinterpretieren und gegen ihn auslegen konnten.

Hinter seinen vor Angst zuckenden Stirnfalten setzte er selbst die Geschichte seines Lebens zu einem fiktiven Hetzartikel zusammen, den nur jemand aufzuschreiben brauchte, um ihn ein für alle Mal zu erledigen. Und ein solcher jemand war den Geheimnissen seines Aufstiegs auf der Spur: Die Mercedes hatte ihm unmissverständlich gedroht und diese Bluthündin Germaine Gamma auf ihn angesetzt. So oder so ähnlich würde das dann klingen, aus der gefürchteten Feder der Lola Mercedes, malte Jonathan Rischke sich aus:

Eine Neu-Berliner Karriere

Wohlstandsverwahrlost und gelangweilt vom gesicherten Leben
des westdeutschen Mittelstandes, ist da einst Einer ausgezogen,
um sich selbst spüren zu lernen in den Krassheiten der elektronischen Subkultur der Neunzigerjahre.

Erzogen, Führungspositionen zu übernehmen, hat sich der Eine
zum Veranstalter gemausert und ein filigranes Doppelleben
geführt, wie das nun eben Einer gelernt hatte, im heimischen
Morast bürgerlicher Doppelmoral.

Mit den naiven Hippiekindern hat dieser Eine dann die abge-
fucktesten Partys gefeiert, geträumt von der besseren Welt und
von den Mysterien der Kraft philosophiert – und gleichzeitig mit
den miesesten Haifischen der Immobilienspekulation gedealt.

An ebendie hat der Eine schließlich sein Elektroparadies, das anderen Heimat und Traumwelt gewesen, heimlich verscherbelt. Die
blutigen Schädel der Elektrohippies bei der brutalen Räumung des
Paradieses nahm der Eine in Kauf, oder besser: in Verkauf!

Von schlechtem Gewissen und jahrelanger Reue aufgerieben, von
Eitelkeit und Publicitygeilheit angestiftet, hat dieser Eine dann
allerdings einen geradezu klassischen Fehler begangen. Er kehrte
gewissermaßen an den Tatort zurück – indem er eine Kampagne
gegen ebenjene Immobilienhaie unterstützte, die am Beginn seines Reichtums gestanden waren.

Er tat dies wohl in der Hoffnung, dieser schrude Move werde ihn
reinwaschen vor sich selbst und ewig sichern gegen Verdächtigun-
gen Dritter. Jedoch hat – gerechte Ironie der Geschichte! – exakt
jener finale Versuch der Reinwaschung den ganzen dreckigen
Urschlamm eines sagenumwobenen Aufstiegs ans Tageslicht gespült.

Dieser Eine, Jonathan Eduard Rischke, Rechtsanwalt, 47 Jahre,
gilt in besten und zweitbesten Kreisen Berlins ...«

Ja, sagte sich Jonathan: Genau so konnte man das aufschreiben. So
konnte man sein Leben darstellen. Und würde er eine entsprechende

Story zu lesen bekommen über einen ihm Unbekannten, so würde er sie vermutlich glauben und sein Urteil über den Beschriebenen stünde schnell fest.

Allein: Es war alles ganz anders gewesen.

Beginnend mit einem Elternhaus, das wohlhäbig, westdeutsch und bürgerlich, allerdings auch ein Hort der Gewalt und Erniedrigung durch einen cholerischen Vater und eine medikamentenabhängige Mutter gewesen war, fand er selbst, Jonathan Rischke, in der Rückschau mehr als genug mildernde Umstände für sich und sein Tun.

Keineswegs war dieses Leben ein geschmeidiges Nach-Oben-Sinken gewesen, wie sich das die Mercedes vermutlich vorstellte. Fast war er draufgegangen am häuslichen Terror seiner Kindheit und Jugend, und mehr als einmal an seinen inneren Wunden, erinnerte sich jetzt Jonathan und strich sanft über die Narben an seinem linken Arm: Wunden, die er sich in Schüben des Selbsthasses eingeritzt hatte, und bleibende Erinnerungen an eine Coming-Out-Phase, die wenig glücklich verlaufen war.

Abgerichtet war er worden, seit frühesten Kindertagen, von haltlos ehrgeizigen, reichlich kaputten Eltern. Gezwungen hatte man ihn auch in dieses Jura-Studium. Aber sicherlich: Er hatte sich gefügt, unbewusst womöglich hoffend, dieser Gehorsam würde das elterliche Entsetzen über sein Schwulsein ausgleichen und seine angestammte Position wiederherstellen, als erstgeborener Sohn einer aufsteigenden Sippe.

In der Tat hatte der Vater jeden seiner Studienerfolge honoriert mit großzügigen Geldbeträgen. Aber für Jonathan hatte dieses Geld vor allem Freiheit bedeutet, Freiheit von der Erpressbarkeit durch ebenjenen Vater und den Einstieg in ein selbstständiges Leben.

Auch die Sache mit Shivas Paradize war anders gelaufen, als sich das anhand jener Dokumente darstellen ließ, die Jonathan nur allzu gerne vernichtet hätte, was ihm, dank eigener Schusseligkeit und eines Zerwürfnisses mit seinem Geschäftspartner Willbroox, allerdings nicht gelungen war. Denn Shivas Paradize, die vermeintlich uneinnehmbare Paradiesvogelfestung Berlins nach dem Mauerfall, war von Anfang an auf Sand gebaut gewesen.

Ohne Mama Valente, die ihm jene mütterliche Liebe geschenkt hatte, die ihm seine eigene Mutter bis heute verweigerte, hätte Shivas

Paradize kein halbes Jahr überlebt. Aber die herzensgute Mama hatte die Treuhand-Fuzzis um den Finger gewickelt, sie ein ums andere Mal aufs Kreuz gelegt und schließlich so lange beschwatzt, bis die einem Separatverkauf der alten Betriebskantine zugestimmt hatten. Die strategische Blockadeposition der Valente war der Grund gewesen, dass das Kombinatsgelände schier unverkäuflich in den Akten der Treuhand gelegen war – und nicht irgendwelche Schutzkreise aus geheimen Zinken und hinduistischen Gottheiten!

Dann aber war M-Square auf den Plan getreten und die Jungs aus Finnland hatten sofort ganz andere Saiten aufgezogen. Hatten Druck auf die Behörden gemacht und die wiederum machten Jonathan das Leben zur Hölle. Die Lebensmittelkontrolle verlangte kostspielige Umbauten. Die Steuerbehörden griffen an. Die GEMA verlangte eine Nachzahlung im mittleren fünfstelligen Bereich.

Unter dem wachsenden Druck von außen war es zu immer schärferen Konflikten zwischen ihm und Thom Willbroox gekommen. »Take the money and run«, hatte der gesagt und dafür optiert, von den Finnen einen möglichst hohen Preis für die Kapitulation herauszuschlagen. Dass derselbe Willbroox gleichzeitig keine Probleme damit hatte, an ahnungslose Siedler weiterhin »Wohneinheiten« im alten Kombinat zu vermieten, machte Jonathan Rischke rasend.

Kurzum: So intakt, wie der Laden den Feiernden bis zum Schluss erschienen sein mochte, war Shivas Paradize nicht gewesen: sondern de facto insolvent und die Betreiber heillos zerstritten.

Was Jonathans Widerstandswillen endgültig brechen sollte, waren dann aber weder die Machenschaften der Finnen, noch die Zumutungen der Behörden noch der eskalierende Streit mit Willbroox. Es war das Desaster des vierten Shiva-Gate-Festivals.

Jonathan war immer bewusst gewesen, dass die Shiva Gate ein unwägbares Risiko beinhaltete. Der Prozentsatz der Besucher, die psychoaktive Substanzen konsumierten, war enorm hoch, der Wahnsinnsfaktor übergroß. Der Spontaneität der feiernden Menge waren kaum Grenzen gesetzt. Jahr für Jahr fanden immer krassere Wesen ihren Weg in den Park der Jugend. Und das revolutionäre Potential der Veranstaltung, die sich den kollektiven Durchbruch zu neuen Welten ja auf die Fahne geschrieben hatte, nahmen viele der Besucher außerordentlich ernst.

Bei der letzten Shiva Gate war dann von Anfang an unverkennbar gewesen, dass der Druck in diesem Dampfkochtopf einen kritischen Punkt erreicht hatte. Zwischen den Feiernden hatten sich feindselige Fraktionen gebildet und die Atmosphäre war immer angespannter geworden, bis es erst zu dem fatalen Fötusfund in der Frauentoilette kam, dann zu einer Massenpanik und genau in diesem kritischen Moment zu einem Flammeninferno auf dem Parkplatz. Letzteres war, wie Jonathan Stein und Bein schwor, eindeutig Brandstiftung gewesen, auch wenn er und Thom Willbroox alles so hindrehten, als ob ein technischer Defekt und zu nahe aneinander geparkte Autos die Ursache gewesen seien.

Für Jonathan stand fest, dass die Finnen hinter dieser Aktion standen. Womöglich konnten es auch tatsächlich Faunas »Golfnazis« gewesen sein, dann aber beauftragt von den Finnen.

Dass Neolin 2, Fauna, KQ, das Weazel und diese ganzen anderen Hippiedeppen diese totale Katastrophe namens »Shiva Gate« nicht anders zu deuten wussten, denn als spirituelles Massenerweckungserlebnis, während er und Willbroox verzweifelt versuchten, ein sinnvolles Krisenmanagement hinzubekommen, gab Rischke den Rest.

So kam es, dass Jonathan endlich zustimmte, das Angebot der Finnen anzunehmen. Er hatte gekämpft für Shivas Paradize, wie ein Löwe, bis zum Schluss. Die Kluft zwischen Schein und Wirklichkeit jedoch war unüberbrückbar geworden, Rischke und Willbroox erpressbar und Shivas Paradize unhaltbar.

Die Modalitäten der Kapitulation hatte Jonathan dann en détail ausverhandelt. Ein geordneter Rückzug ohne Verluste war ihnen zugesichert worden. Aber die Tinte unter dem Vertrag, der den Verkauf der Krokodilbar an M-Square und die Aufhebung des Mietvertrags für das restliche Kombinat besiegelte, war noch nicht trocken gewesen, als die Bullen angerückt waren und geradezu ein Exempel statuiert hatten an der unbequem gewordenen Berliner Elektroszene.

Diesen katastrophalen Untergang seines geliebten Paradieses hatte Jonathan nie verwunden. Und als der Quex Jahre später mit dieser an sich albernen Balkonstory angekommen war und er als Eigentümer des betreffenden Hauses seine alten Feinde von M-Square entdeckte, hatte Jonathan innerlich jubiliert und den Tag der Rache kommen gesehen.

So war das also gewesen, aus seiner Sicht. Und der Grund seines plötzlichen Reichtums war auch keineswegs der lausige Deal mit den Finnen gewesen. Sondern ein doppelter Herzinfarkt seines cholerischen Vaters!

Donna Fauna gab sich wirklich alle erdenkliche Mühe, der Politisierung des Kanarienquexes etwas Positives abzugewinnen. Immerhin, sagte sie sich, informierte er sich, dachte kritisch über alles nach, stellte alte Gewissheiten infrage und war von dem ehrlichen Bemühen inspiriert, die Welt zu retten und zu einem besseren Ort zu machen.

Nur dieses Geschwätz! Fauna konnte das gar nicht mehr ertragen. KQ schien über Nacht zu einem Experten für alle erdenklichen Fachgebiete mutiert zu sein.

Ging es um die Verwerfungen am Finanzmarkt, war KQ Ökonom und dozierte über Giralgeld, Schwundgeld, Zins und Zinseszins und eine angebliche Geldschöpfung aus dem Nichts. KQ war auch Mediziner und Virologe, wie es schien. Zur Ursache und Heilung von Krebs hatte er ganz eigene Auffassungen. Und bei AIDS und Ebola hatten sowieso die Geheimdienste die Finger im Spiel.

Den »Impfwahnsinn« lehnte KQ rigoros ab und war außerdem auch noch Historiker geworden – und was für einer!, Ob es die mesopotamischen Hochkulturen waren oder die Entstehung des Christentums, tausend Jahre Mittelalter, die es seiner Ansicht nach überhaupt gar nicht gegeben hatte, die Französische Revolution, beide Weltkriege oder der Zusammenbruch des Ostblocks: In jeder Phase der Menschheitsgeschichte wusste der Kanarienquex neuerdings bestens Bescheid. Grundsätzlich lehnte er das ab, was er als »Mainstreamwissen« verteufelte, um sich stattdessen der extremsten These, die das Internet jeweils zu bieten hatte, zu verschreiben.

KQ war auch Geologe. Er verwarf die Idee einer Kontinentalverschiebung durch Plattentektonik zugunsten der Vorstellung, dass die Erde »wachse«. Tropfsteinhöhlen seien in Wahrheit viel, viel jüngeren Datums als von der Pseudowissenschaft behauptet. Auch Öl sei ganz anders entstanden, als man den Menschen weiszumachen versuche. Die These einer »Hohlwelt« im Erdinneren dagegen sei keineswegs so absurd, wie man spontan meinen könnte. Oder ob ihr, Fauna, schon einmal aufgefallen sei, dass es von den Polkappen keinerlei Fotos gebe?

Fauna warf resignierend die Hände in die Luft. Wie oft schon hatte sie Quex'sche Einzelthesen widerlegt? Es hatte schier keinen Sinn. Er büchste einfach aus in die nächste, noch extremere These! Alles wusste er besser, kein Gegenargument ließ er gelten.

Fauna dämmerte, dass hier auch unterschiedliche Wissenskulturen aufeinanderprallten. Sie selbst war in einer Welt ernsthaften theoretischen Arbeitens aufgewachsen. Entsprechend hatte sie irgendwann einmal akzeptiert, von gewissen Dingen keinen Dunst zu haben. Naturwissenschaften etwa waren ihr ein Buch mit sieben Siegeln geblieben. Also hielt sie sich aus entsprechenden Debatten vornehm heraus.

In der Geistesgeschichte dagegen hatte sie ein Leben lang gelesen und geforscht. Sie hatte sogar Geschichte studiert, was zwar an ihrem jetzigen Dasein als Hartz-IV-Transe nichts änderte, aber sie doch in die Lage versetzte, wenigstens einige der wildesten Geschichtsthesen KQs – etwa die von den fehlenden tausend Jahren Mittelalter – als grandiosen Unsinn zu erkennen.

KQ dagegen wollte glauben – und andere glauben machen, dass er wisse. Er nannte das freilich: »die Wahrheit«, auf die er da gestoßen sei. Aber im Kern ging es ihm nicht darum, sich der zeitraubenden Mühsal des Forschens und Denkens zu unterziehen. Das taten aus seiner Sicht nur Fachidioten. Er strebte kein Wissen in der Tiefe an, sondern das horizontale Wissen der Krähe: hier etwas aufgepickt und da etwas aufgepickt, überall mitreden können und bei jedem Thema in der Lage, etwas Spektakuläres beizusteuern.

Der Kanarienquex hielt sich für »erwacht«.

Dieses Erlebnis des Erwachens nun gönnte Fauna ihrem KQ durchaus. Sie selbst allerdings hatte gar nicht geschlafen. Fauna war alles andere als ein Kind des Mainstreams. Sie war ein Kind der radikalen Linken!

Und wer bitteschön hatte denn darauf bestanden, dass der Putsch in Chile am 11. September 1973 das Werk der CIA gewesen war? Wer hatte nachgewiesen, welche miese Rolle der Vatikan bei der Zerschlagung der Befreiungstheologie Südamerikas gespielt hatte? Wer bestand denn bis heute darauf, dass die SPD-Führung den Mord an Rosa Luxemburg und Karl Liebknecht durchgewunken hatte, dass der Reichstagsbrand das Werk der Nazis und die RAF-Gründergeneration in Stammheim Opfer eines Mordes gewesen war? Faunas gute, alte, radikale Linke war das gewesen, die seit jeher sämtliche offizielle Versionen widerlegt und die geheimen Machenschaften hinter den Kulissen aufgedeckt hatte!

War sie nunmehr ein »Schlafschaf«, nur weil sie nicht auch noch an eine verborgene Welt in einem gigantischen Hohlraum im Erdinneren zu glauben bereit war?

Dabei gehörte Fauna gerade nicht zu jenen harten Linken, die jegliche Variante der Spiritualität für rechts und reaktionär hielten. Und dass viele heutzutage mit dem Begriff »Verschwörungstheoretiker« um sich warfen, als habe es keinen Edward Snowden gegeben, war ihr ziemlich unverständlich.

Aber dann traf sie im Internet immer öfter auf Leute, die wirklich fest entschlossen schienen, jede noch so abwegige These unbesehen zu glauben und weiterzuverbreiten. Diese Leute hatten, wie es schien, tatsächlich ein Leben lang geschlafen. Und jetzt, wo sie »erwacht« waren, stellten sie plötzlich alles, was sie zuvor gehört und brav geglaubt hatten, radikal infrage – nur um jede wirre Gegenthese ebenso willig zu glauben wie zuvor die Verlautbarungen des Mainstreams. Kritisches Denken, eigenständiges Urteilsvermögen, Fähigkeit zur Differenzierung: totale Fehlanzeige!

Dann noch dieser komische Tadelshofen! Tadelshofen hier und Tadelshofen da. KQ war ja wie behext von dem Kerl. Fauna dagegen wurde immer misstrauischer, was diesen sauberen Herrn anbetraf. Mit dem Grafen Dürckheim sei der sogar persönlich bekannt gewesen, hatte KQ kürzlich berichtet, trotzig, provozierend und mit stolz geschwellter Brust, was sein Tädeus doch für ein toller Hecht sei.

»Um halb acht sitze ich an meinem Schreibtisch und lese erst mal mindestens eine halbe Stunde im *Mein Kampf*. Das gibt die Einstellung für den Tag.« Und: »Das Grundgeschenk der nationalsozialistischen Revolution: Dies alle Berufe und Stände übergreifende Erlebnis des gemeinsamen Wesens, des gemeinsamen Schicksals, der gemeinsamen Hoffnung, des gemeinsamen Führers, das ist der lebendige Grund aller Einigungsbewegungen und -bestrebungen.«

So weit Karlfried Graf von Dürckheim, den jener »Freiherr von Tadelshofen« offenbar zu seinen spirituellen Lehrmeistern zählte. Jawohl, Fauna war ungemein skeptisch, was diesen Adelsheini anbetraf, und sie machte sich immer größere Sorgen um das Quexvogeltier.

Der Fall Tadelshofen lag für Fauna damit klar: Dieser Verehrer eines offensichtlichen Faschisten und notorischen Antisemiten mochte sich noch so liberal geben. Der Kern des aristokratischen Pudels war faulig und braun. Und was ihr Neolin 2 berichtet hatte, über das freiherrliche Gelaber in der Orangerie dieses Country Clubs, von wegen Geomantie, Mondphasen und Waldgespenstern, hatte Fauna in ihrer Annahme nur bestätigt.

Irritierend war jedoch, dass Fauna mit dieser Dürckheimer Sorte Spiritualnazi ein schockierendes Maß an oberflächlicher Übereinstimmung erkennen musste. Ob es die Träume von der großen All-Einheit waren oder die Faszination mit Schamanismus, mit der Kultur des alten Japans oder mit Indien oder mit magischen Geheimlehren; ob es philosophische Konzepte von Gemeinschaft, dem anbrechenden Wassermannzeitalter, Synchronizität und dem Ende der Polarität betraf oder gemeinsam benutzte Vokabeln wie energetisch, kosmisch, Stille und Nicht-Tun – ständig stieß Donna Fauna bei ihren Nachforschungen über esoterische Nazis Marke Dürckheim auf Altvertrautes. Auch Carlos Castaneda und sogar der so friedliebende Jiddu Krishnamurti schienen in diesen unfriedlichen Kreisen hoch im Kurs zu stehen.

Sicher, schon die historischen Nazis hatten alles entheiligt und für ihre Ziele missbraucht, dessen sie habhaft zu werden vermochten. Sogar die deutsche Romantik und die klassische Musik hatten sie vor ihren Propagandawagen gespannt.

Richard Wagner oder Kleist brauchten sich freilich nicht zu beschweren über eine solche posthumöse Vereinnahmung. Aber einem Goethe, brütet Fauna missgelaunt vor sich hin, wäre es mit Sicherheit das Fürchterlichste gewesen zu wissen, dass dereinst sein Faust I als Feldausgabe in den Tornistern der Wehrmachtssoldaten die Blutspur des faschistischen Raubzuges begleiten würde. Und was hätte der grunddemokratische Freiheitskämpfer Beethoven dazu gesagt, dass auch seine Musik als Soundtrack einer miesen, massenmörderischen Diktatur erschallte? Wie viele der fortschrittlichsten Geister der deutschsprachigen Kulturgeschichte mussten im Grab rotiert haben vor Wut und Scham über diese vermaledeite Umkehrung all ihres Wollens und Schaffens?

Fauna wäre nun nie auf die Idee gekommen, romantische Dichter, deutsche Philosophen oder die klassischen Komponisten kollektiv zu verdammen, weil sie ein oder zwei Jahrhunderte nach ihrem Ableben als Kulturkulisse für Krieg und Massenmord dienstbar gemacht worden waren. Ihr Tuntentum war durch und durch romantisch. Ihre geliebten Helden aus Geschichte, Kunst und Literatur waren durch die Bank Romantiker. Sie selbst bezeichnete sich gerne als »Linksromantikerin«.

Und doch gab es da eine beunruhigende Korrelation zwischen gewissen Inhalten und Stimmungslagen der Romantik und dem Mystizismus der Nazis.

Ähnlich schien es sich mit den spirituellen Lehren zu verhalten. Wie kam es zum Beispiel, dass der Dalai Lama, so sympathisch er Fauna trotzdem war, ständig mit dem Abschaum der politischen Rechten herumhing, mit dem österreichischen Hetzer Jörg Haider etwa, bis den ein gütiger Autounfall von der Landkarte der Niedertracht genommen hatte – oder mit Roland Koch, dem hessischen Schwarzgeldkönig der CDU? Spürte Seine Heiligkeit nicht, was für miese Typen ihn da zu Tisch baten?

Und wie war das möglich, dass dieser Graf Dürckheim, der seine Nazi-Verstrickungen nie auch nur annähernd aufgearbeitet und wohl auch nicht überwunden hatte, bei Leuten als Weiser durchgehen hatte können, die ganz zweifellos keine Nazis gewesen waren – im Gegensatz, freilich, zu des Quexes tadelshöfischem Fascho-Freund ...

Oder war es ganz einfach so, dass die spirituellen Techniken und Lehren, denen Fauna sich seit der Erweckung ihres Energiekörpers in den drogenseligen Hallen von Shivas Paradize vor mehr als einem Jahrzehnt ebenfalls verschrieben hatte, einen handelsüblichen linken und rechten Flügel ausgebildet hatten?

Schon das wäre ungemein enttäuschend gewesen, denn was wäre das denn für eine »kosmische All-Einheit« – mit einem linken und einem rechten Flügel?

So sinnierte Fauna, ohne zu klaren Antworten zu kommen.

Zugleich arbeiteten die Informationen, die sie von Lola Mercedes und Germaine Gamma über die Fragwürdigkeit rund um Shivas Paradize erhalten hatte, in ihr. Welche Rolle hatte Rischke damals gespielt? Was an der Gegenwelt ihrer Jugend war Realität gewesen und was bloße, drogenverspulte Einbildung?

Fauna war, als habe jemand den Teppich unter ihren Füßen weggezogen. Eine große Ratlosigkeit bemächtigte sich ihrer.

Drittes Buch

SCHLOSS
MONTGOLFIÈRE

Erster Teil

Die Zusammenkunft

In der Vormittagssonne eines ungewöhnlich warmen Januartages erstrahlte Schloss Montgolfière – dieser Albtraum für Stilpuristen – in winterlichem Glanz. Jetzt übermittelte der Schlossherr dem Bordcomputer des Roadsters den Sprachbefehl »Gates of Eden«. Das gusseiserne Tor, in welchem der Engel der Geschichte dargestellt war, spannte mit einem surrenden Ton die Flügel weit und gab den Weg frei.

Knirschend rollte der BMW über den weißen Kies der Schlossauffahrt. Links und rechts standen steinerne Statuen Spalier. Statuen und Büsten waren seit Jugendtagen eine Sammelleidenschaft des Freiherrn gewesen. Später hatte er damit einen Teil der Außenanlagen des Schlosses in einen Figurenpark verwandelt und die Auffahrt gesäumt.

Im Rondell vor dem Schlossportal stand ein riesiger Ginkgobaum – und Isolde, die Hauswirtschafterin.

Tädeus von Tadelshofen kam mit recht gemischten Gefühlen zu Hause an. Was sollte bei dem morgigen Treffen herauskommen? Was wollte man von ihm?

Sein liebgewonnener neuer Freund, der sich »Kanarienquex« nannte, hatte ihn inständig gebeten, er möge sich bereit erklären, eine alte Bekannte kennenzulernen. Diese sei ungemein skeptisch, was seine Person angehe, halte ihn gar für einen verkappten Nazi! Ein persönliches Gespräch könne dieses Missverständnis sicherlich aufklären, woran ihm, KQ, sehr gelegen sei.

Tädeus von Tadelshofen, dem die Meinung dieser Unbekannten von Herzen gleichgültig sein konnte, hatte sich nach einiger Zeit des Widerstands vom quengelnden Quex schließlich breitschlagen lassen und mithin beschlossen, die Sache sportlich zu nehmen. Er versprach sich von dem zu erwartenden Schlagabtausch ein wenig Amüsement. Um das sicherzustellen, hatte er einige Überraschungen ersonnen.

Dass er jedoch so weit gegangen war, KQ und dieses offenbar zweigeschlechtliche Wesen auf seinen Landsitz einzuladen, bereute er in diesem Augenblick. Gänzlich Unbekannte an diesen Ort vorzulassen, widersprach seinen Gepflogenheiten.

Schloss Montgolfière war natürlich nicht der einzige Wohnsitz des Freiherrn. Er hatte in Berlin seine Stadtwohnung in Charlottenburg. Zudem verfügte die Familienstiftung derer von Tadelshofen neben

Burg Greif, dem Stammsitz, noch über diverse andere Liegenschaften in Deutschland, in Österreich und Frankreich – und bis zur letzten Immobilienkrise auch in den USA.

Schloss Montgolfière gehörte nicht zum Bestand der Familienstiftung. Es war das Alleineigentum Tädeus von Tadelshofens. Der hatte den dreistöckigen Bau nach annähernd zwei Jahrhunderten in zumeist bürgerlichem Besitz für Haus Tadelshofen zurückerobert. Das Schloss war seither zu seinem Heiligtum geworden, war sein Allerprivatestes – die Zitadelle in den weiträumigen Befestigungsanlagen eines Lebens, welches der gut geschützten Privatheit aus mancherlei Gründen sehr bedurfte.

Der nach einem Prototypen des Heißluftballons benannte Schlossbau in der Nähe von Templin war 1808 begonnen worden, und zwar von Graf Rochus von Tadelshofen, des Freiherrn Tädeus von Tadelshofens Ur-Ur-Ur-Großonkel.

Dieser Rochus, geboren im Jahre 1777, galt einigen Familienmitgliedern bis heute als das schwärzeste Schaf in der langen Geschichte des Hauses. Die meisten hielten ihn für den größten Spinner, den die Familie je hervorgebracht hatte.

Nur Tädeus hatte seit Kindertagen einen Narren gefressen an seinem kuriosen Vorfahren.

Fauna wollte diesem Tadelshofen gut bewaffnet gegenübertreten. In der Nacht vor dem Zusammentreffen hockte sie in der WG-Küche in Prenzlauer Berg und öffnete die erste von sieben Dateien, die jener E-Mail angehängt waren, die sie von Germaine Gamma erhalten hatte. Unglaublich, was Lolas Recherchemonster da wieder herausgetaucht hat, wunderte sich Fauna. Die geöffnete Datei nämlich enthielt Scans eines biographischen Portraits aus dem offenbar populären Werk: »Deutsche Luftfahrtpioniere«, verlegt im J. C. C. Bruns' Verlag Minden, im fernen Jahr 1922.

Das abenteuerliche Leben des Graf Rochus von Tadelshofen

Am 21. März 1777 als Sproß einer preußischen Adelsfamilie geboren, wurde Rochus von Tadelshofen als Zwölfjähriger vom Feuer der Großen

Revolution von 1789 entzündet. Er war fürderhin allem Französischen und dem Traum von Freiheit, Gleichheit und Brüderlichkeit zugetan.

Nach dem Sieg der französischen Revolutionsarmee über Österreich in der Schlacht bei Fleurus am 26. Juni 1794 hatten den jungen Rochus außerdem Sensationsberichte über die angeblich schlachtentscheidende Rolle gänzlich neuartiger Beobachtungsballons, sogenannter Montgolfièren, begeistert.

Tatsächlich hatten der Luftfahrtpionier Jean-Marie-Joseph Coutelle und der General Antoine Morlot über zehn Stunden hinweg den Schlachtverlauf von einem mit Seilen am Boden fixierten Fesselballon aus beobachtet und ihre Erkenntnisse über die Feindbewegungen nach unten durchgegeben. Proteste der Österreicher, der Einsatz von Heißluftballons sei im Kriegsrecht nicht vorgesehen, waren seitens der Franzosen glatt ignoriert worden.

Seine Sympathie für die Revolution hatte den jungen Grafen bereits verdächtig gemacht, aus der Art derer von Tadelshofen zu schlagen. Als sich zu Revolutionsromantik und Frankophilie auch noch eine geradezu hysterische Begeisterung für die Luftschifffahrt gesellt hatte, griff die elterliche Autorität durch: Man schickte Rochus in eine Offiziersschule der preußischen Armee.

Dieser Zwangsanstalt jedoch entfloh Graf Rochus, inzwischen ein Mann von zwanzig Jahren. Er kehrte dem verhassten Preußenland den Rücken, um sich bis nach Paris durchzuschlagen.

In der französischen Hauptstadt angelangt, wurde der deutsche Adelsdeserteur von der neureichen Gesellschaft der nachrevolutionären Ära gefeiert wie ein ins Reich der Freiheit heimgekommener, verlorener Sohn. Neugierig reichte man diesen Kaspar Hauser der deutschen Nobilität auf den Empfängen der Pariser Salondamen herum.

Speziell das Interesse des Rochus an der neuartigen französischen Flugtechnologie schmeichelte den Patrioten. Angeblich von Charles Maurice de Talleyrand-Périgord höchstselbst ist das Bonmot überliefert, die Tristesse der preußischen Verhältnisse sei offenkundig von einer solchen Bodenlosigkeit, dass der Wunsch nach einer Fortbewegung zur Luft nur allzu verständlich sei.

Des Rochus' Herzenswunsch, an der neugegründeten Luftfahrtschule in Meudon aufgenommen zu werden, wurde prompt erfüllt. Das nötige Stipendium soll die höchst einflussreiche Madame de Staël gestiftet haben. Ab dem Herbst des Jahres 1797 war Rochus Student in Meudon.

Zu diesem Zeitpunkt freilich hatte sich in französischen Militärkreisen die Begeisterung für die neue Technologie bereits gelegt.

In der Schlacht von Würzburg, am 3. September 1796, hatten sich die Einheiten der französischen Rheinarmee unter dem Druck der österreichischen Kavallerie ungeordnet über den Rhein zurückziehen müssen. Die zweite Luftfahrerkompanie war dabei samt und sonders in österreichische Gefangenschaft geraten – und mit ihr sämtliche Ausrüstung sowie der Beobachtungsballon Intrépide. Nach diesem Debakel wurden die Träume von einer Luftwaffe aus Heißluftballons in französischen Militärkreisen mit wachsender Skepsis beurteilt.

Nicht so von Rochus von Tadelshofen. Dessen Begeisterung für die Luftschifffahrt war ungebrochen und die Überzeugung, dass dieser Art der Mobilität eine großartige Zukunft beschieden sein werde, sollte ihn bis zu seinem Lebensende antreiben.

In Napoleons Taktik des schnellen Bewegungskrieges war für die mit Seilen am Boden verankerten Fesselballons hingegen keine sinnvolle Rolle mehr vorhanden.

Die Auflösung der Luftfahrtschule zu Meudon am 18. Januar 1799 durch ein Dekret Napoleons traf den lerneifrigen Studenten aus Deutschland wie ein Keulenschlag.

Er wechselte an die Sorbonne und studierte dort ohne nennenswerte Erfolge Philosophie. In der Pariser Gesellschaft zunehmend bemitleidet, in der preußischen Heimat weithin verhasst, trat der junge, deutsche Graf schließlich in die französische Armee ein, was Talleyrand-Périgord wiederum mit den Worten kommentiert haben soll, beim derzeitigen, für Luftfahrtenthusiasten zweifellos unbefriedigenden Stand der Dinge, komme die Geschwindigkeit der Heere Napoleons bei seinen Vorstößen über den Rhein dem Traum vom Fliegen eben noch am nächsten.

So kam es dahin, dass Graf Rochus von Tadelshofen im Krieg gegen Preußen auf der Seite Bonapartes kämpfte und auf diese Weise in die alte Heimat zurückkehrte.

Das ließ ihn endgültig zum Hassobjekt des preußischen Adels werden.

In der französischen Armee aber stieg Rochus nach der vernichtenden Niederlage Preußens in der Doppelschlacht bei Jena und Auerstedt im Jahre 1806 zum Stabsoffizier auf. Im Zuge der französischen Besatzung Preußens spielte er eine bedeutende Rolle als Mittelsmann zwischen der alten und der neuen Herrschaft.

Rochus wurde für seine Dienste reich belohnt. So wurden ihm neben Titeln und Privilegien des neuen, bonapartistischen Adels auch üppige

Ländereien in der Mark Brandenburg zugesprochen. Hier, nahe Templin, auf den Ruinen einer spätmittelalterlichen Burg, gedachte der Exzentriker ein Schloss zu errichten – und eine neue Luftfahrtschule zu begründen.

Der Baubeginn des Rochus-Schlosses namens »Montgolfière« fiel jedoch bereits in die Phase des sich sammelnden anti-napoleonischen Widerstands. Als die französische Besetzung in den Befreiungskriegen ab 1813 abgeschüttelt wurde, war auch das jähe Ende des Rochus von Tadelshofen nahe.

Der Schlossherr stürzte sich, trotzig in eine Trikolore gehüllt, vom Turm des noch unfertigen Gebäudes. So hatte der abenteuerlustige Rochus Graf von Tadelshofen den Roman seines Lebens spektakulär geendigt. Sein Traum vom Fliegen hatte ihn bis zum Schluss geleitet.

Als Tädeus von Tadelshofen in die Eingangshalle seines Schlosses trat, durchfuhr ihn ein wohliger Schauer. Und wie immer blieb er stehen vor jener in Stein gehauenen Inschrift. Tädeus hatte die drei Strophen eines längeren Gedichts von August Friedrich Ernst Langbein aus dem Jahre 1783 für teures Geld restaurieren und die Schrift mit Blattgold nachziehen lassen.

Montgolfier

Halloh! Spannt an, und führet alle Wagen
Aus Ost und Westen her,
Laßt ohne Gnade sie zerhacken und zerschlagen!
Man braucht das Zeug nicht mehr!

Erbaut aus ihren Trümmern eine Bühne,
Und stecket sie in Brand,
Zum Opfer für den Mann, der eine Luftmaschine
So wundersam erfand!

[...]

Montgolfier schafft, ohne Ross' und Räder,
Uns schwebend hin und her;
Auf seiner Kugel fliegt man leicht, wie eine Feder,
Hoch über Land und Meer.

Der Freiherr atmete dreimal tief durch. Er schickte eine beschwörende Geste in den Schlossgiebel, um den Schutzgeistern des Hauses für ihre Achtsamkeit zu danken. Daraufhin besprach er mit Isolde, die sich während des Rituals dezent im Hintergrund gehalten hatte, das Organisatorische: die Anzahl der zu erwartenden Besucher, welches Gästezimmer für wen bereit zu machen sei, wo man dinieren und wo man sich zum Gespräch aufhalten werde. Detailliert gab der Schlossherr seine Anweisungen für die Zusammenstellung der Speisen und vergaß auch nicht darauf, die Auswahl der Weine selbst vorzunehmen.

Sodann begab er sich in seine Privatgemächer und von dort aus in die Schlosskapelle, um sich für ein weniges der Stille zu überantworten.

Von Kindheit an hatte Tädeus von Tadelshofen die Geschichte seines Vorfahren fasziniert. Dieser Rochus, familienintern behandelt wie ein schmutziges Geheimnis, war eine Figur, wie herausgefallen aus den Romanen Jule Vernes, die zu den ersten Lektüreerlebnissen des jungen Tädeus zählten. Diese Romane las Tädeus bald im Original, denn Französisch gehörte neben Geschichte und Deutsch zu seinen besten Schulfächern.

Allerdings lag das sagenumwobene Luftfahrerschloss des gräflichen Urahns zu diesem Zeitpunkt in der DDR. Und dort galt Tädeus von Tadelshofen, aufgrund seiner Aktivitäten in einer deutschnationalen Burschenschaft und fortgesetzter »antikommunistischer Agitation«, wie es hieß, schon bald als unerwünschte Person. Somit blieb ihm Schloss Montgolfière ein unerreichbarer Mythos.

1992 war das Objekt dann im Zuge der Wiedervereinigung und nach dem Prinzip »Rückgabe vor Entschädigung« an die Nachkommenschaft eines gewissen Carl Clemens Jungbeeker übertragen worden. Dieser Bankierssohn hatte das Schloss 1898 erworben, und anschließend aufwendig restauriert und umgestaltet, bevor er 1945 vor der heranrückenden Roten Armee nach Westdeutschland floh, wo er 1957 verstarb.

Jahrzehnte später konnte eine auf drei Kontinente verteilte Erbengemeinschaft mit dem unverhofften Geschenk eines heruntergekommenen Schlosses in Ostdeutschland wenig anfangen. Anders Tädeus von Tadelshofen, der die Gelegenheit erkannte und sofort zugriff.

Für den eher symbolischen Preis von 280 000 DM erwarb er 1994

Schloss Montgolfière samt Nebengebäuden und 32 Hektar Land. Er eroberte damit das einst von Graf Rochus erbaute Schloss für Haus Tadelshofen zurück – exakt 180 Jahre nachdem Baron Balthus es verscherbelt hatte.

Der Rest der Familie vermochte für diesen historischen Triumph keine erkennbare Begeisterung aufzubringen, abgesehen von Irinäus von Tadelshofen. Der Bruder des Schlosseroberers hatte gerade seine Karriere als Journalist begonnen und war dem neun Jahre älteren Tädeus seit jeher innig verbunden. Er unterstützte das Projekt Montgolfière mit Rat und Tat.

Tädeus von Tadelshofen hatte auch jegliche Unterstützung sehr nötig. Das realexistierende Schloss Montgolfière war in der DDR in staatliche Verwaltung überführt und zunächst als Flüchtlingsunterkunft für vertriebene Sudetendeutsche, danach als Kinderheim und schließlich als Altenheim »missbraucht worden«, wie Tädeus von Tadelshofen es auszudrücken pflegte. Dabei war das Inventar weitgehend geplündert worden. Auch die Gebäudesubstanz hatte arg gelitten.

In den kommenden Jahren ließ Tädeus von Tadelshofen das Schloss sanieren und mischte dem bereits hemmungslosen Mix aus diversen Phasen der Architekturgeschichte noch seine eigenen Spleens bei.

Zugleich unternahm er Anstrengungen, Rochus jenen Platz in der Geschichte der Luftfahrt zu erkämpfen, den er für angemessen hielt: Aus seiner Sicht war Graf Rochus von Tadelshofen nämlich kein Geringerer gewesen als der allererste, bedeutende deutsche Luftfahrtpionier: der Vorläufer Otto Lilienthals, gewissermaßen.

Fauna saß kaffeeschlürfend im Bett. In knapp zwei Stunden sollte der Kanarienquex sie hier in Prenzlberg abholen. Und Fauna war hochnervös. Bisher hatte sie sich geborgen gefühlt in ihrer vorauseilenden Feindschaft gegen des Quexens adeligen Kryptofaschofreund. Die nächtliche Kunde über dessen Vorfahren jedoch, diesen höchst faszinierenden deutschen Jakobiner Rochus von Tadelshofen, entfaltete das Potential, Faunas robuste Feindseligkeit zu untergraben. Entschlossen, das nicht kampflos zuzugeben, öffnete sie die nächste Datei in Germaine Gammas E-Mail.

Der darin enthaltene Abriss der Familiengeschichte derer von Tadelshofen befriedigte Faunas Wunsch, ihre feindselige Grundhaltung zu befestigen, vollauf. Zusammengeräubert hatten sich diese sauberen Aristokraten Land und Vermögen, es den leibeigenen Bauern blutig abgepresst – wie nicht anders zu erwarten.

Anschließend las Fauna den Wikipedia-Eintrag des Freiherrn.

Tädeus von Tadelshofen

Hubertus Albertus Albrecht Boreas Tädeus Änäas Hypolithe Valerius Freiherr von Tadelshofen (*16. November 1951 in Teheran) ist ein deutscher Diplomat, FDP-Politiker und Autor. 1980 zum Abteilungsleiter im Außenministerium ernannt, wurde er 1982 zum Staatssekretär befördert. 1986 – 1993 war er Botschafter der Bundesrepublik Deutschland in Paris. 1999 schied von Tadelshofen aus dem diplomatischen Dienst aus (»Teppichaffäre«).

Inhaltsverzeichnis [Verbergen]

1 Leben
1.1 Kindheit und Jugend
1.2 Studium und frühe Karriere
2 Politische Karriere
2.1 Tätigkeit im Außenministerium
2.2 Botschafter in Paris
2.3 Vertrag von Maastricht
3 Trivia
4 Weblinks
5 Einzelnachweise

Leben [Bearbeiten | Quelltext bearbeiten]

Kindheit und Jugend [Bearbeiten | Quelltext bearbeiten]
Geboren in Teheran, wo sein Vater, Hubertus von Tadelshofen, als Botschafter der Bundesrepublik Deutschland tätig war. Zwei Jahre später, während des Putsches gegen Staatspräsident Mossadegh, ging Tädeus mit seiner Mutter Helga zurück nach Deutschland.

Tädeus von Tadelshofen wuchs anschließend auf Burg Greif in Niedersachsen, dem Stammsitz der väterlichen Familie, auf. 1969 absolvierte er das Abitur an der Graf-Friedrich-Schule in Diepholz. Anschließend Wehrdienst in der Waffenschule der Luftwaffe 50, am Fliegerhorst Fürstenfeldbruck.

Studium und frühe Karriere [Bearbeiten | Quelltext bearbeiten]
1971 ging von Tadelshofen zum Studium der Politologie nach München (Nebenfächer Romanistik und Volkswirtschaft). In den politischen Kämpfen der Studentenbewegung wurde er als aktives Mitglied der Burschenschaft Albertia auffällig. Als Mitglied der Jungliberalen vertrat er bei deren Bundeskongress 1972 den Nationalliberalen Flügel.
Das Hauptstudium mit dem Abschluss Master of Arts absolvierte von Tadelshofen bis 1978 an der Princeton University, mit einem Stipendium der FDP-nahen Friedrich-Naumann-Stiftung.

Politische Karriere [Bearbeiten | Quelltext bearbeiten]

Tätigkeit im Außenministerium [Bearbeiten | Quelltext bearbeiten]
Von Tadelshofen ging 1979 nach Bonn. In der Hauptstadt der Bundesrepublik war er zunächst für das Goethe-Institut tätig. 1980 ernannte ihn Hans-Dietrich Genscher zum Abteilungsleiter im Außenministerium.
Bei den Intrigen, die zum Ende der sozialliberalen Koalition unter Bundeskanzler Helmut Schmidt führten, spielte Tädeus von Tadelshofen eine umstrittene Rolle. Der damalige SPD-Finanzminister Manfred Lahnstein nannte ihn in einer Rede vor Parteimitgliedern in Hamburg am 12.10.1982 »Brutus von Tadelshofen«. Nach der Regierungsübernahme Helmut Kohls 1982 avancierte von Tadelshofen im Auswärtigen Amt zum Staatssekretär.

Botschafter in Paris [Bearbeiten | Quelltext bearbeiten]
1986 wechselte er in den Diplomatischen Dienst und wurde zum deutschen Botschafter in Paris ernannt. Die Ernennung des Quereinsteigers zum Chef einer der Top-Fünf-Botschaften sorgte für Unruhe im diplomatischen Corps. Brigitte Liebig bezeichnete die Berufung im *Mannheimer Morgen* als »Fehlentscheidung olympischer Dimension.« Außenminister Genscher stellte sich öffentlich hinter Tadelshofen.
Beim Ausbau der deutsch-französischen Beziehungen zwischen Helmut

Kohl und Francois Mitterand und bei der Überwindung französischer Vorbehalte gegen eine deutsche Wiedervereinigung spielte von Tadelshofen 1989/90 eine bedeutende Rolle im Hintergrund. Der Historiker Karl Everdink bezeichnete ihn als »Strippenzieher, der den französischen Präsidenten an einen rechtsrheinischen Kardinal Richelieu erinnert haben muss.«

Vertrag von Maastricht [Bearbeiten | Quelltext bearbeiten]
1991 ging von Tadelshofen zurück ins Auswärtigen Amt. Als Verhandler der BRD nahm er Einfluss auf die Bestimmungen für eine gemeinsame Außen- und Sicherheitspolitik der Europäischen Union im Vertrag von Maastricht, der im November 1993 unterzeichnet wurde.
Anschließend ernannte Außenminister Klaus Kinkel (FDP) Tädeus von Tadelshofen zum Koordinator der Deutsch-Französischen Wirtschaftsbeziehungen.
1999 schied Tädeus von Tadelshofen im Zuge der sogenannten Teppichaffäre aus dem diplomatischen Dienst aus.
Seither tätig als Buchautor und gelegentlicher Kolumnist.

Trivia [Bearbeiten | Quelltext bearbeiten]

Tädeus von Tadelshofen ist langjähriges Mitglied im Deutschen Freiballonsportverband DFSV.
Der Kulturkritiker und Journalist Irinäus von Tadelshofen ist der Bruder von Tädeus von Tadelshofen.
Tädeus von Tadelshofen ist seit 1994 Eigentümer von Schloss Montgolfière in Brandenburg (Kreis Templin).

Faunas Stimmung verdüsterte sich minütlich, während sie neben dem Quex auf dem Beifahrersitz hockte. Der Kanarienquex mit dem Knick in der Optik hatte sich das Auto seiner Mutter ausgeliehen und saß mit einer dicken Brille hinterm Steuer.

»Wirst sehen, der Tädeus ist total okay. Ganz anders als Du meinst.«, gab er Fauna hin.

Die grunzte nur verächtlich. Sie scrollte gerade durch ein kleines Potpourri aus Facebook-Posts des Freiherrn, welches Germaine Gamma zusammengestellt hatte.

Fauna überflog es und war voller Wut. So echauffierte sich dieser ach so liberale Tadelshofen etwa über neue Praktiken Berliner Bettler – mit einer Verächtlichkeit, die Fauna schaudern machte. Er hetzte ohne Unterlass gegen die Linkspartei – die bei ihm ausnahmslos »SED« hieß. Er verdammte die Idee eines bedingungslosen Grundeinkommens für alle Bürger und nannte das Vorhaben einen »nachgerade grotesken Exzess der Volksverhätschelung«.

Volksverhätschelung.

Selber mit einem goldenen Löffel im Maul zur Welt gekommen, hatte dieser Typ augenscheinlich jeden Bezug zur sozialen Realität der Normalbevölkerung verloren. Aber dann, selbstredend, wie konnte es anders sein: Dann kamen Posts, die des Freiherrn gutes Herz beweisen sollten. Aus Tansania zum Beispiel, wo sich der noble Herr als Retter der Ärmsten der Armen präsentierte. Denn natürlich war Tadelshofen Gründer und Vorsitzender einer »Hilfsorganisation«. Die nannte sich »Un monde meilleur« und war nur ein geschicktes Steuersparmodell, das dem Freiherrn Urlaubsreisen in Dritte-Welt-Länder mit eingebautem Prestigegewinn ermöglichte, wie Fauna argwöhnte.

Sie hatte genug gelesen und steckte das Smartphone wieder ein. Damit verpasste sie allerdings jenen Teil von Germaine Gammas Recherche, der mit dem Satz begonnen hätte: »Es gibt da aber noch eine andere Seite dieses Herrn. Die ist deutlich weniger unsympathisch ...«

Der Vormittag auf Schloss Montgolfière verlief ganz anders, als irgendeiner der Beteiligten erwartet hatte. Donna Faunas Vorsatz, ihre Feindseligkeit unter keinen Umständen aufweichen zu lassen, war bereits ins Wanken geraten, als sie den Ginkgo im Rondell der Schlossauffahrt erblickt hatte. Fauna liebte die asiatischen Lebensbäume und war hin und weg von diesem prachtvollen Exemplar.

Tädeus von Tadelshofen gegenüber vermochte sie immerhin noch bei der Begrüßung eine schnippische Distanz zu wahren. Auf dessen »Sehr erfreut, Sie hier begrüßen zu dürfen, Gnädigste!«, antwortete Fauna, dass man wohl erst noch abzuwarten haben werde, wie groß ihrerseits die Gnade und seinerseits die Freude ausfallen werde.

Als Isolde, die Hauswirtschafterin, Donna Fauna zu ihrem Gästezimmer geleitet hatte, war ihr Widerstand jedoch kollabiert. Es trage den Namen »Prinzessinnenzimmer«, berichtete Isolde. Hier sei nämlich in den Zwanzigerjahren eine Prinzessin aus dem französischen Hochadel wohnhaft gewesen. Die habe mit dem damaligen Hausherrn, Carl Clemens Jungbeeker, wie man munkle, eine ausführliche Affäre unterhalten. Auf ihren Wunsch hin seien die Räumlichkeiten in altfranzösischem Stil eingerichtet worden. Von den Originalmöbeln habe zwar nichts die DDR überstanden, aber der Freiherr habe die Idee erneut aufgegriffen, wie man sehe.

Und Fauna sah: ein opulentes Louis-Philippe-Sofa! Eine Chaiselongue! Ein kleiner Schminktisch mit Perlmutt-Intarsien christlicher Motive! Ein Himmelbett mit einem Sternenzelt aus goldenen, französischen Lilien im Baldachin! Ein Wandteppich zeigte Jeanne d'Arc in der Schlacht! Eine Büste das Konterfei der Marie Antoinette! Und, natürlich durfte auch das nicht fehlen, in einem französischen Zimmer auf diesem Schloss: die Gebrüder Montgolfier, als bronzene Statuetten.

Als man wenig später in einem kleinen Salon zusammenkam, um ein spätes Frühstück einzunehmen, war Donna Fauna wie verwandelt. Sie sprach Tadelshofen unentwegt mit »Lieber Tädeus« und bald schon jovial mit »Mein verehrtes Freiherrchen« an. Sie tadelte augenzwinkernd den Kanarienquex, dass der dieses längst überfällige Kennenlernen – Fauna kramte in ihrem Restfranzösisch und riskierte, wenig treffsicher, von einer »Connaissance« zu sprechen – erst jetzt möglich gemacht habe.

Fauna steckte dabei den Joint, den sie soeben fabriziert hatte, in eine Zigarettenspitze aus Elfenbein, welche sie kürzlich für kleines Geld auf dem Flohmarkt am Berliner Mauerpark erstanden hatte. KQ kiffte natürlich mit. Der Hausherr lehnte dankend ab und erklärte, mit einer Schlossführung warten zu wollen, bis die weiteren Gäste eingetroffen seien, die hinzugebeten zu haben er nunmehr gestehen müsse. Fauna und KQs Einverständnis habe er unhöflicherweise vorausgesetzt.

Im Land Rover Defender, der den abgefackelten Bugatti ersetzt hatte, näherten sich Jonathan Rischke, Pavel Berger-Grün und der Yoga-Unternehmer Pedrillo Caldez den Zielkoordinaten. Von Templin aus ging es gute fünfundzwanzig Minuten über immer kleinere Straßen, Feld- und schließlich Waldwege. Als Jonathan gerade anfing, auf sein Navigationsgerät zu schimpfen, welches daraufhin mitteilte, das GPS-

Signal verloren zu haben, tauchte plötzlich hinter einer scharfen Kurve Schloss Montgolfière auf, mit seinen beiden ausladenden Seitenflügeln und dem monumentalen, runden Mittelbau. »Hell and damnation!«, gab Berger-Grün seiner Bewunderung Ausdruck. Und kaum, dass sie vor dem Tor mit dem Engel der Geschichte zum Halten gekommen waren, öffnete sich dieses umgehend.

Sofort, als er im Teezimmer mit Donna Fauna zusammengetroffen war, hatte Jonathan Rischke sie um einen gemeinsamen Spaziergang gebeten. Fauna hatte zugestimmt und jetzt liefen sie zu zweit durch den mit zahlreichen Statuen bestückten Schlosspark.

»Das also ist meine Version der Geschichte«, beendete Jonathan gerade seine Erzählung: »Es tut mir leid, wenn ich Dir einige Illusionen rauben musste. Aber ich bin auch nicht dieses verräterische Arschloch gewesen, als das ich in Deinen Augen wahrscheinlich dastehe. Ich habe an Shivas Paradize geglaubt und darum gekämpft, wie ich nur konnte, bis zum bitteren Ende. Mir ist davon abgesehen total klar, dass ich in den vergangenen Jahren auf einem ziemlich schrägen Trip unterwegs gewesen bin. Ich war manchmal innerlich wie tot. Der Aufbau einer Kanzlei als junger Rechtsanwalt ist auch kein Picknick im Grünen. Der äußere Erfolg und das viele Geld nach dem Tod meines Vaters haben mich dann krass gepusht. Plötzlich erzählen Dir Hinz und Kunz, wie wichtig Du angeblich bist. Das macht was mit Dir. Dazu die weißen Pülverchen und der ganze Chemiedreck, den ich mir reingepfiffen habe. Mich hat das alles zwischendrin zu einer echten Drecksau gemacht, das weiß ich inzwischen selber, nur ...«

Mit einem Ausdruck schmerzerfüllter Zärtlichkeit legte Fauna ihren Zeigefinger an Jonathans Lippen und bedeutete ihm zu schweigen. »Es ist gut, Nathan«, sagte sie dann: »Beziehungsweise weiß ich nicht mehr, was gut ist und was schlecht, was richtig oder falsch. Wenn ich ehrlich bin, weiß ich gar nichts mehr. Aber auf keinen Fall weiß ich genug, um Dir für Dein Leben irgendwelche Vorwürfe zu machen. Ich weiß ja nicht einmal mehr, was ich von meinem eigenen Leben halten soll.«

»Wieso das denn?«, fragte Jonathan zurück: »Du hast doch mit allem Recht behalten. Alles, was Du vorhergesagt hast, über die Krise des Systems und dass man sich wehren muss und sich organisieren, weil wir auf ein globales Desaster zurasen – ich denke in letzter Zeit ganz oft an Dich und dass Du so verdammt richtig gelegen hast mit Deiner ewigen Apokalyptik, die mir immer so auf den Zeiger gegangen ist. Und Dein wahnsinniger Mut. Meine Art von Schwulsein geht ja heutzutage geschmeidig durch, aber Du mit Deinem Offensiv-Tuntentum und Deinem Straßen-Aktivismus: Für mich bist Du eine Heldin, Fauna!«

»So?«, gab Fauna scheinbar gelangweilt zurück. »Das ist nett von Dir, Johann. Ich frage mich inzwischen eher, ob diese Inszenierung, die ich da veranstalte, nicht längst ein totes Ritual ist, das ich nur noch abziehe, weil es mir das schöne Gefühl vermittelt, radikaler zu sein als alle anderen. Was mache ich denn wirklich? Auf Latschdemos rennen, labern und bestenfalls mal, in den Momenten der allergrößten Restkühnheit, einen Fascho-Aufmarsch blockieren oder eine Nobelkarosse abfackeln ...«

Jonathan fuhr herum!

»Neee, Schatz, don't worry!«, gab Fauna Entwarnung: »Dein Bugatti in der Tiefgarage Deines geliebten Bonzenclubs, das bin nicht ich gewesen. Ich habe auch keine Ahnung, wer das war, Herr Rechtsanwalt. Ist mir sowieso egal, und ich selber werde so was in Zukunft sogar auch eher bleiben lassen. Die Aufklärungsquote der Bullen stagniert zwar, aber das Risiko bleibt, und was bringt das am Ende schon, die eine Luxuskarre mehr oder weniger. Aber mal was anderes: Unser freiherrlicher Gastgeber da, was denkst Du von dem? Ich gebe zu, er ist hinreißend charmant und für jede Art des aristokratischen Pomps habe ich bekanntlich eine Schwäche. Aber wie ist der so drauf, denkst Du, politisch?«

Jonathan zuckte die Achseln. Er sei in der Hinsicht noch nicht wirklich schlau geworden aus Tädeus von Tadelshofen. Leute aus seinem gesellschaftlichen Spektrum hätten vermutlich eine Weltsicht am Start, die zu speziell sei, um in die Raster gewöhnlicher politischer Haltungen zu passen. Von Tadelshofens Gerechtigkeitssinn sei beispielsweise stark ausgeprägt. Ungerechtigkeit empöre ihn und das sei auch sehr glaubhaft. Dummerweise gehöre zur Tadelshofener Auffassung von Gerechtigkeit die unerschütterliche Annahme, dass der eigene, ererbte Reichtum völlig berechtigt sei.

»Ansonsten ist Tädeus im besten Sinne liberal, was Bürgerrechte und so angeht. Der ist auf jeden Fall ein guter Mensch, Fauna, zumindest will er es dringend sein. Der will niemandem was Böses. Da bin ich mir sicher.«

»Hm. Ich bin mir da noch nicht sicher, auch wenn er wirklich reizend ist, zu mir und überhaupt«, entgegnete Fauna: »Wir werden sehen.«

Ein Yoga-Unternehmer. Ein international gefeierter Filmemacher. Ein adeliger Ex-Diplomat. Ein technoider Rechtsanwalt. Ein Medienkünstler auf dem Verschwörungstrip. Eine linksradikale Aktivistentunte. Was für ein Figurenkabinett, sinnierte Fauna, als sie neben Jonathan Rischke schweigend zu den anderen zurücklief: versammelt auf einem Schloss, das seinerseits der Kuriosität nicht entbehrte.

Das Ganze atmete das Flair jener legendären Kunstepochen, die sich oftmals als Präludium großer Geschichtskatastrophen erwiesen hatten, fand sie. Man hätte sich diese unwahrscheinliche Kulturmischung auch in einer Künstlerkolonie im Tessin um 1900 vorstellen können, im Strandbad Heiligendamm zu seinen besten Zeiten oder auf dem Schloss der Borutíns bei Janowitz.

Eventuell hatte dieser von Tadelshofen sogar das Potential, diesem Tag die Anmutung eines Salons der französischen Revolutionszeit zu verleihen: Exquisites Interieur, erlesene Weine und Speisen – und hinterher, beim Kartenspiel in der Bibliothek, routinemäßig den nächsten Staatsstreich durchsprechen.

Freilich fehlte Fauna noch einiges zur rechten Abrundung. Etwa eine Revolution drumherum oder eine Goldene Ära der Literatur, der Musik und der Künste.

An herannahenden Katastrophen immerhin herrschte nach Lage der Dinge wohl kein Mangel. Was aber ebenfalls fehlte, war ein Vertreter der schreibenden Zunft in diesem erlauchten Kreise. Doch Tädeus hatte die Ankunft seines jüngeren Bruders Irinäus bereits angekündigt, zum Abendessen. Auf diesen war Donna Fauna ganz besonders gespannt.

»Sind alle diplomatischen Verstimmungen ausgeräumt, Lady Fauna, Monsieur Rischke?«, lächelte Tädeus von Tadelshofen, als Jonathan und Fauna in aufgeräumter Stimmung ins Teezimmer zurückkehrten.

Fauna bemerkte wohlwollend, dass der Freiherr ihr Tuntentum mit weltläufiger Selbstverständlichkeit hinnahm und sich ihr gegenüber konsequent femininer Anredeformen bediente. Dennoch sagte sie maliziös: »Falls die Verstimmungen zwischen Jonathan und meiner Wenigkeit gemeint sind: Die waren ja mit wenigen klärenden Worten auszuräumen ...«

»Tres bien! Wollen wir mit der Schlossführung beginnen?«, erwiderte von Tadelshofen, der die versteckte Drohung durchaus bemerkt hatte. »Au ja!«, rief der Quex, sprang auf und brachte sogleich seine Kamera in Anschlag.

Dies quittierte der Schlossherr mit einer abwehrenden Geste. Er sei untröstlich. Obgleich selbst hart am Rande der Facebook-Sucht rangierend, sei ihm die grauenhafteste Vorstellung, Fotos seines Allerheiligsten auf Instagram oder an anderen Orten kollektiver digitaler Unbotmäßigkeit zu wissen. Wenngleich das sicherlich ein Spleen seinerseits sei, lege er Wert darauf, es sein Heim betreffend bei einer gewissen Unsichtbarkeit zu belassen. Man möge sich vielmehr der Schönheit des Augenblicks überlassen und die Erinnerung an das Gesehene dem Lichte der eigenen Augen anheimstellen.

KQ gab einen Laut der Unzufriedenheit von sich und packte die Kamera wieder weg.

Fauna zog misstrauisch die frisch gezupften Augenbrauen zusammen.

Pavel Berger-Grün dagegen war voll des Lobes für diese stilsichere Hausregel. Er selbst, Filmemacher durch und durch, lasse auf seinen privaten Urlaubsreisen grundsätzlich alle technischen Erinnerungshilfen daheim. Er vertraue lieber einem Notizbüchlein, in das er seine Eindrücke schreibe und die ein oder andere Skizze zeichne. Da bleibe hinterher mehr Raum für die Fantasie.

»Vorsicht, Pavel!«, kumpelte Jonathan Rischke zurück. Mit ganz ähnlichen Argumenten lehne die gute Fauna das Genre Film rundweg ab! Wenn sich das durchsetzte, wäre er glatt arbeitslos.

»Well, Jonathan«, blieb Pavel Berger-Grün ungerührt. Das sei es dann unter Umständen sogar wert. Ohnehin käme er nicht umhin festzustellen, dass gerade sein Kunstgenre mehrheitlich eine fürchterliche Rolle spiele im Gefüge jener Macht, die das wirkliche, gefährliche Leben allerorten abzutöten drohe.

Fauna hatte diesen Berger-Grün soeben liebgewonnen und meinte tröstend: »Grämen Sie sich nicht, Pavlinksi, old chap. Nach Marx sind im Normalbetrieb von Gesellschaften die herrschenden Ideen immer die

Ideen der Herrschenden. Nur in wenigen Ausnahmesituationen wird das Subversive mehrheitsfähig, oder, andersherum: wird die Mehrheit subversionsfähig! Üblicherweise ist der kulturelle Mainstream nichts weiter als ein Mahlstrom stinkender, systemkonformer Kulturabfälle. Das trifft nicht nur auf Ihr Genre zu, von dem ich tatsächlich keinen Dunst habe.«

Berger-Grün kicherte laut auf und legte liebevoll den Arm um sie, oder zumindest versuchte er es, was sich bei der zwei Köpfe größeren Fauna schwierig gestaltete. Alle lachten. Fauna entbot Berger-Grün alternativ ihren Arm, der hakte sich unter und los ging es zur großen Entdeckungsrunde durch Schloss Montgolfière.

Von Tadelshofen öffnete zunächst eine Flügeltüre, die aus dem Teezimmer in einen Saal von vielleicht hundert Quadratmetern führte. Darin standen ein schöner alter Blüthner-Flügel und die Büsten diverser Komponisten. »Unser Kammermusiksaal«, erklärte von Tadelshofen. »Hier finden zweimal im Jahr klassische Schlosskonzerte statt.«

»Etwa unter Einbeziehung der Öffentlichkeit? Wie unvorsichtig von Ihnen, mein höchstgeschätztes Freiherrchen!«, frotzelte Donna Fauna.

»Mais non! Wo denken Sie hin, Lady Fauna?«, konterte Tadelshofen: »Nur geladene Gäste! Engste Freunde, Geschäftspartner, Angehörige befreundeter Adelshäuser und dergleichen Publikum.«

»Sehr vernünftig, mein Bester! Der reine Tisch ist bekanntlich das vornehmste Möbelstück in einem gut geführten Haus ...«, retournierte Fauna, unnachahmlich blasiert.

Die anderen kringelten sich vor Kichern, auch Pavel Berger-Grün, dem Pedrillo, Jonathan und KQ abwechselnd übersetzten. Das Spielchen, das sich da zwischen »Lady Fauna« und dem »Freiherrchen« entwickelte, besaß unbestreitbar seinen komischen Reiz. Hinzu kam die allgemeine Erleichterung, dass die beiden vermeintlichen Kontrahenten sich so blendend zu verstehen schienen. Alle Anwesenden waren eingeweiht in das über politische Fragen drohende Zerwürfnis.

Fauna und Tädeus ihrerseits überschätzten nicht, was auf diese Ebene der nonchalanten Kommunikation zu geben sei. Der Austausch gut gelaunter Schlagfertigkeiten konnte ja auch dazu dienen, sich warmzuschießen. Das war ein Abtasten, Austesten und Sich-in-Position-Bringen. Heiße Eisen waren bislang nicht berührt worden. Dann erst würde man sehen, wie weit die Sympathie tragen konnte.

Die Gruppe betrat den nächsten Raum. Hier standen ein Tresen, Tische und Stühle, »für den Umtrunk nach dem Konzert«, daran angeschlossen war eine moderne Küche zu bewundern: »Für das Catering rund um das Konzert«, erläuterte der Schlossherr.

Im dritten Raum fanden sich ein Billardtisch, Sofas und Sessel: »Für die Zigarre nach dem Umtrunk nach dem Konzert«, wie Tädeus von Tadelshofen erklärte, der anschließend ausführte, die in diesen Räumlichkeiten vorhandene Bausubstanz, etwa die Kassettendecken, die Wandvertäfelungen aus Eiche und der schöne Holzfußboden, sei weitestgehend bauzeitlich.

»Aus dem 19. Jahrhundert, meinen Sie?«, schoss da schon wieder Fauna dazwischen, mit einem spöttischen Unterton, der darauf schließen ließ, dass sie das nun nicht eben sehr beeindruckend fand. Diesmal sekundierte ihr Pedrillo, der darauf verwies, dass für ihn als Spanier eigentlich alles hinterhalb des Barocks geradezu als Ausgeburt der Postmoderne gelte.

Tadelshofen, anstatt diese Spitzen einer Erwiderung zu würdigen, stieß eine große Flügeltür auf. Die Spötter verfielen in Schweigen, Pavel Berger-Grün stieß sein »Hell and damnation!« aus. »Boah, wie krass ist das denn?!«, frohlockte KQ.

»Et voila: die Schlossbibliothek!«, sprach der Hausherr und merkte an, hier kämen mitunter auch Freunde des Barocks auf ihre – nebenbei bemerkt: nichtanfallenden – Kosten. Das betreffe vornehmlich naturwissenschaftliche, kunstgeschichtliche und philosophische Werke – sowie die Rechtsgeschichte, wo man sogar eine Privatsammlung alter Handschriften vorweisen könne.

Der Raum war bedeutend größer als die zuvor gezeigten und die langen Regalreihen mussten Tausende und Abertausende Bände beherbergen.

Von Tadelshofen fuhr fort, dass er diese Bibliothek nicht alleine betreibe:

»Sondern zusammen mit meinem Bruder Irinäus, den Sie in Bälde kennenlernen werden. Er wohnt und arbeitet in Berlin. Deshalb haben wir nach dem Tod unseres Vaters einen großen Teil der Literaturbestände aus der Familiensammlung und unsere jeweils eigenen Büchermassen zusammengeführt und hier konzentriert. So kann mein Bruder in der Zurückgezogenheit von Montgolfière seine Recherche treiben. Zumal wir durch Kooperationsvereinbarungen mit einigen Universitätsbibliotheken verbunden sind und per Fernleihe fast alle Titel besorgen können. Wir haben in den letzten Jahren auch einige Sammlungen angekauft.

Für mich, der ich in diesem alten Kasten einen Gutteil meiner Zeit verbringe, ist diese Bibliothek außerdem von Vorteil, weil ja der Dämmwert von Büchern nicht zu unterschätzen ist. Ihr versteht, das Schlossleben im Winter bietet gewisse Härten, zumal der Personalbestand heutzutage ...« Von Tadelshofen seufzte tief und ironisch.

Fauna legte voller Mitleid die Hand auf seine Schulter: »Ich weiß, ich weiß: die Französische Revolution, die Abschaffung der Leibeigenschaft, der Sozialismus ... Hätte unsereins geahnt, was man Euereinem damit antut, glauben Sie mir, ...«

Alle lachten.

Berger-Grün wollte wissen, wo sich die Sammlung über die frühe Luftfahrtgeschichte befände. Tädeus brachte ihn zu einem gut und gerne sieben Meter breiten Regal. Es gäbe auch zahlreiche englisch- und französischsprachige Titel, fügte er an. Weitere Bestände, vor allem Originaldokumente wie Briefwechsel, technische Zeichnungen und Konstruktionspläne seien in einem Spezialarchiv untergebracht.

»Hah! *Die Geschichte der Päpste* von Leopold von Ranke. Hab ich auch zu Hause stehen«, rief von weiter hinten Fauna aus.

»Und auch gelesen?«, rief von Tadelshofen zurück.

»Naturalmente! Und einiges gelernt dabei«, antwortete Fauna.

Hinter einem anderen Regal ließ sich der Kanarienquex hören: »*Neues Allgemeines Künstlerlexikon. Herausgegeben 1838. Nachrichten von dem Leben und den Werken der Maler, Bildhauer, Baumeister, Kupferstecher, Lithographen, Formschneider, Zeichner, Medailleure, Elfenbeinarbeiter etc.*«

»Medailleure, Elfenbeinarbeiter etc«, wiederholte Fauna selig.

»Days of glory«, schwärmte Jonathan.

»Das hier ist etwas für Sie, Gnädigste!«, winkte von Tadelshofen Fauna zu sich. In der Hand hielt er ein Werk von Horaz, eine uralte Ausgabe der *Ars Poetica*.

»Dieses Buch war einst im Besitz eines gewissen Karl Marx, wie Sie hier erkennen können«, grinste der Freiherr. Er habe dieses Kleinod vor gut zwanzig Jahren bei einer Auktion erstanden. Kurz nach der Wende, zum Schleuderpreis.

Fauna nahm das Buch andächtig in die Hände, fand den handschriftlichen Namenszug des großen Denkers und ärgerte sich sogleich. Da hatte dieser Spross der herrschenden Klasse sich doch glatt den antikommunistischen Unverstand der Wiedervereinigungszeit zunutze gemacht, um neben diesem Schloss und hektarweise Land auch noch diesen Buchschatz an sich zu bringen, ja: zu rauben. Für Geld, freilich. Doch ein Raub war das gewesen, nichtsdestotrotz: die Plünderung des Erbes einer Bewegung, die den Tadelshofens dieser Welt in unversöhnlicher Feindschaft gegenübergestanden hatte, zu einem lachhaften Notverkaufspreis.

»Sehen Sie, mein lieber Tädeus!«, säuselte Fauna: »Sie unterliegen da einem Missverständnis, falls Sie meinen, durch dieses Schnäppchen mehr errungen zu haben als eine für Ihre Verhältnisse vermutlich sehr belanglose Wertanlage. Eine Idee lässt sich nicht kaufen. Währenddessen existieren die gesellschaftlichen Widersprüche, die den Ideen eines Karl Marx ihre geschichtsbildende Kraft zuführten, nach wie vor. Leider.«

»Ja, diese gesellschaftlichen Widersprüche gibt es. Immer noch und ungebremst«, gab von Tadelshofen ruhig zurück: »Bestimmt nehmen Sie an, dass mich meine eigene Stellung in diesem Konflikt, meine Geburt in relativem Reichtum, fest an die Seite der Mächtigen kettet. Da gehen Sie fehl. Ich kenne die Mächtigen, besser als Sie. Zumindest einige von ihnen durfte ich persönlich in Augenschein nehmen. Ich kenne auch die Ohnmächtigen besser, als Sie denken. Nur, wissen Sie: Mein Weltbild unterteilt nicht in Klassen oder Rassen. Ich denke in Menschen. Ich beurteile deren Charakter, jeden einzeln, ganz für sich. Diese Einzelfallprüfung ist zweifellos zeitaufwendiger als Ihre Pauschalverdammung ganzer Gesellschaftsschichten. Mir scheint sie um einiges redlicher.«

»Einzelfallprüfung?«, konterte Fauna: »Die nehme ich auch vor, keine Angst. Wäre ich sonst hierhergekommen? Nur wird die Geschichte nicht von Einzelnen gemacht oder wenigstens nicht von ihnen alleine. Gruppen von Menschen organisieren sich und bilden Strukturen – und sie tun das nicht nach rein individuellen Vorlieben. Bewusst oder unbewusst folgen sie damit den Interessen, die sich aus ihrer Position in der Gesellschaft ergeben.«

»Je sais que ...« Von Tadelshofen zeigte auf eine lange Reihe brauner Bände aus DDR-typischem Lederimitat: die *Gesammelten Werke* Lenins, herausgegeben vom Zentralkomitee der SED. Alle 40 Bände standen da, inklusive der neun Bände »Briefe« und dem »Konspekt zum Briefwechsel«, samt der beiden Register- und der zwei Ergänzungsbände.

»Haben Sie Lenins Werke ebenfalls als Wertanlage erworben?«, wollte Fauna wissen: »Das war ein schlechtes Geschäft, scheint mir.«

Der Freiherr gab an, auch darin gelesen und namentlich *Staat und Revolution* sowie Lenins Thesen über den Imperialismus als sehr lehrreich empfunden zu haben. Speziell was die Rolle des Bankkapitals bei der Herausbildung des Imperialismus angehe, denke er in der letzten Zeit immer wieder an Lenin – und an Nikolai Bucharin, dessen Untersuchung über Imperialismus und Weltwirtschaft er ebenfalls mit Gewinn gelesen habe.

»Sie sind ja ein Leninist reinsten Wassers, Genosse Tadelshofen!«, entgegnete Fauna in gelangweiltem Ton, wandte sich ab und schlenderte weiter durch die Regalreihen.

»Das kann noch heiter werden«, raunte Jonathan Rischke dem Kanarienquex zu.

Von außen besehen hatte Schloss Montgolfière einen übersichtlichen, symmetrischen Eindruck gemacht. Zwei Seitenflügel gingen links und rechts von einem mächtigen Mittelbau ab. Diese Flügelbauten verfügten je über zwei Stockwerke und einen Dachstuhl. Ihre Kubatur schien identisch zu sein.

Der Mittelbau, der im Erdgeschoss die Eingangshalle beherbergte, wirkte wie ein überdimensionierter Turm. Er trat vorne und hinten halbkreisförmig aus der Gebäudefront heraus, überragte die beiden Seitenflügel deutlich und wurde, anstelle eines Kegeldachs, von mittelalterlich anmutenden Zinnen gekrönt. Die Proportionen dieses Rundbaus, vor allem seine Höhe, schienen zu den vergleichsweise klein geratenen Seitenflügeln nicht recht zu passen.

Alles in allem jedoch schien das Gebäude klar und übersichtlich strukturiert. Von außen.

Innerlich erwies sich Schloss Montgolfière als labyrinthischer Bau.

Durch eine unscheinbare Tür gelangte die illustre Besuchergruppe aus dem Bibliothekssaal in ein enges Treppenhaus. Die Besucher folgten dem Schlossherrn über eine steinerne Wendeltreppe nach oben.

Dort, im zweiten Stock, gelangten sie in einen langen, fensterlosen Gang, von dem links wie rechts Türen abgingen. Dieser Gang wurde durch in den Boden eingelassene LEDs beleuchtet, die das Innenfachwerk auf beiden Seiten kunstvoll in Szene setzten:

»Beschnitztes Innenfachwerk aus Edelhölzern. Lediglich ein Renaissance-Zitat. Der Denkmalschutz immerhin war ganz aus dem Häuschen«, erklärte von Tadelshofen: »Ich habe mir dennoch erlaubt, hier meine ganz persönliche Wall of Fame einzurichten.«

Zwischen den Fachwerkbalken hingen Fotos, Urkunden und andere Erinnerungsstücke aus dem Leben des Freiherrn. Ein Abschlusszeugnis der Princeton University bestätigte den Erhalt eines Master Degrees in »International Relations Studies«. Im Bilderrahmen daneben war von Tadelshofens Aufnahme in den Diplomatischen Dienst der Bundesrepublik Deutschland dokumentiert. Ein persönlicher, handschriftlicher Brief von Hans-Dietrich Genscher hing in direkter Nachbarschaft zur Ernennungsurkunde zum Botschafter der BRD in Paris. Ein Dokument auf Französisch schien vom Präsidialamt der Französischen Republik zu stammen und war von Francois Mitterand unterzeichnet. Daneben war eine Pressemitteilung eingerahmt, die Tädeus von Tadelshofen herausgegeben zu haben schien. Im Betreff stand: »Nachhaltig auf dem Teppich des Völkerrechts.«

Pokale in einem gläsernen, beleuchteten Wandkasten wiesen den Hausherrn zudem als Sieger verschiedener Ballonfahrerwettbewerbe aus. So hatte er etwa im Jahre 1973 die »Fuchsjagd« zu Hellingen siegreich absolviert. Seit Jugendtagen habe er den Ballonsport intensiv betrieben, berichtete von Tadelshofen, um danach mehr und mehr den Erfordernissen seiner Diplomatenkarriere den Vorzug zu geben. Seit dem Kauf von Schloss Montgolfière und erst recht seit seinem Ausscheiden aus dem diplomatischen Dienst sei die alte Liebe wieder voll entflammt.

»Wie alt bist Du denn, wenn ich fragen darf?« KQ durfte, und die Antwort – Tadelshofen war 61 Jahre alt – verblüffte allgemein. In der Tat sah der Freiherr wesentlich jünger aus.

Die holzgerahmten Fotos seiner »Wall of Fame« zeigten einen Tädeus von Tadelshofen verschiedenen Alters mit diversen Berühmtheiten. Von Tadelshofen mit dem Dalai-Lama. Von Tadelshofen mit Eduard Schewardnadse. Von Tadelshofen mit Udo Lindenberg. Von Tadelshofen mit Helmut Schmidt. Von Tadelshofen mit Yoko Ono. Von Tadelshofen mit Helmut Kohl. Von Tadelshofen mit Anne-Sophie Mutter. Von Tadelshofen mit Jürgen Möllemann. Von Tadelshofen mit Tokio Hotel. Von Tadelshofen mit ... Pavel Berger-Grün.

»Oh! I know this guy!«, rief Berger-Grün aus, als er seiner selbst angesichtig wurde.

»Oh! I know this guy!«, rief postwendend Fauna. Sie stand vor einem Foto, das einen sehr jugendlichen Freiherrn im Arbeitszimmer eines sehr greisenhaften Karlfried Graf Dürckheim zeigte.

»Mein Lehrer und väterlicher Freund«, sagte von Tadelshofen.

»Ein Faschist und notorischer Hitler-Verehrer«, sagte Donna Fauna.

»Damit ist die Stimmung wohl bis auf weiteres im Eimer«, flüsterte Jonathan KQ zu.

Der Freiherr schien unbeeindruckt und fuhr mit der Führung fort:

»Wir befinden uns nunmehr an der Schwelle zu meinen privaten Räumlichkeiten. Selbst eine so willkommene Runde von wirklichen Freunden wird damit leben müssen, nicht in alle Bereiche meines Lebens die Nasen stecken zu dürfen. Das gilt selbstredend nicht für meine allerneueste, allerbeste Freundin! Wenn Sie erlauben ...«

Damit öffnete er eine der zahlreichen Türen, die von seiner »Wall of Fame« abgingen und bat Donna Fauna hinein. Die trat, ohne zu zögern, ein und verschwand mit von Tadelshofen, der die Tür hinter sich schloss, im dahinter liegenden Raum.

Die restliche Truppe, bestehend aus dem Kanarienquex, Pavel Berger-Grün, Jonathan Rischke und dem Yoga-Unternehmer Pedrillo Caldez, blieb einigermaßen verdutzt im Gang zurück. Keine Minute war jedoch vergangen, als vom anderen Ende des Ganges die Hauswirtschafterin Isolde erschien. Sie erklärte, die Schlossführung zu übernehmen und geleitete die vier zum anderen Ende der Wall of Fame, wo eine erneute Wendeltreppe nach unten führte.

Um einiges später, vor dem in Stein gemeißelten Montgolfière-Gedicht August Langbeins in der Eingangshalle versammelt, setzte Isolde der heutigen Besuchergruppe zunächst die Lebensgeschichte des Ur-Ur-Ur-Großonkels des Tädeus von Tadelshofen auseinander.

Isolde erzählte nicht zum ersten Mal von den Abenteuern des Rochus, das merkte man. Die Pointen saßen, die Dramaturgie der Erzählung funktionierte.

Berger-Grün, Rischke, Pedrillo und KQ hörten begeistert zu, bis der Kanarienquex plötzlich ausrief: »Menschenskind, Pavel! Das ist der reine Filmstoff. Dieser Rochus, der wäre was für Dich!« – »Was Du nicht sagst!«, gab Jonathan Rischke, der erneut den Übersetzerjob übernahm, grinsend zurück.

Er setzte KQ auseinander, das Filmprojekt, das Pavel Berger-Grün nach Deutschland geführt habe, trage den Arbeitstitel »Leichter als Luft«. Der geplante Film beschäftige sich mit Luftfahrtpionieren auf der ganzen Welt. Aber nur mit jenen, die auf das Prinzip gesetzt hatten, ein Vehikel so zu bauen, dass es leichter als die Luft und dadurch flugtauglich werde.

Es gebe nämlich in der Luftfahrtgeschichte im Wesentlichen zwei Ansätze, dozierte wiederum Isolde. Dem Prinzip ›Leichter als Luft‹ folge man zum Beispiel, wenn man ganz simpel einen Drachen steigen lasse. In die Reihe ›Leichter als Luft‹ gehöre die gesamte Ballonfahrerei, aber auch der Zeppelin, wobei die nötige Leichtigkeit des Flugobjekts dann jeweils künstlich, durch heiße Luft oder Gas, erzielt werde.

»Die Yoga-Fliegerei gehört aber nicht dazu, oder, Pedrillo?«, warf KQ dazwischen.

»Leider nein. Die meisten Yogis sind selbst nach langen Fastenzeiten noch schwerer als Luft«, meinte der. Die Astralreise gehöre womöglich in diese Rubrik.

Dem Prinzip ›Schwerer als Luft‹, fuhr wiederum Isolde fort, sei der gesamte Flugzeugbau zugehörig. Dieses Prinzip sei erst mit der Entwicklung moderner Motoren umsetzbar geworden und habe sich dann rasant durchgesetzt. Bis dahin sei die Menschheit immer auf die Leichtigkeit angewiesen gewesen, um zu fliegen. »Und einmal oben, war dann das einzige Antriebssystem der Wind«, schloss Isolde.

»Es lebe das Prinzip ›Leichter als Luft‹!«, rief der Kanarienquex aus und entzündete einen Joint, an dem diesmal auch Jonathan und, zu KQs größter Befriedigung, Pavel Berger-Grün zogen. Man stand und rauchte und bewunderte die Schönheit dieser Eingangshalle, ihrer Säulen, ihres Stucks und ihrer marmornen Böden. »Statuario Marmor«, erläuterte Isolde und zeigte auf einen roten Fleck im Weiß des kostbaren Steins. »Rotwein übrigens«, fügte sie beruhigend hinzu: »Ein sehr alter Jahrgang, wie zu vermuten ist. Kein Blut. Wir haben das untersuchen lassen.«

Der Kanarienquex verharrte vor dem Luftfahrergedicht und runzelte die Stirn: »Ich hab da mal 'ne ganz andere Frage. Dieses Zeichen. Da. Das da unten. Das ist doch ein Freimaurerzeichen!«

KQ zeigte auf Verzierungen, die das Luftfahrer-Gedicht August Langbeins umrankten. Das Symbol, auf das der Quex hindeutete, stellte seiner Meinung nach das Zeichen der Loge der neun Schwestern dar.

Wie Isolde erklärte, sei einer der Gebrüder Montgolfier tatsächlich Mitglied in dieser Loge gewesen, die trotz der Kürze ihres Bestehens als eine der einflussreichsten im Paris ihrer Zeit gelte. Ob Rochus von Tadelshofen seinerseits Freimaurer gewesen sei oder nicht, habe bisher nicht geklärt werden können.

»Soso«, kommentierte der Quex und gab sich Mühe, eine bedeutungsschwangere Miene aufzusetzen.

»Sehen Sie: Mir könnte Ihr Urteil über mich gleichgültig sein. Ich habe Sie hierher eingeladen, weil unser gemeinsamer Freund KQ mich darum gebeten hat. Nun habe ich Sie kennengelernt und muss gestehen: Mir ist Ihr Urteil über mich nicht gleichgültig. Im Gegenteil: Es ärgert mich.«

So eröffnete Tädeus von Tadelshofen die Unterredung mit Fauna in seinem Arbeitszimmer, während er zwei Holzscheite in die Glut eines gusseisernen Ofens legte. Dieser reich verzierte Ofen gründerzeitlichen Alters wirkte in diesem Raum, dem ansonsten jede altertümliche Note abging, wie ein Fremdkörper. Die Einrichtung war sachlich, streng funktional, bürogemäß.

Tadelshofen bot Fauna einen Stuhl an und nahm selbst auf einem rückenschonenden Sitzgerät Platz, hinter einem Schreibtisch aus Glas und Chrom, der mit diversen High-Tech-Geräten bestückt war.

»Was ärgert Sie denn so?«, fragte Fauna zurück.

»Mich ärgert die Tatsache, dass Sie bereits ein fertiges Urteil über mich zu besitzen scheinen. Das setzt in diesem eigenartigen Gesinnungstribunal, dem Sie als oberste Richterin der reinen Lehre vorzustehen scheinen, den Schuldspruch vor die Vernehmung des Angeklagten. Und verzeihen Sie mir den wenig originellen Hinweis, aber Sie kennen mich gar nicht. Ihr Interesse daran, das zu ändern, erscheint mir zweifelhaft. Sie laufen hier herum, in meinem Haus, in meinem Privatleben, in das ich Sie ohne Not eingelassen habe, aus – ja, Sie werden den

Ausdruck hassen, aber er entspricht der Wahrheit: aus Freundlichkeit, aufgrund freundschaftlicher Gefühle für den Kanarienquex, der unter Ihren ständigen Vorhaltungen, er ›hänge mit einem Nazi-Bonzen herum‹, ungemein leidet. Unser lieber KQ ist nämlich ein loyaler Mensch, zumindest habe ich ihn so kennengelernt, und er hasst es, in dieser Weise zwischen Menschen zu stehen, die er mag. Also lade ich Sie ein, behandle Sie als Ehrengästin und mit vollständiger Unvoreingenommenheit. Ich eröffne Ihnen Einblicke in mein Innerstes. Und Sie trampeln in diesem Innersten herum und gefallen sich darin, einen Guerillakrieg spitzfindiger Verbalattacken zu inszenieren. Diese Attacken sind als charmante Bonmots getarnt und oftmals in der Tat äußerst geistreich und unterhaltsam. Allerdings mangelt es Ihnen an Aufrichtigkeit, so scheint mir. Denn an einem ehrlichen Meinungsaustausch ist Ihnen nicht gelegen. Sie sind lediglich darauf aus, Beweisstücke für Ihren bereits feststehenden Schuldspruch zu sammeln – der mich als einen Nazi und Judenhasser ausweist. Kurzum: Ich empfinde Ihr Verhalten als unhöflich und demütigend. Nebenbei bemerkt ähnelt es dem Vorgehen jenes berüchtigten Irrenarztes Dr. Gudden, der Ludwig II. von Bayern in einem Gutachten für geisteskrank erklärt hat, ohne ihn je untersucht zu haben.«

Der Freiherr hatte alles das ruhig, souverän und in einem ungekünstelt freundschaftlichen Ton herausgebracht. Fauna spürte dennoch, dass hinter seiner Rede echte Verletztheit stand. Dazu rührte die Anspielung auf den Staatsstreich gegen den schwulen Bayernkönig warm an ihrer Tuntenseele. Fauna schwieg.

»Wissen Sie«, fuhr von Tadelshofen fort: »Ich bin auch einer jener Erdenbürger, auf den Rosa Luxemburgs Umkehrung einer berühmten Marx-These zutrifft. Die Menschen machen demnach ihre Geschichte unter den Umständen, die sie vorfinden und die sie geprägt haben, sicherlich. Aber die Menschen machen ihre Geschichte selbst. Haus Tadelshofen verfügt nun in der Tat seit einigen Jahrhunderten über Reichtum und Macht. Natürlich hat mich das geprägt, so wie jeden anderen das Umfeld seiner Familie geprägt hat. Zu meiner Ahnenschaft gehören Generäle, Kirchenmänner und Lehnsherren. Einige von ihnen hatten unvorstellbare Grausamkeiten und Verbrechen zu verantworten. Aber auch die Widerstandskämpfer Claudius und Helene von Tadelshofen, der deutsche Jakobiner Rochus von Tadelshofen und die aktive

Kriegsgegnerin Sophie von Tadelshofen gehören zu meinen Vorfahren. Und selbst bin ich ein eigenständiges Wesen! Ich habe meine eigenen Entscheidungen getroffen, meine eigenen Entwicklungen gemacht, mitsamt Irrwegen, Krisen, Weiterungen und all dem. Ersparen Sie mir deshalb diese an Sippenhaft grenzenden Vorurteile. Zudem war mein früher Mentor ein sehr komplexer Charakter. Aber ich bin auch nicht identisch mit Karlfried Dürckheim. Ich bin eine eigenständige Person und erwarte, als solche behandelt zu werden. Lernen Sie mich kennen und urteilen Sie dann – oder lassen Sie es bleiben und ersparen mir Ihre Spielchen.«

»Schon, schon, mein lieber Tädeus. In meiner eigenen Familie gab es Nazis schlimmster Sorte. Ich will Ihnen das auch alles gar nicht absprechen, obwohl auch die Irrwege, Krisen und Weiterungen Ihres freiherrlichen Gemüts ein gesellschaftliches Produkt sind. Das sehr konkrete Individuum Tädeus Tadelshofen hat nicht aufgehört, einer bestimmten Klasse innerhalb einer bestimmten Gesellschaftsformation anzugehören. Das Wesen des Menschen ist kein Abstraktum. Es entspringt dem Ensemble der gesellschaftlichen Verhältnisse. Aber nun, selbstverständlich machen wir Menschen unsere Geschichte selbst. Nur, was heißt das: ›Geschichte machen‹? Am Ende finden alle gedanklichen Mysterien des Individuums ihre rationelle Lösung in der menschlichen Praxis. In der Praxis muss der Mensch die Wahrheit seines Denkens beweisen. In der Praxis liegt der Hase im Pfeffer. Die Anschauungen der Menschen ändern sich oft und schnell. Die gesellschaftliche Praxis ändert sich selten. Sie zum Beispiel sind Staatsbeamter und Botschafter geworden, genau so, wie es der Klassendisposition und der Geschichte Ihrer Familie entspricht, die ja eine richtige Diplomatendynastie ist, wie ich höre. Nun sagten Sie vorher, Ihr Standpunkt sei der des einzelnen Menschen. Aber sehen Sie: Der Standpunkt des Marxismus ist die menschliche Gesellschaft – oder die gesellschaftliche Menschheit. Mein eigener Standpunkt geht da sogar noch weiter: Ich habe die allergrößten Schwierigkeiten, die Menschheit zu ertragen, und lehne zumindest deren Mehrheit aus ganzer Seele ab. Erst recht nicht mag ich den Staat, egal welchen. Und ich mag keine Klassengesellschaften, die von Geburt an einige Wenige mit großen Privilegien ausstatten und die meisten anderen mit Elend und Not. Ich mochte übrigens auch diese sogenannte Wiedervereinigung nicht, an der Sie scheinbar im diplomatischen Hintergrund kräftig mitgearbeitet haben. Ich mag ferner diese EU nicht, für die Sie Verträge verhandelt haben, die geholfen haben, aus einer Menschheitsidee von Rang ein kleinkariertes, bürokratisches Monstrum im Kommando einer winzigen Minderheit zu machen.

Ich behaupte nun nicht, dass Sie bei all dem schreckliche Dinge getan oder zu verantworten gehabt haben. Das weiß ich schlichtweg nicht, wenngleich ich es in der Tat vermute. Aber das spielt auch keine entscheidende Rolle. Sie haben eine Position eingenommen, die Ihrer Klasse entspricht, und Projekte vorangetrieben, die den Interessen dieser Klasse Geltung verschaffen. Ich fühle mich dadurch in der Annahme bestätigt, dass das wirkliche Ändern der Umstände und die Selbstveränderung des Einzelnen nur als revolutionärer Prozess zusammenfallen können, der auch die Eigentums- und Produktionsverhältnisse grundlegend verändert. Das habe ich früher so gesehen. Und auch, wenn mich inzwischen sehr vieles sowohl vom Marxismus als auch von der Menschheit trennt: Das sehe ich bis heute so. Ansonsten ist mein Standpunkt der des universellen Chaos, das tanzende Sterne gebiert.«

»Unglaublich!«, rief Tadelshofen begeistert aus.

»Das war ja die reinste Freestyle-Agitation, eine Art marxistischer Rap, durchsetzt, wenn ich mich nicht irre, mit Versatzstücken aus Karl Marx erster, sechster, siebter und zehnter These über Feuerbach und einem Finale Furioso nach Friedrich Nietzsche.«

»Aus der zweiten und dritten Feuerbach-These müsste auch noch was mit drin gewesen sein«, ergänzte Fauna geschmeichelt: »Trotzdem bemerkenswert, dass Sie das gleich erkannt haben. Sie haben Ihren Marx wahrhaftig gelesen, Genosse Tadelshofen, alter Maulwurf.«

»Und Sie sind, wie ich sehe, geradezu eine Athletin des gepflegten Zitatweitwurfs und eine Virtuosin der Marxologie«, lobte von Tadelshofen.

»Wie ich wiederum sehe, mein Freiherrchen, bin ich nicht die einzige, die Attacken als charmante Bonmots tarnt, nicht wahr? Wenn ich Sie übrigens mit ›meistgeliebter Tädeus‹ oder mit ›mein Freiherrchen‹ anrede, möchte ich darauf hinweisen, dass ich das durchaus nicht herabwürdigend meine oder ironisch, sondern: liebevoll. Jawohl: liebevoll! Ich mag Ihren Staat nicht, ich bekämpfe Ihre Klasse und ich hasse Ihr System. Aber Sie, das konkrete Individuum Tädeus von Tadelshofen, mag ich eigentlich recht gerne. Und nein, mein Urteilsspruch steht noch nicht fest. Im Gegenteil. Sie sind liebenswürdig zu mir, und ich weiß die ungezählten Aufmerksamkeiten Ihrer Gastfreundschaft zu schätzen. Was Ihre ... Gesinnung angeht – ich hasse dieses Wort –, mache ich mir einige Sorgen, das ist wahr. Ich habe keinen Schimmer, woran ich letztlich bei Ihnen bin. Sie verwirren mich. Aber das ist kein Einzelfall. Ich habe neuerdings kaum mehr eine Ahnung, woran ich bei mir selbst bin. Also provoziere ich Sie, um beides herauszufinden.«

Von Tadelshofen nickte: »Na, ob das noch mein Staat und mein System sind, sei bis auf weiteres dahingestellt. Aber bitte: Provozieren Sie hübsch weiter, meine Beste!«

»Schön. Wollen wir den Stier also bei den Hörnern packen?«

Von Tadelshofen machte eine einladende Geste.

Fauna erhob sich, warf sich in Pose und schien kampfbereit. Dann veränderte sie urplötzlich ihre Haltung und fragte in mädchenhafter Neugier: »Wie war das, als Sie Bill Kaulitz getroffen haben, mein meistgeliebtes Freiherrchen? Bitte, Sie müssen mir das ganz genau erzählen, ja? Jede Einzelheit, ich will alles wissen ...«

Fauna und der Freiherr hatten eine gute Stunde miteinander geplaudert. Davon gut eine halbe Stunde über Bill Kaulitz und Tokio Hotel, über Yoko Ono und den Dalai-Lama. Die anderen waren derweil mit Isolde weiter durch das Schloss getourt. Auf einer ausgedehnten Freiterrasse, auf dem Dach des runden Mittelbaus, trafen nun alle wieder zusammen.

Die Aussicht von hier oben war fantastisch. Zwischen den hohen Zinnen hindurchblickend, über die Wipfel und Kronen des verschneiten Waldes hinweg, hatte man in alle Richtungen freie Sicht. Da und dort konnte man ein Dorf oder ein Gehöft erkennen und im Gegenlicht der Abendsonne die Stadt Templin.

Auf einer schrägen Fläche zwischen zwei Burgzinnen entdeckte Fauna eine metallene Gedenktafel. In sie war ein halbgefüllter Heißluftballon eingraviert. Darunter stand: »Rochus Graf von Tadelshofen. 1777–1813«.

»An dieser Stelle trat mein Vorfahr seine letzte Reise an. Er wurde 36 Jahre alt«, sagte Tädeus von Tadelshofen.

»Mord oder Selbstmord?«, wollte KQ wissen.

Fauna rollte genervt die Augen.

Von Tadelshofen legte dar, dass es einen Bericht der preußischen Gendarmerie gebe, in dem ein Sprung des Rochus in selbstmörderischer Absicht beschrieben sei. Diese Darstellung sei durch diverse Augenzeugen gedeckt, die freilich allesamt preußische Gendarmen oder Verwaltungsbeamte gewesen waren. Eine Flugschrift Deutscher Jakobiner berufe sich demgegenüber auf zwei Diener des Grafen. Diese seien zuvor geflohen und hätten vom nahen Wald aus einen regelrechten Lynchmord durch die Gendarmen beobachtet. Nach ihrem Bericht, der allerdings nicht als Primärquelle vorliege, habe man den armen Rochus Kopf voran vom Turm geschmissen.

»Und was sagt Dir Dein Gefühl?«, bohrte KQ nach.

»Mein Gefühl sagt mir das Gleiche wie mein Verstand, dass beides sehr gut möglich ist und dass man nicht mehr aufklären können wird, wie es wirklich gewesen ist. Es sei denn, es tauchen eines Tages neue Hinweise auf, was unwahrscheinlich ist nach zweihundert Jahren. Manche Fragen bleiben eben offen. Das muss man mit Fassung zu tragen wissen.«

»Sehr richtig, Tad!«, ließ sich Fauna vernehmen.

Den neuen Spitznamen übergehend, den sich Fauna für ihn ausgedacht hatte, fuhr Tädeus von Tadelshofen fort: »Mich hat an dem guten Rochus in erster Linie der freiheitsliebende Abenteurer und der Luftfahrtpionier interessiert. In dieser Hinsicht sind wir – vor allen Dingen mein Bruder Irinäus – in deutschen und französischen Archiven fündig geworden. Das bedeutendste Fundstück war natürlich Schloss Montgolfière. Speziell auch diese Freiterrasse, auf der wir hier stehen.«

Deren bauliche Eigentümlichkeit habe nämlich ihre guten Gründe, ergänzte er.

Tatsächlich fiel auf, dass es in der Mitte der ebenen, mit Steinplatten ausgelegten Terrassenfläche eine kreisförmige Aussparung mit einem Durchmesser von vielleicht fünf Meter gab. Sie war durch eine massive Holzplatte bedeckt.

Von Tadelshofen wies die anderen an, die Platte gemeinsam anzuheben. Mit vereinten Kräften gelang es, sie ein Stück zur Seite zu rücken. Fauna und KQ leuchteten mit ihren Handylampen nach unten und man sah, dass sich dort ein Hohlraum befand, zu dem eine kleine, steinerne Treppe hinunterführte.

»Hat jemand eine Idee, wozu das gedacht gewesen sein könnte?«, fragte Tadelshofen.

»Ganz klar! Ein Darkroom!«, feixte Fauna.

Berger-Grün vermutete, der Graf habe hier seine spätere Grablege vorbereitet.

»Hm. Haben die da unten immer gegrillt, oder wie?«, ulkte KQ.

Tadelshofen lachte: »Das nicht, aber wir nähern uns der Erklärung.«

Pedrillo wähnte, man habe in diesem Raum spirituelle Rituale abgehalten, denn ihm war eine Struktur im Boden aufgefallen, die die Form einer Spirale zu haben schien.

Tadelshofen schüttelte lachend den Kopf. Das seien nur die Ablaufrinnen für das Regenwasser.

Es war Jonathan Rischke, der auf die Lösung kam: »Wollte Rochus von hier oben aus etwa Ballonfahrten starten? Und durch die übertrieben hohen Zinnen rundherum und diese künstliche Senke wollte er die Windverhältnisse bei einem Start vom Dach ausgleichen?«

»Bingo!«, meinte von Tadelshofen: »Dieses Rundloch ist quasi ein Startblock für Heißluftballone.«

Graf Rochus habe einmal in einem Brief an einen jüngeren, adeligen Luftfahrtenthusiasten, den Irinäus aus einem Archiv in Meudon herausgetaucht habe, verlautbart, Schloss Montgolfière werde man immer nur in einem Augenblick ganz und gar fertig gestellt erleben können: wenn sich auf dem Dach des Mittelbaus gerade ein Ballon erhebe, um das Haupt des Gebäudes zu krönen. Diese Krönungsfeierlichkeiten würden dann jedes Mal mit dem Verlust ebendieser Krone enden. Die nämlich falle, nach einer majestätisch langsamen Fahrt, in hohem Bogen dort zur Erde, wo der Wind der Geschichte sie hingetragen habe. Diese Symbolik sagte ihm, Rochus, als altem Jakobiner und Romantiker außerordentlich zu.

»Ihr Vorfahr war ja ein Poet! Und er hatte gewaltig einen an der Waffel. Und er scheint ein echter Revolutionär gewesen zu sein. Eins sympathischer als das Andere. Meine Hochachtung!«, salutierte Donna Fauna.

»Startest Du dann Deine Ballonfahrten auch von hier?«, wollte Jonathan wissen.

Tädeus verneinte, und es sei auch fraglich, ob es zu des Rochus Zeiten je zu einem Start gekommen sei, von jenem gescheiterten Fluchtversuch im Jahre 1813 abgesehen. Die Windverhältnisse auf dieser Plattform seien trotz aller Gegenmaßnahmen unberechenbar geblieben.

Auch sonst spreche allerhand dagegen. Er selbst habe es einmal ausprobieren wollen und den Versuch eines Ballonstarts schnell wieder abgebrochen.

Schloss Montgolfière sei folglich in ballonfahrerischer Hinsicht eine glatte Fehlkonstruktion – aber wenigstens eine charmante. Ohne diese historisch wertvolle Vertiefung allerdings lasse sich an wärmeren Tagen als dem heutigen immerhin wunderbar frühstücken auf dieser Freiterrasse. Deshalb habe er der Holzplatte den Vorzug gegeben.

Seine eigenen Ballonfahrten beginne er lieber vom Boden aus, ergänzte der Hausherr. Er lade sie alle selbstverständlich dazu ein, am kommenden Morgen gemeinsam in die Lüfte zu steigen.

Bis auf Pedrillo Fauna, die ihre Höhenangst geltend machte und dafür einiges an gutmütigem Spott erntete, stimmten alle begeistert zu. Dann rückte man die Holzplatte wieder an ihren Platz. Der kalte, scharfe Wind trieb die Truppe wieder ins Gebäudeinnere.

Nur der Quex drehte sich noch einmal um und sagte leise vor sich hin:

»Ein komisches Terrassenloch!«

Es hatte zu dämmern begonnen. Man vertagte sich bis zum Dinner.

Fauna wollte die Zeit in ihrem »Prinzessinnenzimmer« nutzen, um auf dem Smartphone mit der Digitalwelt zu kommunizieren. Das stellte sich als unmöglich heraus: kein Empfang in dieser Abgeschiedenheit.

Somit las sie erst einmal jenen Rest der Recherchemail von Germaine Gamma über ihren Gastgeber, den sie zuvor im Auto nicht mehr lesen hatte wollen nach den vorangegangenen Enthüllungen über Tadelshofens Mitgliedschaft in Burschenschaften und »Volksverhätschelung« durch Grundeinkommen. In der Tat jedoch kam Tädeus von Tadelshofen im weiteren Verlauf der Mail bedeutend besser weg.

»Teppich-Affäre«

1999 beendete die sogenannte Teppich-Affäre (nicht zu verwechseln mit der gleichnamigen Affäre um den FDP-Politiker Dirk Niebel) die diplomatische Laufbahn Tädeus von Tadelshofens.
Anlässlich der Beteiligung der Bundeswehr am NATO-Krieg gegen Serbien

verbreitete dieser zunächst hausintern eine Protestnote. Er wies darin auf den völkerrechtswidrigen Charakter des Krieges und das verfassungsmäßige Verbot der Beteiligung Deutschlands an Angriffskriegen hin. Bundesaußenminister Joseph Fischer zitierte ihn daraufhin zu einem Einzelgespräch, dessen Verlauf von Tädeus von Tadelshofen später als »anhaltender cholerischer Ausbruch des Ministers« beschrieben wurde. Über die internen Kanäle des Auswärtigen Amtes verbreitete von Tadelshofen anschließend eine Erklärung, in der er schrieb: »Männer mit dem Namen von Tadelshofen gehören nicht seit Generationen zu den ersten diplomatischen Vertretern dieses Landes, um in einem kritischen Augenblick alle Regeln des internationalen Rechts über Bord zu werfen. Der Minister mag seine Überzeugungen wechseln wie die Teppiche im Auswärtigen Amt.* Und neue Gesinnungen mögen ihm zuwachsen wie die Naturfasern jenes Prachtexemplars vor dem hiesigen Europasaal. Der Enkel Claudius von Tadelshofens** wird eher seine Laufbahn opfern als seine völkerrechtlichen Überzeugungen.«

Gegen Tädeus von Tadelshofen wurde anschließend ein Disziplinarverfahren eingeleitet. Dem entzog sich der Freiherr durch sein freiwilliges Ausscheiden aus dem Auswärtigen Dienst, das er in einer Presseerklärung begründete. Die Medien ignorierten den gesamten Vorgang weiträumig.

Gregor Gysi dagegen bezog sich in einer Bundestagsrede auf den Freiherrn, den er als »einsames außenpolitisches Gewissen des diplomatischen Chors« lobte. Anstatt diesem aufrechten Mann »den Teppich unter den Füßen wegzuziehen, hätte man ihm lieber einen ausrollen sollen. Es hätte wegen mir noch nicht mal ein roter Teppich sein müssen«, so Gysi wörtlich: »Einer in Schwarz-Rot-Gold hätte es auch getan.«

---

* Ein Teppich aus nachwachsenden Naturfasern vor dem Europasaal des Auswärtigen Amts in der Unterwasserstraße, für den sich Joseph Fischer persönlich verwandt haben soll, sorgte zu jener Zeit für Gesprächsstoff und Erheiterung in Diplomatenkreisen.

** Claudius von Tadelshofen, Mitglied des Kreisauer Kreises, beteiligte sich 1944 am gescheiterten Attentat auf Adolf Hitler. Er wurde im Februar 1945 in Plötzensee hingerichtet.

Nach seinem skandalträchtigen Ausscheiden aus dem Diplomatischen Chor habe sich von Tadelshofen zunächst auf sein 1994 erworbenes Schloss in Brandenburg zurückgezogen, berichtete Germaine Gammas Text weiter. 2001 sei er als Unterzeichner eines Aufrufs gegen den Afghanistankrieg erneut in Erscheinung getreten. 2007 habe von Tadelshofen gemeinsam mit dem Rechtshistoriker Peter Barnim das Buch *Völkerrecht im Fadenkreuz* herausgegeben und darin die Rechtsverstöße der NATO seit 1989 analysiert. 2010 erschienen seine Erinnerungen *Schwarz-Rot-Goldener Teppich: Aufstieg und Fall eines Diplomaten.* Seither sei er regelmäßiger Interviewgast bei Ken Jebsen und Russia Today zu außenpolitischen Themen. Auch die Fraktion der Linkspartei im Deutschen Bundestag habe ihn wiederholt eingeladen. Aktuell sei er in einer prominent besetzten Kampagne gegen das Freihandelsabkommen TTIP zwischen der EU und den USA aktiv.

Wunderlich, dachte bei sich Donna Fauna. Wie kompliziert die Welt geworden war! Früher war es übersichtlicher gewesen. Die politischen Lager hatten noch eine erkennbare Struktur gehabt. Je nachdem, wo einer herkam und was einer wählte, hatte man relativ sicher vorhersagen können, welche Positionen er außen-, innen- oder gesellschaftspolitisch vertreten würde. Natürlich gab es auch früher schon vereinzelt Ausreißer. Leute wie Rita Süßmuth, die als CDU-Frau plötzlich zur Vorkämpferin für die Rechte Homosexueller geworden war – oder umgekehrt SPD-Leute, die mit üblen rassistischen Sprüchen vom Leder gezogen hatten.

Alles in allem hatte es aber eine geringe Zahl in sich geschlossener Weltanschauungen gegeben, aus denen man auswählen konnte. Hinter diesen Weltanschauungen standen kompakte Milieus und Interessengruppen. So hatte sich jeweils ein Set von Meinungen ergeben, die gebündelt anzutreffen gewesen waren. Schon das Phänomen des »Wechselwählers« hatte als ein Mysterium gegolten, über das die klügsten Intellektuellen sich die Köpfe zerbrochen hatten.

Jetzt gab es kaum mehr Stammwähler, geschweige denn einen relevanten Prozentsatz von Parteimitgliedern. Und was für ein Durcheinander präsentierte sich in den Köpfen der Einzelnen, seit sich alle ihr Weltbild selber zusammengoogelten? Versatzstücke aller erdenklichen Denksysteme und -richtungen wurden da zu einem Sammelsurium vereint, das in den wenigsten Fälle von stringenter Logik durchdrungen und mit den Methoden wissenschaftlichen Denkens auf Richtigkeit geprüft war. Je nach Gefühlslage und Sentiment fischte man sich lieber aus dem großen Strom der Meldungen diejenigen heraus, die einem besonders gut in den Kram passten – und verbreitete sie unbesehen weiter.

Der Verdacht lag derweil nahe, dass diese Methodik der Recherche sich auch in den Redaktionen namhafter Publikationen durchgesetzt habe. Betrieb doch der durchschnittliche Redakteur längst reinen Schreibtischjournalismus und tat, was alle anderen auch taten: Er surfte durchs weltweite Netz und schrieb zusammen, was von dem Gefundenen ihm oder seinem Chefredakteur am besten gefiel! Die Ergebnisse dieses allgemeinen, informationellen Eklektizismus waren oftmals entschieden unerfreulich.

Mit dem Kanarienquex zum Beispiel, jenem Paradeexemplar der elektronischen Subkultur, hatte Fauna neulich eine Diskussion über den Holocaust führen müssen.

War es denn zu fassen? Der Spinner hatte sich in seinen einsam bekifften Internetnächten tatsächlich die Birne so zugemüllt mit seinen »Alternativen Informationen«, dass er Fauna allen Ernstes mit »begründeten Zweifeln« am »tatsächlichen Hergang« des Massenmordes und vermeintlichen »Geschichtslügen« kam. Danach seien die Häftlinge und Leichen auf den KZ-Fotos eventuell deutsche Kriegsgefangene gewesen, und zwar speziell in den Rheinwiesenlagern, wo die Alliierten ein unbeschreibliches Massaker an ihnen verübt hätten.

Fauna war zuerst ausgeflippt, selbstverständlich! Hatte sich dann aber bezwungen und dem Quex in aller Ruhe die Geschichte der Holocaustleugnung dargelegt und die Schicksale einiger Holocaustüberlebender geschildert, mit denen sie selbst persönlich befreundet gewesen war.

Danach hatte Fauna dem ziemlich nachdenklich gewordenen KQ Schritt für Schritt den Weg zum Holocaust beschrieben. Die Radikalisierung der »Judenpolitik« der Nazis; die Vordenker der Vernichtung an den Lehrstühlen für »Bevölkerungspolitik«; den Übergang von »Vernichtung durch Arbeit« zu Massenerschießungen; die ersten Experimente mit Gas an geistig Behinderten; die Wannseekonferenz; die Einrichtung der ersten Vernichtungslager in Polen; die Räumung der Ghettos und die Todestransporte.

Alles das hatte sie ihm fein säuberlich dargelegt, anstatt ihm einfach eine herunterzuhauen, wie es sich gehört hätte. Hatte ihr Stegreifreferat wenigstens Eindruck gemacht? Hatte es den Quex überzeugt? Sie war sich nicht sicher, auch wenn KQ sehr einsichtig getan hatte.

Es rumorte in Fauna seit diesem unerfreulichen Gespräch. Eine böse Unruhe befiel sie auch jetzt. Niemals, nie hätte sie gedacht, dass dieses Faschistenpack jemals so weit vordringen würde können mit diesem miesen Manöver, die Jahrtausendschande dieses Menschheitsverbrechens einfach so aus der deutschen Geschichte herauszulügen.

Aber natürlich! Die Zeitzeugen starben weg. Eine irgendwie ernstzunehmende linke Theorieproduktion gab es nicht mehr. Dem durchschnittlichen Internet-User konnte man scheinbar alles weismachen, solange eine Webseite durch halbwegs ordentliches Layout und pseudowissenschaftliche Sprache glänzte und als Quellenbasis Zitate von anderen Webseiten angab.

Und natürlich ging es nie um Strukturen.

Das Geschichtsbild der Masse war bis zur Ausgelassenheit kindisch. So wurde die Weltgeschichte zu einer einzigen Seifenoper, zu einem endlosen Rosenkrieg »einflussreicher Familien«.

Einflussreiche Familien! Wenn Fauna das schon hörte. Zum Kotzen! Als sei der Imperialismus ein familiäres Projekt oder den charakterlichen Defiziten einiger Weniger entsprungen – und nicht das zwingende Ergebnis eines auf Konkurrenz basierenden kapitalistischen Systems!

Das war sie also? Die digitale Revolution? Die Informationsgesellschaft?

Früher hatte man einen Nazi gleich als Nazi erkannt. Und wenn jemand den Holocaust infrage gestellt hatte, war das ein sicheres Zeichen dafür, dass er ein widerliches Fascho-Schwein war, der das Verbrechen am liebsten wiederholen wollte.

Für Fauna verhielt sich das weiterhin ganz genau so.

Aber der Quex? Der war doch harmlos wie eh und je und der log auch nicht, zumindest nicht bewusst. Der glaubte diesen ganzen Müll wirklich, das war ja das Fatale! Oder zumindest »zog er in Erwägung«, ob da nicht doch »etwas dran« sein mochte, an all diesen Fälschungen, Hirngespinsten und Lügen. Es war zum Heulen. Hatte es so auch angefangen, damals, in den Zwanzigerjahren? Ganz harmlos? Einfach ein paar neue Thesen unvoreingenommen prüfen? Vielleicht ist ja was dran?

Dann aber, andererseits, kam so ein Adeliger daher, ehemaliger Burschenschaftler und ein nationalliberales Aas in seiner Jugend – und schmiss dem deutschen Staat seine Diplomatenkarriere vor die Füße, weil er das Völkerrecht beschädigt sieht!

Hatte man so etwas schon gehört?

Seit wann hätte sich der deutsche Adel je um das Völkerrecht geschert? Und jetzt machte dieser frühere Genscher-Kumpel einen auf Globalisierungskritiker, las heimlich Marx und Lenin und warf sich in die Bresche gegen zentrale Projekte des Kapitals?

Fauna war: irritiert!

Immerhin ließ sie sich nicht so weit gehen, deswegen ihre Vorbereitungen für das Dinner zu vernachlässigen. Sie nahm ein ausgiebiges Bad in dem opulenten Badezimmer. »Wollen doch sehen, wie weit die Toleranz des Freiherrn geht!«, dachte sie sich beim Abtrocknen und warf sich in üppigsten Tuntenbarock: Sie behängte sich mit allerhand Ringen und Ketten, steckte die Haare hoch, sparte nicht mit Lippenstift und Schminke, trug eine wallende, weiße Bluse mit Rüschen und ein Kleid aus grüner Seide – darunter: Cowboystiefel. Mit Eisenbeschlägen.

KQ hielt das kleine Plastiktütchen in der linken Hand. LSD war darin, auf kleinen, bunten Papiermarken. In der rechten Hand hielt er ein zweites Plastiktütchen mit MDMA. Ein gelblich-kristallines Pulver. Sollte er oder sollte er nicht?

Der Kanarienquex überlegte, dass dieses Dinner ja auch beruflich wichtig sein konnte für ihn. Tädeus und Jonathan und vor allen Dingen Pavel Berger-Grün waren da. Dann sollte noch dieser Irinäus kommen. Der war immerhin Feuilletonredakteur bei der *Welt*. Besser klar bleiben im Kopf. Einen guten Eindruck machen. Besser: einen sehr, sehr guten Eindruck machen. Schillern und glänzen, aber kein zu hohes Risiko eingehen, fürs Erste!

KQ legte die beiden Tütchen zurück in das Etui aus Messing und nahm stattdessen sein Smartphone zur Hand. Er wollte noch kurz seinen Facebookstatus aktualisieren. Das erwies sich als aussichtslos. Immer noch kein Empfang. Auch egal.

Der Quex zog seine Silberhose an, ein weißes Hemd und ein creme-
farbenes Sakko, in dessen Innentasche er das Etui aus Messing versenkte.

Er besah sich im Spiegel.

Schillern und glänzen!

Ganz genau.

Zweiter Teil

Tanzende Schneeflocken

Irinäus von Tadelshofen traf leicht verspätet ein und hatte Neuigkeiten im Gepäck. Man stand rauchend und trinkend im Billardzimmer herum, als der Bruder des Schlossherrn mit einem etwas abgehetzten »Entschuldigt bitte, aber Ihr könnt Euch ja denken, was heute in der Redaktion los war ...« hereinplatzte.

Fragende Gesichter.

»Paris?«, schob Irinäus etwas irritiert nach.

Fragende Gesichter.

Die Anwesenden hatten einen Tag im Funkloch und frei von digitaler Kommunikation hinter sich. Sie wussten von nichts.

Irinäus berichtete von einem Anschlag in Paris, auf ein Satiremagazin. Selbiges habe zuvor durch seine Karikaturen wiederholt den Zorn extremistischer Moslems auf sich gezogen. Bei dem Attentat seien zwölf Menschen gestorben. Alles sei in heller Aufregung. Man spreche von einem 11. September Europas.

»Ein 11. September mit zwölf Toten? Da kommt Europa aber gut weg«, meinte KQ, ungerührt.

»Kein Vergleich mit dem anderen 11. September, also: mit dem CIA-finanzierten Putsch gegen die Volksfrontregierung Salvador Allendes, 1973, in Chile«, sekundierte Fauna und für diesen Moment waren die beiden in ihrer spontanen Geschmacklosigkeit ein Herz und eine Seele, wie damals, acht Tage nach dem 11. September 2001, in der Bar zum Krokodil, mit dem Weazel.

Fauna seufzte beim Gedanken an das Weazeltier. KQ seufzte auch. Aus dem gleichen Grund?

Tädeus von Tadelshofen seufzte ebenfalls. Er schaut dabei wie in Zeitlupe vom Boden auf und warf den beiden einen Blick zu, der sie umgehend zum Schweigen brachte. Blankes Entsetzen lag darin, Hektik, Angst – Verzweiflung geradezu: »Bitte entschuldigt mich«, sagte er bloß und verschwand zügigen Schrittes durch jene Tür, hinter der die Schlossbibliothek und der Aufgang zu seinen Gemächern lagen.

»Ich weiß es auch nicht genau«, meinte Irinäus, als alle fragten, was denn wohl los sei mit Tädeus und ob die flapsige Reaktion Faunas und KQs ihn empört habe: »Vielleicht will er kommunizieren. Er hat viele Freunde in Paris.«

Auf die Frage, was man nun tun solle, schlug Irinäus von Tadelshofen vor, unumwunden mit dem Abendessen zu beginnen: »Mein

Bruder würde den Gedanken hassen, dass das Dinner verkocht oder unverzehrt kalt wird. So gut kenne ich ihn. Ich übernehme die volle Verantwortung. Bitte folgen Sie mir, meine Herren.«

»Meine Damen und Herren!«, verbesserte Fauna. »Oh, natürlich. Verzeihen Sie mir, gnädige Frau«, verbeugte sich Irinäus von Tadelshofen tief und wollte Fauna den Vortritt lassen.

»Hier kennen Sie sich besser aus«, lehnte die dankend ab.

Der Saal, in dem das Dinner eingenommen werden sollte, lag im zweiten Stock des gegenüberliegenden Schlossflügels, oberhalb der Gästezimmer. Nach einem ausgiebigen Fußmarsch unter Leitung des Irinäus war man dorthin gelangt. Der Saal musste am Ende des Seitenflügels liegen, wie die zu diesem Zeitpunkt weitgehend orientierungslosen Gäste schlossen, da es zu drei Seiten Fenster nach draußen gab.

Die Tafel war gedeckt. Ein massiver Holztisch war mit drei enormen Kandelabern bestückt, in denen je acht Kerzen brannten. Darüber erhoben sich zwei imposante Kronleuchter, die wie riesige Tropfen von den hohen Decken hingen.

Irinäus hob den hübsch verzierten Deckel von einer der Porzellanschüsseln, in denen sich dampfende Speisen befanden: »Bitte bedienen Sie sich selbst. Der Mundschenk hat gerade Urlaub, die weitere Dienerschaft ist auf Kurzarbeit gesetzt. Und der Gobelin, den Sie nicht mehr an der Wand sehn: Den haben wir versetzt! Zur Hebung der Finanzen.«

In der Tat hingen an den Wänden keine Gobelins. Dafür jedoch abstrakte Kunst, die ebenfalls keinen preiswerten Eindruck machte.

Fauna stand auf und ging zu einem Beistelltisch, auf dem diverse Flaschen standen. Sie kündigte an, den urlaubenden Mundschenk unentgeltlich zu vertreten, verlas die Etiketten und ging dann reihum, mit ironischer Grazie die Gläser mit dem jeweils gewünschten Trank füllend.

Jonathan vergewisserte sich derweil, welche der Speisen vegan seien. Alle, soweit er wisse, gab Irinäus zur Antwort. Sein Bruder, selbst Vegetarier, habe Isolde für heute angewiesen, ein rein veganes Menü zu zaubern. Von Isoldes Kochkünsten sei er im Übrigen ebenfalls überzeugt. Die bereits aßen, bestätigten diese Einschätzung enthusiastisch.

Irinäus berichtete nun die bis dahin gemeldeten Einzelheiten des Attentats auf die Redaktion des Satiremagazins *Charlie Hebdo*.

»Einige von Ihnen sind mit Lola Mercedes befreundet, wie mein Bruder mir erzählt hat?«, fragte Irinäus nach seinem Lagebericht.

Jonathan umriss für Pavel Berger-Grün und Pedrillo Caldez in wenigen Sätzen, um wen es sich bei Lola handelte.

»Die Gute hat heute für einiges Aufsehen gesorgt, das darf ich Ihnen versichern«, fuhr jetzt Iriniäus fort: »Ich würde sagen: Sie hat den Skandal des Tages für sich verbuchen können. Auch wenn selbstverständlich in den, wie soll man sagen, in den ... offiziellen ... Medien niemand darüber geschrieben hat; über Frau Mercedes geredet wurde heute vermutlich in allen Hauptstadt-Redaktionen.«

Und zwar habe Lola Mercedes keine zehn Minuten nach den ersten Meldungen über das Pariser Attentat über ihre Kanäle auf Twitter, Facebook und so weiter dazu aufgerufen, zunächst einmal rein gar nichts zu glauben von dem, was die Medien verbreiteten. Eine halbe Stunde später habe sie getwittert: »Ich weiß und glaube immer noch nichts.« Wieder zehn Minuten später: »Abwarten statt aburteilen!«

Fünfzehn Minuten darauf habe sie auf Facebook ein Bild des Sokrates gepostet mit der Bildunterschrift: »Nach diesem Philosophen sind die, die wissen, dass sie nichts wissen, viel weiser als diejenigen, die ihren Glauben mit Wissen verwechseln.« Und zehn Minuten später, wieder auf Twitter: »So viel immerhin weiß ich: Je suis Lola!«

So sei das in einer Tour weitergegangen, berichtete Irinäus von Tadelshofen. Bei der exzellenten Aufstellung der Mercedes in den sozialen Netzwerken, mit ihren zwei-, dreihunderttausend Followern habe dieses Gegenfeuer mit keinerlei sachlichen Hinweisen unterfütterter Fundamentalskepsis nach und nach die heftigsten Reaktionen ausgelöst. Die einen seien hellauf empört gewesen, die anderen hätten sich dieser Herangehensweise resolut angeschlossen und ebenfalls dazu aufgerufen, mit Skepsis abzuwarten – und das, während sämtliche Redaktionen Europas und der USA von Anfang an eine einheitliche Linie über den Tathergang und die Hintergründe vertreten hätten und umgehend von einem islamistischen Terroranschlag ausgegangen seien.

Am späten Nachmittag habe die Mercedes dann den Vogel abgeschossen und die Meldung rausgehauen: »Dieser Terroranschlag war auf jeden Fall sehr gut inszeniert. Von wem? Das ist hier die Frage!«

In den sozialen Netzwerken habe sich die Vorgehensweise der Mercedes damit zur meistdiskutierten Nebenstory des Tages entwickelt.

Kurz vor seiner Abfahrt Richtung Templin, um ca. 19:00 Uhr, habe Lola Mercedes schließlich auf ihrem Blog ein längeres Video veröffentlicht. Sie habe darin vermeintliche Ungereimtheiten in der bisherigen Berichterstattung aufgelistet und auf historische Vorbilder wie das Münchner Oktoberfestattentat 1980, den 11. September 2001 und die Anschläge in der Londoner Underground und beim Boston Marathon verwiesen, die ihrer Ansicht nach allesamt Geheimdienstaktionen gewesen seien. Insgesamt habe Lola den Eindruck zumindest sehr nahegelegt, sie halte diesen Anschlag in Paris für eine »False Flag«-Aktion, einen Angriff unter falscher Flagge also.

Dieses Video habe die Algorithmen endgültig zum Tanzen gebracht. Alleine in den zwanzig Minuten, die er das noch beobachtet habe, seien sowohl Likes als auch Dislikes auf YouTube zu je Tausenden explodiert. Die Kommentare seien bereits in die Hunderte gegangen.

Pavel Berger-Grün wollte nun von Irinäus von Tadelshofen wissen, was er von all dem halte.

Irinäus überlegte kurz. Er wisse natürlich auch nicht aus der ersten Hand, was vorgefallen sei, sagte er dann. Bis dato sei auch noch keinerlei Videofootage veröffentlicht worden. Nach allem, was er in der Redaktion und aus der französischen Presse erfahren habe, gebe es keine offensichtlichen Anhaltspunkte, die offizielle Darstellung anzuzweifeln. Freilich könne er sich, wie alle anderen, bisher nur auf Agenturmeldungen und die Aussagen der Polizei und anderer staatlicher Stellen beziehen. Grundsätzlich sei es natürlich nicht verkehrt, in so einer Lage zur Besonnenheit zu mahnen und mit einem abschließenden Urteil über die Hintergründe der Tat vorsichtig zu sein. Die Kampagne der Mercedes aber sei das Gegenteil von besonnen. Sie habe sich vielmehr abenteuerlich weit aus dem Fenster gelehnt und zumindest in jenen Redaktionen, die sie selbst vermutlich dem »Mainstream« zurechne, meilenweit ins Abseits geschossen.

»Cheers to Lola!«, hob der Kanarienquex mit feierlicher Miene sein Glas, in das er sich zuvor von Fauna Champagner hatte gießen lassen. Aber da wollte keiner so richtig mitziehen.

»Spinnt die jetzt komplett, oder was? Und Du spinnst auch, Quex. Ich wüsste jedenfalls nicht, was es zu feiern gäbe, Idiot!«, ließ sich Jonathan vernehmen.

»Ich bin, wie Du weißt, für die Möglichkeit ausgefuchster Inszenierungen durch den Deep State jederzeit offen. Wenn Du aber verzeihst,

KQ, trinke ich bis auf weiteres einfach mal nur so mit Dir ...«, meinte Fauna und hob ihr Glas. Die anderen zögerten.

Als Vorschlag zur Güte schlug nun Berger-Grün vor, darauf zu trinken, dass dieser gesammelte Wahnsinn in der Welt doch noch zu einem überraschenden, nämlich: zu einem guten, friedlichen und gerechten Ende komme.

Darauf konnten sich alle einigen.

Man trank.

Man schwieg.

Man schwieg lange.

Man trank.

Im Kamin knisterte das Feuer.

Die Tür flog auf und ein glänzend aufgelegter Tädeus von Tadelshofen betrat schwungvoll den Raum. Er klopfte seinem Bruder auf die Schulter und lobte, dass dieser in seiner Abwesenheit das Abendessen eingeleitet und ihn als Gastgeber vertreten habe.

Sodann ging er zum Beistelltisch, schenkte sich einen Rotwein ein und machte, als er den edlen Tropfen mit der Nase geprüft hatte, ein skeptisches Gesicht. Er schnüffelte dem Bouquet hinterher, nahm einen Schluck und fragte dann vorwurfsvoll seinen jüngeren Bruder:

»Irinäus, mein Lieber! Hast Du die Getränke nicht geknattert?«

Der jüngere Tadelshofen gestand, dies vergessen zu haben.

Tädeus tat gutmütig empört: »Das geht doch nicht! Werter Bruder, Du weißt: Die Tischsitten von Schloss Montgolfière verlangen äußerste Sorgfalt. Wir wollen unseren Gästen doch keine ungeknatterten Getränke vorsetzen!«

Die anderen schauten sich einmal mehr fragend an, als der Freiherrn von Tadelshofen ein Gerät in Betrieb setzte, das Fauna zuvor für eine einsame Lautsprecherbox gehalten und, geblendet vom Angebot exquisiter Getränke, nicht weiter beachtet hatte.

»Dieses ist ein Tesla-Toaster. Marke Eigenbau!«, erklärte der Schlossherr, mit unverkennbarem Stolz.

Er stellte eine Flasche Rotwein vor diese Apparatur und aktivierte sie. Das Gerät schien daraufhin Lichtimpulse abzugeben und machte laute, knatternde Geräusche. »Hochvoltige Blitzentladungen« seien das, erklärte der Freiherr, die eine Art elektromagnetischer Schallwellen erzeugten. Deren Wirbel gingen in Resonanz mit allen materiellen Strukturen, sofern diese – wie übrigens jener grandiose Château BRANAIRE-DUCRU von 2009 – einen Empfänger für diese Wellen hätten. Man könne sich das so vorstellen, als werde ein Molekül-Akku aufgeladen, indem der Wein das Licht der Blitze absorbiere. Die Energieübertragung verändere die Konfiguration der Moleküle und das äußere sich in Form einer erhöhten Energiespeicherung. Dies alles verbessere die Rauschwirkung erheblich.

»Und vorher war der Molekülakku von Ihrem grandiosen Château BRANAIRE-DUCRU leer, oder wie?«, stichelte Donna Fauna. Die wünschte in dem Moment, wenigstens so viel Ahnung von Naturwissenschaften wie von gutem Wein zu haben, um die gesammelten Behauptungen des Freiherrn verstehen und gegebenenfalls widerlegen zu können.

Stattdessen gesellten sich Pavel Berger-Grün, Jonathan und KQ zum Schlossherrn und ließen sich eingehend dessen »Tesla-Toaster« erklären.

Dem Kanarienquex schienen Tädeus von Tadelshofens Ausführungen von selbsterklärender Logik. Er warf nur gelegentlich ein »Des is klar« und »Logo!« dazwischen. Pavel Berger-Grün lauschte konzentriert, ohne erkennen zu lassen, was er von der Sache hielt. Jonathan interessierte sich vornehmlich für die Rauschwirkung, die ein hochvoltiger Blitzbeschuss einer Flasche exquisiten Weins zu verleihen versprach. Tädeus von Tadelshofen stellte Erfreulichstes in Aussicht. Sein Vorschlag, die Wirkung des geknatterten Château BRANAIRE-DUCRU im allgemeinen Selbstversuch zu testen, wurde begeistert angenommen.

Fauna war am Tisch sitzen geblieben, wie auch Pedrillo Caldez, der an dem Bohei um des Freiherrn technischen Klimbim desinteressiert schien. Fauna gab sich Mühe, ebenfalls einen gleichgültigen Eindruck zu machen. Aus rein fachlichem Interesse holte sie sich dann aber doch ein Glas dieses geknatterten Spitzenweins, zumal sie die perfekte, buddhistische Ruhe dieses Yogamenschen momentan schlecht aushalten konnte.

Denn Fauna war aufgewühlt.

Was sie umtrieb, war dabei nicht nur die Frage nach der physikalischen Glaubwürdigkeit der freiherrlichen Ausführungen. »Geknatterter Wein« gehörte zu der Sorte techno-esoterischer Spleens, die sie guten Gewissens im Reich des Ungefähren belassen konnte. Hauptsache, dieser Château Irgendwas stellte sich nicht als ein rechter Sauerampfer heraus.

Was Fauna irritierte, war der zuvor stattgehabte, radikale Stimmungsumschwung des Schlossherrn. Schier entsetzt und leichenblass hatte der ehrenwerte Gastgeber sich bei Nachricht der französischen Terrorereignisse fluchtartig in seine Gemächer zurückgezogen. Bestens aufgelegt war er eine knappe Dreiviertelstunde darauf hereingeschneit gekommen.

Was mochte Tädeus von Tadelshofen in der Zwischenzeit so überaus Aufmunterndes erlebt haben? Was konnte er über das Attentat zu Paris in Erfahrung gebracht haben, das zu einer so grundgreifenden Aufhellung seiner Stimmung geführt haben sollte?

Als erfahrene Drogenspürhündin hatte Donna Fauna sofort gewittert, dass der Freiherr seinem Gemüt durch die Einnahme von Substanzen auf die Sprünge geholfen hatte. Fauna tippte auf Kokain, kombiniert mit weiteren Aufputschmittelchen und einem angstlösenden Muskelrelaxans.

Fauna war, was das anbetraf, Glashausbewohnerin genug, um nicht gleich mit innerlichen Steinen nach dem Freiherrn zu werfen. Dennoch ließ ihr diesbezüglicher Verdacht, in Kombination mit der enthusiastischen Präsentation seines »Tesla-Toasters«, den Gastgeber nicht unbedingt in einem seriösen Licht erscheinen. Der Typ war generell ziemlich drauf, schätzte sie die Sachlage ein.

KQ und Jonathan Rischke hatten sich währenddessen in ein naturwissenschaftliches Fachgespräch mit Tädeus von Tadelshofen verstrickt, aus dem Fauna nur Wortfetzen wie »freie Energie«, »Bionen«, »Raumenergie« und immer wieder die Namen Nikola Tesla, Viktor Schauberger und Wilhelm Reich heraushörte.

Pedrillo saß weiterhin in vollendeter Gleichgültigkeit am Tisch. Fauna hatte inzwischen einen Joint fertiggebaut. Als sie sich gerade fragte, ob neben dem Konsum frisch »geknatterten« Alkohols auch das Rauchen ungeknatterten Marihuanas erwünscht sei, sah sie eine Türe offen stehen, die zu einem kleinen Balkon führte. Fauna ging hinaus.

Sie fand auf diesem mit gußeisernen Geländern umgebenen Balkon den rauchenden Irinäus von Tadelshofen vor.

»So alleine in der Kälte, der junge Herr?«, eröffnete Fauna das Gespräch: »Haben Sie wenigstens ein Feuerchen, uns zu wärmen?« Sie hielt ihm den Joint hin.

»Was denken Sie über das, was drinnen besprochen wird?«, wollte der jüngere Tadelshofen wissen, nachdem er Donna Fauna Feuer gegeben hatte: »Ziemlich fantastisches Zeug, was?«

Fauna antwortete, sie habe sich seit frühester Schulzeit der Welt der Buchstaben verschrieben. Text sei der Rohstoff ihres Werdens. Im Bereich der Geisteswissenschaften sei sie wahllos interessiert an Themen der Literatur, Geschichte, Philosophie und Soziologie, der Religion und der politischen Theorie. An der Uni habe sie von der Völkerwanderung der Goten über die Rhetorik Ciceros, von der Sozialgeschichte des Baseballs und die Philosophie des Analverkehrs im Buddhismus bis hin zur Wirtschaftsgeschichte des Warenhauses und britischer Währungspolitik in den Dreißigerjahren alle erdenklichen Kurse belegt. Ihre Verweigerung jeglicher Spezialisierung habe die Professoren zur Verzweiflung getrieben.

Auf der anderen Seite sei sie seit je eine Mathe-Legasthenikerin schlimmster Sorte. In der Grundschule habe sie einmal als Mathefan begonnen und eine Eins im Jahreszeugnis gehabt. Später sei sie als Schülerin mit einer Totalblockade in jeglicher Spielart der Naturwissenschaften geschlagen gewesen. In Mathematik, Chemie, Biologie und Physik habe sie gleichermaßen miserabel abgeschnitten. Es werde sogar immer schlimmer mit ihr, klagte Fauna. Neulich habe die Sicherheitsabfrage einer Website von ihr wissen wollen: »6x?=30«? Sie habe ewig herumrätseln müssen, bis sie sich das richtige Ergebnis erdackelt hatte.

Kurz und gut, sie sei sich der Begrenzungen ihres Wissens bewusst. Der Name Nikola Tesla sei ihr vage erinnerlich. Von einem Viktor Schlauberger habe sie überhaupt noch nie gehört. Was Wilhelm Reich angehe, habe sie zwar einiges gelesen, von ihm und über ihn. Sie fühle sich aber nur imstande, sinnvolle Aussagen über den Psychologen, den Sexualwissenschaftler und den revolutionären Politiker Wilhelm Reich zu treffen. Über dessen naturwissenschaftliche Forschungen ein Urteil abzugeben, müsse sie mangels eigener Fachkenntnis wiederum ablehnen.

»Und Sie glauben nicht«, schloss Fauna mit leidendem Unterton, »welche Erleichterung es mir in meinen alltäglichen Facebook-Schlachten bedeuten würde, wollten fachfremde Laien in Fragen der Geschichte eine ähnliche Zurückhaltung an den Tag legen wie ich im Bereich der Naturwissenschaften.«

Er sei selbst seit jeher Kulturmensch gewesen, stimmte Irinäus von Tadelshofen enthusiastisch zu, und geistig in der Welt des Theaters, der Lyrik und der Belletristik beheimatet. Als Kulturkritiker und Lifestylekorrespondent leiste er sich bestenfalls gelegentliche Ausflüge in den Bereich des zeitgeschichtlichen Kommentars. Deshalb interessiere ihn, im Gegensatz zur technischen Debatte, die sein Bruder da gerade führe, brennend, was sie, Fauna, über den Psychologen, den Sexualwissenschaftler und den revolutionären Politiker Wilhelm Reich zu sagen habe.

»Sehen Sie, Irinissimo«, hob Fauna an, die beschlossen hatte, mit sämtlichen von Tadelshofens eisern beim ›Sie‹ zu bleiben, sich aber gleichzeitig die größten Freiheiten mit deren Namen zu erlauben: »Der klassische Marxismus hat den menschlichen Körper wie einen Klumpen Materie behandelt.«

Der Arsch etwa, echauffierte sie sich, sei bei Marx und Engels lediglich in seiner Potentialität als Träger von Furunkeln anerkannt und damit reichlich unterbewertet gewesen. Der weitgehend frigide Lenin habe später davon gefaselt, dass Sex in einer befreiten Zukunft so unaufregend sein werde, wie ein Glas Wasser zu trinken – was von einem nicht sehr ambitionierten Orgasmus Lenins zeuge. Erst recht die heteromantischen Schriften der Aleksandra Kollontai, jener sowjetischen Frau Dr. Sommer, hätten sie, Donna Fauna, tödlich gelangweilt.

Wilhelm Reich dagegen! Der wilde Meisterschüler Sigmund Freuds! Dessen radikale Vorstöße in das tiefste Dunkel des Biologischen! Die überfällige Anbindung neurotischer Phänomene an die Produktionsverhältnisse der Industriegesellschaft! Reich habe endlich damit Schluss gemacht, alles Leiden an sich selbst allein in der Kindheit des Betroffenen zu verorten. Reich sei es gewesen, der die Psychoanalyse zu einer gesellschaftskritischen Wissenschaft habe werden lassen.

Diese kühnen Schritte zu unternehmen, sei ungeheuer verdienstvoll gewesen – jedoch so kühn, dass die Rache des Status quo in all seinen Facetten verheerend ausgefallen sei:

»1933, 1934, das waren keine guten Jahre für Wilhelm Reich, wissen Sie ...«, referierte Donna Fauna: »Erst belagerte die SA seine Berliner Wohnung, die Nazipresse trommelte gegen ihn, er wurde gesucht und musste nach Österreich fliehen. In seiner Wiener Heimatstadt wollten die alten Kollegen, den Anweisungen Sigmund und Anna

Freuds folgend und aus Angst vor den Deutschen, nichts mehr mit ihm zu tun haben. Reich flieht also weiter nach Dänemark.«

Dort angelangt, sei er aus der Kommunistischen Partei ausgeschlossen und zum Feind des Marxismus erklärt worden. Wiederum auf Betreiben gegnerischer Psychoanalytiker aus Dänemark ausgewiesen, sei Reich nach Schweden geflüchtet. Aus Schweden stehenden Fußes ausgewiesen, sei er nach Norwegen geflüchtet. Dort sei er Opfer einer polizeilichen Hausdurchsuchung geworden, kurz: Wilhelm Reich habe es offensichtlich vermocht, einer geradezu rekordverdächtigen Anzahl einflussreicher Strömungen und Personen so wirksam auf die Füße zu treten, dass sie in ihm einen Todfeind sahen.

Übrigens habe auch Wilhelm Reich der Schimäre einer vermeintlichen ›Normalität‹ hinterhergejagt und sexuelles Erleben ziemlich krude in vermeintlich gesunde oder gestörte Phänomene eingeteilt. Trotzdem seien viele von Reichs Konzepten und Begriffen bis heute sehr brauchbar. Etwa die ›orgiastische Potenz‹, schwärmte Donna Faua. Die habe Wilhelm Reich sehr hübsch definiert als die Fähigkeit, sich dem Strömen der biologischen Energie ohne jede Hemmung hinzugeben, und zwar bis zur vollständigen Entladung aller aufgestauter Sexualerregung durch unwillkürliche, lustvolle Kontraktionen des Körpers.

In seiner Zeit als Mitglied der KPD habe Reich des Weiteren seine Verdienste als revolutionärer Politiker gehabt. Die Sexpol-Bewegung der frühen Dreißigerjahre etwa sei eines der fantastischsten Massenexperimente gewesen, die es jemals gegeben habe.

»40 000 fickfreudige Jungkommunisten sind etwas Großartiges, das werden Sie zugeben, Irinitrius«, rief Fauna begeistert aus.

Irinäus von Tadelshofen kam aber nicht dazu, irgendetwas zuzugeben, weil Donna Fauna in ihrem Monolog ungebremst fortfuhr, dass nämlich das Lustigste daran gewesen sei, dass in Sexpol auch ein Haufen junger Nationalsozialisten zu Gange gewesen sei:

»Wissen Sie, Irinolf: Wilhelm Reich war ein Forscher durch und durch. Wilhelm Reich wollte verstehen! Er studierte die Reden und die Literatur des jungen Faschismus. Und er saß mit Schusswaffe in seiner Berliner Künstlerkolonie, einen Angriff der SA erwartend. Seine Untersuchungen über die Massenpsychologie des Faschismus sind ausgesprochen lesenswert. Sie zeigen allerdings erste Anzeichen einer reaktionären Wendung in seinem Denken ...«

Reichs Flucht aus Europa habe schließlich nicht nur in die USA, sondern von der Geistes- zur Naturwissenschaft geführt. Das sei aus ihrer Sicht ein eindeutiger Abstieg gewesen und sie persönlich könne Wilhelm Reich ab dem Moment, wo er vom Psychologen zum Naturwissenschaftler mutiere, nicht mehr folgen. Da beherrsche sie jene zwanghafte Abwehr, die sich gegen alles naturwissenschaftlich-technische Wissen und Denken richte.

Fauna laberte den jüngeren Bruder des Schlossherrn zu Montgolfière nicht nur ohne Punkt und Komma zu, sondern baggerte ihn auch mit vollendeter Dreistigkeit an, währenddessen. Zu ihrer freudigen Überraschung zeigte sich Irinäus diesen Avancen aufgeschlossen.

Leider setzte, als es richtig interessant zu werden versprach, ein Schneeregen ein, der die beiden ins Gebäudeinnere zurückzwang.

Dort hatte der Abend in der Zwischenzeit Fahrt aufgenommen.

Lag es an den neuerdings geknatterten Weinen? Die Stimmung im Speisesaal zu Montgolfière war bis zur Ausgelassenheit albern.

Pedrillo saß im Doppellotus mitten auf dem Esstisch, den die geschäftige Isolde, gut gelaunt mit dem Yogalehrer schäkernd, um ihn herum abzuräumen versuchte, ohne dabei größere Eile erkennen zu lassen.

Jonathan Rischke, mit einem Glas Wein in der einen und der dazugehörigen Flasche in der anderen Hand, hatte es sich mit Tädeus von Tadelshofen in zwei opulent beschnitzten Sesseln bequem gemacht. Was auch immer sie trinkend besprachen, musste einen unerhörten Unterhaltungswert besitzen, denn das brüllende Gelächter der beiden ließ die Kronleuchter schaukeln.

Auch der Filmregisseur Pavel Berger-Grün und der Kanarienquex, der seine mit Straßsteinen besetzte Sonnenbrille aufgezogen hatte, waren in eine augenscheinlich höchst anregende Konversation verstrickt. Dabei schob KQ auf dem Beistelltisch mit Alkoholnachschub und Tesla-Toaster mit seiner EC-Karte beiläufig eine Line weißen Pulvers zurecht.

»Orgiastische Potentialitäten«, nickte Fauna zufrieden in Richtung des jüngeren von Tadelshofens, dessen Blick sie seiner durchdringenden Verruchtheit endgültig versicherte. Mit diesem jungen Adelsspross war viel anzufangen, sinnierte sie, und in mehr als einer Hinsicht, wie es schien.

Fauna riss sich jetzt aber am Riemen und gedachte ihres Auftrags. Mit den Worten »Gestatten wir Ihrem aus der Art geschlagenen Bruder und meinem missratenen Hippie-Freund einen Besuch ab?«, hakte sie Irinäus unter und zog ihn zu Tädeus von Tadelshofen und Jonathan Rischke.

Satzfetzen, die Fauna aufschnappte, als sie sich zu den beiden gesellten, verrieten, dass soeben Möglichkeiten und Gefahren des Berliner Immobilienmarkts am Beispiel des Stadtteils Pankow erörtert wurden.

»Worüber so fröhlich?«, ging Fauna dazwischen und wandte sich ansatzlos zu Tädeus von Tadelshofen:

»Genug, genug, mein Schlossherr! Anstatt sich von einem Meister der alternativen Stadtsanierung wie Jonathan Rischke Investitionsratschläge zu ziehen, sollte Sie sich wohl eher mit Ihrem Tesla-Toaster an die frische Luft begeben. Sonst wird das nichts morgen, mit Ihrer montgolfianischen Spazierfahrt ...«

Fauna deutete zum Fenster, gegen das im bösen Wind die Scheeflocken schlugen.

»Warten wir es ab, meine Liebe!«, gab sich Tädeus von Tadelshofen unbeeindruckt.

»Womit wir wieder bei Wilhelm Reich wären«, bemerkte Fauna zu dessen Bruder hin:

»Wo Telsa-Toaster die Weine knattern, gibt es auch Orgon-Generatoren hinterm Haus, zur Wetterbeeinflussung ...«

»... sowie Cloudbuster gegen die Chemtrails und eine Reichsflugscheibe in der Garage ...«, fiel ihr Tädeus von Tadelshofen ins Wort.

Ein maliziöses Lächeln huschte über sein Gesicht, das der Verstimmtheit des Gastgebers umso deutlicheren Ausdruck verlieh. Auch Irinäus und Jonathan waren entsetzt über Faunas überfallartige Feindseligkeit.

Der jüngere Tadelshofen versuchte, die Situation zu retten:

»Hattest Du mir nicht gerade noch versichert, von Naturwissenschaften keine Ahnung zu haben und Dich aus diesen Themen weiträumig heraushalten zu wollen?«

Das »Du« in der Anrede schmeichelte Fauna.

Als sie jedoch mit dem Hinweis, dies betreffe nun sehr wohl die »NaturWISSENSCHAFT«, nicht aber jeden spinnerten Hokuspokus, zu einer erneuten, weitschweifigen Ausführung ansetzte, wandte sich Irinäus von Tadelshofen brüsk ab und ließ Fauna bei seinem älteren Bruder und Rischke stehen.

Vom anderen Ende des Saales aus konnte Irinäus von Tadelshofen beobachten, wie sich zwischen diesen dreien eine heftige Konfrontation entwickelte. Die Gesten wurden hektischer, die Mimik zeugte von wechselseitiger Empörung.

Geheimnisvolle Menschen, dachte er bei sich, mit geheimnisvollen Leben.

Was hatte sie hier zusammengeführt, an diesem ungewöhnlichen Ort und an einem Tag wie diesem?

Immerhin: Das Attentat zu Paris schien in keinem Gespräch mehr eine Rolle zu spielen. Draußen hatte sich derweil ein veritabler Sturm entwickelt. Das Gewitter umtobte alle drei Fensterfronten des Saals.

Irinäus ging die Anwesenden einzeln durch.

Da war sein älterer Bruder. Ein Überzeugungstäter, mit allerdings wechselnden Überzeugungen. Dessen diverse Wendungen hatte Irinäus nur zum Teil nachvollziehen können oder gar begrüßt. Den deutschnationalen Burschenschafts-Klimbim des jungen Tädeus etwa hatte Irinäus immer als abstoßend empfunden. Für das humanitäre Engagement seines Bruders und das Pochen auf die Regeln des Völkerrechts empfand er dagegen den größten Respekt.

Irinäus zweifelte nicht am guten Herz des Tädeus. Der wollte das Wahre, Schöne und Gute in der Welt befördern. Dennoch hatte der Jüngere seine Sorgen, wohin der Weg ins Lager einer doch sehr unübersichtlichen »Systemopposition« den Älteren noch führen werde.

Seit Tädeus' Abgang aus dem diplomatischen Corps war Irinäus zudem ein neuer Zug an seinem Bruder aufgefallen. Bitterkeit gegenüber jenem »System«, in dem er jahrzehntelang reüssiert hatte, paarte sich jetzt mit einer provokanten Offenheit für verfemte Theorien. Alles das blieb eingebettet in das ungebrochene, an Arroganz grenzende, joviale Selbstbewusstsein des Altadeligen.

Dann dieser Jonathan Rischke. Irinäus kannte solche Typen. Hochintelligent, beredsam und stets darauf bedacht, auf der richtigen Straßenseite des Geschichtsprozesses einzuparken. Prinzipien? Überzeugungen? So etwas mochte dieser Aufsteiger durchaus unterhalten –

soweit es den eigenen Interessen dienlich war. Ihm war dieser Rischke von Herzen unsympathisch.

Gleichzeitig benahm sich diese Donna Fauna, die Irinäus von Herzen sympathisch war, seinem Bruder gegenüber in einer Art und Weise daneben, die Irinäus beschämt und empört zum Rückzug getrieben hatte. War das der Preis jener Überzeugungen und Prinzipien, über die diese Fauna, anders als Herr Rischke, im Übermaß zu verfügen schien?

Fauna hatte Irinäus sogleich fasziniert, diese Wandlerin zwischen den Widersprüchen. Zu seiner eigenen Überraschung fand er sie sogar attraktiv. Was aber bezweckte sie damit, die Stimmung dieses Abends mit ihren Giftsticheleien an den Rand des gesellschaftlichen Eklats zu treiben? Wollte sie seinen Bruder aus der Reserve locken?

Auch der Rest der Anwesenden war Irinäus von Tadelshofen Faszination und Rätsel.

Am klarsten war ihm noch Pavel Berger-Grün. Irinäus kannte nahezu das Gesamtwerk des gefeierten Regisseurs und hatte manche Filmkritik darüber verfasst.

Berger-Grün konnte sich inhaltlich wie künstlerisch einen Radikalismus erlauben, der vielen Jüngeren vermutlich auch dann kläglich abgehen würde, wenn sie ihn sich erlauben könnten. Jetzt, da Irinäus ihn erstmals persönlich erlebte, schien ihm die private Figur Berger-Grün auf das Glücklichste in Übereinstimmung zu sein mit der öffentlichen Person, dem Weltstar. Dieser Mensch schien im Reinen mit sich, doch er machte auch den Eindruck, kampfbereit zu sein. Der wollte die Welt immer noch verändern. Womöglich brannte das Feuer der Revolte in diesem alten Körper sogar stärker als je zuvor.

Ziemlich zerrissen hinter der schillernden Fassade kam Irinäus von Tadelshofen dieser sogenannte Kanarienquex vor. Faszinierend auch er, in seinem sehr stilsicheren Outfit, seiner großartigen Laune, seinem Auftreten als Salonlöwe und Kreativgenie. Was aber hielt diesen oszillierenden Flickenteppich aus Selbstdarstellung und Chaosenergie im Innersten zusammen? Stellte dieser »KQ« seine Kohärenz immer wieder neu her, etwa durch die Beigabe gewisser Substanzen, wie gerade vorhin?

An diesem Abend jedenfalls, soviel war Irinäus von Tadelshofen sonnenklar, war dieses Prachtexemplar eines Berliner Paradiesvogels rettungslos auf dem Donner.

Fast schon provokant nüchtern schien dagegen der Yogaunternehmer Pedrillo Caldez zu sein. Er hockte immer noch im Lotus auf dem Tisch, den Isolde inzwischen abgeräumt hatte. Aber war diese perfekte meditative Stille wirklich Ausdruck innerer Tiefe? Oder diente diese Inszenierung als Superyogi eher zur Verschleierung einer gähnenden Hohlheit, um die Geschäfte des Yoga-Imperiums Caldez durch ein angebliches Mysterium zu befördern?

Vielleicht, so dachte Irinäus von Tadelshofen, unterschätzte er diesen Pedrillo. Vielleicht lagen auch seine sonstigen Charakteranalysen weit daneben. Wer wollte noch unterscheiden zwischen Dichtung und Wahrheit, im Zeitalter der Aufmerksamkeitsökonomie? Waren wir nicht allesamt zu unserer eigenen Werbeagentur mutiert?

Hinz und Kunz waren heutzutage in einem Maße besorgt, ihr öffentliches Erscheinungsbild zu lenken, aufzuwerten und immer wieder aus einem neuen Angriffswinkel auf die Mitmenschheit loszulassen, wie es früher nur bei den Prominentesten der Prominenten üblich gewesen war.

Die hier Versammelten waren Meister der Selbstinszenierung, allesamt. In gewisser Hinsicht galt das auch für Isolde, die kürzlich erklärt hatte, ab sofort Feierabend zu haben, und nunmehr ungezwungen mit den anderen trank und lachte und rauchte.

Sie tat dies übrigens am gegenüberliegenden Ende des Saales, wo sie sich zu Tädeus von Tadelshofen, Donna Fauna und Jonathan Rischke gesellt und offenbar die Stimmung erfolgreich repariert hatte.

Ausgeblieben allerdings war weiterhin die Reparatur des Wetters. Es toste und stürmte immer noch mit Urgewalt, rund um Schloss Montgolfière. Irinäus dachte spöttisch an dieses idiotische Wortgefecht, welches Fauna ausgelöst hatte, über Orgon-Generatoren und Cloudbuster.

»Der Trick ist, wie immer und überall: zu atmen!« Alle horchten überrascht auf, wer diese Worte ganz langsam, auf Deutsch, aber mit starkem südländischen Akzent gesprochen hatte. Tatsächlich ließ sich mit sanfter, aber durchdringender Stimme der sonst so zurückhaltende Pedrillo vernehmen. Kräftig und sehr kontrolliert begann er sogleich zu atmen und lud mit einem eigenartigen Leuchten in den Augen die anderen ein, es ihm gleich zu tun.

Tatsächlich fielen alle in dieses Atmen ein. Einige setzten sich dazu bequemer hin. Stille senkte sich über den kleinen Saal auf Schloss Montgolfière und, wie es schien, auch über Templin, Brandenburg, Deutschland, die Welt und den gesamten Rest.

Das ging einige Minuten so hin.

Draußen tanzten jetzt leichte, weiße Flocken vor den Fenstern im Wind, auf drei Seiten des Saales.

Alle atmeten weiter, mit geöffneten, wachen Augen. Die Brüder von Tadelshofen, Donna Fauna, Jonathan Rischke, Pavel Berger-Grün, Isolde, der Kanarienquex und Pedrillo Caldez, jener unauffällige, meist schweigende Katalane, der nunmehr eine enorme Präsenz ausstrahlte. Ein inneres Leuchten schien von ihm auszugehen, wie er so saß, atmete und schaute und ganz eindeutig das Kraftzentrum dieser kleinen, gemeinsamen Reise in die Stille geworden war.

Die Reise führte die Anwesenden durch tausend Gefühle. Fühlten sie jeweils das Gleiche? Das Denken abzuschalten, gelang den meisten nicht. Aber sicherlich dachte in diesem Moment nur Jonathan an Lolas chronische Rückenschmerzen und daran, was diese tapfere, verrückte Frau alles auf sich nahm und aushielt in ihrer Kühnheit, die ihm, Jonathan, oft genug fremd gewesen war in der letzten Zeit und die er doch bewunderte.

Die Gedanken jener anderen Atmenden, die das ewige Rattern der Kopfmaschine ebenfalls noch nicht anhalten hatten können, drehten sich um Themen des heutigen, ereignisreichen Tages. Irinäus sinnierte Donna Fauna hinterher und sie ihm. KQ begrübelte das Freimauer-Symbol im Eingangsbereich.

Diejenigen, die bereits das Tor zur anderen Seite durchschritten hatten, trieben durch Gefühlslandschaften aus Freundschaft, Sorge, Bewunderung und nagenden Zweifeln über die eigene Rolle in der Welt.

Plötzlich, scheinbar ohne jeden Anlass, senkte sich lähmendes Entsetzen über die ganze atmende Gruppe. Pedrillo zeigte an, einfach weiter zu atmen. Das Entsetzen wich einer mit Händen greifbaren Verzweiflung. Daraus wuchs, wiederum einige Atemzüge später, die blanke Angst.

Pedrillo bedeutete der Runde erneut mit einer knappen Geste: dranbleiben, auch diese Gefühle nicht wegdrücken, hindurchgehen, nicht weglaufen. Fauna versuchte es, aber ihr blieb schier die Luft weg. Sie schüttelte den Kopf und signalisierte Pedrillo, sie halte es nicht mehr aus.

»There is a place for everyone at the table of love, dear Fauna. A place even for fear, for your German Angst – and for despair. Take a close look. Just look. Don't jugde. Let your Angst be there. Just let it be. Let it be …«, sagte Pedrillo mit sanfter, monotoner Stimme und verfiel wieder in sein gleichmäßiges Atmen.

Fauna nahm einen neuen Anlauf, sich ganz auf das langsame Pulsieren ihres Atems zu konzentrieren. Einatmen. Ausatmen. Einatmen. Ausatmen. Nichts sonst. Die Angst vor der Angst ließ mit jedem Ausatmen nach. Sie verwandelte sich und wurde zu einer großen, kosmischen Traurigkeit. Fauna ließ jetzt auch diese Traurigkeit einfach anwesend sein und atmete weiter. Bald rannen ihr einige Tränen übers Gesicht. Sie war damit nicht alleine. Tädeus von Tadelshofen liefen die Tränen in Strömen übers Gesicht. Auch Pavel Berger-Grün hatte nasse Augen.

Überhaupt hatte Letzterer eine ungeheuerliche Art zu atmen. Die Lunge pfiff ein wenig mit, aber seine Atemzüge schienen seinen ganzen Körper zu durchbeben.

Der Quex schaute ihn an, diesen Pavel Berger-Grün. Er stellte seine ohnehin spezielle Optik unscharf und das Bild des Regisseurs begann zu mutieren. Vor dem Quexauge warf Pavel Berger-Grün tausend Gesichte, und um ihn herum baute sich eine grün schimmernde Aura immer machtvoller auf. KQ tat einen entschlossenen, extrem langen und kraftvollen Atemzug, drückte die Luft tief in den Unterbauch, verriegelte das Hara über der Bauchmuskulatur und hielt so den Atem in seinem Körper. Fünf Sekunden, fünfzehn Sekunden, KQ zählte geistig mit. Nach 30 Sekunden entriegelte er das Hara und ließ den Atem kontrolliert und langsam durch die Nasenflügel entweichen. Durch dieses Manöver wurde er ziemlich dizzy in seinem Paradiesvogelschädel. Den Blick weiterhin fest auf Berger-Grün gerichtet, durchzitterte eine stille, machtvolle Energie seinen Körper, bis schließlich, wie eine unabweisbare Tatsache, dieser eine Satz in seinem Bewusstsein stand:

»Du bist der Schweizer!«

KQ sprach diese Worte nicht aus. Berger-Grün jedoch lächelte ihn genau in diesem Moment nickend an, zwinkerte ihm mit dem rechten

Auge zu und gab einen unmerklichen Zischlaut von sich, als wollte er dem Kanarienquex bedeuten: »Du weißt es und ich weiß es. Belassen wir es für den Moment dabei.«

Auch Pedrillo strahlte vor Freude übers ganze Gesicht und sogar Fauna schien ihre Depression überwunden zu haben. Die ganze Runde wurde nach und nach angesteckt von dieser Freude, und als Berger-Grün plötzlich mit der flachen Hand auf den Tisch schlug und in ein krähendes Lachen ausbrach, konnte niemand mehr an sich halten. Ein großes Gelächter und Gekicher erfasste sie alle, das sich steigerte und lange Zeit anhielt. An den Fenstern tanzten die Schneeflocken dazu.

Dritter Teil

Operation
Feuerball

Pressemitteilung, 8. Januar 2015, 12:37 Uhr:
Ballonunglück am Platkowsee
Am späten Vormittag kam es bei Templin zu einem schweren
Unglück mit einem Heißluftballon. Aus bisher noch ungeklärten
Gründen fing der Ballon Feuer und stürzte in unmittelbarer
Nähe des Platkowsees ab. Vier Ballonfahrer wurden tot gebor-
gen. Auf Überlebende gibt es bisher keine Hinweise. Die Identifi-
kation der Verunglückten dauert noch an.

Deutsche Presseagentur (dpa)
Tickermeldung, 8. Januar 2015, 13:02 Uhr:
Berger-Grün tödlich verunglückt?
Wie die Polizeiinspektion Uckermark mitteilt, starben beim
Absturz eines Heißluftballons in der Nähe von Templin in Bran-
denburg sämtliche Insassen. Unter den Toten werden der Filmre-
gisseur Pavel Berger-Grün sowie der ehemalige FDP-Politiker und
Diplomat Tädeus von Tadelshofen vermutet. Die endgültige
Identifikation der Leichen steht noch aus. Die Ursache des
Unglücks ist bisher ungeklärt.

Radio Berlin-Brandenburg
Die Regionalnachrichten, 8. Januar 2015, 13:30 Uhr:
Ballonunglück bei Templin
Nach unbestätigten Agenturmeldungen ging der Heißluftballon
des ehemaligen FDP-Politikers Tädeus von Tadelshofen heute
Vormittag aus ungeklärten Gründen in Flammen auf. Sämtliche
Passagiere fanden den Tod. Die Zahl der Verunglückten stieg
inzwischen auf fünf an. Darunter befand sich der weltweit gefei-
erte Filmregisseur Pavel Berger-Grün. Berger-Grün gilt als radika-
ler Erneuerer der Filmkunst im 20. Jahrhundert.

Press Release from Oliver Stone
8. Januar 2015, 17:16 Uhr
»Pavel not only was my favourite and most admired colleague,
he was a true and faithful friend of mine for decades. Aestheti-
cally speaking, there was clearly an era before and one after
Pavel entered the world of film. He turned the art of filming
upside down. Equally important though, we tragically lost an
outspoken advocate for civil liberty, peace and justice. Pavel was
an unbending warrior for a better, more just world. I sincerely
hope for a new generation of filmmakers taking inspiration from
the great body of work and the political legacy left behind by
my beloved friend, colleague and brother-in-arms, Pavel Berger-
Grün.«

Das waren die Meldungen direkt nach dem Unglück. Die anderen
Nachrichtensender hatten weitgehend wortgleich berichtet. Das Zitat
von Oliver Stone wurde flächendeckend übernommen. Später am Tag
hatten sich noch das Auswärtige Amt und der FDP-Parteivorstand ge-
äußert, mit eher gequälten Kondolenzschreiben für Tädeus von Tadelshofen, der sich, trotz gewisser Meinungsverschiedenheiten, die zum
Diskurs in einer Demokratie selbstverständlich dazugehörten, enorme
Verdienste um die Europäische Einigung und bei der Wiedervereinigung Deutschlands erworben habe.

Irinäus von Tadelshofen blätterte weiter durch den Stapel von Ausdrucken.

Ein Teil der Texte, vor allem aus der neuen Friedensbewegung und
den grundgesetztreuen Splittergruppen der alten, bürgerlichen Partei-
en, würdigte die Rolle Tädeus von Tadelshofens als Anwalt des Völkerrechts und Verteidiger des Nichtangriffsgebots in der Verfassung.

Ken Jebsen im Telefoninterview mit Willy Wimmer; Staatssekretär im Verteidigungsministerium a.D.

14. Januar 2015

Herr Wimmer! Sie kannten Herrn von Tadelshofen aus Ihrer gemeinsamen Zeit in der Regierung Kohl. Was für ein Mensch war dieser Tädeus Freiherr von Tadelshofen?

Willy Wimmer: Tädeus von Tadelshofen war ja, wie ich auch, bereits in den frühen Achtzigerjahren in Bonn tätig. Insofern kannte man sich, ohne dass ich von einer innigen Freundschaft sprechen wollte. Man hat sich respektiert und hatte punktuell miteinander zu tun. Menschlich war er ein sehr angenehmer, und was die Arbeitsabläufe betrifft, ein ausgesprochen verlässlicher Kollege, der zwar einer anderen Partei zugehörig war als ich, aber das spielte kaum eine Rolle. Wir standen damals alle fest auf dem Boden des Grundgesetzes, ohne Wenn und Aber. Es wäre schön, wenn man das von all jenen behaupten könnte, die derzeit in Berlin dieses verantwortungslose Durcheinander veranstalten, das sie selbst vermutlich für eine deutsche Außenpolitik halten. Demgegenüber war Tädeus von Tadelshofen ein Diplomat alter Schule und verfassungstreu, durch und durch.

Tädeus von Tadelshofen wechselte später als deutscher Botschafter nach Paris. Welche Rolle spielte er in dieser Funktion, speziell im Umbruch 1989/90?

Wimmer: In der Zeit der deutschen Wiedervereinigung hat sich das ganze diplomatische Geschick des Freiherrn von Tadelshofen gezeigt, als er hinter den Kulissen eine wesentliche, ich möchte schon sagen, eine glänzende Rolle dabei spielte, die Franzosen ins Boot zu holen, wo ja erhebliche Bedenken vorhanden waren, was ein wiedervereinigtes und damit wiedererstarkendes Deutschland als Nachbar bedeuten könnte. Als Rheinländer hatte ich für diese Befindlichkeiten auf französischer Seite ein gewisses Gespür und wusste, dass das eine harte Nuss ist, die Zustimmung der Franzosen zu einem vereinigten Deutschland zu erwirken. Aber es ist gelungen, und das Taktgefühl und die Virtuosität, mit der von Tadelshofen dabei gewirkt hat, hat uns allen sehr imponiert. Das war das alte Europa in Bestform, übrigens auf beiden Seiten!

Mit der sogenannten »Teppich-Affäre« endete 1999 die diplomatische Karriere des Freiherrn von Tadelshofen. Wie schätzen Sie diesen Vorgang in der Rückschau ein?

Wimmer: Die kompromisslose Verfassungstreue des Mannes hat sich da in geradezu kühner Weise gezeigt. Das muss man sich klarmachen: Tädeus von Tadelshofen hat als Einziger im gesamten diplomatischen Corps die Traute gehabt, aufzustehen und laut und deutlich zu sagen: »Kinder, das geht so nicht! Das gibt das Grundgesetz nicht her, das ist ein Irrweg und den gehe ich nicht mit.« Das Verhalten seiner Parteikollegen und politischen Freunde, die seinerzeit jede Solidarität vermissen haben lassen, die sich allesamt weggeduckt haben, also das empfand ich als schäbig, das muss ich Ihnen ehrlich sagen.

In den Folgejahren hatte von Tadelshofen dadurch aber freie Hand. Er konnte sich frei von der Leber weg zu den fortgesetzten außenpolitischen Verirrungen der Berliner Republik einlassen. Und von dieser Freiheit hat der Freiherr reichlichen Gebrauch gemacht, wenn Sie mir diesen Kalauer zugestehen.

[...]

Irinäus las das Transkript dieses Interviews mit Rührung und einer gewissen Verwunderung. Ja, er hatte gewusst, mit welcher Verve sein Bruder gegen die Militarisierung der neuen deutschen Außenpolitik zu Felde gezogen war, aber hatte er, Irinäus, Ausmaß und Tragweite dieser Aktivitäten unterschätzt?

Der neue Schlossherr von Montgolfière – der kinderlose Tädeus hatte seinen Bruder als Haupterben eingesetzt – hatte sich unmittelbar nach der Katastrophe bei der *Welt* unbefristet beurlauben lassen. Mehr als ein Jahr lang hatte er zudem jede Lektüre über den Tod seines Bruders und der anderen Schlossgäste unterlassen.

Fauna dagegen hatte alles gesammelt. Wie süchtig hatte sie die Textflut aufgesogen, die der Katastrophe am Platkowsee folgte, und wusste selbst nicht, ob ihr diese Lektüre bei der Verarbeitung des Geschehenen half oder sie nur immer weiter traumatisierte. Sie konnte nicht aufhören damit.

Fauna hatte auch die Sammlung zusammengestellt, die jetzt vor Irinäus von Tadelshofen auf dem Esstisch seiner Berliner Altbauwohnung lag. In dieser Presseschau fanden sich Zeitungsartikel, Beiträge aus Online-Magazinen und Blogeinträge, in chronologischer Ordnung.

Irinäus fuhr fort, in dem dicken Papierstapel zu blättern, und kam bald aus dem Kopfschütteln nicht mehr heraus.

Vieles drehte sich um Pavel Berger-Grün. Eine weltweite Fangemeinde weinte ihrem Star hinterher. Das war noch gut zu lesen.

Die mit Abstand meisten Beiträge aber stammten von Online-Magazinen und Blogs. Deren Überschriften lasen sich dann beispielsweise:

»Platkowsee: Unglück oder Attentat?«

»Luftfahrtexperte: Ballon wurde abgeschossen!«

»Wurde er deshalb ermordet? Berger-Grün plante Film über 11. September!«

»DER MANN, DER ZUVIEL WUSSTE: Tädeus von Tadelshofen«

»Der andere Tadelshofen: Dienste, Logen, Rituale«

»Heiße Luft am Platkowsee: Die unmögliche Physik der offiziellen Version«

Alle möglichen Behauptungen wurden da aufgestellt.

Wenn es nach den sensationellen Enthüllungen eines Bloggers über »Die letzte Nacht auf Schloss Montgolfière« ging, hatte an jenem Abend vor dem Unglück auch kein Besäufnis mit »geknattertem« Wein stattgefunden, sondern ein satanisches Ritual inklusive Kindermords.

Insgesamt rankten sich um seinen Bruder Tädeus die widersprüchlichsten Mythen.

Die einen hoben ihn nicht nur als prinzipienfesten Vertreter des Grundgesetzes auf den Schild, sondern machten ihn gleich zum Gründer eines weltweit operierenden Netzwerks hochrangiger Dissidenten, zum Chef eines Rings antiimperialistischer Gegenspionage gar, der für die westliche Machtelite zu einer ernstzunehmenden Bedrohung geworden sei. Darum habe man von Tadelshofen und Berger-Grün, der ebenfalls Teil dieses Netzwerks gewesen sei, am Platkowsee ausgeschaltet.

Nun war Tädeus von Tadelshofen als ehemaliger Diplomat und Außenpolitiker zweifellos bestens vernetzt gewesen. Irinäus hatte keinen Zweifel, dass sein Bruder bis zuletzt eine weitverzweigte Kommunikation unterhalten hatte, um die Machinationen der Kriegsfraktion zu kontern. Der Kampf gegen die Mobilmachung der NATO im Osten, gegen den Drohnenkrieg, die Air Base der US-Streitkräfte in Ramstein und die Erneuerung der Atomwaffenarsenale hatten ihn in den letzten Jahren stark beschäftigt. Ob er dabei alte Kontakte in Geheimdienstkreise weitergeführt oder neue angebahnt hatte, vermochte Irinäus nicht zu beurteilen. Unterm Strich kam ihm dieses ganze Geraune über Tädeus' angebliche Geheimaktivitäten reichlich absurd vor.

Dann jedoch erinnerte er sich des plötzlichen Verschwindens seines Bruders bei der Nachricht des Attentats auf Charlie Hebdo. Das war freilich eigenartig gewesen. Wen mochte er so dringend zu sprechen gehabt haben?

Eine andere Extremposition bildeten Texergüsse, die in Tadelshofen, Berger-Grün und manchmal auch in Jonathan Rischke, der ebenfalls unter den Opfern gewesen war, Vertreter des Weltbösen sehen wollten, die im Zuge globaler Mafiakriege von einer feindlichen Fraktion der Machtelite erlegt worden seien. Verschiedentlich wurde in diesem Zusammenhang auf Berger-Grüns jüdische Abstammung verwiesen, um Bezüge zu »den Zionisten« und zum Mossad glaubhaft zu machen. Jonathan Rischke wurden bei dieser Gelegenheit, zusätzlich zu dem mittlerweile unvermeidlich gewordenen »Eduard«, auch noch jüdische Wurzeln angedichtet.

Tädeus von Tadelshofen dagegen sei ein Strohmann der Herrschenden gewesen. Die wahre Macht habe ihn lediglich öffentlich ausgeklinkt, um durch ihn die entstehende Systemopposition von innen heraus kontrollieren zu können.

Heiß diskutiert wurde auch die Rolle, die der ominöse »Kanarienquex« gespielt haben mochte. Dessen Leiche war erst einige Stunden nach den anderen, fast 200 Meter entfernt von der tatsächlichen Absturzstelle des Heißluftballons aufgefunden worden und hatte deutlich weniger Verbrennungsspuren aufgewiesen als die anderen Leichen.

Das gab zu Spekulationen Anlass. Viele hielten den Kanarienquex für den Attentäter, dessen eigener Rettungsversuch nach Einleitung des Desasters gescheitert sei. Von einem Kampf an Bord des Ballons war die Rede.

Richtig schlau wurden die Hobbykriminologen aus KQ nicht. Er schien, was ihn sicherlich gefreut hätte, jener Online-Community, die sich mit dem Ballonabsturz am Platkowsee beschäftigte, ein Buch mit sieben Siegeln. Endlos wurde herumgerätselt, welche Symbolik sich etwa hinter jenem eigenartigen Künstlernamen verberge. KQs sexuelle Freizügigkeit sowie sein Drogenkonsum wurden registriert, dokumentiert und charakterologisch ausgewertet. Schnell waren einige auch auf die Balkonstory und die diesbezügliche Zusammenarbeit KQs mit Jonathan Rischke gestoßen – und damit auch auf die Verbindung zu Lola Mercedes.

Das wiederum sorgte für eine eigene Subkategorie aufgeregter Artikel. Denn die Mercedes galt in diesen Kreisen wahlweise als Heldin, die aus dem journalistischen Mainstream ausgestiegen und auf die richtige Seite gewechselt war – oder sie wurde als »Gatekeeperin« betrachtet, die mit ihren Pseudoenthüllungen nur dazu diene, die wirklichen Zusammenhänge zu verschleiern und den aufrechten Wahrheitssuchern die Spitze zu nehmen.

Hinzu kam, dass Lola Mercedes in ihrem weiterhin florierenden Online-Magazin eisern zu den Vorfällen bei Templin schwieg und auch keinerlei Erklärung zum Grund ihres Schweigens abgab.

Gerade das versetzte die Online-Kriminalisten in höchste Erregung. Die Mercedes werde erpresst, hieß es bei den einen. Die Mercedes habe sich kaufen lassen, hieß es bei einigen anderen. Sie schweige lediglich, um sich auf einen Enthüllungsschlag vorzubereiten, der die Fundamente der Republik erbeben lassen werde, vermutete eine dritte Fraktion.

Die Wahrheit war sehr viel einfacher. Lola hatte jenen Totalzusammenbruch hingelegt, den sie tief drinnen schon seit Jahren, in denen sie die chronische Überarbeitung ignoriert und mit Rückenschmerzen laboriert hatte, befürchtet und manchmal herbeigesehnt hatte.

Es begann mit einem Nervenzusammenbruch, unmittelbar nachdem sie von der Katastrophe bei Templin erfahren hatte. Dem folgten multiple Bandscheibenvorfälle. Derzeit trieb sie sich erneut in einem Reha-Zentrum herum.

Dass das Online-Magazin weiterhin so gut lief und nichts von Lolas unerquicklicher Lage nach außen drang, lag einzig an Germaine Gamma, die in die Bresche gesprungen war, den Betrieb aufrechterhielt und gelegentlich auch als Ghostwriterin für Lola Mercedes agierte.

Irinäus, der um den wahren Grund von Lolas Schweigen wusste, stöhnte laut auf, als er die gesammelten Spekulationen darüber gelesen hatte. Angewidert schob er den Stapel ausgedruckter Artikel so weit von sich, dass einige Blätter vom Tisch fielen.

Die Lektüre dieser Textsammlung war niederschmetternd. Was für ein Durcheinander von Wahr- und Falschheiten, von recherchierten Fakten und frei erfundenem Unfug war da um den Tod seines Bruders und dessen Gefährten ausgewuchert, wie ein böses Gespinst? Der Journalist in Irinäus von Tadelshofen rebellierte gegen die verantwortungslose Schlamperei und schlichte Dummheit vieler Texte. Die Lektüre wurde noch unerträglicher durch dieses grauenvolle Deutsch und den unsäglich schlechten Satzbau, in dem das meiste davon aufgeschrieben war.

Nicht alles, was da vorgebracht wurde, ließ sich so leicht von der Hand weisen wie diese Horrorstory von der »letzten Nacht auf Schloss Montgolfière«. Einige Autoren aus jenem Spektrum, das als »verschwörungstheoretisch« bezeichnet wurde, hatten sich auf die technischen Aspekte des Ballonabsturzes spezialisiert. Ausgangspunkt fast aller diesbezüglicher Thesen war die Zeugenaussage der Isolde Sandner.

Die Hauswirtschafterin war, wie immer bei den Luftfahrten des Schlosschefs, im freiherrlichen Porsche Cayenne samt Hänger dem Ballon hinterhergefahren, um nach der Landung sofort an Ort und Stelle zu sein und Mensch und Material aufzunehmen.

Sie war damit die wichtigste Augenzeugin. Allerdings wollten ihre Beobachtungen nicht recht gut zu den Ergebnissen der Kriminaltechnischen Untersuchung passen.

Die KTU sprach von einer Selbstentzündung des Ballons. Durch einen technischen Defekt habe die Ballonhülle Feuer gefangen, herabfallende Glut habe anschließend die Gondel entzündet. Der Luftzug beim Absturz habe diese Brandherde anschließend so sehr angefacht, dass der gesamte Korb, der förmlich wie ein Kamin gewirkt habe, binnen Sekunden lichterloh in Flammen gestanden habe. Hierdurch seien auch die schweren Verbrennungsspuren an vier der fünf Leichen zu erklären.

Isoldes Aussage zufolge waren dagegen Ballon und Gondel gleichzeitig in Flammen aufgegangen, als der Ballon sich in großer Höhe befunden habe. Sie habe keinen Knall oder sonstige Geräusche gehört, wohl aber eine Art Blitz gesehen, woraufhin das gesamte Gefährt samt Ballon in hellen Flammen geradezu in der Luft gestanden habe, bevor es mit einem Mal nach unten gesackt und im freien Fall als gigantische Rauchsäule gen Boden gestürzt sei.

Diese Erklärung der Kriminaltechnischen Untersuchung wurde in den Weiten des Internets als »Kamintheorie« bezeichnet und lächerlich gemacht. Man verwies auf Fachartikel sowie auf Äußerungen führender Vertreter des Deutschen Freiballonsport-Verbands DFSV, wonach eine Selbstentzündung moderner Heißluftballone nahezu ausgeschlossen werden könne.

Der DFSV hatte in Tädeus von Tadelshofen ein jahrzehntelanges, prominentes Mitglied verloren. Die offizielle Stellungnahme machte deutlich, dass man sich seitens des Verbands das Debakel nicht erklären konnte, zumal es sich bei dem Freiherrn um einen enorm erfahrenen und äußerst gewissenhaften Piloten gehandelt habe. Während heutzutage selbst bei einem mit Wasserstoff gefüllten Gasballon die Wahrscheinlichkeit einer Selbstentzündung bereits gering, aber immerhin theoretisch vorhanden sei, sei Derartiges bei einem Heißluftballon glatt auszuschließen. Kurz, man stehe vor einem Rätsel.

Diese Rätselhaftigkeit wurde ungemein gesteigert durch die sehr widersprüchlichen Aussagen von insgesamt elf anderen Zeugen, darunter Spaziergänger, Anwohner und Autofahrer.

Man konnte deren Darstellung des Absturzes grob in zwei Gruppen unterteilen. Die einen beschrieben den Hergang des Unglücks ähnlich wie Isolde Sandner, wobei zwei Zeugen zusätzlich einen Knall gehört haben wollten. Die anderen bezeugten, KTU-gemäß, eine Brandentwicklung, ausgehend von dem Ballon, gesehen zu haben, die dann auf die Gondel übergegriffen habe.

Findige Blogger wollten allerdings herausgefunden haben, dass die fünf in der Gegend ansässigen Zeugen durch die Bank Isoldes Darstellung stützten. Die sechs Zeugen, die den Hergang KTU-gemäß beschrieben, seien dagegen allesamt Ausflügler oder Autofahrer von außerhalb gewesen. Wie die Blogger zu dieser Erkenntnis gekommen waren, blieb unklar.

Einige Tage später fuhr Irinäus von Tadelshofen hinaus zum Schloss.

Er hatte Montgolfière seit der Katastrophe im vorigen Januar gemieden und alles dort Notwendige durch einen Bevollmächtigten erledigen lassen.

Jetzt stand Isolde schon im Portal, als Irinäus aus dem Auto stieg. Der beschied nach einer etwas zu distanzierten Begrüßung, er wolle zunächst ein wenig alleine sein.

Der neue Schlossherr ging zielstrebig in den zweiten Stock des Westflügels hinauf, durchquerte das Teezimmer und den Salon. In der Bibliothek hielt er kurz inne, als er an dem Regal mit der Luftfahrerliteratur vorbeikam. Er nahm eine Monografie über Rochus von Tadelshofen zur Hand, die sein Bruder vor Jahren in Auftrag gegeben und an der Irinäus mitgearbeitet hatte.

Rochus und Tädeus von Tadelshofen! Irinäus fiel die unheimliche Parallelität dieser beiden Leben auf. Lebenslange Luftfahrtenthusiasten, einer wie der andere, waren sie jeweils zu Abtrünnigen der alten Macht geworden. Und beide stürzten am Ende unter rätselhaften Umständen in den Tod.

Als Irinäus kurz darauf vor der Tür zu Tädeus Arbeitszimmer stand, fiel sein Blick auf ein Bild in dessen »Wall of Fame«, welches seinen Bruder mit Jürgen Möllemann zeigte. Politisch hatte Irinäus diesen Möllemann verachtet. Er hatte überhaupt mit der FDP-Mitgliedschaft seines Bruders nie etwas anfangen können. Jetzt dachte er an das Ende dieses Politikers, wissend, dass auch hier der Hergang seines Sturzes in den Tod infrage gestellt worden war. Selbst in der Redaktion der *Welt* hatte es einen Kollegen gegeben, der von einer Verstrickung Möllemanns in Waffendeals und andere Geheimgeschäfte wissen und darin ein mögliches Motiv für einen Mord sehen wollte.

Hatte auch sein Bruder eine Geheimgeschichte, die selbst ihm nicht enthüllt worden war? Trotz aller brüderlicher Nähe?

Lola warf ihre Tasche auf den Rücksitz und kletterte mit schmerzverzerrtem Gesicht auf den Beifahrersitz.

»Nichts wie weg hier. Energie!«, rief sie Germaine Gamma dann zu. Die stieg aufs Gas und mit quietschenden Reifen ging es durch das Tor der »Orthopädischen Rehabilitationsklinik Prof. Dr. Volkmann«.

»Weißt Du, wer der Volkmann ist, mein geliebtes Recherchemonster?«, fragte Lola Mercedes Germaine, als sie die Autobahn gen Berlin erreicht hatten. Als die verneinte, erklärte Lola, dieser saubere Herr Professor sei nebenher oder in der Hauptsache ein Immobilienhai – und unter anderem der Besitzer des seinerzeit umkämpften Hauses in der Rigaerstraße. Dementsprechend gehe es auch in dieser Reha zu! Reine Geldmacherei sei das, und unter Heilungsgesichtspunkten ein Witz! Sie, Lola, sei inzwischen jedenfalls überzeugt, dass das Feuer im Dachgeschoss des Rigaer Hausprojekts vorsätzlich gelegt worden sei, und zwar im Auftrag dieses sauberen Herrn Mediziners!

»Den bringen wir auch noch zur Strecke, verlass Dich drauf. Aber zunächst klären wir den Mord an unseren Freunden auf!«, sagte Lola und rückte sich auf dem Beifahrersitz zurecht, da ihr schon wieder der Schmerz in die Gebeine fuhr.

Der Schmerz des Irinäus trat ebenfalls plötzlich auf. Mitunter leisteten die Verdrängungsmechanismen Formidables. Dann entfiel ihm die grauenvolle Tatsache, die sein Leben seit über einem Jahr beherrschte, für eine gewisse Zeit.

Tädeus war der deutlich ältere der beiden Brüder gewesen und nach den Hausgesetzen derer von Tadelshofen war dem Erstgeborenem die Führung der Familie zugefallen, als der Vater verschieden war. Nach Tädeus, Ableben von einem Tag auf den anderen die Rolle des Hauschefs zu übernehmen, verlangte Irinäus einiges ab. Die verzweigten Besitzungen und Unternehmungen zu verwalten, war eine komplexe Aufgabe.

Die sorgte sogar dafür, dass Irinäus von Tadelshofen inzwischen daran dachte, seine Stelle als Kulturredakteur der *Welt* vollends zu kündigen. Wie zuvor in wohlgeformten Sätzen über ästhetische Detailfragen und Kulturereignisse zu räsonieren, konnte er sich ohnedies nicht mehr gut vorstellen.

Früher hatte ihn eine gelungene Theaterinszenierung tagelang beschäftigen können. Als es um die Neubesetzung der Intendanz eines führenden Opernhauses ging, hatte er eine wochenlange Kampagne gefahren. Die Nichtigkeit all dessen wurde ihm jetzt grell bewusst.

Für die Arbeit in einer Redaktion fühlte sich Irinäus von Tadelshofen zudem emotional nicht mehr gewappnet. Denn der Schmerz fiel ihn täglich mehrfach an! Urplötzlich aus der Deckung springend, tödlich kalt, platzte das Wissen um den Tod seines Bruders und das Ereignis über dem See ins Bewusstsein. Er durchlitt schlimme Nächte mit schrecklichen Bildern.

Dabei hatte Irinäus selbst nichts gesehen und nichts gehört an jenem unglückseligen Tage. Er war im BMW Roadster seines Bruders mit Fauna nach Templin gefahren. Sie hatten dort Künstlerfreunde von Irinäus besucht, etwas gegessen und waren in der Stadt herumgelaufen.

Erst der Anruf von Isolde Sandner brachte Nachricht von der Katastrophe am Platkowsee.

Somit besaß Irinäus keinerlei bildliche Abdrücke des Ereignisses. Das war Segen und Fluch zugleich. Er hatte keine schrecklichen Bilder gesehen. Stattdessen spielte ihm sein Gehirn eigene, umso schrecklichere Vorstellungen des Geschehens zu. Die wurden immer detaillierter, fraßen sich ins Fleisch wie Gewürm und zersetzten zentrale Stützbalken im Lebensglück des Irinäus von Tadelshofen.

Jetzt stand er vor der Tür zum Arbeitszimmer seines toten Bruders.

Und er stand vor einem Rätsel.

Der eigene Bruder erschien ihm posthum zunehmend wie ein Fremder.

Zurück in Berlin konnte Lola Mercedes gar nicht verstehen, was es da herumzurätseln gab. Für sie war von vorneherein klar gewesen, dass es sich bei dem vermeintlichen Unglück um ein Attentat gehandelt hatte. Bereits von der Reha aus hatte sie konsequent in diese Richtung recherchiert und Germaine Gamma recherchieren lassen.

Lola war auch schon mit Irinäus aneinandergeraten, als sie mit ihren fernschriftlichen Avancen, die sie ihm aus der Reha zukommen hatte lassen, wiederholt abgeblitzt war. Sie hatte vorgeschlagen, ein Rechercheteam zu formieren, eine »SOKO Desaster«. Er als *Welt*-Redakteur und sie mit ihren Reichweiten im Netz: Das wäre eine Macht!

Irinäus von Tadelshofen hatte freundlich, aber bestimmt abgelehnt.

KQs Verschwörungstrip in den letzten Monaten vor dessen Tod war Fauna gewaltig auf den Senkel gegangen. Sie hatte eine scharf ablehnende Position eingenommen, denn sie hatte gespürt, dass der politisch wenig geschulte Kanarienquex auf dem besten Weg war, sich durch die Übernahme noch der groteskesten Behauptungen, die das Internet hergab, zum Larry zu machen. Vor allen Dingen hatte sie Gefahr gewittert. Bittertraurig gedachte sie jetzt ihrer Warnungen und hatte das Quexlachen vor Augen, wie er ihre Angst als unbegründet abgetan hatte.

Nichtsdestotrotz war sie von sich selbst überrascht. Denn sie vermochte sich Lolas Überzeugung von einem Geheimdienstmord nicht ohne Weiteres anzuschließen.

In den zwei Jahrzehnten zuvor war es zuverlässig Donna Fauna gewesen, die sich als Erste und ohne Umstände zur Anhängerin der radikalst-denkbaren Erklärung strittiger Ereignisse gemacht hatte. Wer immer eine Aktion von Geheimdiensten für möglich gehalten hatte, um ein historisches Ereignis zu erklären, hatte auf Faunas Unterstützung rechnen können.

Speziell was die Kategorie »Historisch bedeutende Todesfälle unter ungeklärten Umständen« anbetraf, vertrat Fauna – von König Ludwig über Kennedy bis Lady Diana – durchgängig eine bis zur Ausgelassenheit klare Haltung. Ungeklärt? Von wegen! Das waren allesamt Geheimdienstmorde gewesen!

Einzeltätertheorien lehnte Fauna kategorisch ab. Die verrückten Mörder von Bobby Kennedy und John Lennon beispielsweise hielt Fauna für mandschurische Kandidaten, für Produkte des Programms »MKUltra«, welches die CIA in den Fünfzigerjahren gestartet hatte, um Methoden der Bewusstseinskontrolle zu entwickeln.

Es gab sogar Mordtheorien, die Donna Fauna ganz für sich alleine unterhielt und von denen sie dennoch restlos überzeugt war. So schrieb sie den vermeintlichen Herzinfarkt des *FAZ*-Herausgebers Frank Schirrmacher 2014 BND oder Verfassungsschutz zu.

Lediglich beim jähen Unfalltod Jörg Haiders 2008 sorgte die Freude über dessen Ableben und bei Jürgen Möllemanns Sprung in den Tod 2003 das Desinteresse an dessen missratener Person dafür, dass Fauna sich ausnahmehalber einer Wertung enthielt.

Generell war Fauna immer dafür, einen Mord anzunehmen, wo ein angeblicher Selbstmord oder Unfall relevante Player zur Unzeit vom Spielfeld pflückte.

Dafür, nun auch die Katastrophe am Platkowsee in diese Reihe einzufügen, sprach einiges.

Fauna befiel bei dem Gedanken an Tädeus von Tadelshofen auch posthum ein ungutes Gefühl. Dass dessen öffentlicher Widerstand gegen die Interventionskriege seit 1999 ihn zu einer unliebsamen Figur gemacht hatte, konnte sie sich dennoch lebhaft vorstellen. Die Vernetzung aufgrund seiner bundespolitischen Vergangenheit hatte Tadelshofen weiterhin eine gewisse Artikulationsmöglichkeit gesichert, und die hatte er weidlich genutzt, um gegen die Außenpolitik der Bundesrepublik Front zu machen. Der Mann hatte sich alle Mühe gegeben, den imperialen Betrieb zu stören, so viel stand fest.

Von einem Attentat auszugehen, hätte Fauna vermutlich auch geholfen, den Tod ihres geliebten KQ etwas besser zu verkraften. In ihrer verqueren, durchpolitisierten Denkweise war ein Kanarienquex, der Opfer eines Geheimdienstattentats geworden war, nämlich wesentlich besser zu verarbeiten als einer, der bei einem idiotischen Unfall mit einem noch idiotischeren Heißluftballon sinnlos zu Tode gekommen war.

Wie sie aus der Lektüre von gut und gerne hundert Texten und ungezählten YouTube-Videos wusste, gab es dazu eine Menge Merkwürdigkeiten rund um den Platkowsee, Widersprüche in der offiziellen Darstellung und ernstzunehmende Hinweise auf Fremdeinwirkung.

Trotz all dem konnte Fauna sich nicht dazu durchringen, der Mordtheorie in diesem Fall den Zuschlag zu geben. Denn sie schleppte ein Wissen mit sich herum, das sie bisher mit niemandem geteilt hatte.

Die letzte Nacht auf Schloss Montgolfière war nicht das satanische Blutritual gewesen, das einige Blogger herbeihalluzinierten. Der weitere Verlauf dieses unglückseligen Zusammentreffens war aber auch nicht so harmlos gewesen, wie etwa Irinäus sich das vorzustellen beliebte. Geknatterter Wein und erlesene Alkohölchen? Sicherlich.

Fauna wusste allerdings, dass der Kanarienquex neben seinen üblichen weißen Pülverchen mindestens auch LSD mitgebracht hatte. Er hatte ihr davon angeboten.

Entschlossen, auf dem Schloss des ihr suspekten Freiherrn auf der Hut zu bleiben, hatte Fauna abgelehnt. Dass KQ selber im weiteren Verlauf der Nacht oder aber am kommenden Morgen getrippt hatte, erschien ihr als nahezu sicher. So gut kannte sie ihren Quex.

Hinzu kam der plötzliche Stimmungsumschwung des Freiherrn, nachdem dieser von der Nachricht des Pariser Attentats zunächst so schwer mitgenommen gewesen war. Diesem älteren Tadelshofen traute Fauna zu, eine gut bestückte chemische Hausapotheke auf seinem

Schloss zu führen. Der hatte etwas Verruchtes an sich gehabt, das hatte Fauna gewittert: Der war ein Giftler!

Und Pavel Berger-Grün? Der war ein Kind der Sechzigerjahre.

Und Jonathan Rischke? Der war ... Jonathan Rischke!

Hätte KQ, so überlegte Fauna, am darauffolgenden Morgen die Idee aufgebracht, dass so eine Ballonfahrt doch wesentlich gewönne, wenn man zusätzlich die Traummaschine anwerfe: Wer würde dieser Idee widersprochen haben?

Der spanische Yoga-Yuppie eventuell, dieser Pedrillo Caldez, der ebenfalls unter den Opfern war. Fauna konnte sich bildlich vorstellen, wie der die Einnahme von LSD abgelehnt hatte mit dem Hinweis, die Fahrt durch die Lüfte am intensivsten erleben zu können, wenn er sich nur auf das bewusste Atmen der Yogis verlasse. Ob dieser Pedrillo einem solchen Vorschlag aber vehement genug entgegengetreten sein würde, um auch die anderen von der Einnahme der Substanz abzuhalten, wagte Donna Fauna zu bezweifeln.

Ihr war bewusst, dass die Indizien für einen LSD-Trip der späteren Toten von außen besehen ziemlich dürftig waren. Sie bestanden nur darin, dass KQ die Substanz definitiv dabeigehabt hatte, und zwar in ausreichender Menge für mehrere Personen. Und eben darin, dass KQ typischerweise einen Versuch unternommen haben würde, die anderen zu einem Trip einzuladen – und eine Mehrheit oder alle der Anwesenden dem vermutlich zugestimmt haben würden.

Reine Spekulation, also! Zudem hätte die kriminaltechnische Untersuchung das doch herausfinden müssen. Dass KQs LSD eingenommen worden war, stand für Fauna trotzdem fest. Zudem war denkbar, dass noch zusätzliche Substanzen Verwendung gefunden hatten.

Zweifelhaft war ihr lediglich der exakte Zeitpunkt der Einnahme.

Fauna selbst war nämlich gegen 01:30 Uhr mit Irinäus in dessen Schlossappartement abgezogen. Es konnte demnach sein, dass die Gruppe – mit oder ohne Pedrillo Caldez – bereits in der Nacht auf die andere Seite der Wirklichkeit gewechselt war.

Friedhelm Persch alias Neolin 2 spielte seine alte Rolle. Als ehemaliger Hausschamane von Shivas Paradize übernahm er es als seine selbstverständliche Pflicht, Donna Fauna seelsorgerisch zur Seite zu stehen.

Er ging dabei höchst trickreich vor, etwa indem er Fauna heimlich Rosenblüten auf den Weg streute, als sie ziellos durch den Prenzlauer Berg wanderte. Er lauerte Fauna regelrecht auf und stellte ihr Fallen, um sie jäh in Momente des Glücks stürzen zu lassen. Dabei ließ er sich immer Neues einfallen.

Einmal malte er mit Kreide glücksbringende Symbole in Faunas Hauseingang. Dann stellte er des Nachts ein Soundsystem unter ihrem Balkon auf und spielte in voller Lautstärke »I'll be home« ab, in der Version von Georgette Dee, die Fauna sehr liebte. Bis Fauna nachschauen konnte, wer das gewesen war, war Neolin schon entschwunden.

Der alte Fuchs versuchte durch diese Aktionen nicht nur, Fauna aus ihrem Trauma zu helfen, sondern auch, seinen eigenen Schmerz zu verarbeiten. KQ und Jonathan hatten zu seinen ältesten Freunden gezählt und wie alle, die sich aus der Zeit in Shivas Paradize kannten, hatten sie sich immer gefühlt wie Mitglieder eines Stamms.

So tat Neolin auch sein Möglichstes für das Seelenheil der Verstorbenen. Abend für Abend führte er zur untergehenden Sonne ein kompliziertes Ritual aus. Mit allerhand Räucherwerk, Glocken und Mantras beschwor er Shambo, die gnadenvolle Form Shivas, sich dem Karma der Dahingegangenen anzunehmen.

Er betrieb das mit unerhörter Disziplin, pünktlich und ausnahmslos jeden Abend, seit nunmehr eineinhalb Jahren. Er war annähernd besessen von dieser Zeremonie. Er fieberte den ganzen Tag über darauf hin.

Neolin 2 jagte auf diese eigenwillige Weise ebenfalls der Erkenntnis nach, was eigentlich am Platkowsee geschehen war. Und ein Verdacht, zu dem er durch das Ritual gekommen war, ließ und ließ ihn nicht los, verfestigte sich und wurde bald zu seiner Überzeugung: Die Toten lebten noch!

Fauna hatte, als er sie mit dieser These konfrontiert hatte, stinkwütend reagiert. Als Neolin 2 noch damit ankam, es habe sich bei Pavel Berger-Grün um niemand anderen gehandelt als um jenen ominösen »Schweizer«, wenngleich eventuell in einer anderen Körperlichkeit manifestiert, hatte sie ihn hochkant aus der Wohnung geschmissen.

Fauna fand das abgeschmackt, peinlich, pietätlos, hirnlos, hemmungslos verschroben, anmaßend und, wenn sie alles zusammenfasste, einfach nur idiotisch. Vollidiotisch sogar! Sie hielt Neolin 2 zugute, an seinem eigenen Schmerz irre geworden und zu dieser geschmacklosen Albernheit getrieben worden zu sein. Aber so viel Realitätsverleugnung war mehr, als sie ertragen konnte.

Dass Neolin 2 der heimliche Wohltäter in ihrem Leben war, der sie mit zahllosen Freuden beschenkte, war Fauna nicht bewusst.

Immer bewusster wurde ihr dagegen, zu welcher These vom Tathergang sie selbst tendierte. Es war weder die im digitalen Raum populäre Theorie von einem Attentat noch die eines »normalen« technischen Defekts mit Selbstentzündung, in der offiziellen Variante. Schon gar nicht war es Neolins saudummes Fantasma, wonach alle noch am Leben waren.

Fauna tendierte eher dahin, dass die Katastrophe etwas mit diesem geheimnissvollen Tesla-Toaster zu tun hatte – oder allgemeiner mit der Begeisterung des Schlossherrn und Ballonpiloten für »alternative« technische Experimente.

Nur wenige Bloggern forschten und spekulierten in diese Richtung und wurden dafür von der Mehrheit der anderen Aktiven in dieser speziellen Online-Community als gekaufte Systemlinge attackiert, die darauf angesetzt wären, den tatsächlichen Hergang zu verschleiern.

Dem konnte so sein. Eine nächtliche Beobachtung, die Fauna auf Schloss Montgolfière gemacht hatte, ließ sie anders darüber denken.

Irinäus von Tadelshofen verbrachte bereits die zweite Woche auf Schloss Montgolfière und arbeitete sich mit dem Eifer eines Investigativ-Journalisten durch die Unterlagen seines verstorbenen Bruders. Er wühlte sich zunächst durch Aktenordner und handschriftliche Aufzeichnungen.

Als er sich den Festplatten des Bruders widmen wollte, bestand die erste Entdeckung darin, dass diese Hinterlassenschaft des Tädeus in weiten Teilen verschlüsselt war, und wie sich herausstellte, auf höchstem technischen Niveau.

Irinäus war mit den gängigen Verschlüsselungsprogrammen halbwegs vertraut. Er verfügte über den digitalen Schlüsselbund seines Bruders, den selbiger nebst Testament und anderen Unterlagen bei einem Notar für ihn hinterlegt hatte. Dass er dennoch einen Bekannten aus dem Chaos Computer Club kommen lassen musste, der dann geschlagene drei Tage brauchte, um die Korrespondenz seines Bruders zu dechiffrieren, hinterließ Irinäus von Tadelshofen ratlos.

Welche Gründe konnte sein Bruder gehabt haben, seine schriftliche Hinterlassenschaft mit solchen Verteidigungsanlagen zu umgeben? Irinäus wähnte sich auf einer Spur, die Sensationelles zutage fördern würde.

Was er anschließend zu lesen bekam, erfüllte die Erwartungen, die durch die Geheimhaltungspolitik des Bruders geweckt worden waren, mitnichten. Ja, da gab es eine durchaus als strategisch zu bezeichnende Korrespondenz mit führenden Vertretern der alten und neuen Friedensbewegung. Es gab wenig erfolgreiche Versuche von Tädeus, B- und C-Promis aus seiner Bonner Zeit für den Widerstand gegen die Kriegspolitik zu gewinnen. Es gab ein halbfertiges Manuskript für ein neues Buch und einige Entwürfe für Artikel. Aber es fand sich nichts Überraschendes und es fanden sich schon gar keine Anhaltspunkte, die bezüglich eines möglichen Attentats Aufschluss gegeben hätten.

Warum verschlüsselte jemand mit diesem Aufwand alle seine Festplatten, wenn er nichts schrieb und betrieb, das der interessierten Öffentlichkeit nicht bereits mehr oder weniger bekannt war?

Irinäus ließ erneut den CCC-Experten anrücken, um herauszufinden, ob die Festplatten manipuliert und Löschungen vorgenommen worden waren. Der konnte in den Changelogs keine Hinweise auf nachträgliche Eingriffe finden.

Irinäus blieb eine weitere Woche auf Schloss Montgolfière und pflügte dabei durch ungeheure Textmengen. Der Erkenntnisgewinn blieb bescheiden.

In der merkwürdigen Nacht vor der Katastrophe am Platkowsee war Fauna noch einmal aus jenem Bett mit den wundervollen Schnitzereien gekrochen, in welchem sie sich zuvor mit Tadelshofen dem Jüngeren vergnügt hatte. Sie hatte sich angezogen, eine Decke übergeworfen und war so hinausgeschlichen, in den eiskalten Schlossflur. Draußen war noch immer ein wildes Schneetreiben am Toben gewesen. Von der Taschenlampe ihres Handys geführt und von der Neugier geleitet, war sie ein wenig durch das stille Schloss geschlendert.

Wenig später hatte sie vermeint, gedämpfte Stimmen zu hören, aber nicht entscheiden können, ob die von innerhalb des Gebäudes kamen oder von draußen. Sie war zur gewaltigen Treppe des Mittelbaus gelangt, die von der Eingangshalle nach oben führte. Die Stimmen schienen von ganz oben zu kommen – und dort hatte Fauna die Tür nach draußen, auf die kreisrunde Dachterrasse des großen Turms, einen spaltweit geöffnet gefunden.

Als sie hinausgelugt hatte, hatte sie drei Männer gesehen – Tädeus von Tadelshofen, KQ und Jonathan Rischke –, die im stürmischen Schneetreiben um jenes kreisrunde Loch herumstanden, das angeblich einst von Rochus von Tadelshofen als Startblock für Ballonstarts an dieser Stelle eingefügt worden war. Die schwere Holzplatte hatten die drei wohl heruntergenommen und Fauna hatte nur Satzfetzen gehört, die von Wettermanipulation, Orgon-Energie und immer wieder von diesem Viktor Schauberger gehandelt hatten. Aus der kreisrunden Tiefe, die die drei Männer diskutierend umstanden, war ein gurgelndes Geräusch von Wasser nach oben gedrungen und Fauna hatte sofort an die spiralförmigen Einlassungen, die KQ am Boden des Kreislochs entdeckt gehabt hatte, gedacht.

Diese Schwachköpfe glaubten scheint's wirklich, mit dieser Vorrichtung das Wetter beeinflussen zu können. Fauna war nur kopfschüttelnd dagestanden, hatte dann abgewinkt und war zurück ins warme Bett zu Irinäus gekrochen.

Am nächsten Morgen waren die beiden von strahlendem Sonnenschein geweckt worden.

Physik-Monitor, 29. Mai 2015
Implosionsmotoren und Feuerbälle

Der Absturz eines Heißluftballons am Platkowsee mit so prominenten Insassen wie Pavel Berger-Grün und Tädeus von Tadelshofen erhitzt noch immer die Gemüter der Onlinewelt. Auf die Gefahr hin, den zumeist recht abenteuerlichen Theorien rund um das tragische Ereignis lediglich eine weitere, womöglich ebenso abseitige Hypothese beizufügen, dokumentieren wir im Folgenden eine persönliche Erklärung von Prof. Dr. Franz Josef Stockhausen-Werlé, Professor Emeritus für angewandte Physik an der Berliner Humboldt-Universität.

Ich erkläre hiermit, dass ich den Freiherrn von Tadelshofen persönlich gekannt habe. Unsere gemeinsame Mitgliedschaft in einem Brandenburger Country Club ließ uns in unregelmäßigen Abständen zusammentreffen.

Dem großen Interesse des Freiherrn an meinem Fachbereich war es geschuldet, dass wir gelegentlich ausgiebige Diskussionen miteinander geführt haben. Diese Gespräche nahmen bald den Charakter liebenswert-schrulliger »Streitgespräche« mit hohem Unterhaltungswert an, denn der Freiherr entpuppte sich als Anhänger gewisser Theorien, die ich aus physikalischer Sicht wieder und wieder zurückweisen musste.

Konkret ging es dabei um die Möglichkeit der Wettermanipulation, aber auch um die Existenz sogenannter »freier Energie«. Von Tadelshofen war ein begeisterter Anhänger diesbezüglicher Forschungen von Wilhelm Reich, Nikola Tesla und Viktor Schauberger. Speziell der von Viktor Schauberger entwickelte »Implosionsmotor« (auch »Repulsine«, »Repulsator« oder »Forellenantrieb«) hatte es dem Freiherrn angetan.

Aus seinen Erzählungen weiß ich, dass Tädeus von Tadelshofen auf seinem Landsitz Schloss Montgolfière mit der Weiterentwicklung solcher Antriebsmöglichkeiten experimentiert und von ihrer möglichen Anwendbarkeit für die Luftschifffahrt geträumt hat. Er lud mich wiederholt zu einem Besuch ein, um seine »kleine, teuflische Werkstatt«, wie er sich ausdrückte, in Augenschein zu nehmen. Einmal brachte er sogar Konstruktionspläne eines von ihm selbst entwickelten »Implosionsmotors neuen Typs« mit, aus denen ich jedoch, wie ich zugeben muss, nicht recht schlau zu werden vermochte.

Auf die naturwissenschaftliche Darstellung, warum eine »freie« Energiegewinnung dem Energieerhaltungssatz widerspricht, möchte ich an dieser Stelle verzichten. Ich verweise auf einschlägige Fachartikel (Lenzer, 1998; Richter und Schaub, 2003; Olbert, 2013).

Zeitgenössische Berichte aus unterschiedlichen Quellen wie dem Firmenarchiv der Siemens AG oder der Reichskanzlei Adolf Hitlers belegen zudem, dass Experimente Schaubergers mit Kühlsystemen für die von ihm entwickelten Flugzeugmotoren wiederholt zu unkontrollierten Energieentladungen und zur Selbstzerstörung der Versuchsanordnung geführt haben.

[...]

Schon die Ankündigung, Lola Mercedes werde ihr Schweigen demnächst brechen und eine ausführliche Serie zum Thema starten, versetzte die Blase der hartnäckig interessierten Netzgemeinde in einen Zustand regelrechter Hysterie.

Lola Mercedes und Germaine Gamma hatten sich ankündigungsgemäß an der Mordtheorie festgebissen. Die beiden ersten Folgen: »Mord am Platkowsee (1): Zwei Zeugen und der BND« sowie »Mord am Platkowsee (2): Die Auftraggeber des Professors«, erreichten jeweils Klickzahlen oberhalb einer Viertelmillion. Die Kommentare gingen in die Tausende.

Im ersten Schritt hatten Lola und Germaine die Glaubwürdigkeit der offiziellen Erklärung der Katastrophe attackiert.

Zwei jener Zeugen, deren Beobachtungen die »Kamintheorie« samt »Selbstentzündung« stützten, unterhielten demnach Verbindungen zum Bundesnachrichtendienst. Germaine Gamma hatte dafür einige Hinweise gesammelt. Ein dritter Zeuge sei ein Polizist gewesen, der in seiner Freizeit eine Fahrradtour unternommen haben und dabei zufällig Zeug des Unglücks geworden sein wollte. Die Anwesenheit dieses Trios am Tatort als Radfahrer respektive Spaziergänger mochten wohl nur sehr schlichte Gemüter für einen Zufall halten, befand Lola Mercedes.

Auch diesen Prof. Dr. Franz Josef Stockhausen-Werlè, dessen »persönliche Erklärung« eine ganze Kaskade ablehnender und zustimmender Texte nach sich gezogen hatte und der mit seinen Behauptungen wichtigtuerisch durch Talkshows und Radiosender getingelt war, hatte Germaine Gamma unter die Lupe genommen.

Der Herr Professor schien sich seine Bezüge mit der Abfassung von Gefälligkeitsgutachten und Auftragsartikeln für Großkonzerne aufzubessern. Dabei legte er die Grenzen seines Fachgebiets großzügig aus. Einmal erklärte er die völlige Unbedenklichkeit von Handystrahlen. In der *Zeit* zeichnete er für einen Artikel verantwortlich, der wissen wollte, dass Überlandstromleitungen unter Naturschutzgesichtspunkten sogar sehr vorteilhaft seien, da eine große Vielfalt von Tieren im Buschwerk unterhalb der Trassen ein Refugium finde. Auch als Gegner der Windkraft und Skeptiker von Elektroautos hatte er sich wiederholt zu Wort gemeldet.

Kurz: Dieser Stockhausen-Werlè mochte Professor der Physik sein, wie er wollte. Nach Lolas Dafürhalten war er ein Mietmaul schlimmster Sorte. Die »persönliche Erklärung« des Professors war folglich ein durchschaubares Ablenkungsmanöver interessierter Kreise.

Donna Fauna war da erneut nicht so sicher.

Was den Hergang der Katastrophe betraf, hatte sich in Faunas Köpfchen in der Zwischenzeit folgendes Szenario zusammengefügt:

– Die vier späteren Opfer des Unglücks, und eventuell auch Pedrillo Caldez, waren durch KQs LSD und womöglich durch Kokain des Schlossherrn in eine fantastische und übermütige Stimmung versetzt worden.

Der vermeintliche Triumph des Schlossherrn bei der nächtlichen Beeinflussung des Wetters steigerte dessen Autorität in technischen Fragen unermesslich und fegte alle Bedenken beiseite.

Die Demonstration eines neuen, von Tädeus von Tadelshofen selbst entworfenen Antriebssystems führte schließlich zum Desaster.

Leider sorgte Donna Faunas völliges Unwissen über naturwissenschaftliche Grundzusammenhänge dafür, dass sie nicht imstande war, die Wahrscheinlichkeit ihrer Hypothese von der technischen Seite her zu beurteilen. Sie hatte versucht, einige Fachartikel rund um Tesla, Schauberger, Repulsatoren und Freie Energie zu lesen. Die alte Blockade gegen Naturwissenschaften jeglicher Art setzte diesen Lektüreversuchen ein schnelles Ende.

Was ihr allerdings aufstieß, waren die Verbindungen Viktor Schaubergers zum Nationalsozialismus, seine Bemühungen um eine faschistische Wunderwaffe in den letzten Kriegsjahren. Fauna suchte weiter und stieß auf ein ganzes Literaturgenre, das sich mit angeblich neuartigen Antriebssystemen und Flugobjekten der Nazis beschäftigte, mit den sogenannten »Reichsflugscheiben«. Als Fauna auf Texte stieß, die von der Evakuierung der Naziführung mittels solcher Flugscheiben und einer geheimen Raumstation auf der hinteren Mondseite berichteten, schrie sie auf vor Wut über so viel Einfältigkeit. Nicht zu verkennen war jedoch, wie braun das Süppchen war, welches durch diese Science-Fiction für NS-Romantiker zum Kochen gebracht wurde.

Für Fauna stellte sich damit einmal mehr die Frage nach der politischen Verortung des verstorbenen Freiherrn.

Neolin 2 machte zeitgleich immense Fortschritte bei seinem allabendlichen Ritual zugunsten der Toten vom Platkowsee. Es war ihm gelungen, einen direkten Kontakt zum Kanarienquex herzustellen. Der teilte mit, noch am Leben zu sein. Auch von Jonathan glaubte Neolin Zeichen irdischer Präsenz erhalten zu haben.

Als der Shiva-Schamane diese Neuigkeiten aufgeregt Fauna erzählte, teilte die ihm kühl mit, Verständnis für den unerträglichen Schmerz zu haben, den der Verlust der Freunde ihm bereite. Er sei aber nunmehr auf dem Weg, komplett und irreversibel verrückt zu werden. Er könne sich gerne wieder melden, sobald er von diesem Trip heruntergekommen sei. Bis dahin: kein Wort mehr!

Neolin war über diese Abfuhr verletzt. Das hielt ihn nicht davon ab, weiterhin den anonymen Wohltäter in Faunas Leben zu spielen.

Irinäus von Tadelshofen hatte seinen Aufenthalt auf Schloss Montgolfière vorerst beendet. Die Textbestände im Arbeitszimmer seines Bruders hatten rein gar keine Hinweise auf Gründe für die spätere Katastrophe geliefert. Auch die »teuflische Werkstatt« seines Bruders, von welcher dieser Professor wissen wollte, hatte er nicht auffinden können.

Irinäus beschloss, das Ereignis hinter sich zu lassen. Er hatte mehr als ein Jahr lang japsend dagelegen wie ein Fisch im Sand. Das ging so nicht mehr weiter. Sein Bruder war tot. Aber er, Irinäus von Tadelshofen, er war doch am Leben! Irinäus warf die Motoren der Verdrängung an und beschloss, sich von nun an mit voller Kraft den Aufgaben als neues Oberhaupt derer von Tadelshofen zu widmen.

Die inzwischen auf siebzehn Folgen angewachsene Serie der Lola Mercedes las er nicht.

Der Kontakt mit Donna Fauna wurde spärlicher und blieb bald aus.

Kam ein Gespräch im Bekanntenkreis doch einmal auf die Frage nach der Ursache des Desasters, erklärte Irinäus, er wisse lediglich, dass er nichts wisse, und verweigerte eine Stellungnahme. Schleunigst suchte er nach einer Variante, das Gesprächsthema zu wechseln.

Irinäus von Tadelshofen war entschlossen, wieder Frieden zu finden. Mit einer Welt, in der unliebsame Diplomaten und Spitzenpolitiker von Geheimdiensten ermordet wurden, hätte er seinen Frieden niemals machen können. Das Gleiche galt für einen Bruder, der aus Selbstüberschätzung und Verantwortungslosigkeit vier andere Menschen mit sich in den Tod gerissen hätte.

Nach und nach begann Irinäus, eher aus emotionalen denn aus inhaltlichen Gründen, sich mit der offiziellen Erklärung für die Katastrophe anzufreunden. Ein technischer Defekt! Eine Tragödie ohne Schuldige! Sofern die Verdrängungsmechanismen ihre Dienste leisteten, konnte man damit halbwegs umgehen. Den Rest würde die Zeit regeln.

EPILOG AM INDISCHEN OZEAN

Auf den Trümmern der menschlichen Zivilisation werde es fröhlich Yoga-Übungen machen! So hatte das Weazel prophezeit, in Mama Valentes »Bar zum Krokodil«, acht Tage nach dem Doppelturmsturz zu Babylon ... der in Wirklichkeit ein dreifacher Turmsturz gewesen war.

Von jenem dritten Turm – World Trade Center 7 –, der an jenem sonnigen Septembertag im Jahre 2001 in New York City mit seinen 187 Metern ebenfalls in sich zusammengestürzt war, hatte aber auch Donna Fauna erst viel später gehört. In der unmittelbaren Terrorberichterstattung und im offiziellen Untersuchungsbericht war dieses Gebäude irgendwie vergessen worden.

Also gleich drei Wolkenkratzer im freien Fall? Das war eine Menge Stahl für lediglich zwei Flugzeuge. Dementsprechend beschäftigte das Jahrhundertverbrechen am Beginn des dritten Jahrtausends auch knapp zwei Jahrzehnte danach noch eine Heerschar von Wahrheitssuchern und Klickjägern, nicht nur in den unendlichen Weiten des Internets.

Eine viel kleinere Gruppe im deutschsprachigen Raum hatte sich an der Katastrophe am Platkowsee festgebissen. Sie forschte unermüdlich weiter und stapelte immer noch mehr Hinweise, Argumente, Gegenargumente und Hypothesen aufeinander.

Bis zum Weazeltier war die Kunde vom grauenvollen Tod des Kanarienquex – Segen des Unwissens! – allerdings nicht vorgedrungen. Und der 11. September war ihm längst von Herzen gleichgültig.

Viel lieber meditierte das Weazel vor sich hin, in Frieden, und machte seine Yoga-Übungen. Zwar tat es dies noch nicht auf den Trümmern der menschlichen Zivilisation, immerhin aber am Strand des indischen Ozeans – gut 8 000 Kilometer entfernt von jenen Breiten, in denen Neolin 2 endlich aufgegeben hatte, allabendlich nach Rischke und dem Kanarienquex zu funken, Lola Mercedes mit Germaine Gamma immer noch Belegen für ihre Mordtheorie und anderen Sensationsenthüllungen über die Machenschaften des Deep State nachjagte und Irinäus von Tadelshofen endgültig in seine neue Rolle als Gala-Adeliger und Jetset-Playboy hineingewachsen war.

Sogar Donna Fauna hatte irgendwann beschlossen, sich die Lektüre naturwissenschaftlicher Texte und ihre schon zwanghaft gewordene Dauerbeschäftigung mit der Ballonkatastrophe am Platkowsee künftig zu ersparen.

Sie nutzte die wiedergewonnene Freiheit, um nach und nach zu ihrem guten, alten Straßen-Aktivismus zurückzukehren. In ihre alte politische Heimat fand sie indes nicht mehr zurück.

Dafür war sie neuerdings Feuer und Flamme für die weltweit mit Wucht aufkommende Ökologiebewegung. Wie üblich fühlte sie sich zu deren militantem Arm hingezogen. Und so stürmte Fauna mit Tausenden, zumeist viel jüngeren Aktivisten die Abbruchkante eines Kohletagebaus hinab, kettete sich an das Tor eines Glyphosatwerks, besetzte Straßenkreuzungen und Brücken.

Sie half auch mit, bedrohte Wälder zu verteidigen. Im Hambacher Forst hatte sie eine neue Heimat gefunden, ohne allerdings selbst auf Bäume zu steigen oder in Baumhäusern zu leben. Denn die Höhenangst war ihr geblieben. Auch weilte sie, nicht mehr die allerjüngste Stute im Stall der Revolution, typischerweise nur des Sommers in diesem und in anderen besetzten Wäldern.

Zum Glück, und nicht zuletzt dank eines erfolgreichen Mietervolksbegehrens, hatte sie ja noch ihr WG-Zimmer in Berlin, Prenzlauer Berg.

Geblieben war Fauna auch der unbedingte Wille, sich in Theorie und Praxis jederzeit auf dem äußersten Extrem der Bewegung zu positionieren. Das war aber gar nicht so einfach. Immer wieder musste sie sich eingestehen, dass sie vielen dieser blutjungen Öko-Früchtchen in Sachen Risikobereitschaft kaum mehr das Wasser reichen konnte. Der selbstvergessene Mut dieser neuen Generation an der Front war bewunderungswürdig, brachte Staats- und Konzernmacht schier zum Verzweifeln – und Fauna zum Weinen vor Freude.

Aber in der Theorie! Aber im Wissen! Da freilich lag die durch und durch in revolutionären Traditionen geschulte Geschichtsgranate Donna Fauna immer noch uneinholbar vorn.

Ihre anekdotenreichen Erzählungen von Bauernkrieg und Wiedertäufern, ihre Erläuterung der Grundwidersprüche der französischen oder russischen Revolution, ihre Stories aus dem spanischen Bürgerkrieg, über Paris 1968, Chile 1973 und Portugal 1975, von Zapatisten, Operaisten, Häuserkämpfen und wilden Streiks, sowie Faunas »Kleine Geschichte der Barrikadenbaukunst« ... alles das, und sogar mancher analytische Monolog, wurde ihr Abends am Lagerfeuer zugestanden und gerne angehört.

Natürlich aber ließen ihr diese frischradikalisierten Baummenschen nichts einfach so durchgehen, ohne Widerspruch, Einwand, Nachfrage, Gegenargument.

Es war sogar dahin gekommen, dass diese wilde, unverschämte Bande vermocht hatte, den Radikalisierungsspieß glatt umzudrehen. Diese kaum halb so alten Fohlen hatten dem altgedienten Bewegungsschlachtross Donna Fauna eine neuerliche scharfe Wendung auf ihrem lebenslangen Ritt durch die Welt radikaler Theorien verpasst!

Denn die Krieger des Waldes identifizierten sich durch die Bank als Anarchisten. Von den Kommunisten hatten sie kein gutes Bild und wollten nichts wissen von Parteiaufbau, Kaderwesen und Demokratischem Zentralismus.

Ursprünglich um diese verbalradikalen Flausen besser bekämpfen zu können, hatte Fauna, die ewige Leninistin, erstmalig die Klassiker des Anarchismus gelesen. Sie fräste sich durch die Schriften von Michail Bakunin, Peter Kropotkin, Errico Malatesta, Emma Goldmann, Gustav Landauer und Rudolf Rocker. Und siehe da: Deren Entschlossenheit, nicht eine neue Macht zu gebären, sondern endlich das Zeitalter der Herrschaftslosigkeit einzuläuten, gefiel Fauna ausnehmend gut. Hatten Bakunin und Proudhon schon damals recht gehabt gegen Marx und Engels?

So weit wollte Fauna dann doch nicht gehen, aber dieser Strom neuen, alten revolutionären Denkens ließ ihre Säfte ansteigen wie seit frühesten Schülerbewegungszeiten nicht mehr.

Die wiedergefundene Militanz half ihre ungemein, über den Tod des Kanarienquex endgültig hinwegzukommen. Als sie dann zum ersten Mal nach langen Jahren wieder einen richtigen Wasserwerfer-Angriff miterlebte, wobei die Drecksbullen irgendeinen illegalen Kampfstoff ins Wasser gemischt hatten und damit die halbe Demo zum Kotzen brachten, da kotzte sich auch Donna Fauna erst einmal nach Leibeskräften aus.

Als sie damit fertig war, schickte sie KQ einen Kuss in die Wolken und war gesundet.

Nicht nur geographisch sehr weit von Donna Fauna entfernt, jagte das Weazel mittels einer speziellen Form des Aktivismus Erkenntnissen ganz anderer Art nach. Das Weazel war mit Nicht-Tun beschäftigt und es hoffte, den inneren Monolog ein für alle Mal ausschalten zu können.

Schweigend im Lotus sitzend, sah es die warmen Wellen des Weltmeeres an den Strand laufen. Es sah die Wasser vor- und wieder zurückfluten. Das war ein Kommen und ein Gehen, ein ewiges Pulsieren. So würde auch die Erinnerung an ein Tier namens »Mensch« einstmals verschwinden, wie ein Gesicht im Sand.

Für die Bewahrheitung seiner elfseptemberlichen Prophezeiung rechnete sich das Weazel derweil die besten Chancen aus. Mit Siebenmeilenstiefeln bewegte sich jene Spezies, die sich selbst so hochtrabend »Homo Sapiens Sapiens« betitelt hatte (und für diesen Ehrennamen weder schwul noch weise genug war) auf das Ende zu.

Wer hatte Schuld daran? Die Eliten? Der Mainstream? Die Reichen? Die Superreichen? Die Bösen? Die NATO? Die Russen? Der Westen? Die Amis? Die Militärschädel? Die Spekulanten? Die Geheimdienste? Die Medien?

Das Weazel hatte nicht die geringste Lust, diese Debatten zu führen. Es war nicht mehr bereit, die Schuld für den kommenden Untergang irgendwo anders zu suchen als bei den nunmehr 7,6 Milliarden Passagieren der globalen Titanic. 7,6 Milliarden Exemplare dieser seltsamen Spezies, die sich aktuell auf der Landmasse des Planeten tummelten, trugen täglich dazu bei, ihre einzige Existenzgrundlage zu vernichten. 7,6 Milliarden Erdenbewohner zeigten sich täglich unfähig, den Weltenkahn, der offensichtlich auf die Katastrophe zusteuerte, in eine bessere, segensreiche Richtung umzulenken.

Deshalb: Mutation.

Das Weazel hatte es ja immer gewusst: Mutation!

Nicht die Erweckung der Spezies, sondern deren Spaltung sollte das bedeuten. Nicht Revolution durch die Mehrheit, sondern die Mutation einer Minderheit, während die Mehrheit ihren eigenen Untergang besorgte!

Zuschauen, wie sich die Feindmehrheit gegenseitig dezimierte, und Inseln der Verwandlung schaffen, die als Operationsbasen für einen Neuanfang dienen konnten, inmitten der unausbleiblichen Sintflut! Das war nach der Auffassung des Weazels der einzige Ausweg aus der Misere einer Menschheit, die eine Weltgeschichte lang bewiesen hatte, dass fundamentale Lerneffekte von ihr nicht zu erwarten waren.

Brot und Spiele, Teile und Herrsche, falsche Flaggen und National-
farben, Pogromhetze, Kriegstreiberei und Spektakel: Die Gebrauchsan-
weisung für den Machterhalt der Mörder, für Kriege, Not und Elend,
horrenden Reichtum und groteske Machtkonzentration war doch von
alters her identisch. Es gab technische Upgrades und kulturelle Modifi-
kationen. Im Grunde waren die Mechanismen der Macht von Rom bis
Washington und von Babylon bis Peking immer die Gleichen geblieben.

Und trotzdem fiel die Mehrheit der Leute jedes Mal wieder darauf
herein.

Es war nicht zu fassen.

Das Weazel hatte dieses Unfassbare erfasst und angenommen.

Es hatte seine Konsequenzen und Leine gezogen.

Des Weazels Flucht ins Off der Spezies musste nunmehr eineinhalb
Jahrzehnte zurückliegen. Es hatte dabei eine polnische Verabschiedung
hingelegt. Keine Abschiedsrituale, keine letzte Nachricht, keine geheimnisvollen Botschaften von unterwegs: einfach auf, weg und davon!

Den Freunden gegenüber hatte dieses plötzliche Verschwinden freilich
eine große Grausamkeit dargestellt, dessen war sich das Weazel bewusst.
Gleichzeitig hatte nur dieser Radikalrückzug die kosmische Freiheit der
totalen Verinnerlichung ermöglicht, in der das Weazel seither schwelgte.

Und das Weazel schwieg. Am Anfang hatte das wenig geholfen,
denn der Verstand hatte im Kopf noch ewig weitergelabert. Das quas-
selnde Gehirn hatte keine Ruhe gegeben.

Das war überwunden. Es war stiller geworden und still, im Weazel
selbst und um es herum, das auch am digitalen Datenverkehr nicht
teilnahm, kein Mobiltelefon besaß, nicht sprach und nicht schrieb.

Die einzige irdische Beschäftigung war die Arbeit auf einer kleinen
Gartenparzelle, die ihm ein Gönner überlassen hatte – und eine tägliche Bettelrunde bei den Einheimischen. Die hatten das Weazel zumindest im Verdacht, ein heiliges Wesen zu sein. Um vorsichtshalber mit
kleinen Spenden auf dieses Karmakonto einzuzahlen, stellten sie seine
tägliche Ernährung sicher.

Trotz allen beherzten Entzugs zwischenmenschlicher Kommunikation
war es natürlich nicht möglich, alles Weltliche von sich fernzuhalten.
Das Weazel mochte schweigen. Taub war es dadurch nicht geworden.

So hörte es Touristen und Traveller in letzter Zeit immer wieder vom derzeitigen Präsidenten in den USA sprechen. Der sei ein ehemaliger Fernsehstar und wurde zumeist für die Verkörperung des totalen Unglücks gehalten, von einigen aber auch für den großen Retter.

Dem mochte sein, wie es wollte. Das Weazel, der Albtraumtänzereien müde, saß dabei, lächelte und schwieg.

Es hatte den zum Schweigen gebrachten Kopf längst herumgedreht. In einem spirituellen Manöver, das einige Übung erforderte, hatte es seine Aufmerksamkeit auf die Kraft der kosmischen Liebe ausgerichtet. Es weigerte sich, den nutzlosen Debatten über reiche, scheinbar mächtige, alte, geisteskranke Männer Bedeutung beizumessen.

Wann immer es einem solchen Gespräch beiwohnte und das Geschwätz trotz seines sehr energischen Schweigens und Lächelns partout nicht aufhörte, näherte sich das Weazel dem Sprechenden, legte erst den Zeigefinger an dessen Lippen und dann die flache Hand auf das Herzchakra des zum Schweigen gebrachten. Das sollte bedeuten: »Du bist die Kraft! Du bist die Welt! Tu etwas, oder lass es bleiben. Aber halt bitteschön die Fresse.

Und sei so gut und verschwende Deine Lebens- und Segenskraft nicht an ferne Präsidenten und andere Schimären!«

Das Weazel war insofern durchaus tätig, auf seine Weise. Es tat, indem es nahezu alles, was die Menschen gemeinhin beschäftigte, zu tun unterließ. Es beatmete das gemeinsame Herz und verteilte Kraftgeschenke. Es lächelte, schwieg, reparierte Atmosphären und unterstützte Heilungsprozesse, indem es die eigene Aufmerksamkeit und die seiner unvermeidlichen Besucher stur nach innen richtete.

Das Weazel war bei all dem militant wie eh und je. Es unterstützte beispielsweise nach Kräften den Gegenschlag der Natur, die auf allen Ebenen begonnen hatte, sich der Zumutungen der menschlichen Spezies zu erwehren. Ein Sturm fegte über das Land, eine Mückenplage, eine Regen- oder Dürrezeit brachte alles um das Weazel herum aus den Fugen und der Fassung. Das Weazel hielt alles stoisch aus, saß da und schwieg. War die Krise überstanden, gratulierte und dankte das Weazel den Naturgeistern mit einer Zeremonie für die gelungene Aktion.

Und bei alledem lächelte es. Es lächelte und schickte Wärme und Liebe hinaus in den Untergang der alten Welt. Mehr, so hatte es befunden, konnte es nicht tun für diese todkranke Spezies der Zauderer, der Ignoranten, der Pessimisten und Naivlinge.

Auch die »Yogaschüler«, zu denen sich immer wieder einmal einige Besucher ungebeten erklärten, nur weil sie dem Weazel bei dessen Übungen zusehen und mitmachen durften, bekamen von ihrem eigenartigen Guru nicht mehr als ein Lächeln und Schweigen. Die meisten blieben dann auch nur wenige Stunden, andere einige Tage.

Drohten diese selbsternannten Weazel-Schüler jedoch zu Dauergästen zu werden, verlegten sie sich ebenfalls aufs Lächeln und Schweigen und fingen an, sich in Weazelnähe häuslich einzurichten, wurde es dem wundersamen Wesen bald zu viel. Dieser Mangel an Selbständigkeit fing dann an, dem Weazel gewaltig auf den Keks zu gehen, und es entwickelte wortlos herausschmeißerische Tendenzen.

Das Weazel hatte nämlich keinerlei Interesse, eine Kirche, Sekte, Schule, Bewegung oder Partei zu begründen. Das mochte im Widerspruch zu der Idee stehen, »Inseln der Erneuerung« zu bilden, aber das Weazel scherte sich nicht um Widersprüche und war mit sich selbst als Ein-Personen-Insel vollauf zufrieden.

In letzter Zeit allerdings wurde dieses Leben in spiritueller Überlegenheit und »splendid isolation« häufiger auf harte Proben gestellt.

So erreichten die Hitzewellen in dieser Weltgegend immer öfter über fünfzig Grad Celsius. Die Dürre sorgte für Ernteausfälle. Und auch, wenn das Weazel diese Phasen allgemeinen Hungerns mit hartnäckigem Fasten konterte und dabei immer neue Rekorde aufstellte: Das gleichmütige Lächeln durchzuhalten, fiel dem schweigenden Weazel durchaus nicht leicht, bei all dem Elend um es herum und in seinem fürchterlichen Erschöpfungszustand.

Schwierig und zugleich schön war es mit den Kindern des kleinen Dorfes am Rande des Ozeans, vor dessen schäbigen Behausungen und einer eher mageren touristischen Infrastruktur das Weazel Quartier bezogen hatte, unter einem riesigen, eindeutig heiligen Baum.

Die Kinder aus dem Dorf hatten das komische Wesen vor einer Zeit entdeckt, und weil das komische Wesen immer lächelte und nie etwas zu tun schien, außer herumzusitzen oder komische Verrenkungen zu machen, hatten sie schnell jede Hemmung verloren. Sie kugelten sich vor Lachen, während sie das Weazel zu zehnt, zu zwanzigst belagerten und irgendwie zum Sprechen bringen wollten. Sie zupfen das Weazel am Bart und kletterten auf ihm herum. Sie schrien und tanzten und trieben jeden erdenklichen Blödsinn.

Was jedoch den blühenden Blödsinn anging, war das Weazel den kleinen Rackern mehr als ebenbürtig. Auch das Weazel tobte und alberte, wenn auch wortlos, herum, und die Kinder befanden bald, dass dieses komische Wesen ein Mittelding zwischen Kind und Tier sein müsse.

Einige von ihnen waren auch begierig, das Schweigen und diese ulkigen Verrenkungen nachzumachen, die das komische Wesen vollführte. Das freute das Weazel sehr.

Aber nahezu allen dieser Kinder aus dem Dorf war das Elend deutlich anzumerken. Einige waren von Krankheit und Unterernährung gezeichnet. Manchmal blieb eins der besonders geschwächten Kinder dann weg und manchmal wurde das Weazel von den Eltern geholt, um bei der Beerdigung anwesend zu sein.

Das betrübte das Weazel. Wenn es alleine war, lächelte es heimlich nicht mehr, sondern weinte bitterlich. Und der Wunsch, diesem Elend abzuhelfen, nagte am Weazelwillen, sich aus dem Hüh und Hott der Menschenspezies herauszuhalten.

Es wurde immer noch schwieriger, das ewige Schweigen und Lächeln und Nicht-Tun durchzuhalten. Mit den Zögerern und Zauderern, den studentischen Jammerlappen und den Guru-süchtigen Esoterikfreaks war das Weazel spielend fertig geworden. Was sollte es schon anfangen mit dieser Sorte Mensch, die in der Ersten Welt Flugzeuge bestieg, um in der Dritten Welt den Sinn des Lebens zu suchen?

Sicherlich, es waren auch ehrlich Suchende, Leidende, Verzweifelte und seitlich Umgeknickte darunter. Denen verpasste das Weazel halt einen zärtlichen Heilungsschub, mit dem sie einige Monate beschäftigt waren.

In letzter Zeit aber spülte es immer öfter Leute ganz anderen Schlages an den Weazelstrand. Der Kontrast zu den üblichen touristischen Frusthaufen konnte nicht größer sein.

Denn diese Traveller kamen nicht aus den moralisch verwahrlosten Hochburgen des Wohlstands im Westen. Diese hier waren aufgebrochen aus dem Elend, sie flohen vor Tod, Hunger und vor der sengenden Hitze. Aber gerade sie berichteten nicht tagein, tagaus nur von den Schrecklichkeiten der Welt. Gerade sie strömten im Gegenteil Zuversicht aus, Optimismus, Machbarkeitswillen, Neuerungsgeist, Draufgängertum, Tatkraft, Einsatzbereitschaft, kurz: Entschlossenheit.

Diese aus den Elendsquartieren und den verheerten Landstrichen emporgestiegene Entschlossenheit machte nach des Weazels Empfinden den alles entscheidenden Unterschied aus. Die Luschis aus dem Westen hätten die Welt gerne geändert. Die lebten ewig im Konjunktiv.

Die Entschlossenen waren dabei, genau das zu tun! Die Entschlossenen schmiedeten konkrete Pläne, räumten Hindernisse aus dem Weg, setzten sich in Bewegung und rissen immer mehr Leute mit sich fort. Die Entschlossenen organisierten auf ihrem Marsch den Gegenangriff! Setzte es Rückschläge und staatliche Angriffe, stießen sie auf neue Grenzanlagen, antworteten die Entschlossenen mit dem Mut der Verzweiflung und gingen mit erneuerter Angriffswut weiter vor.

Der Unterschied zu den bisherigen Durchreisenden, die an des Weazels Schweigelager am indischen Ozean gekommen waren, war monumental. Das waren auch keine Flüchtlinge im eigentlichen Sinn. Das waren Aufgebrochene. Die hatten eine Entscheidung getroffen, die hatten den Sprung ins Offene gewagt. Die reisten nicht als Touristen durch die Welt, sondern als Aufrührer. Sie kamen auch nicht mit Flugzeug oder Kreuzfahrtschiff daher, sondern zu Fuß, auf klapprigen Fahrrädern, auf abgemagerten Pferden oder Eseln.

Erreichten sie das nächtliche Feuer des Weazels, quatschten sie nicht sofort drauflos, sondern schwiegen respektvoll und ausdauernd mit dem Weazel. Auch dieses Schweigen jedoch atmete Entschlossenheit. Es war dem Weazel sogar, als stünden diese Anderen mit den Wellen des indischen Ozeans im Bunde. Schwieg jedenfalls ein Entschlossener mit dem Weazel mit, klang ihm das Rauschen des Weltmeeres lauter und mächtiger in den Ohren.

Genau darin, in dieser Entschlossenheit, liegt, so dachte das Weazel immer öfter, die natürliche Hoffnung der Welt.

Als eines Tages die ganze, zum Teil schon jugendlich gewordene Kinderbande aus dem Dorf den Weazelbaum aufsuchte, der aufgrund der ewigen Dürre schon halb eingegangen war, als sie dem Weazel dann gestenreich bedeuteten, man habe sich jetzt ebenfalls entschlossen, sie würden sogleich mit ihren Eltern und dem ganzen Dorf aufbrechen und wollten sich nunmehr verabschieden: Da hörte das komische Wesen urplötzlich auf zu lächeln.

Dann, nach drei tiefen, langen Atemzügen erhob sich das komische Wesen, und es geschah das Ungeheuerliche.

Das komische Wesen sprach!

»Bom Shiva!«, sagte das Weazel und griff nach seinem beschnitzten Pilgerstock:

»Let's go!«

»[...] ein Roman ist eine Maschine zur Erzeugung von Interpretationen.«
Umberto Eco

Mehr über unsere Autoren und Bücher:
www.westendverlag.de

Die Deutsche Nationalbibliothek verzeichnet diese Publikation in
der Deutschen Nationalbibliografie; detaillierte bibliografische Daten
sind im Internet über http://dnb.d-nb.de abrufbar.

ISBN 978-3-86489-275-2
© Westend Verlag GmbH, Frankfurt/Main 2019
Umschlaggestaltung: Buchgut, Berlin
Satz: Publikations Atelier, Dreieich
Druck und Bindung: CPI – Clausen & Bosse, Leck
Printed in Germany